轉識成知

華人本土社會科學的突圍

陳復——著

目次

推薦序一

黃光國難題
——傳承儒家的兩種進路

國立臺灣大學心理學系名譽教授
黃光國

在我的退休研討會上（二〇一六），陳復提出了一篇論文，題為〈黃光國難題——如何替中華文化解開戈迪安繩結〉，文中指出：我長期學術工作的目的，就是要使中華文化擺脫「傳統與現代」一百五十餘年的束縛與纏繞，「徹底獲得新生」。

這個說法一語道破我四十年來學術研究的主要方向。我因此鼓勵他將學者們在該研討會上針對我知識工作的批判以及我的回應，和我合編一本書，題為《破解黃光國難題的知識論策略》，並鼓勵他往這個方向繼續努力。這本《轉道成知：華人本土社會科學的突圍》收錄了他近年來發表的論文，代表了他這一階段的主要研究成果。陳復常跟我說：看我的著作，使他文思泉湧，下筆不能自休。我倒是覺得：我自己才是這系列對話的受益者。這話怎麼說呢？

辯證的文化傳統

我一向主張：「對一個學者最大的尊敬，就是對他的研究成果做最嚴厲的批判。」所以我鼓勵陳復批判我的著作。之所以如此，旨在提倡高達美（H. G. Gadamer, 1900-2002）主張的辯證詮釋學。在《真理與方法》一書中，高達美指出：真理的獲得是經由「辯證」，而不是經由「方法」。立場完全不同的甲、乙兩個人，經過反覆不斷的辯證之後，如果甲方能夠說服乙方，彼此達到「視域融合」的境界，就表示甲方的立場包含較多的真理。

中華文化並非沒有類似的傳統。像藏傳佛教的「辯經」，或是宋明理學的「會講」都是著名的例子。然而，從五四時期「西風壓倒東風」以來，歐美變成華人學術社群「知識」的主要來源，華人學者已經培養出強烈的「自我殖民」心態，很少聽到華人學者敢於跟西方學者公開辯論。以前的「國科會」、現今的「科技部」，和政府機構的許多單位更將這種心態「制度化」，明文規定：請外國學者前來講學，可以支給高額的酬勞，也可以用他們的母語演說，不必透過翻譯，培養出本地學人「仰視」西方學者的慣習。

本地學者一旦功成名就，也鮮少願意跟人對等辯論。學界名流達人質疑時，上焉者會用老滑俏皮的口吻，講一些幽默笑話，把尷尬場面應付過去；下焉者則端出「學霸」的嘴臉，強調跟人辯論會降低自己的「格調」，而對別人的質問不理不睬。在我看來，這兩種態度中的任何一種，都可能妨害本土學術的發展。因此，在二〇一五年我的「退休『榮進』研討會」上，刻意鼓勵學生們對我的研究成果提出批判，我一定「知無不言，言無不盡」，全力回答。

「文化系統的研究取向」

對於這件事，做得最認真的人首推陳復。他從各種不同角度，對我的論點提出質疑，幾年下來，竟然積沙成塔，可以出版這本書。他的論點雖然跟我的立場不盡相符，事實上，從他的提問中，我卻受益良多。舉例言之，在本書第一篇論文〈黃光國難題——如何替中華文化解開戈迪安繩結〉中，陳復提出了一張圖，說明「黃光國文化分析的知識論策略」，圖的中間，他寫的是「多重哲學典範」。依我原意，這裡應當放置「結構主義」才對（見圖1）。陳復為什麼會做出這種建議呢？

我反躬自省的結果，認為這個問題的癥結應當歸咎於我。一九九〇年代中期，我以哲學門外漢的背景，下定決心撰寫《社會科學的理路》（黃光國，二〇〇一），旨在解決心理學本土化所遭遇到的難題，而不是在介紹西方傳統中所謂的科學哲學。這本書的內容跟西方科學哲學的「標準本」，也有很大的不同。

我在執行「華人本土心理學研究追求卓越計畫」的八年期間，殫精竭慮，思考如何用科學哲學解決心理學本土化所遭遇到的各項難題。該計畫結束後，撰成一本《儒家關係主義：哲學反思、理論建構與實徵研究》（黃光國，二〇〇九），三年後，該書之英文本改以 *Foundation of Chinese Psychology: Confucian Social Relations* 之名出版（Hwang, 2012），與西方主流心理學「泛文化向度研究取向」（pan-cultural dimensional approach）針鋒相對，開始提倡「文化系統」的研究取向（cultural system approach）

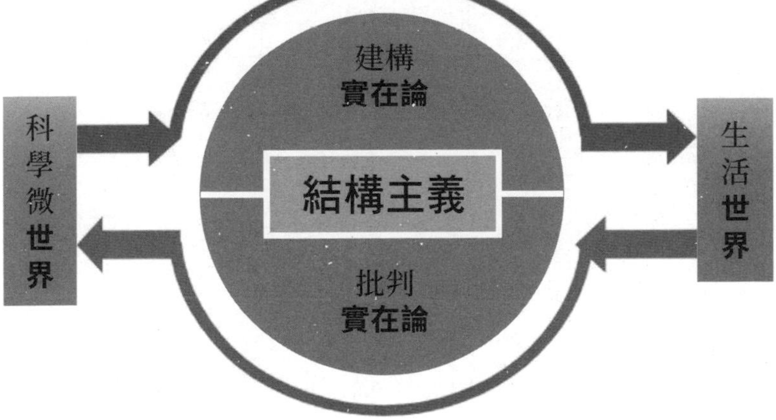

圖1 黃光國文化分析的知識論策略

（Hwang, 2015）。

「理一不難，難在分殊」

在我看來，科學哲學旨在闡明源自西方文明的「形構之理」，「儒、釋、道」三教合一的中華文明，則是源自東方的一種「存在之理」。華人社會科學本土化的目標之一，就是以西方的「形構之理」為基礎，建構「含攝文化的理論」，藉以釐清東方文明中的「存在之理」。

在我看來，所謂「多重哲學典範」應當包含：建構實在論、結構主義和批判實在論，建構實在論區分「科學微世界」和「生活世界」；心理學的「結構主義」討論「人」獲得「知識」的途徑；批判實在論則在討論如何建構「含攝文化之理論」。所以分析文化的知識論策略應當是以「人」或「結構主義」作為中心，而不可能是以「多重哲學典範」作為中心。

我必須承認：我以往的著作雖然經常提到「多重哲學典範」，但卻從來沒有把它的意思說清楚。它的本意是：從事文化分析的知識工作時，必須運用各種不同典範，「恰如其分、恰如其位」地解決各個不同性質的難題。陳復所謂的「黃光國難題」，其實是難在這裡。這正是宋明理學家所說的：「理一不難，難在分殊矣！」

經過幾度的反躬自省，我決定從本學期開始上「知識論和方法論」的課程時，先講清楚「科學哲學的演化系譜」，讓同學們先了解每一種哲學典範在系譜中的定位，同時將《致中和：儒家修養論的科學詮釋》改寫成《中西會通：傳承儒家的科學進路》，說明每種哲學典範在建構「含攝文化之理論」中的作用。如此一來，我難道不是成為跟陳復論辯的最大受益者嗎？

不同「進路」的對話

對於陳復在本書中所說的許多論點，其實我是不同意的。比方說，在〈儒家心理學——黃光國難題正面臨的迷陣與突破〉一文中，陳復提出了「黃光國迷陣」的說法，並畫一張「互動實在論研究法示意圖」，試圖說明他的「心體論」對於「歷史實在論」和「精神實在論」的觀點。用「自我」與「自性」的心理動力模型來看（見圖2），「歷史的實在」應當分為「個人的歷史」和「種族的歷史」，分別儲存在「個人潛意識」和「集體潛意識」之中。這是「性體論」的基本觀點，和陳復的「心體論」有很大的不同。

然而，這樣的落差不會妨害我們之間的對話。我在《哲學與文化》上發表發表的一篇論文〈傳承儒家的科學進路〉

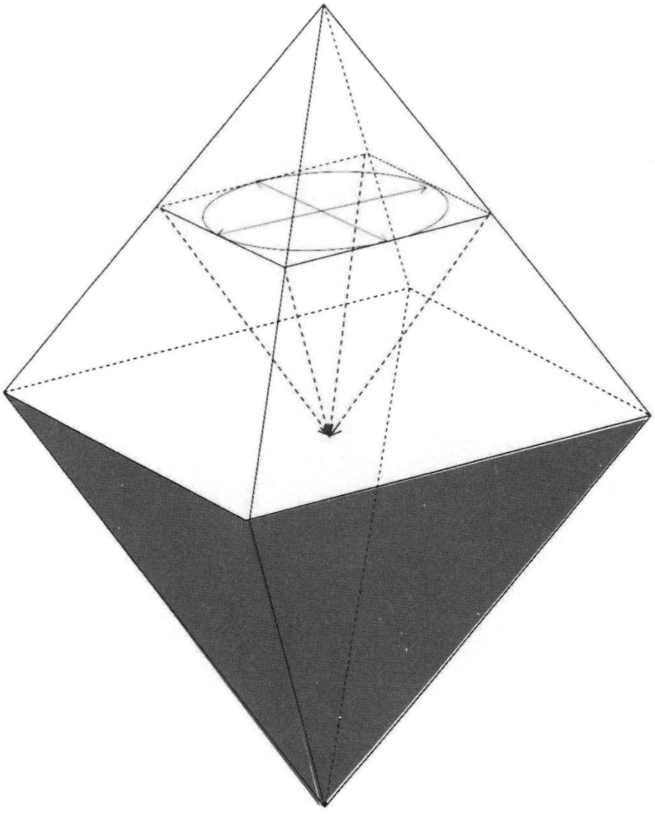

圖2 「自我」與「自性」的心理動力模型

指出：傳承儒家有四種主要的進路：王陽明「道德的進路」，朱熹的「宇宙論進路」，港臺新儒家「哲學的進路」，以及我所主張的「科學的進路」。我非常了解：陳復是王陽明「心學」的忠實繼承者，他又深受趙金祈「求如」之說的影響，陳復所說的「黃光國難題」，其實是他自己的難題；他所說的「黃光國迷陣」，其實也是他自己的迷陣，我們兩種不同「進路」的對話，不僅可以打破雙方個人視域的盲點，幫助對方完成他自身，更重要的是可以改變五四以來，華人學術界「自我殖民」的心態，開創出一種學術論辯生機活潑的新風氣。

止於「至善」

再舉一個例子來說，在該篇論文中，陳復提出了一個「自性的曼陀羅模型」，跟我所主張的「朝向至善的自性模型」（圖3）也有根本的不同。依我的觀點，自性是「自我」的「意識」、「個人潛意識」和「集體潛意識」的綜合體（見圖2），用榮格的心理學來說，這就是「人格的整體」（totality of personality），一個健全的人格，必然是朝向「至善」的（見圖3），這就是《大學》上所說儒家修養的方向是「大學之道，在明明德，在止於至善」。

我的論點跟陳復不同，可是，我能不能堅持說

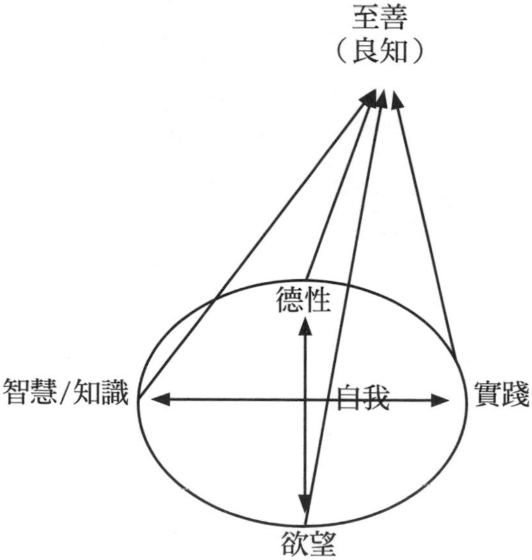

圖3　朝向至善的自性模型

「陳復的觀點錯誤呢」？這個問題的答案是否定的。因為儒家是一種重視「實踐」的文化傳統，宋明理學分為兩支，牟宗三判定：陸王一系主張的「尊德性」，是可以上接孟子的儒家「正統」，程朱一系的「道問學」，雖然對宋代之後的中國文化產生了重大的影響，但卻只是「別子為宗」。我的「傳承儒家的科學進路」其實也是一種「別子為宗」。唯有這兩種進路「兩輪並轉，雙翼齊飛」，才能使儒家真正有所傳承。是為序。

（黃光國，曾任國立臺灣大學心理學系教授、高雄醫學大學心理學系講座教授、教育部國家講座教授，現任國立臺灣大學心理學系名譽教授。）

推薦序二

陳復對「黃光國難題」提出批判的精神史意義

——從我與「本土心理學」的邂逅說起

慈濟大學宗教與人文研究所教授
林安梧

陳復博士的大作《轉道成知：華人本土社會科學的突圍》就要出版了。捧讀他的書稿，讓我悠悠想起這三、四十年來與「本土心理學」的邂逅。我想一方面從大的思潮變遷，另方面從自己的一些讀書及從師問學歷程，來反思這裡所說的「本土社會科學的完成與開展」。

「本土」最近常被提起，但我總以為臺灣現在講的本土，常常錯認了，常常倒過來「以土為本」。其實，「本土」是「由本而土」，並不是「以土為本」。「以土為本」是「土本」，那不是「本土」。或者可以總的這麼說：「本土」，「本」是文化傳統，「土」是生活世界，由此文化傳統而落實於生活世界，如此方為本土。

本土是很自然的事，但現在搞得這麼不自然，這又為什麼呢？暫且擺開臺灣當前政治一時間的氛圍，我們得追溯到上個世紀，甚至十九世紀末，清末民初。當時，華人世界那些為了救亡圖存的知識分子，以為要救中國，就得徹底拋棄傳統，在他們之間，充滿著徹底的反傳統氛圍。民國八年（一九一九）五四運動以來，更是甚囂塵上。一九四九年之後東渡來臺的胡適之、殷海光，他們仍然以為要引進西方的民主、科學，就得把傳統洗滌，甚至拋棄。當然，文化保守主義者，如錢賓四、牟宗三、唐君毅等則繼承著「中體西用」的路線，這路線早從清末的張之洞、康有為、梁啟超，一直到民國以來梁漱溟、熊十力，以及東渡的港臺新儒家，雖也有著不少變化，但總的來說，都可以歸到同一陣營來。

一九四九年國民黨撤退來臺以後，強化它的立國基礎在三民主義，認為三民主義正是中國傳統文化的現代化，民族、民權、民生，三民主義的本質是倫理、民主、科學；顯然地，國民黨黨國的意識型態走的滿接近於「中體西用」的路子。蔣介石認定他繼承的孫中山，是接續著「堯、舜、禹、湯、文、武、周公、孔、孟」的傳統。他完全放棄了原先一九二四年孫中山「聯俄容共」的左派路線，而採取了戴季陶氏所詮釋的孫文學說，走的是中國文化傳統與現代化和合為一的路子。

國民黨原先的黨國威權本來強調國家至上、民族至上，這可以說較偏於國家主義。再者，一九四九年大陸淪陷，國民黨敗退，中華民國只能困守臺灣（包括澎湖、金門、馬祖），他得親近美國及西方世界，才有可能與據守大陸的中國共產黨對抗。蔣介石他儘管極不願意權力被分享，但仍得與西方自由世界為伍，至少得虛與委蛇、應付應付。這麼一來，民主、自由、人權的價值，就得浮到檯面上來。另外，蔣介石的賢聖嚮往不同於毛澤東的霸王氣慨；蔣氏他想當個賢聖之君，雖然不能真正容納異己，卻也不敢手段作絕。他不喜歡胡適之，也得買胡適之的帳，不喜歡傅斯年也得受傅斯年的氣。東渡來臺以後，中央研究院、臺灣大學，臺灣的學術與教育最高的兩個機構，已然被徹底的反傳統主義或者相關的一群人所盤據著。我想蔣介石心中是不快樂的。有人說，蔣介石的性子是王不王、霸不霸，所以只能這樣子了。其實，隨著《蔣介石日記》的揭密，慢慢地，蔣介石的心聲漸漸會為人所知的，也幸虧他的王不王、霸不霸，臺灣才有了一個轉化的新局。老子《道德經》說得好，「勇於不敢則活」，由於蔣介石不敢徹底地一把抓，中央研究院、臺灣大學，這學術的龍頭，多少有自己的活水、自己的呼吸，臺灣的學術與教育就這樣生長起來了。當然，世界局勢也是個因緣，韓戰、越戰，國際霸權、地緣政治、海權島鏈，時勢所趨，即勢成理、以理導勢，歷史有點奧祕，生命卻也在人為的努力下，臺灣似乎有著天佑的契機。

一九四九年大陸異幟、兩岸分治，中國傳統文化花果飄零極矣！錢賓四「為故國招魂」，唐君毅尋求「靈根自植」，港臺新儒家面對著國破家亡，更為終極地體認到生命最為真實的存在，他們極力地在學術上、教育上，尋求突破，他們確立了心性本體的價值，確立了歷史的永恆，經由宋明儒學，上追先秦，遠紹堯舜，內契本心、上契天道，強調返本開新。大體說來，他們仍延續著中體西用的道路，但思維格局卻是邁向全世界的，這已大大地跨越了。

儘管政治的脈絡，港臺新儒學仍然不同於蔣介石的黨國儒學，但若以聯合陣線來說，他們應該被視為較接近而可以置放在同一個陣營。不過，因為他們仍然維繫著中國傳統士大夫「以天下為己任」、以文化道統批判政治傳統，蔣介石與他們仍然是有分別的，或者頂多若即若離而已。他們畢竟不是蔣介石的御用文人。蔣介石雖極尊禮錢賓四，但錢賓四的史學不為傅斯年及其弟子們所喜歡。錢賓四竟然無法進到臺灣大學任教，只能屈居在「素書樓」，在張其昀所創辦的中國文化大學任教。如今，大家一談起胡適之、傅斯年，說起臺大的學風如何如何的自由，其實，這是自由主義者、反傳統主義者所造的迷夢而已。說起權力的鬥爭，其實他們仍是不遑多讓的，手段雖不凶殘，但卻曲折周至，厲害得緊。

蔣介石雖不是真正的王道之君，但他畢竟不敢太霸道，不敢強力有所作為。特別到了蔣介石崩殂之後，蔣經國繼位，中產階級也慢慢長成了，國民黨政權也慢慢在地化。文化傳統也自然而然，由在地化逐漸走向本土化。原先半真半假的民主、自由，就在人們的抗爭過程中，慢慢弄假成真。國民黨的黨國威權慢慢褪去，在蔣經國晚期終於棄守。蔣經國過世後，臺灣過渡到了西方式的民主憲政、公民社會、自由人權。同時，臺灣也逐漸以鄉土、在地，作為生活世界的起點，重新展開思考。從七〇年代，中華民國退出了聯合國，與美國也斷交了，臺灣只能反身而誠，回到自家生命，落實本土。再者，又因為諸多國際因素，臺灣曾被稱呼為亞細亞的孤兒，但七〇年代以來，就國際情勢來說，它並不是完全孤立的，再說臺灣人是努力的，是心存社稷的。孔子有云「德不孤，必有鄰」，臺灣就在二、三十年間循著現代化的腳步，經濟生產的升級，政權的轉移、社區的重造。學術本土化的呼聲日益隆盛，而這本土化卻又是通向國際的，這是一個有趣而生動的進展。

大體來說，從臺灣現當代思潮的發展，我們發現新傳統主義者努力地證成了中國文化傳統是不妨礙現代化的，當代新儒家從香港的新亞書院，到臺灣的「鵝湖學圈」，在傳統的爬梳、本土的親近，乃至對國際學術的接壤，都有著顯著的成績。反傳統主義者，從淺薄的科學主義者轉變成現代化學派、自由主義學派，他們對於在地性的重視，對於本土研究的深化，隨著人類學、社會學、心理學的發展，日新又新地，有了新的征程。八〇年代起，楊國樞、李亦園、文崇一、胡佛等倡言社會科學的本土化，成為引領臺灣人文社會科學的主要聲音。從稍早的《思與言》到後來的《中國論壇》、《本土心理學》、《臺灣社會研究》，都可以嗅到這樣的信息，而這已經跨過了《自由中國》、《文星》、《大學雜誌》的政治氛圍了。本土社會科學的這波呼聲，他們更正視學問的發展。當然，八〇年代以來，有志於政治的政論雜誌，它的發展則另外進入戰鬥崗位的爭競上，而不只是議政而已，此又另當別論。

就臺灣這超過半個世紀的學術文化發展看來，顯然地，「反傳統」與「傳統」這兩陣營原先的來源不同，向度不同，人馬也不同，但卻一直是和弦雙奏的，在表象上，反傳統主義是占了上風，但骨子裡，傳統主義還是具有相當力量。我們發現，這七十多年來，在臺灣緩步艱行，行出了一條極有趣而曲折的路子來。它既不是徹底的反傳統主義，也不是頑固的傳統主義，而是在和弦雙奏下，譜出了新的學術曲調，一種強調回歸本土，卻又是現代的學術方法，又邁向國際的本土人文社會科學，已然是大家正在努力追求的目標之一。

一九八〇年，楊國樞他發表〈心理學研究的中國化——層次與方向〉，成為推動心理學與社會科學中國化的動力之一。他帶領著一群學生開啟了本土心理學的探索，可以說是本土心理學發展的舵手。他是臺灣第一位獲得心理學博士學位的學者，任教於學界龍頭臺灣大學，現在心理系的學者許多都是他的學生，我所認識並熟悉的就有黃光國、余德慧、余安邦等人。在我的理解裡，作為一位導師、領航者，楊國樞給出的與其說是一個思想系統的方向，毋寧說是給出了更寬廣的平臺以及視域。由於他的自由派作風，他門下優秀的弟子多半各有所見，差異極大，十分多元。黃光國與余德慧，這兩位心理學界我所熟悉的朋友，可以說是兩個滿極端的典型。

顯然地，黃光國較重視文化心理學、社會心理學層面，他的研究走的是宏觀的文化對比，喜歡大敘述、大論題。黃光國強調他的主要研究方向為科學哲學與方法論、本土社會心理學，並結合東西文化，以科學哲學為基礎，開展社會科學本土化運動，並發展本土社會心理學。這從他所著《人情與面子》、《知識與行動：中華文化傳統的社會心理學詮釋》、《社會科學的理路》、《儒家關係主義：哲學反思、理論建構與實徵研究》、《反求諸己：現代社會中的修養》、《內聖與外王：儒家思想的完成與開展》，在在可以看出他的學術意圖。

對比看來，我們發現余德慧擅長於臨床心理學，他長期關注詮釋現象心理學、生死學、臨床諮商、宗教現象學、宗教療癒。他習慣深入到人的生命實存的情境中，甚至在生死之際，臨終的體會與證悟。他不習慣於只是書面上知識系統的相待對比，他強調要深入心靈深處，實存體知。他如神農嘗百草，以身試法，病病不病，以為療癒。他的學問可以說從他的生命病痛中體知而來，他嘗試要將人文付於臨床之間，得到存在的驗察，去找尋沒有預設的基礎，他開啟了一套實存的現象學、深層的心理詮釋學。余德慧早年參與創辦了《張老師月刊》，後來又催生了「心靈工坊」出版社，這在在可以看到他走的是具體實存、微觀而內在的現象學之路以及心靈詮釋學之路，這與黃光國的路子是大相逕庭的。從他的主要著作如：《生命史學》、《生死學十四講》、《生死無盡》、《台灣巫宗教的心靈療遇》、《臨終心理與陪伴研究》、《生命詩情》、《宗教療癒與生命超越經驗》、《宗教療癒與身體人文空間》、《生命轉化的技藝學》，在在可以發現余德慧他走的是一內在的、幽暗的、深邃的，跨入生死病痛的療癒之道。

借用《易經》所說「一陰一陽之謂道」，相對於余德慧內在的、幽暗的、深邃的，跨入生死病痛的療癒之道；黃光國外在的、顯性的、結構的、文化類型的系統對比。余德慧細膩而深刻、聲調較低沉，喜歡具體實存的敘述。黃光國體大而簡略、聲調較高亢，喜歡概念系統的論辯。余德慧像個臨床心理師孜孜矻矻地守著病患，期待著療癒，喃喃細語；而黃光國則像個活動家熱情洋溢地到處奔走，宣揚理念，亢聲批判。一個思想深邃，一個聲音高亢。對比起來，還真有趣味。我在慈濟大學擔任宗教與人文研究所所長時，本來想籌劃一次，由我主持，讓他們兩人作系列對談，沒想到余德慧遽歸道山，只好作罷。

再回頭說說，我自己接觸心理學的因緣。我大學本科在臺灣師範大學國文系就讀，除了國學及哲學的學習外，因為是師大，至少要修習三、四十個教育學分，教育心理學便是一門重要的課程。當時，囫圇吞棗，有些粗略概念。記憶中，我對於佛洛姆（Erich Fromm, 1900-1980）、榮格（Carl Gustav Jung, 1875-1961）倒是挺有興趣的。後來，在上個世紀八〇年代初，我到臺灣大學攻讀哲學博士，從傅偉勳的文章中，開啟了弗蘭克（Viktor Emil Frankl, 1905-1997）的閱讀與研究，隨後一九八八年我寫了〈邁向儒家型意義治療學的建立——以唐君毅《人生之體驗續篇》為核心的展開〉、一九九一年寫了〈邁向道家型存有治療學的建立——以老子《道德經》為核心的展開〉、一九九四年寫了〈邁向佛家型般若治療學的建立——以《金剛般若波羅蜜經》為核心的展開〉。這些文章連同其他幾篇相關文章，蒐集起來，在一九九六年我刊行了《中國宗教與意義治療》。那時我也常在報章上寫評論性的通識文章，後來結集成《臺灣文化治療：通識教育現象學引論》在一九九九年出版。文明的弊病及其療癒成為我關心的主要研究課題。也因為我寫了這些文章，老友余安邦邀我去臺大心理系的一個研習營上作了講座，楊國樞院士也邀我參加了相關的心理學會議，就這樣我似乎慢慢與心理學界有了更多互動。

後來，我與余德慧一起作為《臺灣心靈白皮書調查報告》的學術顧問，順此因緣，又成為慈濟大學的同事，慈濟宗教與人文研究所便是以「信仰、實踐、療癒」為思想核心的，這裡可見出本土心理學的脈絡。余德慧重視的是生命實踐的深刻描述，意圖為本土心理學尋求最為根源的基礎。從「存在的覺知」到「概念的反思」，進而到「理論的建構」，這三者應該是迴環通貫的，我強調本土學術的建立是離不開經典的詮釋，離不開生活世界，離不開生命根源性的體驗的。我勤勉地致力於古代經典的語彙、現代生活的語彙、現代的學術語彙的交談與融通，祈願聖賢經典的意義能再度釋放出來，活生生地參與於我們的生活世界，對我們的整個歷史社會總體能有良性的影響。

黃光國同意陳復所做的概括：他長期學術工作的目的，就是要使中華文化擺脫「傳統與現代」一百五十餘年的束縛與纏繞，「徹底獲得新生」。其實，不只是黃光國如此，余德慧何嘗不是如此。與我同輩的許多朋友也都是為此奮鬥著，就陳復本身也是如此。擺脫殖民地式的教育內涵，擺脫逆格義的人文社會科學研究之方法，擺脫歐美中心主義的知識論、價值論與世界觀，尋求本土化，確立華人學術文化的主體性，並尋求與世界其他文明公平的、互為主體的對話與交談，這應該是所有有識之士所共同追求的。

對比而言，楊國樞、黃光國、余德慧，應該歸屬於現代化派、自由派的，這脈絡是從反傳統主義遞衍下來的。與時推移，他們已不再一味地反傳統，他們發覺要批判傳統就得深入地去理解傳統。黃光國讀了許多新儒家學者的書，並展開他的思考、批判與更進一步的研究。余德慧也對儒道佛三家思想下過一些工夫，雖然他自承古籍的經典工夫仍得加強，但在他實存的體驗中，卻是深刻而且別具意義的。黃光國、余德慧雖然都是楊國樞的學生，但他們既非只是傳承乃師之學，他們都各自另開生面，方法路數與思想進路，兩者大相逕庭，充滿著張力。

黃光國、余德慧都是我的老朋友，我被歸屬的思想流派與他們兩位頗為不同。我擔任過《鵝湖月刊》的主編、社長，又是牟宗三先生的弟子，自然被歸到當代新儒家陣營，屬於新傳統主義一脈。不過，我特想說的是，我也擔任過《思與言》的主編，那年我還為《思與言》學刊辦了三十週年的學術論壇。《思與言》十足地被認為是自由派、現代化派主力的一個刊物。在臺大念書時，我受到許多西洋哲學的洗禮，對於自由主義也是十分服膺的。不過，我時刻呼籲知識分子應該要「承天命、繼道統、立人倫、傳斯文」，這也就被定位為傳統的士君子的思考，就此來說，我的確是站立在這崗位上的。做這些回顧是想釐清在上個世紀八〇年代以來，不只是心理學的本土化、社會科學的本土化，還有其他諸多人文學問的本土化，這是個大的趨向。這樣的本土化一方面是從西學引進而生發出來的，另方面則是由傳統學術，為了要透顯到國際，更而重視本土而生發出來的。

如上所述，這四十年來「學術的本土化」似乎有著一定的驅迫力，不論是反傳統主義這方，還是傳統主義那方，彼此逐漸柔化自己的立場，並尋求跨界溝通。在對比雙奏的和弦之下，這兩派已然譜出了新的樂章。以華人族群為主導的臺灣，強調本土心理學的路子，那是很自然的，連帶地，強調社會科學的本土化，也是很自然的。楊國樞可以說是第一代，而黃光國、余德慧可以說是第二代，陳復對於黃光國的批判可以被視為是另一個新的世代。陳復雖然原來不是心理學界出身，但他轉益多師，知識領域頗廣，他的努力與成績是可以期待的。

一九八七年秋，我到新竹清華大學任教，約莫九〇年代中葉，認識了正在清華歷史研究所攻讀碩博士學位的陳復。直覺他生命有力道，體型壯碩，氣質清朗。記得他與我談起他組了書院，帶著年輕朋友讀經典，並且做聖賢工夫。這在講求知識為主的清華學風，可以說是絕對異數。我心裡嘀咕著，他這麼不合時宜地來到了清華，可能學位會搞得久一些。不過，久一些，也可能是另一件好事。還有，他的生命之氣與清華著實不同，以後也可能就不會在清華。但這也沒什麼不好，天地畢竟是自己耕耘出來的。他博士畢業之後，在交通大學兼任、臺灣師大做博士後，對科學哲學及西方的知識系統多有涉獵，這對於一個拳拳服膺要悟道證道的年輕人來說，無疑是一種極為有趣的轉折、重塑。後來，有一次在華梵大學的學術會議上，我作為他的論文的與談人，對於他的學術創發力，及內在心學的實踐動能，留下了深刻的印象。

二〇一三年，他轉到宜蘭大學任教，開啟了他的通識志業，展現了他的教學熱情，深深受到學子的推崇。作為博雅教育中心主任的他，更展現他的行政實踐能力，並進一步糾集了有教育理念、有學術理想的同道來共襄盛舉。二〇一六年十月，他主持「教卓計畫」邀請了黃光國與林安梧對談「臺灣學術將何去何從？人文社會學術的現況與展望」。宜蘭大學標誌性地豎立了這平臺，把自己擺進了臺灣人文社會學問的炮火之中。這裡，你可以看到陳復不只有性情，他也是有策略的。之後，他又做了一連串的磨課師課程，開了許多次國際會議，他主持的磨課師課程榮獲臺灣開放式課程暨教育聯盟課程精緻化與國際化計畫（二〇一八）、教育部標竿課程獎（二〇一八）、中華民國數位學習科技優質金質獎（二〇一七），該課程更被票選為全國網路票選人氣磨課師第一名（二〇一七），得到宜大教學卓越績優人員特優獎（二〇一七）、宜大傑出通識教育教師（二〇一七）與宜大績優通識課程優等獎（二〇一七）。二〇一八年，他與一群同道成立了本土社會科學學會，擔任副理事長之責，每在會議中引燃論題，如火之燎原，學會同道稱他是「第一炮手」。

陳復在陽明心學、先秦哲學、通識教育、生命教育、歷史教育、國學心理學與華人本土心理諮詢議題，都下過工夫。他的博士論文主要研究華夏文化與東夷文化的衝突與交融，並對齊學術與齊文化有相關專業著作，關注華人倫理與生命教育的整合，並從事相關社會實踐。其實，陳復的生命底子在陽明心學。他最有興趣的是將心理諮詢結合宋明儒學來發展智慧諮詢，他努力地推展「心學心理學」與「修養心理學」。他認為「心性之學」可以與「心理學」結合，這樣可以徹底完成其作為華人本土心理學的源頭。他已經跨越了中國傳統文化與現代化關係的「開出說」，他的主張不在於如何從「天人合一」去開出「天人對立」。相對來說，他想藉由「天人對立」的階段性思辨過程，回過頭來接回「天人合一」的思想傳統，藉此組織出具有現代意義的中華自主學術，終結華人社會學術被殖民的現象。陳復深深體會到此中的現實性與重要性，他運用「黃光國難題」這個詞彙將其顯題化，冀圖讓心性之學的內容有效轉化到心理學領域，讓儒學原創性的思想在心理學領域獲得蛻變與新生。

黃光國多次宣稱他從「多重哲學典範」的角度，展開他所謂科學哲學的詮釋，他意圖賦予華人本土社會科學發展過程，將中華文化本質具有「天人合一」的思想傳統，傾注「天人對立」的階段性思辨過程，從「生命世界」中開展出具有科學哲學意義的「微觀世界」。黃光國認為把握住了儒家思想做主體，統合三教並吸納西洋社會科學的菁華，從嶄新的概念詮釋裡可以拓展「中學為體，西學為用」的向度，重新塑造「儒家人文主義」的學術傳統，將具有「普遍性」的儒家價值理念建構成形式性的理論。這就是他所謂從多重哲學典範的角度來建構「含攝文化的理論」使用「自我的曼陀羅模型」（mandala model of self）與「人情與面子的理論模型」（theoretical model of Face and Favor）來重新詮釋儒家思想，繼續由「文化衍生學」（morphogenesis）的層面來發展有關先秦儒家思想的「文化型態學」（morphostasis），終至完成儒家思想的第三次現代化。依陳復來說，黃光國的舉措並沒有成功，而且他陷入泥淖之中，他陷溺在一自我所造的困結之中。他認為黃光國對「自我」的詮釋只有社會性意義，而且從利益角度來詮釋儒家思想，沒有真正認識到儒家思想特有的「心性本體論」與「工夫論」。

陳復這部書可以說是全面地對黃光國思想展開對話與批判，他首先指出「黃光國難題」，對於黃光國的理論核心概念展開釐清，並顯豁了他所謂的困結（戈迪安繩結），並點出了解開的可能。再者，他開始「入其壘，襲其輜」而且進一步「暴其恃，見其瑕」，因為唯有「見其瑕，道乃復」。陳復者，復此道也！他對於黃氏提出的多重哲學典範提出質疑，並指出他對儒家心理學並未能真正契入。當然，黃氏所論的儒家關係主義就沒辦法上溯其源，沒辦法調適而上遂於道。在生死海中的自我與真常本心的自性是不會一樣的。儒家強調的人格自我完善的歷程，這是修養心理學所必須正視的。這當然就得涉及於心性論、道體論的本源問題，要是從西方的「建構實在論」來說，看起來或者有些可以比擬處，形貌或有些相似，但精神意態、妙運其神，那是大大不同的。換言之，中西有分、上下有別，本土心理學得另找歸路，關於中華學術系統知識研究的自主策略，得跨過黃光國難題，深刻探求。

順此而下，關於內聖外王、中體西用等論題，黃光國對於傳統與現代化的轉化，也深致其力。陳復一樣提出了嚴厲的批評，指出問題在於黃氏對自我的詮釋只有社會性意義，而且從利益角度來詮釋儒家思想。由於數年來的攻防與討論，黃氏的理論也因此有了轉化，黃氏發展出了一套自性的曼陀羅的模型，來安排工夫論。這在心理學界是極為不容易的。陳復則指出黃氏對自我的詮釋囿限於世俗的社會性意義，沒有正視到真正的我，這是不足的。他認為黃光國設計自我的曼陀羅模型由於只有「自我」（the Ego）而沒有「自性」（the Self）的概念，因而無法產生曼陀羅輪轉。由於這些批評與交談，使得黃光國在《內聖與外王：儒家思想的完成與開展》這本書內承認自己當年建構「自我的曼陀羅模型」（mandala model of self）並未具有普世性的內涵，轉而承認「自性」議題的重要性，發展出更成熟的修養心理學，融合榮格的「四元體圖」（quaternit）與陳復的「自性的曼陀羅模型」，並新設計了「自性的心理動力模型」。「後期黃光國思想」有了大轉折。通過了「陽明學與榮格心理學的對話」，調適了黃光國晚期的思想，安頓了儒佛、和合了朱王。看來，黃光國難題似乎被解決到相當程度，當然，論議不會這樣就此停歇的。

正如莊子在〈天下篇〉感慨的，在「道術將為天下裂」的年代，如今「天下之治方術者多矣」，而人人「多得一察焉以自好」。歷史的業力，就這樣巨輪輾地、輪轉不已。這正如屈原〈卜問〉所言：「世溷濁而不清，蟬翼為重，千鈞為輕；黃鐘毀棄，瓦釜雷鳴；讒人高張，賢士無名。」孟子也深切體察到當時候「世衰道微，邪說暴行有作」，「諸侯放恣，處士橫議」。當然，「知言」、「解蔽」是必要的，「詖辭知其所蔽，淫辭知其所陷，邪辭知其所離，遁辭知其所窮」。「尚志」、「養氣」也是必要的，「其為氣也，至大至剛，以直養而無害」；「自反而縮，雖千萬人，吾往矣」；「三軍可奪帥也，匹夫不可奪志也」。彼戰國者如此，今之世界又一戰國也，猶更甚之。更甚之，又何妨？當埋深心、發大願，「低眉菩薩，養納生機；怒目金剛，開出活局」。學習儒道佛，敬而無妄、靜而無擾、淨而無染，大雄無畏，吹大法螺，重新拈出「人性本善」、「眾生皆有佛性」，通天接地，入乎本心、明達本性，布乎四體，通極八荒。「大學之道，在明明德，在親民，在止於至善」，這世界是可期待的，聖賢教言，不我欺也。

有「黃光國難題」的「靶子」，有陳復的「大炮」，還有許多本土社會科學會諸位同道的迫擊炮、手榴彈、機關槍、散彈槍，甚至引發其他同好的參與，我想這場戰爭，勢必會繼續的，而且肯定會是精彩的。學術要進步、思想要創造，話語的爭辯、議論是需要的，生命的激活，實存的契入尤其重要。論辯不是為了輸贏，而是要解開話語，回歸存在。存在者，「存」而「在」也。存者，存誠閑其邪，生生不息也。在者，充實光輝，如如安在也。陳復對於「黃光國難題」的討論，在本土文明的發展，在東亞學術的進程，是有其精神史意義的。是為序。

——庚子之秋十月廿一日凌晨寫於太平洋畔之東安居

（林安梧，先後擔任清華大學教授暨通識教育中心主任，臺灣師範大學國文學系教授，慈濟大學人文社會學院院長，同濟大學中國思想與文化研究院院長，山東大學特聘教授。）

自序
轉道成知論
——開啟社會科學本土化的里程碑

這本書《轉道成知：華人本土社會科學的突圍》終於要出版了，誠如我的先師韋政通教授生前所言：「你這些年跟黃光國教授的辯論，等於你撰寫一本有關華人本土社會科學的博士論文。」雖然先師墓木已拱，然而往事並未如煙。猶記得十二年前，我在國立臺灣師範大學科學教育中心做博士後研究，因中華民國科學教育之父趙金祁教授希望我能了解黃光國教授對於科學哲學的最新認識，藉由訪談光國教授的因緣，從此開始聆聽他各種有關課程，經由大量的對話，讓我對如何發展華人本土社會科學有更清晰的想法，同時對於光國教授某些觀點容有不同意見，但因光國教授係望重士林的大師級學人，或許來自他始終覺得任何文化的菁華都來自知識菁英撰寫的文集，使得他極度重視文本討論，我如果要讓他理解我的觀點，不書寫成文字將毫無獲得釐清的機會，因此我索性直搗黃龍，冀圖修正他理論的誤差，並將我跟他的觀點異同直接鋪陳成論文，他則針對我的問題做回應，如此一來一往，讓我撰寫出十篇論文，就成為本書的底稿。

然而，這本書的出現，還有更早的源頭。我是深受五四運動理念影響的中華知識分子，胡適先生的每本著作我都曾經讀得滾瓜爛熟，即使現在他的主張不再對我的學問帶來絲毫影響，卻依然深刻影響我寫字的文風。然而，我畢竟已經沒有上一個世代在學術層面的恩怨情仇，早已能平情對待從自由主義到保守主義各種不同的觀點，這包括錢穆先生同樣是我酷愛研究的史學大家，更不用說我後來在學術層面的師承相當多元：不論從胡適先生到我大學時期的老師李敖先生；從錢穆先生到我念博碩士時期的指導教授陳啟雲先生；從牟宗三先生到我終身視如精神父親的韋政通教授；從本土心理學之父楊國樞先生到我這些年來深刻請益的黃光國教授；甚至科學教育領域跟趙金祁教授學習科學哲學的經驗，都在我生命中留下深刻的烙印。估計在我這一年齡層的學人，沒有幾人有我這種閱歷，這使得我的思路不再只是人文學的思考，更不再有傳統與現代的壁壘，而會從中華文化整體未來該何去何從的角度，來思考學術議題。

但這只是論證層面，我至關緊要的成長經驗，來自我二十二年來對於心體的體證。當年在泰山鄉辦書院，人生腹背受困，在絕境中驀然悟得心體的存在，從此開始琢磨與實踐生命的學問。但我在這些層面的體會，只有在宋明儒學尤其陽明心學中能獲得交相印證，或許是科學主義（scientism）與實證主義（positivism）的影響太深，不論是自由主義或保守主義的學人都沒有任何「見聞之知」可提供給我參考，反而是新時代運動（New Age Movement）的幾位靈性大師諸如魯道夫．史代納（Rudolf Steiner, 1861-1925）、克里希那穆提（Jiddu Krishnamurti, 1895-1986）與阿南達穆提（Anandamurti, 1921-1990）的觀點能讓我意識到有關自性與空性交會的體證絕不是個人主觀的感受，而是超越主客關係的實存經驗。但最奇怪的現象莫過於這些議題竟然不被視作學術殿堂可討論的內容，這曾經令我深感痛苦，基於能在學術獲得承認的現實考量，我不得不「盡棄所學」，將生命的體證放在心中，轉而學習使用社會科學的語言來寫論文。

我面對學術工作的戰略與戰術有具體顯著的效益，經過這些年百折不撓的奮鬥，我已升等成正教授，在學術圈中幾度置身險惡的生態與難關，我秉持著中道精神跨過一山又一山，並超越與忘懷曾經對我帶來傷害的人與事，反而讓生命獲得蛻變，視野更加開闊。回看這三十年來「學三變」的歷程：從人文學（包括文史哲領域）的研究轉到心靈學的探索（包括心學在內的實際體證），經由科學哲學的重要轉折，最終發展出本土社會科學的知識論證。有趣的事實則是，我從來沒有拋開對於人類精神議題的關注，而且我深信人類終將因科技研發產品的過度供給，轉而更往內在探索，發展出心靈覺醒的新世紀，冀圖替這個新世紀的到來鋪路，我們需要預做因應與準備。如何讓華夏學術更與社會實際發展脈絡接軌，尤其對於華人學者來說，如何能結合體證與論證，回到我們中華文化的本原，發展出能精確回應當前人類精神發展的社會科學理論，從而在各具體學術領域獲得應用，這是我們任何深受傳統滋養的學人都無可閃躲的重大課題。

我曾閱讀劉子健教授《中國轉向內在：兩宋之際的文化轉向》這本大作，裡面探討由北宋到南宋，隨著新儒家思潮取得國家正統意識型態的位置，中國逐漸從外在轉向內在，直到西元一八九八年在西洋各國的衝擊與日本戰勝的影響裡，中國纔出現近代化改革的要求，使得傳統中國徹底解體。因此，他覺得新儒家曾經獲得的勝利可謂「得不償失」，因新正統本身反而變成「專制政體」的附和依從，壓抑成長的動能與多元的發展。劉教授可能有兩種想法：其一，他當時置身的美國社會，或許擁有著人類最終極且最優良的價值（尤其是民主制度），故而他會覺得宋朝時期的中國屬於「專制政體」；其二，他覺得當時新儒家思潮的存在，不論其居於主導或幫凶的角色，都會扼殺人類成長的動能與多元的發展，不利於中國往外在的議題開展。姑且不論這種看法是否有偏見，我們顯然都同意中國曾經對內在的議題有著相當深度的認識；差別在於他當年尚未看見隨著美國的日漸衰落，不知民主制度現已在全球面臨著失靈與失控的困境。

我主張的「華人本土社會科學」（或可稱作中華本土社會科學），其實跟大陸這些年來常說的「具有中國特色的哲學社會科學」有些相通的旨趣，差異點則在於我們真正關注如何恢復中華文化的主體性，跟西洋學術採取平等的角度來交流與對話，不再有任何學術殖民的態度，因此任何西洋哲學大師都不再是我們獨尊的對象，而只是我們討論的對象，我們的總體目標並不在依據任何主義來發展學術，重點應該擺在如何讓中華文化通過華人的心靈覺醒而獲得復興。但，自鴉片戰爭一百六十餘年來，華人社會的確深受歐美社會的劇烈影響，學術領域卻始終學不會西洋哲學的抽象概念思維，架構出精密的微觀世界（micro world），使得我們在各領域的學術討論都只能寫些「見樹不見林」的瑣碎論題，而無法產生第一流的學術成果，既遠愧於我們先聖先賢殫精竭慮獲得的智慧結晶，更無法對人類文明的永續發展帶來重大影響，問題的癥結，正在於我們沒有科學哲學的知識背景，使得我們終究只是活在不同維度的「生命世界」（life world）中。

如果只是置身在樂天知命的農業社會，活在生命世界中本不是問題，但現在早已跨過工業革命的洗禮，更經過資訊革命的巨變，虛擬的網路已經自成完整的系統，何謂「實體」變成需要重新定義的命題，我們眼中的「本土」不再只是腳踩的泥土，更包括眼前的螢幕，華人如何只能安於單純的生命世界中，對於抽象的概念思維置若罔聞？中華文化的天人合一特徵，從而產生各種文明成果，絕對是人類的瑰寶與資產，但談到回歸這種精神，如果沒有架構出更能說服知識人的脈絡與思路，則最終將無人能繼承與闡發中華文化的資產，從而活出精神的富裕安康。在某個階段內，我們亟需採取「主客對立」的論證辦法，來接通回「天人合一」的傳統，使得中華文化的內涵被主流學術領域接納回來，這就是我指出繼已經逐漸淡出學術舞臺的「李約瑟難題」（Needham Problem）後，我們應該著手解決逐漸顯題化的「黃光國難題」（Hwang Kwang-Kuo Problem），這其間最需要面對的學術課題就是我稱作的「轉道成知」（From wisdom to knowledge）。

何謂「轉道成知」呢？中華文化的核心智慧，不能只是任其在民間發展，或者在文史哲領域被視作邊緣化的學術議題，其自身需要有個轉化歷程，能發展成社會科學的知識，尤其儒釋道三家都在討論的自性議題，這本來是古典中國的公共語言，卻在西風東漸後被華人社會視作學術禁忌，這並不是正常的社會現象。冀圖將自性知識化，首先就要能論證出心體的實在性，「建構實在論」（constructive realism）主張人不能認識「實在的本身」（reality itself），人只能認識「建構的實在」（constructed reality），即使如此，人終究對於實在有某種認識，接著纔能有任何建構從中出現，該認識的依據是什麼呢？再者，根據批判實在論（critical realism）的理論核心為「先驗實在論」（transcendental realism），其主張科學研究的對象既不是經驗主義的現象，更不是人類強加於現象的建構，其屬於持續存在，並在我們知識外獨立運作的實在結構（real structure），我們如果能將心體視作實在的結構，將會是極其關鍵的「靈性轉向」（spiritual turn）。

因此，我從體證的角度（涵養的事實）與論證的角度（文本的事實），具體提出「精神實在論」（spirical realism）與「歷史實在論」（historical realism）來構築出「心體實在論」（nouslogical realism），這是我覺得解決黃光國難題應該依據的實在論，其能有效打破唯心主義與唯物主義的二元對立界線，屬於「轉道成知論」最核心的內容，但不僅於此，包括我提出的「自性的曼陀羅模型」、「兩線四面理論」與「自性四元體模型」都是在心體實在論的脈絡中，繼續將「中華文化智慧」變成「社會科學知識」的做法。當我們談到華人本土社會科學，只有先立其大本，通過論證確認心體的實在性，發展出相應的理論，接著纔能在各領域討論如何實踐，這些都來自我跟黃光國教授在激烈辯論中豐富與完成的思想，屬於本體論、知識論與方法論的突破，雖然彼此觀點不盡相同，然而我們師生保持深厚的情誼，共同聯合同道創辦中華本土社會科學會，持續關懷國事，並參與各種研討會與座談會，這種現象在華人社會極其罕見，被當世學人傳為佳話。

本書完稿後，除黃光國教授外，第一位閱讀完全書的人就是後新儒學大師林安梧教授。感謝兩位前輩都幫拙著寫推薦序，黃光國教授的序深刻說明著我們針對觀點不針對個人來展開辯論，目標旨在釐清學術議題，過程中只有論較誰的觀點其理則更綿密，卻沒有任何個人的勝敗輸贏，因為「萬物並育而不相害，道並行而不悖」，但只要願意仔細辯論，華人本土社會科學這片領域就能從中獲得大幅開拓，這就是數年來我們正在開創「君子和而不同」的思源風格。林安梧教授的序深刻闡釋著戰後七十年來的臺灣人社學術領域如何在兩股對立的思潮中相互激盪與整合，我仔細讀來，除對安梧教授的博雅學識深感敬佩外，更不禁潸然淚下！一百六十餘年來，任何對中國的未來有著濃郁情懷的知識分子，不論大家主張有什麼異同，誰不是生命倍感煎熬的受苦者？我們實在應該放下學者慣有的孤傲，想出轉道成知的辦法，來療癒受苦者的靈魂，提振大家的精神，重構精神富饒的文明盛世，這的確是我撰寫本書背後長期內蘊的精神史意義。

本書附錄有〈總結五四，再創未來：華人本土社會科學宣言〉，並附錄〈華人本土社會科學宣言始末〉來說明該宣言草擬的過程，由於這兩篇文獻的內容跟本書高度相關，尤其宣言具體指出華人本土社會科學未來在各學術領域可有的預期發展，因此我特別放進來提供讀者參考。這本書不是一本單純在展示我與黃光國教授四年來有關華人本土社會科學路線大辯論的著作，或許由於文中的觀點激烈交鋒，使得相關言辭變成外行人最想觀賞的熱鬧，但相信內行人會看出更深刻的意涵。對我而言，這本書最困難的考驗，其實來自有體證經驗的人如何通過論證的語言，來面向社會闡釋自己對心體的認識，使得其重新成為公共語言。二十二年前我悟得自性，經過如此漫長時間的醞釀，始有此書出版問世，此書實可謂第一本從學術角度來論證自性的著作，完全不同於傳統角度來體證自性的著作，這實在不是一件簡單與尋常的事情。這讓我不禁想到《孟子．滕文公下》記錄孔子曰：「知我者，其惟《春秋》乎！罪我者，其惟《春秋》乎！」

眼前中國面臨的重大問題，已不再是船不堅或炮不利，而是當中國自此轉向外在，獲得政治、經濟與軍事的卓越成就後，卻不關注內在面向該如何支撐，導致國人只從物質主義的角度來思考問題，不再願意探討心靈的內容，這會是我們由衷認同的中國嗎？這正是當前亟需跨越的難關。除第十章外，本書其餘內容都曾刊登在頂尖資料庫的期刊，或彙整至我跟黃光國教授聯合主編的專書內，相關論點是否能獲得學術的持續討論，使得自性議題有別於自我議題，成為普世性的重大學術議題，則留待於後世公斷。本書出版正值新冠肺炎疫情肆虐的時刻，當前世界局勢混亂，各大文明更需要展開對話，尤其華人社會如果再不意識到如何將社會科學本土化，將很難因應被強權刻意設立文明衝突產生的險局與陷阱。我特別感謝時報文化出版公司趙政岷董事長支持這本書的出版，希望各位讀者能細讀本書字裡行間的深意，並不吝惠賜寶貴意見，相信只要您能讀懂這本書的終極關懷，當會發現這本書未來應該會對華夏學術發展帶來重大影響。

庚子年十月初四陳復謹識於東華湖畔玻璃屋

第一章

黃光國難題

如何替中華文化解開戈迪安繩結

前言

黃光國從「多重哲學典範」（multiple philosophical paradigms）的角度展開對科學哲學的詮釋，賦予華人本土社會科學發展過程中無法繞開的「黃光國難題」（Hwang Kwang-Kuo Problem），該主題面臨方法論層面的巨大困難，就在於如何將中華文化本質具有「天人合一」的思想傳統，傾注「天人對立」的階段性思辨過程，從「生命世界」（life world）中開闢出具有科學哲學意義的「微觀世界」（micro world）。黃光國希望把握住儒家思想做主體，統合三教並吸納西洋社會科學的菁華，從嶄新的概念詮釋裡拓展「中學為體，西學為用」的向度，重塑「儒家人文主義」的學術傳統，將具有「普遍性」的儒家價值理念建構成形式性的理論，意即從多重哲學典範的角度來建構「含攝文化的理論」（culture-inclusive Theory），使用「自我的曼陀羅模型」（mandala model of self）與「人情與面子的理論模型」（theoretical model of Face and Favor）來重新詮釋儒家思想，繼續由「文化衍生學」（morphogenesis）的層面來發展有關先秦儒家思想的「文化型態學」（morphostasis），終至完成儒家思想的第三次現代化。然而，因黃光國對「自我」的詮釋只有社會性意義，且從利益角度來詮釋儒家思想，沒有看見儒家思想特有的「心體論」（nousism）與「工夫論」（kungfuism），使得黃光國首先得解決自己預設的困境，纔能幫忙我們解決「黃光國難題」。面對傳統與現代這兩端反覆的困縛與纏繞，中華文化長期面臨著「戈迪安繩結」（Gordian Knot），如果不對其「天人合一」的思想傳統徹底展開「實有的承認」，則「黃光國難題」就會替中華文化的繩結再打上更難纏的死結。筆者從理論層面到實務層面結合儒家的心學思想，提出趙金祁針對科學哲學提出的「求如三原則」（three principles of authenticity and unperturbedness），希冀對思考如何解決「黃光國難題」，並替中華文化解開「戈迪安繩結」新闢蹊徑。

第一節　引論：把握住黃光國闡釋的核心觀念

在學術領域裡常見不同的專業有著界線井然的觀念壁壘，很難展開對話，黃光國教授（後面簡稱黃光國）是華人學術圈裡較罕見願意跨領域來探索學術議題，並將該探索獲致的結論推廣到社會層面，希望構築學術與社會雙向溝通橋梁的學者。他是社會心理學專家，卻將社會心理學的範圍極大化，從本土心理學的角度擴展到整個社會科學領域，冀圖架構「華人本土社會科學」，並且，本土心理學相對於當前的主流心理學研究的對象主要在白人，值得反省後者架構出來的心理學知識同樣只是來自某個特殊的文化群體，其間視野何嘗不是來自典型的歐洲中心主義（eurocentrism）？本土心理學的目標就是正視不屬於歐美社會的文化傳統，研究各種不同的文化群體在日常生活中發展出來的心理樣貌，從中觀察其面臨到某些共同問題，提出合理的解答。黃光國特別看重傳統儒家思想對解答這些共同問題提供的觀念資源，並且，由於傳統儒家思想涵蓋面向不僅在文化心理層面，各種人文學術領域與社會科學領域都可藉由傳統儒家思想展開其詮釋工作，黃光國希望重新詮釋儒家思想，藉由精確理解華人社會人際關係運作的文化心理，並輻射到人文學術領域與社會科學領域各面向，裨益中華文化完成其第三次理性化歷程（對黃光國而言，第一次理性化歷程在先秦時期，第二次理性化歷程則在宋明時期〔黃光國，二〇一五：自序〕），這就是筆者理解其會冀圖架構「華人本土社會科學」的背景視域。

中國本來具有非常豐富的心理學實質內涵，只是不使用「心理學」這一詞彙與語意，但中華思想實可展開心理學角度的相應詮釋，雖然心理學作為獨立的學術領域是民國後的事情，並且，基於清末內憂外患的局面，當時中國知識分子覺得傳統文化已無法解決「亡國滅種」的危機，需要全盤學習西洋文化纔能救亡圖存，如欲徹底掃除中國政治與社會的弊病，只有拿西洋文化來反對傳統文化，這種受西洋文化影響的「二元對立」觀念，使得移植過來的心理學充滿著「科學主義」（scientism）的調性，並具有「糾正」傳統文化現象的意義，諸如創辦北京大學心理實驗室（這是全中國第一個心理實驗室），後來成為中國現代心理學奠基人的陳大齊，他本身就是五四運動的參與者，率先從實證主義（positivism）出發，使用心理學中的樸素唯物觀點，對靈學利用扶乩來宣傳神鬼這類迷信思想展開嚴厲批評。確實，在二十世紀中葉前，行為主義（behaviorism）長期作為國際心理學的主流，民國初年的中國心理學領域同樣深受其影響，如郭任遠關於雞啄食胚胎的經驗與訓練貓不吃老鼠的實驗研究，都受到國際心理學的高度重視，郭任遠認為「行為主義者的責任是像物理學家描述機械運動那樣精確地描述行為」（黃光國，二〇一一a：一〇九），並取消心理學的本能說，引發美國哈佛大學心理系系主任威廉·麥獨孤（William McDougall）的反擊，震動美國心理學領域。

這種將心理學自然科學化的研究傾向，藉由中華民國政府遷臺，大批具有科學主義意識型態的知識分子來到臺灣，同樣深刻影響臺灣心理學的發展，如長年主張「全盤西化」的始祖胡適，其深刻主導與影響華人學術思潮，來到臺灣持續從實證主義的角度大談科學精神與科學方法，其要點最終只歸諸「拿證據來」這種簡單的口號，對臺灣心理學的影響就變成黃光國口中只有「實證」而沒有「邏輯」的「素樸實證主義」（native-positivism），意即只是徵引外國研究工具，將其量表和問卷翻譯成中文，針對某個很細微的現象，檢驗信度與效度，來獲致「不具認知意義」的瑣碎結論，卻沒有理論架構與邏輯思考的歷程，更沒有真正直面社會並解決正面臨的問題（黃光國，二〇一一a：一一二—一一九）。這種全盤西化卻喪失學術主體的景況，最早有楊國樞於民國七十七年（一九八八）召集臺灣各大學與研究機構的同仁組成「本土心理學研究群」，並於民國八十年（一九九一）在國立臺灣大學心理系成立本土心理學研究室，積極推展心理學本土化工作，探討與累積華人本土心理學的研究成果，他由早期第一階段希望重新驗證美國心理學的研究發現、探討中華文化中獨特的心理現象，修改美國心理學的各種理論觀念、研究方法與研究工具，使其適用於華人，裨益在中華文化中架構新理論，發展出適用於華人的新方法與新工具；到第二階段，後來旨在架構真能貼合華人知行的心理學知識體系，藉此適當了解、詮釋、預測與改變華人的心理與行為，有效增進華人的生活適應並解決華人的社會問題，最終將儒家文化、基督教文化與回教文化做基石，來統整架構出人類心理學（human psychology）或全球心理學（global psychology）（楊國樞，一九九三；黃光國，二〇一一a：一二〇—一二一、一二九—一三一）。

楊國樞希望將儒家文化、基督教文化與回教文化統整架構出人類心理學或全球心理學，這固然已看見當前人類文化主要由前面三大文明系統在影響不同地理範圍的社會與其生活，然而，本土心理學面臨最大困境，莫過於當學者討論「本土心理學」這個概念時使用的是複數（indigenous psychologies），發展出多種版本的心理學（multiple psychologies），這顯然違背科學的簡約原則（principles of parsimony），如果不只最基本的三大文明，人類社會由這三大文明演變與衍生出來的文化都有自己的本土心理學，那人類到底會有幾種本土心理學呢？並且，在某個社會文化中發展出來的本土心理學，對其他社會文化中的人而言具有什麼意義？最後，這些本土心理學如何避免成為「新偽裝的科學種族中心主義」（scientific ethnocentrism in a new guise, Poortinga, 1996）？文化心理學家史威德（Richard Shweder）提出很著名的觀點，他覺得文化心理學主張「一種心智，多種心態；普世主義，考量分殊」（one mind, many mentalities; universialism without uniformity.）（Shweder et al., 1998: 871），其「心智」指「人類認知歷程實際或可能的概念內容的整體」（totality of actual and potential conceptual contents of human cognitive process）；其「心態」指「被認知與被激發的心智子集合」（that cognized and activated subset of mind），意即心態或許呈現各種樣貌，其內在的心智並無不同，不同文化都在塑造人類心理「共同的深層結構」，反映出人類共同的心理機能，如此就能獲致「人類心理學」或「全球心理學」的目標。

黃光國對本土心理學的重要貢獻，就在於他將這種普世心理學內蘊著人類心理共同的深層結構，特別稱作「關係主義」（relationalism），將其作為預設的社會科學理論與相關研究典範，最終有別於歐美社會特別「怪異」架構出「個人主義」（individualism）的思維，另闢蹊徑成為其他國家的學術主流。會被稱作「怪異」（weird），其說法來自西元二〇一〇年三位英屬哥倫比亞大學的教授在《行為與腦科學》期刊（*Behavioral and Brain Sciences*）發表的研究報告指出：自西元二〇〇三年到西元二〇〇七年間的心理學研究中，九六%的樣本來自美國和其餘西方諸國，其人口只占全世界人口總數一二%，這些來自西方（western）、高教育水準（educated）、工業化（industrialized）、富裕（rich）與發達（developed）的樣本，和全世界其他地區的廣大人口相較，其心理傾向非常特殊，他們將其稱作「怪異」的樣本（Henrich et al., 2010a, b）。西方社會中基督新教（protestantism）經過公民解放（civic emancipation）的過程造成的社會結構，加深個人自由、選擇權利與自我實現這些個人主義的心理叢結，譬如歐裔美國人的個人主義傾向比其他族裔高。被拿來與個人主義相對的概念是「集體主義」（collectivism），這是美國人基於對自己文化特徵的認知，依照「我們不是那樣的人」想像其他世界的文化。但集體主義這種「無所不包」的概念意涵來呈現各種不同的文化差異，在理論意義層面顯得模糊不清，只能解釋從個人主義角度對「異己」（non-self）的投射，從對照他人（antithetical other）的意識型態表徵中抽象與形構出來，卻無法精確指出人類更普遍展現有關自我的型態（黃光國，二〇一一a：一九二—一七二）。

由於黃光國同意本土心理學最重要的學術使命，就是運用西洋社會科學的研究方法，將文化的深層結構揭示出來，使得其由「潛意識的結構」轉變成為「意識的結構」，再將其當作參考架構，發展各種不同的心理學理論到本土社會的生活世界中從事實徵研究，他將英文的「self」翻譯成「自我」，並指出這是一種心理學層次的概念。其作為經驗匯聚的中樞（locus of experience），在各種不同的情境脈絡中，能做出不同的行動與實踐，並可能對自己的行動與實踐展開反思，對於該自我的運作，他將其稱作「自我的曼陀羅模型」（mandala model of self），意指個人在成長的過程中，會針對自己置身的外在世界，學到各種不同的「知識」（knowledge）內容，從中使用「知識」內蘊的「智慧」（wisdom），前者包含邏輯性、技術性與工具性的認知基圖（schemata）；後者則包含行動能力（action competence）與社會能力（social competence）。自我作為主體（subject）在其生活世界中，首先會有對「自我的認同感」（sense of self-identity），意識到自己與他人的明顯不同，當他展開「世界取向的反思」（world-oriented self reflection）時，基於個人的偏向，從其「個人知識庫」（personal stock of knowledge）中，選取其自認合宜的目標與方法來付諸行動與實踐，並因把自己當作反思覺察的客體，將自己置放於社會群體裡，從而獲致「社會認同感」（sense of social identity），這就是「自我的雙元性」（duality of self）。當人只作為生物性的「個體」（individual），受到各種欲望的拉扯，在生活世界中的行動與實踐遭到阻礙或挫折，他會經歷到負面情緒，並產生企圖控制外界的奮鬥。然而，當他展開前面指出「世界取向的反思」，發現往日習得的知識，已不足以克服外在世界中的障礙時，他就不得不要用自己的智慧向「社會知識庫」（social stock of knowledge）搜尋資料，進而再展開「行動取向的反思」（action-oriented self reflection），思考如何採取行動與實踐來恢復主體和世界間的平衡，使得自己最終成為社會性的「人」（person）。該「自我的曼陀羅模型」如圖1-1（黃光國，二〇一五：九〇—一〇〇）：

榮格（Carl Gustav Jung, 1875-1961）將意識的中心主體稱作「自我」（ego）；超越該主體並呈現生命整體的存在稱作「本我」或「自性」（self，有時會將第一個字母大寫成Self），前者來自意識，後者常來自個人潛意識（personal unconscious）甚至集體潛意識（collective consciousness），潛意識是意識的母體，自性則使得心靈獲得完整（劉耀中，一九九五：四七—五四、一二九—一三二）。筆者有個疑惑：當黃光國將「self」翻譯成中文的「自我」，並將該「self」賦予社會性的意義，那將如何理解人有個往內指向心靈，更具有生命整體性的「本我」或「自性」呢？這不只是翻譯問題，更是個哲學問題。

黃光國不使用「本我」或「自性」來翻譯「self」是有意的做法，因為他只有對生命整體性的「本我」或「自性」做出擱置，纔能不討論由「self」變成「Self」的終極性意義，將其下降到社會性的存在，這是筆者對黃光國會將「self」稱作「自我」的理解，並使得他講的「自我」最終其實是大寫的「Ego」。然而，當我們只採取社會性的路徑來思考「自我的曼陀羅模型」，殊不知「曼陀羅」（mandala）的本意是指宇宙森羅萬象且圓融內攝的本質，從該本質出發成為個人匯聚與修持能量的中心點，象徵著心靈的整體性，這層「天人合一」的核心意涵，在黃光國的「自我的曼陀羅模型」裡面無法看見，儘管筆者觀察黃光國不會不了解這層義理（黃光國，二〇一五：八五—八八），但這是否正來自黃光國設計該模型尚不具有「本我」與「自性」的意涵，故產生的重大觀念缺陷呢？

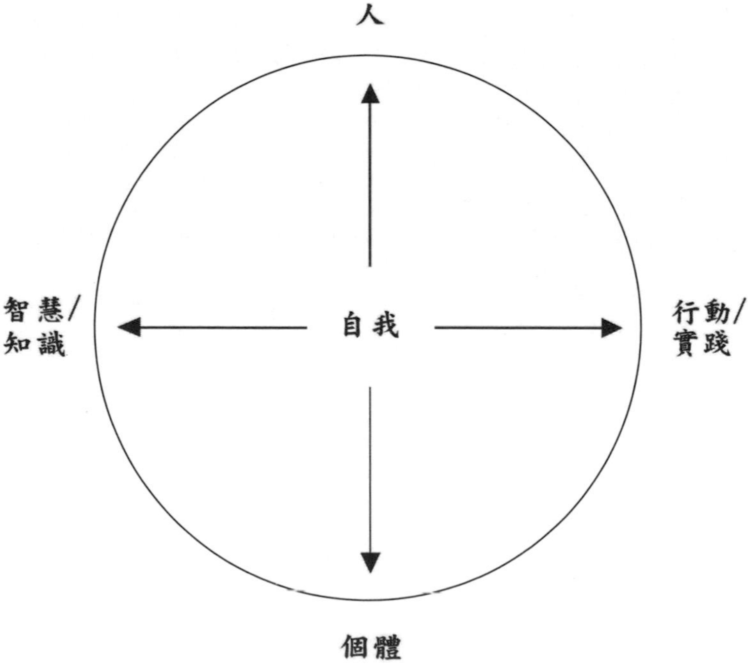

圖1-1　自我的曼陀羅模型

筆者由此合理推測黃光國的想法：當人由生物性的「個體」蛻變成社會性的「個人」，他就不再只是「個體我」（individual self），而變成「關係我」（relational self），這就開始發展出「關係主義」的生命狀態，對黃光國而言，孤冷的個體我無法置身於社會，關係我作為與社會互動的主體，更符合社會運作的事實，且「關係主義」類通於自然環境的結構，比「個人主義」更符合人類心智深層結構。何友輝就曾指出：中華文化裡的「自我」就是這種「關係性自我」，意即人我疆界模糊，自我與他人同體，對他人的存在有著高度的覺察，並在現象世界中區隔化開變成「在他人關係中的自我」，其進而觀察日本文化與菲律賓文化，覺得這同樣可用來認識亞洲人對自我的身分認同（Ho, 1991; 1993）。筆者理解亞洲人如會有這種「人我合一」的傾向，正來自於順著「天人合一」這一脈絡的擬態與衍生，然而，如不釐清這層根本意義，「人我合一」的關係我就會果真成為「無自性的自我」或「無本我的自我」，不只「人我疆界模糊」，更面臨「本末疆界模糊」的困境，當「本末疆界模糊」，人未曾意識到「天」這層終極意義，其負面影響就是「本末倒置」，關係本身只朝向「利益交換」，無關於「道義成全」。筆者從這個角度來觀察黃光國探討有關「關係我」的實質內容，其由社會心理學的面向架構一套「人情與面子的理論模型」，將人與人的互動角色界定為「資源請託者」（resource petitioner）與「資源支配者」（resource allocator），當「資源請託者」請求於「資源支配者」，令後者將其掌握的資源做有利於前者的配置，「資源支配者」心中想到的第一件事情就是「關係判斷」，他要思考的問題：「他和我彼此間有什麼樣的關係？」這層思考就是「本末倒置」的思考，但或許極可能就是當華人置身在「不識道義」卻「只見利益」的情境裡常有的思考，黃光國將人與人的關係正依據衡量利益的輕重到底會「朝向他人」或「朝向自己」這兩種不同傾向，而各自將其稱作「情感性成分」（expressive component）與「工具性成分」（instrumental component），並區隔成「情感性關係」、「工具性關係」，還有居於兩者間的「混合性關係」，資源支配者在面對這三種關係，各會有「需求法則」、「公平法則」與「人情法則」

這三種不同的心理歷程，意即當個人與這三種不同關係的他人交往，他都會衡量自己得付出的「代價」（cost）與他人會做出的「回報」（repay），最終並計算交易的「後果」（outcome），黃光國繪製該理論模型的結構圖如圖1-2（黃光國，二〇〇九：一〇七—一一四）：

這三種關係中，「情感性關係」與「混合性關係」兩者間用實線隔開，「混合性關係」與「工具性關係」兩者間用虛線隔開，前者表示「情感性關係」與「混合性關係」存在著一道不易突破的「心理界線」（psychological boundary），意即屬於「混合性關係」的人很不容易突破這道界線轉變為「情感性關係」；虛線則表示「工具性關係」與「混合性關係」兩者間的「心理界線」並不明顯，經過攀拉關係或加強關係這些「角色套繫」的動作，屬於「工具性關係」的人可能會加強彼此間的「情感性成分」，變成「混合性關係」，這是人類心智中有關社會關係的深層結構，其實適用於各種不同文化，尤其「報」是種普遍存在於人類社會中的規範，更是任何文化都公認的基本道德，人類的社會關係莫不

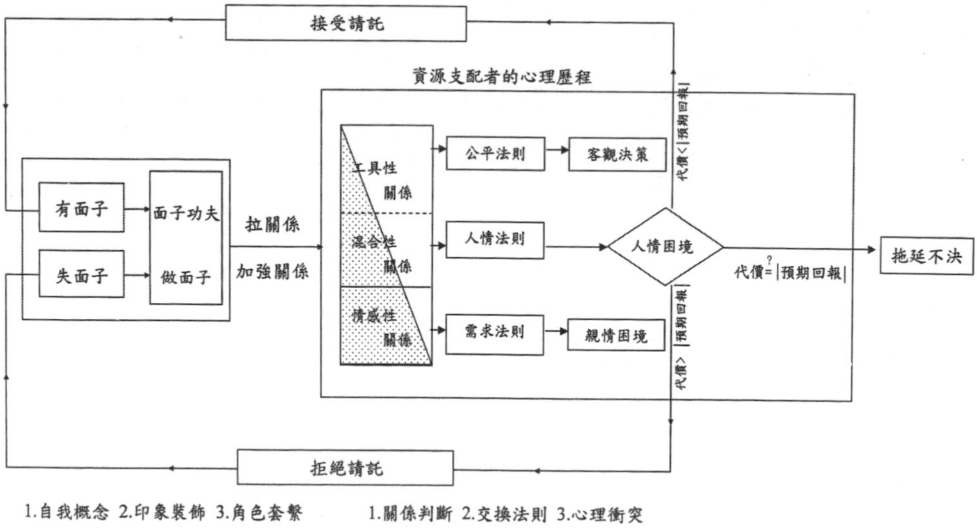

圖1-2　人情與面子模型

建立在「報」的規範，中華文化中的「需求法則」、「公平法則」與「人情法則」都是「報」該一規範的衍生，其主要差異在於適用的人際關係範疇不同，「報」的方法與期限跟著有所不同。黃光國舉例說中國家庭依照「需求法則」來發展的情感性關係，同樣適用於「報」的規範，諸如「養兒防老，積穀防飢」，就蘊含著父母預期孩子回報的意思（黃光國，二〇〇九：一一四—一一五）。從這個角度出發，我們或許纔能理解黃光國闡釋關係主義的觀念要旨，但當關係主義完全就是個人利益在不同關係裡的衡量與決斷，其衡量與決斷的主體就在自我，且該自我並無「天人合一」的終極意義，卻有「人我合一」的社會意義，如果黃光國對中華文化裡人際關係的詮釋無誤，這就頗值得思索：該自我產生的關係主義，因基於個人利益在不同關係裡的安頓，是否只是個人主義思維在亞洲文化的亞型變化呈現呢？如果父母與孩子的情感性關係只是來自「需求法則」，將如何解釋絕大多數父母生育孩子，其當下犧牲與付出完全不計孩子後來是否回報的事實？這層來自「天性」（或如孟子講「天爵」的義理）的層面如果不考量進去，關係主義將徹底變成「利益關係主義」而不是「道義關係主義」。如順著這個脈絡發展，當我們批評西洋文化個人主義思維具有特殊性甚至怪異性，或許就變得不再有立足點了。

筆者從這個角度來觀察，就不難理解為何認同與追隨黃光國教授的理念團隊成員夏允中教授會別闢蹊徑，轉而由佛陀證悟的「無我」（nonself）來探索含攝佛教的心理學理論，架構新的「無我心理學」（nonself psychology），來與西洋文化的「自我心理學」（self psychology）分庭抗禮（Shiah, 2016）。但，黃光國基於儒家思想內在結構談的「人情與面子理論模型」，這自成脈絡的系統性學說，肯定不會是有關於儒家思想根源型知識的「文化型態學」（morphostasis），而是有關於儒家思想發展型知識的「文化衍生學」（morphogenesis），但，該發展型知識到底是基於儒家思想本來面目而來的「嫡傳正宗」，抑或是別開生面的「別子立宗」呢？請容筆者先不立刻回答這個問題，卻來回顧儒學思想史曾經出現的一則公案。魏晉南北朝時期由於佛學大舉東傳中國，儒家思想常被佛教學者批評欠缺高明義，使得唐朝時期雖有政府藉由科舉倡導經學裨益於統治的世道（實則當經學被世家大族壟斷，詩賦反而成為科舉取士的重點項目），思想領域實則被闡釋自性的佛學獨擅風潮（如禪宗），其間或有道教中人標舉道術來對抗佛教，然不論如何，佛道兩大宗教都已然深植人心，儒家士人或如韓愈者不顧流俗批評佛老罔顧於人倫，然因當日的「聖學」只有社會性意義，而無終極性意義，使得儒學沒落的實況更顯得積重難返。宋明儒學再興，由北宋道學始祖周敦頤首先融合佛道兩家思想，開始闡釋儒家思想有關於天理與人心的終極意義，經由程灝與程頤的闡釋，直至南宋朱熹闡釋出理學，最終纔確立儒家思想的高明義，使得儒學獲得大興。朱熹對儒學的闡釋誠然是「文化衍生學」的發展型知識，從這則公案來觀察黃光國闡釋的「自我的曼陀羅模型」，如果該自我內涵最終只有社會性意義而無終極性意義，夏允中接著轉向談佛教思想的「無我心理學」，就是希望將只有社會性意義的「self」提高到具有終極性意義的「nonself」，這只能說是華人本土社會科學建構過程裡有關含攝文化心理學自然而然的發展了。

第二節　黃光國難題：科學哲學的認識與釐清

黃光國不可能不知道中華文化具有濃厚「天人合一」的傾向，然而他長期在思想領域面對「內外交逼的處境」，對內而言，他完全知道甚至深度體會中華文化有著藉由「冥想」（meditation）來「悟道」的傳統，這種修養心性的傳統正就是「天人合一」傾向的落實，藉由操練各類具冥想意義的工夫，人因此領悟並活出自身的天命，完成有智慧的人生。筆者曾與相談，聽聞他講到自己類同於修養心性的各種親身經驗。然而，或許正如孔子當年很多親身經驗尚可見諸於《孔子家語》，卻未見諸於《論語》，置身在充滿西洋文化殖民意義的學術環境，作為倡導華人本土心理學的先驅者，由於話語權的受限，黃光國無法直接回歸前面這個傳統來闡釋自己的學說，因為這個傳統並不具有「現代意義」，尤其沒有與其內容相符應的學術語言能展開嚴謹的學術討論；對外而言，黃光國覺得西洋文化具有濃厚「天人對立」或「主客對立」的傾向，該傾向來自古希臘人在靜觀（theoria）這種宗教儀軌中，展開個人面對整個世界的「沉思」（contemplation），該沉思必須採取一種客觀態度，使得人作為「超然的觀察者」（a detached spectator），穿越變動不居的表象世界，看見背後永恆不變的「真理」（truth），引領人類發展出真實而完滿的存在（being），整個過程只是探索萬物的道理，而不是改變它們，從中獲得有關理型世界的知識，這是種濃厚的「理論心態」（theoretical attitude），獲得的內容古希臘哲學家就將其稱作「科學」（science，logos），而不再只是具有相對性的主觀意見（doxa）。這樣的觀念後來與基督教的文化傳統結合，「上帝」是個超越的概念，個人與上帝間有著無法跨越的鴻溝，人雖然不能用自己的理性來認識上帝的「本體」，卻能轉向現實世界，觀察各種不同對象，建構出對這些不同對象的認識，不斷索問其最終共同指向的本體，這是種主客對立的研究法（黃光國，二〇一四：二二—二三；二〇一五：一八二—一八三）。

因此，面對天人議題這個層面，黃光國選擇一條「由外向內」的學術發展路徑，意即承認「沉思」的辦法，冀圖由自身的理論心態來探討中華文化，最終架構出「科學微世界」（scientific microworlds），藉由其學術語言完成華人本土社會科學，來促進中華文化的現代化。人本來有著具體的「生命世界」（life world），其豐富性根植於個人直接經驗的感受，並在日常生活中對這些經驗做出各種不同的解釋、組合與反應，屬於前邏輯性與前工具性的存有論領域。然而，按照理論心態的思維，人希望控制與開發自然，就無法不從事於宰制性的建構（dominative construction），這就是「科學微世界」會產生的原因。「生命世界」來自「本質性思考」（essential thinking）（Heidegger, 1966），屬於生活在同一文化的人在歷史長河中使用的自然語言，這與「科學微世界」來自「技術性思考」（technical thinking）完全不同，後者是科學家為達到特定目的製作出來的手段或方法，藉此獲得自然的能源，其不具有永恆性，科學家在該世界中使用的系統性知識，與自己在日常生活中使用的知識完全不同。當科學家本來的特定目的完成，或更換新的特定目的，科學家就會展開截然不同的建構過程，「科學微世界」的主導，正是現代社會的發展如此瞬息萬變且日新月異的主要原因（黃光國，二〇一五：一五八—一六五）。如果「科學微世界」的有無被視作現代化最核心的指標，當黃光國想循此角度從事中華文化的現代化，就面臨著極其重大的困難，因為中華文化對永恆性的回歸，使得該文化的核心價值就在不斷探索何謂「道」，並將「道」轉化出整體性的智慧（我們可稱「道即智慧」的思維，這個「即」有「就是」的意思），作用於日常生活中，這正是該文化的最主要特徵，本不需要將「道」分化出系統性的知識（我們可稱「知識即道」的思維，這個「即」有「靠近」的意思），「轉化」的路徑使得「天道就是人道」，意即給出智慧，該智慧具「有道性」；「分化」的路徑使得「人知靠近真知」，意即給出知識，該知識具有「無道性」，因為知識畢竟不如智慧就是「道本身」，其建構的系統只是在完成人類「自圓其說」或「自得其樂」的世界，拿「無道」的手段或方法，想呈現「有道」的內容，終令其被當前社會承認其價值與意義，如拿莊子的寓言來譬喻，這究竟是在「拾荃捕魚」，抑或是替「渾沌開竅」？

黃光國承認人在「生命世界」中採取的世界觀通常會詢問並回答諸如「我是誰？」、「我的人生處境是什麼？」、「我為什麼會受苦？」與「解救的方法是什麼？」這些問題，藉此釐清人類的本性，說明個人與外在世界的關係，並了解人在世界中的歷史處境，然而「科學微世界」並不具備這種機能（黃光國，二〇一五：一六四）。黃光國覺得人類會因不同的需求，經由不同主題的引導，建構出諸如「倫理世界」、「美感世界」與「宗教世界」這些不同層面的「微觀世界」（micro world），在黃光國的認知裡，中華文化都有這些不同層面的「微觀世界」，唯獨沒有具備科學意義的「微觀世界」。中國果真沒有具備科學意義的「微觀世界」嗎？黃光國完全了解李約瑟（Noel Joseph Terence Montgomery

Needham, 1900-1995）長年研究指出中國直到十五世紀至十六世紀在科學發展一直比西洋文化發達，但這種科學是種「有機體的科學」（organismal science），在希臘傳統裡，「有機體」（organism）就具有「整體」（wholeness）的意思，這來自西洋文化裡有關宇宙起源論的理解，世界本是個有機的整體（organic whole），追尋著本質性的原則來發展，除探索宇宙如何開始外，並探索自然現象其存在與成長的本質，從中釐清其本質性的原則如何實現。然而，如果按照《易經》來看其宇宙論並不是宇宙起源論，因其只是使用陰陽五行的概念來解釋宇宙間諸般事物的現象，並沒有不斷探索現象後面的本質性問題，因此，黃光國覺得李約瑟對中國科學的認識只是種「同情的了解」卻不是「相應的了解」（黃光國，二〇一五：一八五—一九二）。

李約瑟提出著名的「李約瑟難題」（Needham Problem）：「儘管古代中國對人類科技發展做出各種重要貢獻，但為什麼科學和工業革命沒有在近代中國發生，使得現代科學出現於西方，而不是在中國？」對於黃光國而言，他除並不覺得李約瑟講中國有著「有機體的科學」是事實外（這種否認，意味著他認為中華學術不曾有任何概念意義的「科學微世界」的存在），對於該誤稱「有機體的科學」曾經對人類產生如何重大的貢獻，他同樣不大在意（儘管他並不否認中國曾經有某些重大科技研發的事實），他最在意的是中國社會正面臨著現代化困境，這個困境的產生來自華人學術界毫無「科學微世界」的概念與社群，使得思想層面無法徹底完成其現代化進程。如欲建構這個「科學微世界」，就得要認識與釐清建構該世界背後相應的哲學，纔能完成「科學微世界」深根於華人社會的工作，這就需要探索何謂「科學哲學」（scientific philosophy），他將一生的全部學術研究歷程，都丟到自己提出來的「黃光國難題」（Hwang Kwang-Kuo Problem）裡，其主題：「儘管中國曾經創造豐富的思想，對人類文明的永續發展做出巨大貢獻，但中國的思想如果要再創輝煌的新一章，重新成為引領人類文明發展的引擎，就需要通過對科學哲學的認識與釐清，創造性展開華人本土社會科學的詮釋工作。」該主題面臨方法論（methodology）層面的巨大困難：「如何將中華文化本質具有『天人合一』的思想傳統，傾注『天人對立』的階段性思辨過程，從『生命世界』中開闢出具有科學哲學意義的『微觀世界』。」

筆者據此理解：黃光國是拿「知識即道」的手段來重新詮釋「道即智慧」的傳統，意即該傳統的內容本身就是個「道」，有賴於建構知識來盡可能認識，藉此完成「文化衍生學」的工作，這同時是種具有現代意義的「經學集注」。科學哲學的發展脈絡相當龐雜，黃光國提出從「多重哲學典範」（multiple philosophical paradigms）的角度展開對科學哲學的詮釋，這個多重哲學典範的範圍甚廣，他本不設限其概念獲得擴張的可能性，但對黃光國個人而言，其實質內涵結合建構實在論（constructive realism）與批判實在論（critical realism），對西洋心理學發動「心理學的科學革命」（scientific revolution in psychology），取替本來極其怪異的心理學理論，徹底解決本土社會的問題（黃光國，二〇一一a：一六二—一八七）。建構實在論的理論核心為「兩重實在論」（two types of reality），其從自然與人設兩種角度，區隔出兩種「實在」，首先是「實在的本身」（reality itself），接著是「建構的實在」（constructied reality）。建構實在論認為人類全部認知都藉由語言來展開，因而強調語言的重要性。但，不同科學領域架構不同的術語，各自有不同的論述型態來貼靠著實在，其結果每個科學都拿各自的語言，發展出不同的理論，各自完成其「微觀世界」，因此，如將不同微觀世界做個總和，擴大科學社群的視域，最終就能獲得「建構的實在」（黃光國，二〇一三：四二六—四二八）。批判實在論的理論核心為「先驗實在論」（transcendental realism），其主張科學研究的對象既不是經驗主義的現象，更不是人類強加於現象的建構，其屬於持續存在，並在我們知識外獨立運作的實在結構（real structure）。科學活動的目標旨在覓出產生現象的結構性機制（generative mechanism），該知識在科學活動中產生出來，科學既不是自然的表象，更不是人類製作出來的產品，科學和實在兩者各有結構，持續分化並不斷變異，且後者獨立於前者而存在（黃光國，二〇一三：四四二—四五三）。由此可知，不論是建構實在論或先驗實在論，黃光國將「天」的意義放在對實在本身或實在結構的討論；並將「人」的意義放在語言建構出自成系統的觀念，該觀念的建構過程不應著重於「個人」來做探索的基本單位，而應該著重「關係」來做探索的基本單位，尤其社會現象的發生，常只有由其間的社會脈絡出發，纔能理解有關於個人的任何事實，尤其尊重與承認文化對觀念模塑具有無遠弗屆的影響，這使得人並不是實證研究視野裡的客體，更是展開該研究的主體，他認識的對象不僅包括外在的客體，更包括他對自身的認識過程，這使得「人文科學」成為可能，更能從中架構出相應的「本土社會科學」。生命世界與微觀世界通過多重哲學典範作為研究方法，從關係主義的視野獲得融貫，不斷相互交融影響，這裡繪圖示意如圖1-3：

因此，黃光國學說的建構過程，來自對「黃光國難題」的解答過程。他希望華人學術能擺脫西洋文化的學術霸權長期殖民的現象，不再只是淪落成邊陲化的社群，從事著「原裝設

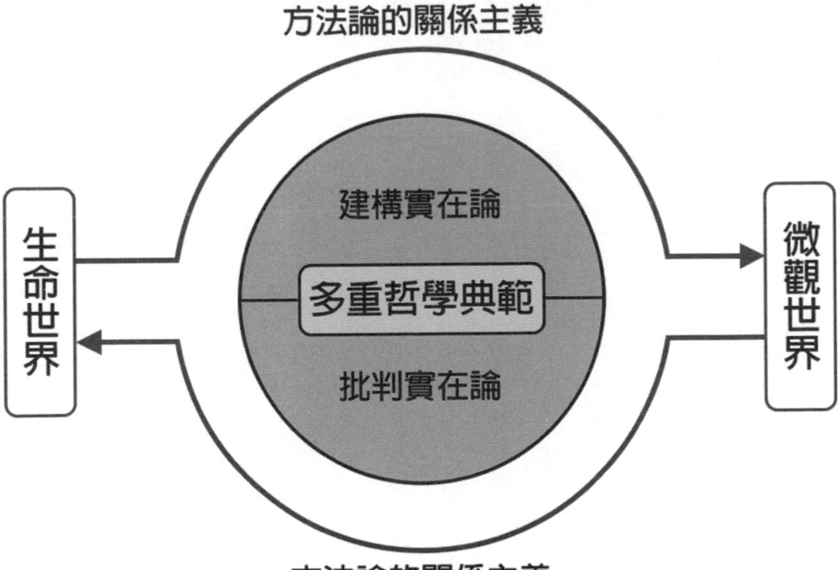

圖1-3　方法論的關係主義

備加工」（original equipment manufacturing, OEM）的下游學術工作（黃光國，二〇一三：二一─六），最終恢復中華文化對華人社會本來無遠弗屆的影響（或者說，將這層本來無遠弗屆的影響事實「正位」成學術研究的對象，而不再只是拿西洋理論去生吞活剝硬搬來詮釋華人社會），甚至揭露中華文化本來比西洋文化更具有普世性價值。他使用「關係主義」來解釋人的自我深層結構，藉此說明西洋文化植基於「個人主義」對自我認識的片面性與孤立性，並承認華人本來自具的生命世界，將其作為滋養關係主義的基石，從而建構具科學哲學意義的微觀世界，該微觀世界獲得的認識，卻同時滋養著生命世界，深化生命世界對自身認識的內涵。這整個建構過程中，黃光國承認最終有個「恆常自明存在」的實在，其具有超越於個人的先驗性（transcendentality），持續在生命世界與微觀世界的交融共構裡產生實際的影響，既使得生命世界的現象變動不居；更使得微觀世界的觀察流轉不息，人無法徹底掌握，卻能不斷經由內觀或外觀來展開合理推測，這種合理推測來自畢竟「人」無法成為「天」，使得個人無法完整洞悉上帝的意旨（因中華文化沒有「三位一體」（Trinity）意義的上帝概念，或者我們直接稱作實在本身），但人正需要這個無法完整洞悉的事實，纔能使得文化不斷因這個合理推測的過程，向前獲得豐富的發展。這就是黃光國使用「天人對立」的階段性思辨過程，並特別採取何友暉談的「方法論的關係主義」（methodological relationalism，意即社會現象的事實與原則無法化約到關於個人的知識上，其由無數個人形成的關係、群體和機構中滋生出來，並獨立於個人特徵外）（黃光國，二〇一四：七一─七二）接回「天人合一」的思想傳統，讓其本來「生生不息」的特徵，藉由這套具有多重哲學典範意義的科學哲學，來重啟文化運轉的法輪與慧命，完成中華文化的現代化歷程。

這誠然是黃光國苦心孤詣探索如何完成中華文化的現代化，提出的具體解決辦法。然而，「黃光國難題」卻沒有辦法如此輕易獲得解決，最關鍵的問題就在黃光國雖然完全明白中華文化本質具有「天人合一」的思想傳統，卻沒有給予該思想傳統相符應的深度重視，這使得「知識即道」的「道」本身並未獲得清晰的認識。黃光國希望把握住儒家思想做主體，統合三教並吸納西洋科學哲學的菁華思想，從嶄新的概念詮釋裡拓展「中學為體，西學為用」的向度，重塑「儒家人文主義」的學術傳統，將本來具有「普遍性」的儒家價值理念建構成形式性的理論，意即從多重哲學典範的角度來建構「含攝文化的理論」（culture-inclusive Theory）（黃光國，二〇一五：VII），使用「自我的曼陀羅模型」來重新詮釋儒家思想，繼續由「文化衍生學」的層面來發展有關先秦儒家思想的「文化型態學」（morphostasis），對黃光國來說，完成儒家思想的第三度蛻變，就是完成中華文化的現代化。然而，他從社會心理學的角度來認識儒家思想，側重於釐清儒家思想的倫理面向，因此其「自我的曼陀羅模型」具有社會性意義（只要是具有相對性的倫理，遵守該倫理與否就純粹只是個別文化脈絡裡的規範議題，更不要說相同的文化在不同的時間與空間，面對倫理都有相應的因革損益），卻不具有終極性意義，然而這不正就是「天人合一」的核心內涵？如果黃光國能更深刻體認到「天人合一」的核心內涵，使得人的「自我」不再是「自我」，而能經由精神修養擴充格局，不只讓「人我疆界模糊」，更進而讓「天人疆界模糊」，意即該「自我」的容量具有「本我」或「自性」的內容，筆者合理推測其有關「人情與面子的理論模型」，就不會再只從資源配置的角色（請託者與支配者）來思考，得出「只見利益」卻「不識道義」的看法了。但，基於他秉持著西洋文化傳統裡「人不能成為天」的綱領，使得他其實對中華文化本質具有「天人合一」的思想傳統只是種「虛無的承認」，甚至有著「存而不論」的傾向，這使得「黃光國難題」的無法解開，癥結竟來自於「黃光國自己」。當黃光國對「天人合一」只做虛無的承認，且其理論「見利不見義」，他的學術成果與儒家思想「重義輕利」的本來面目已有重大差異，未來在整個中國儒學發展歷程裡，如荀子主張「性惡論」般（荀子講的「性惡」只是社會性意義的習性，不如孟子講「性善」具有終極性意義的自性），最終只會被視作「別子為宗」，而無法成為「嫡傳正宗」。

第三節 戈迪安繩結：解開黃光國難題的辦法

亞歷山大（Alexander the Great）在西元前三三四年打敗波斯後，來到小亞細亞中西部一個古國佛里幾亞（Phrygia）的首都「戈迪安」（Gordium）過冬，在戈迪安街道的中心有供奉宙斯的神殿，在神殿中擺放有一輛古老的戰車，戰車上纏著累世流傳的「戈迪安繩結」，傳說誰能解開繩結，誰就能統治天下。亞歷山大仰天大笑說：「要解開繩結很容易。」說完，便拔出寶劍，將繩索砍成數段。這時天空一陣雷聲，好像宙斯都同意這辦法。中華文化如何擺脫傳統與現代這兩端長達一百五十餘年的困縛與纏繞，徹底獲得新生，對人類文明的永續發展繼續做出巨大貢獻，這何嘗不是屬於中華文化的「戈迪安繩結」？如果誰能簡潔俐落解開這條繩結，誰就是有志於「混同東西」的亞歷山大，宙斯都將欣然表示嘉許。黃光國當然不是替我們打上「戈迪安繩結」的第一人，但他從學術層面凸顯「戈迪安繩結」的長期存在，再賦予「黃光國難題」的角度來詮釋「戈迪安繩結」，使得該繩結變得更難解開。為何我們前面指出「黃光國難題」的無法解開，癥結竟來自於「黃光國自己」呢？關鍵的概念困境，就來自黃光國完全從西洋哲學的角度來理解「先驗」（transcendental）與「超驗」（transcendent），前者是指「在經驗前面」，譬如終極的實在，其無法用感官經驗來體會，卻可用經驗獲得的原則來推論；後者是指「超越於經驗」，譬如神祕的體驗，其無法用感官經驗來體會，更不能架構原則來作用於經驗。當這兩個概念成為相對的概念，那就不難理解為何黃光國會指出只有「先驗的存在」，不能有「超驗的存在」，當人自認有「超驗的存在」，就會出現「人成為天」的顛倒夢想，科學肇基於「天人對立」從而發展出「主客對立」的思維將不復存在。

但，如果中華文化本質具有「天人合一」的思想傳統，該內涵並不適宜拿「超驗的存在」這種概念來理解的話，黃光國的疑慮還能繼續存在嗎？黃光國承認上帝是個超越的概念，華人並沒有如基督教那般鮮明的上帝意識，這並沒有成為人展開本質性思索的對象（黃光國，二〇一五：一八四—一八五。這點是否屬實，當然值得我們繼續細論），如果順著這個脈絡來說，自然就不會有「人」與「天」這麼深層的鴻溝，更無法有「人成為天」這麼巨大且複雜的天啟奧義（或顛倒夢想），不論「人」對「天」是否有做本質性思索，中華思想裡「天」對「人」而言，並不是「可望不可及」的存在，「人」與「天」本來有自然流動交通的精神意境，其間具有「人天共構主體」的主體際性（intersubjectivity），這點不能不重視。筆者發現這裡面來自黃光國對中華思想最精湛的心性觀念有著重大誤解，儘管這本來並不是黃光國個人的問題，而是宋明儒學衰落四百餘年後存在於華人社會的普遍現象。中華思想的性質本來不是西洋哲學裡「理型論」（或稱觀念論，idealism）或「物質論」（materialism）能簡單歸類（中國過去七十年來，常見使用「唯心論」或「唯物論」這種「二元對立」的說法來從事於政治鬥爭，這其實是對該兩詞彙不精確的翻譯，更不是「心物合一論」的大團圓說法能含混其辭做出歸類），因為「天人合一」的重點並不是「人成為天」，這種說法立即會被影射成「個人能了解上帝的意旨」，或甚至說成「個人能成為上帝」，重點在「天人」獲得「合一」，這個「一」（the One）是指「心體」，心體不是優先於現象的「理型」，更不是看得見摸得著的「物質」。心體在儒學有各種稱謂，最早如孔子晚年講「仁」來取替自己早期講「禮」，就已經意識到禮節只是種外在的倫理規範，無法徹底安頓人心，任何禮節需要再經過仁愛的自覺與收攝，纔能真正發揮其意義。孔子表示：「克己復禮為仁，一日克己復禮，天下歸仁焉。為仁由己，而由人乎哉？」（《論語．顏淵》第十二，一九八八：一九四—一九五）他還說：「仁遠乎哉？我欲仁，斯仁至矣。」（《論語．述而》第七，一九八八：一四四）孟子講「性善」，開始拿水會自然往下漂流來譬喻並指稱「性」的本質光潔，他說：「水信無分於東西。無分於上下乎？人性之善也，猶水之就下也。人無有不善，水無有不下。」（《孟子．告子上》，一九八八：五六六）後來南宋的陸九淵進而講「發明本心」，他說：「學苟知本，六經皆我注腳。」（《陸九淵集》卷三四，一九八一：三九五）陸九淵指稱的「我」，並不是指「自我」（Ego），而是「自性」（Self），拿他自己的詞彙來解釋就是「本心」，早在他十三歲的時候，就已經領悟這幾個觀念，〈年譜〉記他說：「宇宙內事，乃己分內事；己分內事，乃宇宙內事。」還說：「宇宙便是吾心，吾心即是宇宙。」還說：「宇宙不曾限隔人，人自限隔宇宙。」（《陸九淵集》卷三六，一九八一：四八三）這種個人與宇宙的交通感，都只有在悟得自性纔能明白，此際天人內外被打通，再沒有限隔，這就是「天人合一」的實際體會，但「人」是開創與「天」共構主體際性（合一）的源頭，這個源頭就是心靈實體，這纔能體現儒家一貫面向天道的人文精神，更是「儒家人文主義」的真正學術傳統。

王陽明經由龍場大悟體會到自性，〈年譜〉記其體會說：「始知聖人之道，吾性自足，向之求理於事物者誤也。」（《王陽明全集》卷三三，一九九五：一二二八）重點就在「吾性自足」這四個字的體會，他首度領會出「自性」這個本體的存在，後來進而使用「良知」來稱謂自己的體會，他說：「良知是造化的精靈。這些精靈，生天生地，成鬼成帝，皆從此出，真是與物無對。人若復得他完完全全，無少虧欠，自不覺手舞足蹈，不知天地間更有何樂可代。」（《傳習錄》下卷第六十一條，一九九七b：一三九）這裡說「自不覺手舞足蹈」，就是在指因為悟得良知的剎那獲得的狂喜，前面會說「造化的精靈」，就是在指良知是創生的源頭，他使用「這些精靈」的詞彙來指良知，意謂全部的萬有裡都有良知，這就是中華思想獨特的「心體論」（nousism，古希臘字「nous」指「心靈」，筆者覺得結合該字自創英譯會更適合），心體是終極的實在，該實在連結著「天」與「人」這兩端，這固然可從研究層面展開主客對立的討論，但如藉由各種工夫體驗來領會著「合一」，這誠然是種「冥契主義」（mysticism），卻絕對不能輕易稱作「神祕主義」（occultism），冥契主義的理路就是藉由做工夫來把握本體，這雖然不同於理性主義（rationalism），卻還是種基於理性的觀點來探索的角度，其主要著重點在於釐清何謂「開悟」（enlightment）或「啟悟」（illumination），雖然這種經驗本身不可能離開感性經驗，尤其人是在用他的身體去悟道，他必然會有來自於感官知覺的刺激，然而，這並不是說冥契主義就是主觀的角度，甚至有研究者指出客觀感是全部冥契經驗共同的特色。

黃光國將冥契主義與神祕主義混淆，將冥契經驗直接等同於神祕經驗，使得他不能看見「工夫論」（kungfuism，「kungfu」是中國特有武術，其內涵精神與儒者的工夫論相通，故採取該字來自創英譯較適合）作為精鍊心體的存在意義，誤把對內修養當作對外通靈（筆者聽聞黃光國講到自己類同於修養心性的各種親身經驗都屬於此類經驗），甚至視這種「宇宙整體意識」屬於原始思維型態（黃光國，二〇一五：一六三），看不見心體論完全不同於理型論與物質論的獨特性，將「終極的實在」放在「天」而沒有放在「人天共構主體」，這就是他無法對自身「天人合一」的思想傳統展開「實有的承認」的心結。如果擱置心體論且不談工夫論，不從裡面挖掘出內在豐富的「生命世界」，從中作為建構「微觀世界」的資源（尤其是有關於科學哲學的「微觀世界」，心體論出發同樣有相應的科學微觀架構），讓中華思想的精湛內容貢獻於人類文明，尤其裨益於科學哲學的繼續向前發展，這就很難落實「中學為體，西學為用」，沒有承認心體論作為中華學術的「體」，我們該如何操作西洋學術的「用」呢？這難免會有如王陽明在〈詠良知〉這首詩中說：「拋卻自家無盡藏，沿門持缽效貧兒。」「黃光國難題」面臨的真正難題，就在他的兩段論點：後半段的論點旨在通過對科學哲學的認識與釐清，傾注「天人對立」的階段性思辨過程，從「生命世界」中開闢出具有科學哲學意義的「微觀世界」，創造性展開華人本土社會科學的詮釋工作，這個策略性的做法筆者完全同意，我們確實不能再逃避「天人對立」的研究課題，直接繼續只訴諸「天人合一」這條路徑對心體的體驗工夫（卻不對該工夫展開主客對立的研究工作），就能輕易解開這道「黃光國難題」，但筆者同樣要指出：如果黃光國對中華思想的認識（尤其後期宋明儒學的認識）如同李約瑟對中國科學的認識只是種「同情的了解」卻不是「相應的了解」，不能對「天人合一」這條路徑有「實有的承認」，繼續將「證得心體」直接與通靈經驗畫作等號（儘管黃光國本人對此類經驗抱持著善意的態度），通靈經驗就中華文化大傳統裡的儒者對此尚且不取，但沒有涵養與擴充心體的意識，顯然無法直接會通中華思想的核心動脈，引領中華文化的現代化歷程。因為他對前半段的論點認識未清，無法「實有的承認」自身「天人合一」的思想傳統，並仔細梳理如何從該傳統轉化出相應的華人本土社會科學，使得他殫精竭慮構思出來的「黃光國難題」反而變成替中華文化長期面臨的「戈迪安繩結」再打上更難纏的死結。即使我們有辦法從理論層面替中華文化解開「黃光國難題」，更會面臨著實務層面的困難：華人如何在「生命世界」中傾注「天人對立」的階段性思辨過程，使得「生命世界」中具備「微觀世界」的思維土壤，真正指向並完成具有普遍性的現代儒家生活，茁壯與綻放華人本土社會科學的燦爛花朵？

筆者會展開科學哲學的研究，首先來自民國九十八年筆者在國立臺灣師範大學科學教育中心做博士後研究員，長期訪談臺灣科學教育開創者趙金祁教授（後面簡稱趙金祁），與其合作一年半的光陰，共同將訪談內容與畢生作品整理出《趙金祁回憶錄》（二〇一一a）與《趙金祁科教文集》（全二冊，二〇一一b；二〇一一c），這使得筆者不只有機會參與研究趙金祁哲學，更同時有機會參與架構趙金祁哲學。趙金祁念茲在茲某種融合科學哲學與人文哲學的新科學教育觀念，該觀念特稱作「求如」。「求如」本來是民國早期哲學家金岳霖在《論道》這本書裡的觀念，該書的第八章〈無極而太極〉，金岳霖在第十六條表示「太極為至，就其為至而言之，太極至真，至善，至美，至如」。這裡說的「太極」，對金岳霖來說旨在滿足個人對這些古典名詞的情感，因此使用這類出自先秦時期的《易經》而被宋明儒學家大加闡發的觀念（金岳霖，二〇〇五：一五），按照筆者的理解，這個名詞的意思就是指科學領域討論的「絕對真理」（absolute truth）。為什麼金岳霖說太極的內容是「至真，至善，至美，至如」呢？這個問題本身，還可有兩個發問的角度：其一，為什麼太極的內容會是「至真，至善，至美，至如」

呢？其二，為什麼太極的內容，除了「至真，至善，至美」外，還要講「至如」呢？筆者覺得前三者（至真，至善，至美）是指太極體現出的不同面向，縱然太極本身是個具虛無性質的「有」（金岳霖先生同樣有這個看法，如果按照《易經》的說法則可稱作「大有」，因為太極這個「根本有」能創生萬物的「現象有」，這是全部存在的源頭與究竟），然而，太極只要甫發作，就會有「至真，至善，至美」的不同面向，儘管就太極自身來說並沒有任何區別（金岳霖，二〇〇五：一八二—一八三）。

金岳霖覺得人在日常生活要辨別真、善與美，這是我們維持生活的方法，然而在太極裡，因各種事情最終「勢歸於理」（事物的發展傾向總歸於其內含共相的統攝），全部的命題都會四通八達呈現共相的關聯，使得太極的真是太極本身，太極的善是太極本身，太極的美同樣是太極本身，這三者並沒有任何區別，更進而使得太極本身總還是太極本身。太極本質是「絕對的存在」（這就是絕對真理的意旨），真就是美，美就是真，這些同樣都是善。但，金岳霖會特別再講「至如」，畢竟「道莫不如如」（筆者理解這是指「道體」本身始終呈現的祥和，道體就是太極），但，與太極這個絕對的存在相反，萬物的日常生活裡常有各種「情不盡性」與「用不得體」的現象（筆者理解這是指馳騁屬性本來的欲望，卻因沒有符合本體的運作，而呈現違常乖張的行徑），萬事萬物其實就自身而言都不完全自如，在失衡的狀態裡，無法獲得安寧與休息，無時不在相當緊張的狀態，釀就整個環境的動盪失序，儘管就太極本身而言，萬事萬物莫不完全自如。金岳霖主要由整個宇宙的角度來思考，為何太極的屬性需要在「至真，至善，至美」外加個「至如」的觀點呢？這自然是對其內容做出重要的補充，表示太極就是個大自在，並針對萬事萬物「情不盡性」與「用不得體」的現象做出解釋，但，金岳霖並沒有凸顯人在宇宙間面臨的問題，這或與他對人類的現實表現長期覺得悲觀所致（金岳霖，二〇〇五：一八八—一八九），使得他講「自如」畢竟有點冷性的氣息；但，作為科學哲學家，尤其基於科學教育家對社會的使命感，趙金祁反而由整個人間的角度來思考實事，他覺得人活著如果「情不盡性」、「用不得體」與「勢不依理」，就會感覺不自在，這就不能自如。個人面對日常生活，應該反過來依循「情要盡性」、「用要得體」與「勢要依理」該三個原則來奮勉，人依循這三個原則生命內具的精神狀態，趙金祁稱作「求如」，因此該三個原則就特別將其稱作「求如三原則」（three principles of authenticity and unperturbedness，趙金祁本人將「求如」翻譯成「精確」〔authenticity〕與「沉著」〔unperturbedness〕合稱）（趙金祁與陳正凡，陳正凡引論，二〇一一 a：三一—二八）。

黃光國指出，趙金祁因知道其在國立臺灣大學講授科學哲學，希望筆者來訪問黃光國，藉此了解科學哲學在臺灣的最新發展，這的確是事實。然而，趙金祁發展出「求如」的科學哲學觀念已在退休後，並同意筆者指出「求如」這個觀念即是王陽明晚年指出的「無善無惡心之體」，其掃清儒家沉重的道德教條對人生命的綑綁，發現人應該洞見心體本身，把握住這個內在的絕對實體，而不是執著在具有特殊時空脈絡認知裡的善與惡（這就是相對倫理），當人涵養絕對實體在事上磨練，因把握住「求如三原則」，坦然承擔世間的各種困難，最終獲得祥和的心境，即使過程中其生命實踐不見得能輕易被世人理解，都不會影響心靈的怡然自得（趙金祁與陳正凡，陳正凡引論，二〇一一 a：二三—二六）。這個具有內攝性的思維，能洗滌人的心靈，帶來個性的解放，獲得生命的自在，進而帶來社會的安寧，這相合於心學素來講「內聖」與「外王」合一的思維旨趣。中國這四百餘年來，最後一脈具有原創性的思想，就是明朝中期由王陽明闡發的心學，其曾經風行中國，不只作為一門具有心靈覺醒意義的學問，更深刻影響明朝的政治與社會。明朝滅亡後，縱然有亡國遺民繼續從事思想的廓清（如顧炎武、黃宗羲與王船山這些清初三大家），社會大致籠罩在清朝禁錮思想的封閉環境裡，直至清末西學東漸完全衝垮中華學術傳統為止。由清朝至民國這段歷史，對中華文化的負面影響至鉅。可惜在清末民初的時空背景裡，中國與日本面臨著迥然不同的內外環境因素，使得日本人普遍相信心靈的覺醒，中國人則普遍相信物質的掌控，這使得日本秉持著心學做其思想的動能，接納科學原理來實作，藉此謀得國家富強，即使在戰後，整個社會依然很快獲得復興；中國卻陷溺在大科學主義（great scientism）的崇尚裡，拒絕心靈的省察而帶來國家的災難，即使在戰後都不得喘息，繼續因國家的裂解而各自在兩岸呈現精神的荒蕪。任何有識者都會深感困惑：問題的癥結究竟出在哪裡（趙金祁與陳正凡，陳正凡引論，二〇一一a：二六—二七）？

在筆者來看，問題正出在崇尚科學已經是個社會共識的現實處境裡，沒有熟悉科學領域的哲學家，願意架構出科學與人文能溝通的橋梁，詮釋出具有前瞻性的科學哲學與人文哲學，引領華人離開大科學主義的迷思。如果我們已具有科學哲學的背景知識，並能藉此開展出對個別學術領域的詮釋，卻不能根據自己文化的實際需要，持續由不同學術領域探索人面臨的問題，對應發展出能解決問題的人文哲學，那我們的學術就無法真實扎根在社會裡，帶來中華文化的持續更新，相信這纔是學術本土化的真正意義。趙金祁率先由科學教育家的角度來闡釋「求如」，經由筆者與其交相對話的過程裡，我們共同得出這個結論：人往外尋覓絕對真理的過程裡，同時需要往內探索與把握心靈實體，這種「內外互動的思辨過程」，就是在回應我們「天人合一」的思想傳統，並傾注「天人對立」的階段性思辨過程，從「生命世界」中開闢出具有科學哲學意義的「微觀世界」，卻不斷依循著「求如三原則」，將「微觀世界」獲得的內容回饋給「生命世界」，讓這兩個世界相互交會引流。這是「求如三原則」的具體辦法。由於趙金祁教授已經不幸過世，其晚年始終惦記著「求如三原則」，相關細節論證尚須繼續釐清與鋪陳，筆者將持續藉著探索「黃光國難題」而展開，「戈迪安繩結」雖然長年糾纏著華人，如何解開繩結卻是個開放性的命題，任何關注華人本土社會科學的學者都應該來探索，共同找出解決「黃光國難題」的辦法。如果我們最終能整合「天人合一」與「天人對立」的矛盾命題，將兩者擺在不同觀念層次來理解與操作，相信當能對中華文化的現代化歷程產生極其重大的影響，並徹底替中華文化的繼往開來，揮劍砍斷「戈迪安繩結」。

趙金祁與黃光國都是筆者極其敬重的大師級前輩學人，筆者的學術思想都深受這兩位大師的滋養，黃光國評論趙金祁與自己早年都採取「研究生輪流報告」的辦法來講授科學哲學，這件事情就華人如何架構科學哲學的發展歷程而言，實屬無關痛癢的枝微末節，反而如果黃光國能同意心體的實際存在，並願意從理論的高度下降到實務層面，告訴我們面對人情事理該如何秉持與應用「求如三原則」，其「人情與面子的理論模型」就不會有「只見利益」卻「不識道義」的困境，「黃光國難題」更不會是個「無解的大哉問」。但，如果黃光國不能同意這些論點，解鈴不見得只能是繫鈴人，未來繼承其開創的思想路線，就有可能會繼續發展夏允中講的「無我心理學」或筆者講的「自性心理學」（或稱「本我心理學」並無不可），筆者的「自性心理學」是儒家心理學脈絡裡的心學心理學，夏允中講的「無我心理學」則是佛教心理學（Shiah, 2016），然而「無我心理學」其「無我」究竟講的是如來藏系統的「自性」（意即如來〔梵文 Tathāgata〕，其字根源於自如或真如〔梵文 tathatā〕）或中觀學系統的「空性」（梵文 śūnyatā，意即世間法都是因緣假合），這點尚有待於細緻釐清，這裡只是就「事實層面」指出有關黃光國學說的探討現況，並估計未來的可能發展。筆者講的「自性心理學」則與西洋心理學本來就有的「自我心理學」並不是相衝突的內涵，而是將「自我」由顯意識的社會層面回溯到潛意識的心靈層面，藉由涵養心體來擴大格局。不論如何，這完全不是「道術將為天下裂」，我們兩人提出的不同觀點，都是在面對黃光國講的「自我的曼陀羅模型」其「自我」只有社會性意義卻沒有終極性意義，繼續深化其意涵，並最終希望「道術將為天下統」，意即重新發展「智慧即道」的中華學術傳統。筆者很感謝黃光國教授願意秉持著開放的態度來面對這個討論，希望這個討論不僅是屬於我們華人本土社會科學學派內部的路線大辯論，畢竟「黃光國難題」如同巨大探照燈般標示出一條前無古人的路徑，有賴於我們有識者想出真正有智慧的辦法，來解開「戈迪安繩結」，這著實需要後面的學者繼續順此路徑探索，共謀全體華人社會的心靈復興，藉此重整與提振人的素質，帶來人類社會的大同。

（本文發表在《本土心理學研究》第四十六期，二〇一六：七三—一一〇。）

第二章

儒家心理學

黃光國難題正面臨的迷陣與突破

前言

如果華人本土社會科學的發展成熟過程裡不能繞開對「黃光國難題」（Hwang Kwang-Kuo Problem）的回答，則黃光國難題本身的內容與性質就應該更仔細釐清，其中亟需釐清者莫過於認識黃光國學說中的「迷陣」（maze）。黃光國並未回答自身學說的雙重矛盾性：其一，使用「天人對立」的科學哲學來精確認識具有「天人合一」性質的中國思想，尤其依據科學哲學架構的「微觀世界」是否真證實並解釋依據中國思想發展出來的「生命世界」，且其申論的「多重哲學典範」（multiple philosophical paradigms）究竟有無具體中心思想？其二，從個體面向社會的利益角度詮釋出「自我的曼陀羅模型」（mandala model of self）與「人情與面子的理論模型」（theoretical model of Face and Favor），如何證實該內涵不僅能解釋其符合儒家思想的主軸觀念，甚且還能呈現佛家最高義理中的空性（śūnyatā）？筆者覺得只有承認黃光國在企圖整合各種觀念的過程裡，尚未解決「中西會通」與「儒佛會通」的兩大困境，其思想具有拼裝性，實不利於「多重哲學典範」的典範架構，應轉而從調整建構實在論（constructive realism）與批判實在論（critical realism）的角度承認心體（nous）對於人的實際存在，順此架構相應的精神實在論（spirical realism）與歷史實在論（historical realism）來面對生命世界，並依據「德性」、「知識」、「欲望」與「實踐」這四個層面設計出「自性的曼陀羅模型」，纔能符合儒家思想旨趣，將空性轉回自性，進而完成「中西會通」與「儒佛會通」的義理，意即成熟發展出真正具有中華思想性質的華人本土社會科學，並讓儒家心理學獲得理論發展的脈絡。

第一節　引論：黃光國難題產生的背景與視域

筆者在第一章對黃光國教授（後面簡稱黃光國）畢生闡釋的觀點，綜合成「黃光國難題」（Hwang Kwang-Kuo Problem）這個詞彙來釐清與梳理。筆者對何謂「黃光國難題」有這樣的解釋，其主題：「儘管中國曾經創造豐富的思想，對人類文明的永續發展做出巨大貢獻，但中國的思想如果要再創輝煌的新一章，重新成為引領人類文明發展的引擎，就需要通過對科學哲學的認識與釐清，創造性展開華人本土社會科學的詮釋工作。」該主題面臨方法論（methodology）層面的巨大困難：「如何將中華文化本質具有『天人合一』的思想傳統，傾注『天人對立』的階段性思辨過程，從『生命世界』中開闢出具有科學哲學意義的『微觀世界』。」這就是筆者對「黃光國難題」理解的思考脈絡。第一章主要聚焦在黃光國較早期鉅著《儒家關係主義》的論點（兼採黃光國其他各類著作來對證思考）；尚未全面檢視其《社會科學的理路》（第三版）（二〇一三）的新補充觀念，並探討《盡己與天良：破解韋伯的迷陣》這部鉅著的論點（二〇一五）。儘管黃光國書寫的風格本身就有如「自我的曼陀羅模型」，常如迴圈般重複在不同著作裡提到相同的論點，卻再從乍看相同的論點裡翻轉出嶄新的說法，《盡己與天良：破解韋伯的迷陣》這部鉅著確實呈現出黃光國對傳統儒家思想的全面詮釋，我們有需要藉此來仔細認識其對「自我」與「關係」的見解是否成立，因此筆者更著重從這本書來深度探索「黃光國難題」，應該對證成「儒家心理學」（confucian psychology）並預見其未來發展當大有裨益。從民國時期至今百年來華人現代學術的角度來觀察，討論儒家思想一般都是由哲學領域出身的學者來從事的學術工作，黃光國則是極罕見不由既有哲學角度來鋪陳自身觀點的儒家學者（因此，他並不被視作港臺新儒家哲學社群的一員），然而他卻不受限於自己出身的心理學領域，從跨領域的角度打通學術的壁壘，全面思考華人自主學術的出路，這使得其各種觀點常因汲取的知識來源太多元，呈現「捉摸不住」的飄忽感，且討論的議題不論由什麼角度著手，都擊中到中華文化如何轉型的核心困境，該困境規模與範圍過度龐大，內容則有如《中庸》說「致廣大而盡精微」，讓長年習慣於思索專業但瑣碎議題的學者，頗有著很難下筆討論的浩嘆。筆者因與黃光國有著相同的學術志趣與生命關懷，多年來聆聽其課程，反覆鑽研其著作，常參加與其有關而舉辦的學術聚會，彼此時相來往對話，或稍微比較能理解其觀點脈絡，謹略陳己見，希望能就教於黃光國教授。

首先，「黃光國難題」會產生的背景，來自三段具體脈絡：其一，先秦儒家思想本來是一套「前現代」（pre-modern）的生活智慧，當個人擷取該生活智慧做基石，充分吸收西洋文明包括政治、經濟或社會各方面的「現代知識」，纔有可能成為「後現代的智慧」（post-modern wisdom），幫忙個人與社會解決他們在生活世界中面臨的各項問題（黃光國，二〇一五：五二三）；其二，從日本明治維新時期臻於富強，且從二戰後日本經濟快速復興的經驗來觀察，中國如果想「同化」來自西洋文明的資本主義，從而展開自身文明的動能，其最終需要的「資本主義精神」並不是「基督新教倫理」，更應當拿「儒家倫理」作為觀念資源（黃光國，二〇一五：五二二）；其三，從西洋哲學的「本體論，知識論，方法論」能開出「現代知識」，但從儒家既有的「宇宙論，良知論，工夫論」卻開不出對於外在世界的「客觀知識」，因此只有認識西洋科學哲學（scientific philosophy），將其融會到中華文化傳統，架構出「知識論的主體」，纔能發展出華人自主的學術（黃光國，二〇一五：五二四、五四五）。然而，這三段具體脈絡同時反映三個具體問題：其一，如果先秦儒家思想可提供華人生活智慧，智慧本身不該且不會有「前現代」與「後現代」的差異，只要人能將先秦儒家思想靈活運用並解決在生活世界中面臨的問題，這都屬於智慧的圓融表現，只有知識纔有「前現代」與「後現代」的差異（該差異不只是時間性的差異，更內蘊著知識表露型態由意象感知型知識轉型出概念解析型知識），汲取西洋文明的「現代知識」發展出各種具體觀念的「微觀世界」（micro world），對華人本來的「生命世界」（life world）自然會產生重大影響，然而這與先秦儒家思想究竟有什麼實質關聯呢？其二，按照日本兩度「浴火重生」的復興經驗可知，如果中國想要「同化」來自西洋文明的資本主義，就應當拾回「儒家倫理」作為觀念資源，但「儒家倫理」的內涵在不同時期具有不同樣貌，到底我們應該拿什麼樣的「儒家倫理」來作為觀念資源，難道了解、認識並能操作黃光國闡釋的「自我的曼陀羅模型」（mandala model of self）與「人情與面子的理論模型」（theoretical model of Face and Favor），就能當作現在最新時期華人社會可秉持的「儒家倫理」嗎？由於其內容只見利益性不見道義性，這點顯然令人不能沒有疑惑。其三，如果從儒家既有的「宇宙論，良知論，工夫論」確實開不出對於外在世界的「客觀知識」，只有認識西洋科學哲學，將其融會到中華文化傳統，架構出「知識論的主體」，纔能發展出華人自主的學術，那儒家思想本來自有且最具特色的「宇宙論，良知論，工夫論」，到底對於我們發展華人本土社會科學還有什麼意義與貢獻呢？

這三個具體問題有如曼陀羅般，一層接著一層順序環繞並點出我們正面臨什麼樣的黃光國難題，並且，這三個問題都指向「黃光國難題」會成為「真正的難題」，來自於黃光國替這道難題擺出一條「黃光國迷陣」（Hwang Kwang-Kuo Maze），這條迷陣外表有如護城河般，設下解題的巨大難關，擋住通往「黃光國難題」這座思想城堡的唯一路徑，並且沒有任何橋梁能溝通「生命世界」與「微觀世界」，讓中華文化能因為科學哲學的觀念而獲得營養，滋補並促成其現代化。更具體來說，就第一個問題而言，具備現代知識或許能幫忙人在物質生活層面過得更便利，卻不見得就能轉化出相應的智慧，反而可能讓人道德意識薄弱，做出各種傷天害理的敗德甚至犯罪事情，這意味著建構出各種知識的微觀世界並不就直接指向先秦儒家思想，而只是完成該世界內相關知識的語言系統而已，人如何能因為獲得「現代知識」而比往日更具有智慧，卻不見得果如《老子》第四十八章說：「為學日益，為道日損。」（陳鼓應注譯，一九七〇：二二五—二二七）如果這是有關於中華文化現代化的重要議題，黃光國卻未提供給我們具體的答案。就第二個問題而言，黃光國的「自我的曼陀羅模型」與「人情與面子的理論模型」只是種從社會心理學角度來詮釋儒家思想的理論，當我們認識華人生活的思維型態顯然來自於「關係主義」（relationalism），將其作為預設的社會科學理論與相關研究典範，最終有別於歐美社會特別「怪異」架構出「個人主義」（individualism）的思維，或能有益於我們理解自身的文化傳統，卻無法變成具有可操作性的「儒家倫理」，實際有益於中國「同化」來自西洋文明的資本主義，最終謀得中華文化的復興，並且，黃光國深諳日本現代化背後重要的傳統思想動能，卻沒告訴我們這是否能援引作為中國現代化的指標與典範，這點同樣令人深感不解。就第三個問題而言，當黃光國有意擱置儒家思想既有的「宇宙論，良知論，工夫論」，獨立標舉認識西洋科學哲學並希望將其融會到中華文化傳統，當中華文化傳統最精湛的內容不見，面對著空洞且蒼白的中華文化傳統硬殼子，此刻該科學哲學要融會到哪裡去？如果不承認「宇宙論，良知論，工夫論」在中華文化傳統的客觀存在，那就意味著將無視於中華文化本質具有「天人合一」的思想，「天人對立」的思辨過程將無法面對該課題將其對象化，更無法從本來「生命世界」中開闢出具有科學哲學意義的「微觀世界」，果真如此，「黃光國難題」豈不變成徹底無解的難題？筆者對這三個問題的質疑，共構出「黃光國迷陣」的實質內容。

筆者會指出黃光國替自己的難題設置「黃光國迷陣」的原因，來自筆者希望能真正解決「黃光國難題」，仔細研究黃光國如曼陀羅般漸進發展的思想，卻發現我們並不僅在面對「韋伯迷陣」。當黃光國希望「破解韋伯的迷陣」，擺脫學術被殖民的處境，是否應該反過來給我們同樣的機會來「破解黃光國的迷陣」，藉此一役來綱舉目張，獨樹一幟，徹底完成華人自主學術呢？黃光國指出韋伯（Max Weber, 1864-1920）將基督新教視為一種「文化系統」，建構出其「理念型」（ideal type），再將其當作參考架構，用「文化對比」的辦法來研究儒家倫理，製造出來自「歐洲中心主義」（eurocentrism）的謬誤，意即他在研究儒家倫理的時候，並不是把儒家倫理看作一種「文化系統」來分析，反而在「社會—文化互動」（socio-cultural interaction）的層次裡，研究儒家倫理在中國不同歷史階段中的展現，犯下「熔接的謬誤」，成為西洋社會科學領域採取「東方主義」（orientalism）從事中國研究的始祖（意即其並不是真正想認識非西方文化，而只是利用非西方文化當作「對照他人來認識自己」的角色）。在韋伯的觀點裡，中國無法產生資本主義的原因來自中國人在儒家倫理中培養出來的特殊心態，諸如儒家面對宇宙到自然與社會到個人，都採取「天人合一」（物我不分）的態度，且太過重視和諧，其間欠缺一種緊張狀態，個人無法培養道德的獨立性與自主性，只知道順從社會與政治的權威，沒有一種「精神上的槓桿」來批判教條與超越傳統。由於韋伯「歐洲研究」替其帶來極大學術聲譽，使得他對儒家倫理的看法對西洋漢學家的中國研究產生深遠影響，受其影響的西洋漢學家甚至形成所謂的「韋伯學派」，同時深刻影響中國學術界，這使得二十世紀大量中國知識分子的學養不足以讓其採取理性的態度對儒家思想做客觀分析，因而跟著國際「學術主流」唱聲附和，造成「聚蚊成雷」的效果，甚至影響中國歷史的路向（黃光國，二〇一五：四—七）。麥克雷（Donald G. MacRae）因此表示韋伯是「本世紀社會想像的一位大師」（one of the master figures of the social imagination of this century），並指出：「迷陣最令人失望之處，在於其中心通常一無所有。」（MacRae, 1974: 9）然而，「韋伯迷陣」最嚴重的後果，卻是其基於「歐洲中心主義」對中國的詮釋，會令人覺得華人社會除「全盤西化」外將再無其他路徑可循（黃光國，二〇一五：四七），但當我們果真使用西方人「對照他人來認識自己」的辦法來認識扭曲的自己，這就是學術殖民化最悲哀的一章，華人自主學術果真將無路可循。

筆者覺得「黃光國迷陣」顯然不同於「韋伯迷陣」的重要原因，在於韋伯並未深刻了解儒家倫理，他只是想藉由「文化對比」的辦法來證明基督新教倫理能產生資本主義，因而對儒家倫理做出各種來自想像卻未經考察的詮釋，使得自己深陷於「韋伯迷陣」中，從有色的眼鏡來觀察儒家倫理，很容易產生出各種對華人社會實況的謬見，卻無法真實解決華人社會實際面臨的各種問題。黃光國覺得破除這種謬誤的辦法，就是使用其主張的「多重哲學典範」（multiple philosophical paradigms），建構關於「人性」的普世性理論架構（更精確來說，應該是建構「關係」與「自我」的普世性理論架構），將儒家倫理當作一種文化系統，發展出「含攝文化的社會科學理論」（這使得黃光國講的「華人本土社會科學」其內涵已包括人文領域與社會科學領域都在內），將其作為研究華人社會的理論依據（黃光國，二〇一五：四）。冀圖完成該研究的普世性、科學性與系統性，他主張深度釐清「科學哲學」，使得「科學」在華人的文化中生根，這是他會從「多重哲學典範」的角度撰寫《社會科學的理路》這本書的原因（黃光國，二〇一五：五六），然而，依據筆者的觀察，黃光國並不真的徹底主張「多重哲學典範」，他主張「實在論」（realism）脈絡裡的「多重哲學典範」（意即實在論是多重哲學典範呈現的共同特色），藉此反對「實證主義」（positivism），然而，值得思索的問題：當「科學」可藉由定義被人重新詮釋「何謂科學」，那「科學」難道不是自圓其說的「系統論」（systems theory）？系統論是指由相互聯繫與相互作用的要素組成具有某種結構的有機整體，意即「要素＋結構＝系統」，如果只要架構出系統即可謂其「科學」，那科學難道不是學者在設計各局並玩著「高級思維遊戲」？果真如此，如果要將黃光國講的「多重哲學典範」賦予更精確的內涵，就變成只有主張費依阿本德（Paul Karl Feyerabend, 1924-1994）的「科學無政府主義」（scientific anarchism），意即秉持著「行得通就行」（anything goes）的原則，觀察人類各種文明發展出的系統觀，只要對認同該系統的人產生實質效益，都承認其屬於「科學」的範疇，如果這個說法成立，那從西洋文化機械論角度發展出來的系統觀固然是科學；從中華文化有機論角度發展出來的系統觀同樣是科學，這點現代系統理論同樣承認其自有脈絡（顏澤賢，一九九三），我們又何需繞一大圈子藉由「天人對立」的思維來發展出「微觀世界」（儘管作為學術研究，我們當然應該借鑑並參考其觀點），中華文化本來就有相應於「天人合一」產生出自具科學意義的微觀世界，諸如陰陽五行系統觀對中國醫學的詮釋發展出一套傳統學術話語系統，其長年植基於中華文化的「生命世界」，如順應該脈絡來將這類微觀世界給現代化，難道不更具有相應性與整合性，替中華傳統思想在各種領域的創新突破打開一條示範性的道路呢？

第二節　多重哲學典範的實質內涵與觀念轉化

這是屬於華人本土社會科學內部發展的路線辯論。如果黃光國只是採取本土心理學者慣有的「主位研究取向」（emic approach），認為本土心理學者就應當使用心理學方法來研究本土文化體系與其獨有的心理現象，那筆者就沒有參與這個路線辯論的空間了。因為華人本土心理學者所謂的「心理學方法」常使用化約主義的方法，針對具有文化特色的幾個概念來編製量表，探討彼此間的關係，這種有如人類學「深描」（thick description）的辦法描寫的「文化系統」，由於其相關實徵研究的資料累積得過度大量而瑣碎，反而遭人抨擊不知到底什麼是「真正重要的發現」（Triandis, 2000: 191），黃光國認為應該要轉而將心理學的研究對象都當作「知識的對象」（epistemic objects），其內容包括論述與非論述的科學實踐，藉由建構「含攝文化的理論」（culture-inclusive Theory），來幫忙學者用科學方法來從事實徵研究（黃光國，二〇一五：四八—五〇），因此他將關注的範圍從心理學擴大到包括哲學與史學在內各種人文社會領域，尤其關注中華文化與中華思想的「根本議題」，發展出概念更具有涵蓋性的華人本土社會科學，其知識視野寬闊，使得筆者這些年來有幸參與其研究團隊，展開相關學術建構歷程的釐清工作。不過，筆者不得不指出：仔細研究黃光國提出的「多重哲學典範」，就會發現這是個「空洞的典範」，意即並無典範的架構，其「實質內涵」源引自建構實在論（constructive realism）

與批判實在論（critical realism），這兩種實在論的大致觀點如下：建構實在論的理論核心為「兩重實在論」（two types of reality），其從自然與人設兩種角度，區隔出兩種「實在」，首先是「實在的本身」（reality itself），接著是「建構的實在」（constructied reality）。建構實在論認為人類全部認知都藉由語言來展開，因而強調語言的重要性。不同科學領域架構不同的術語，各自有不同的論述型態來貼靠著實在，其結果每個科學都拿各自的語言，發展出不同的理論，各自完成其「微觀世界」，如將不同微觀世界做個總和，擴大科學社群的視域整合，最終就能獲得「建構的實在」（黃光國，二〇一三：四二六—四二八）；批判實在論的理論核心為「先驗實在論」（transcendental realism），其主張科學研究的對象既不是經驗主義的現象，更不是人類強加於現象的建構，其屬於持續存在，並在我們知識外獨立運作的實在結構（real structure）。科學活動的目標旨在覓出產生現象的結構性機制（generative mechanism），該知識在科學活動中產生出來，科學既不是自然的表象，更不是人類製作出來的產品，科學和實在兩者各有結構，持續分化並不斷變異，且後者獨立於前者而存在（黃光國，二〇一三：四四二一—四五三）。

有關建構實在論與批判實在論的觀點，或許可作為「多重哲學典範」組成過程裡某一部分的「實質內涵」，並不能等於並作為「多重哲學典範」的「典範本身」，筆者曾在第一章與黃光國的觀念對話裡指出這個情況：黃光國選擇一條「由外向內」的學術發展路徑，意即承認「沉思」的辦法，冀圖由自身的理論心態來探討中華文化，希冀最終架構出「科學微世界」（scientific microworlds），藉由其學術語言完成華人本土社會科學，來促進中華文化的現代化。人本來都有著具體的「生命世界」，其豐富性根植於個人直接經驗的感受，並在日常生活中對這些經驗做出各種不同的解釋、組合與反應，屬於前邏輯性與前工具性的存有論領域。然而，按照理論心態的思維，人希望控制與開發自然，就無法不從事於宰制性的建構（dominative construction），這就是各種具有科學意義的微觀世界會產生的原因。「生命世界」來自人面對「本質性思考」（essential thinking）（Heidegger, 1966），屬於生活在同一文化的人在歷史長河中使用的自然語言，這與各種具有科學意義的微觀世界來自「技術性思考」（technical thinking）完全不同，後者是科學家為達到特定目的製作出來的手段或方法，藉此獲得自然的能源，其不具有永恆性，科學家在該世界中使用的系統性知識，與自己在日常生活中使用的知識完全不同。當科學家本來的特定目的完成，或更換新的特定目的，科學家就會展開截然不同的建構過程，各種具有科學意義的微觀世界的主導，這正是現代社會的發展如此瞬息萬變且日新月異的主要原因（黃光國，二〇一五：一五八—一六五）。黃光國確實有設計「自我的曼陀羅模型」與「人情與面子的理論模型」來重新詮釋儒家思想，但這只屬於理論往外在應用層面的模型，並不屬於理論往內在核心層面的模型，作為學術骨架，後者的重要性遠高過於前者，當典範本身並無實質的理論架構，我們如何就能指出已建構「含攝文化的理論」，來幫忙學者用科學方法來從事實徵研究呢？建構實在論的首倡者華爾納（Fritz Wallner, 1945-）與批判實在論的首倡者巴斯卡（Roy Bhaskar, 1944-2014）都是與黃光國屬於同一時期的學術大師，共同深受二十世紀各種學術思潮的滋養，經歷與面對世界大戰後國際局勢的演變，黃光國不帶領我們華人本土社會科學正視與研發華人社會的生命世界該有的微觀世界，從實在論的角度出發，從上游來架構「多重哲學典範」真正該有的「典範理論模型」，卻轉引與其同時期出現的理論，繼續承接著學術被殖民的現象，從事著「原裝設備加工」（original equipment manufacturing, OEM）的下游學術工作（黃光國，二〇一三：二—六），這如何讓我們擺脫邊陲化的學術位置呢？

筆者完全同意要有策略展開融貫中西的學術工作，這是華人本土社會科學最終鎔鑄為成熟的學術領域不可或缺的對話過程，因此，當黃光國選擇西洋哲學裡的實在論來對抗實證論對科學的宰制，藉此發展「多重哲學典範」，其苦心孤詣筆者頗能感同身受。然而，如果不能植基於華人的生命世界來發展出相應的微觀世界，再如何規模宏大的理論都無異於空中樓閣或海市蜃樓，將毫無獲得實際應用的機會。

黃光國從「多重哲學典範」的角度展開對科學哲學的詮釋，這個多重哲學典範的範圍甚廣，筆者知悉其本來不設限概念獲得擴張的可能性，但對黃光國個人而言，其實質內涵旨在結合建構實在論與批判實在論，對西洋心理學發動「心理學的科學革命」（scientific revolution in psychology），取替本來極其怪異的心理學理論，徹底解決本土社會的問題（黃光國，二〇一一a：一六二─一八七）。但當他發動「心理學的科學革命」，其革命的對象是西洋心理學，故會跟既有的心理學理論展開各種對話，但破壞的目的本來自於建設，在展開宰制性的建構前，其關注的對象究竟是否有看見我們一般人的生命底細，對證其如何內蘊著中華文化與中華思想的脈絡，從而設計出更具有「植基於傳統的實在論」呢？筆者截至目前為止並未得見，誠然，筆者了解黃光國不得不採取「天人對立」的辦法，讓學問藉由「主客對立」來展開其析論，並將「天」的意義放在對實在本身或實在結構的討論；並將「人」的意義放在語言建構出自成系統的觀念，該觀念的建構過程不應著重於「個人」來做探索的基本單位，而應該著重「關係」來做探索的基本單位，尤其社會現象的發生，常只有由其間的社會脈絡出發，纔能理解有關於個人的任何事實，尤其尊重與承認文化對觀念模塑具有無遠弗屆的影響，這使得「人」並不是實證研究視野裡的客體，而是展開該研究的主體，他認識的對象不僅包括外在的客體，更包括他對自身的認識過程，其不只令「人文科學」成為可能，更能從中架構出相應的「本土社會科學」。這是黃光國會從社會心理學的思維，進而發展出「關係主義」來替換「個人主義」的背景脈絡，從關係主義的角度來說，我們不能否認黃光國確實在思考更能與中華文化與中華思想對應的生命主體學說（其主張生命的主體在關係不在個人，這讓我們繼續衍生思考獲得相關發展脈絡）。生命世界與微觀世界通過「多重哲學典範」作為研究方法，從關係主義的視野獲得融貫，不斷相互交融影響，筆者曾繪圖闡釋其意（陳復，二〇一七a），這裡基於便利讀者閱讀與查考，將本書第一章的圖1-3再附如下頁：

從方法論的關係主義角度來思考：為何黃光國需要特別拿建構實在論與批判實在論來作為「多重

哲學典範」的實質內涵呢？首先我們再討論建構實在論，如果依據黃光國自己的說法，他指出：建構實在論並不討論科學命題系統的有效性問題，其將理論命題的合法性問題保留給個別科學，其目標不在於重新建構一種邏輯，反而在於藉此實踐科學家建構的微觀世界，科學家對微觀世界的建構與外推（strangification）都是行動，使得生命世界開始有其位置。外推是指人類可能針對「實在的本身」建構出無數的微觀世界，由於「實在的本身」無法討論，「建構的實在」則是微觀世界的總和，因此需要相互學習彼此的語言，使得各個「微觀世界」能相互溝通，其間讓某種微觀世界中使用的語言能運用到其他微觀世界的理解過程。然而，藉由「語言性的外推」（linguistic strangification）不見得就能完成「本體性的外推」（ontological strangification，或稱存有學的外推），譬如閱讀一本書，讀者有時只能獲取其語言，卻不見得能了解書中的意義，這時候如通過實在本身的「仲介」就比較容易了解其意思。黃光國舉例：人類學的學生在閱讀有關某個少數民族團體的論文，剛開始可能有理解的困難，如果他

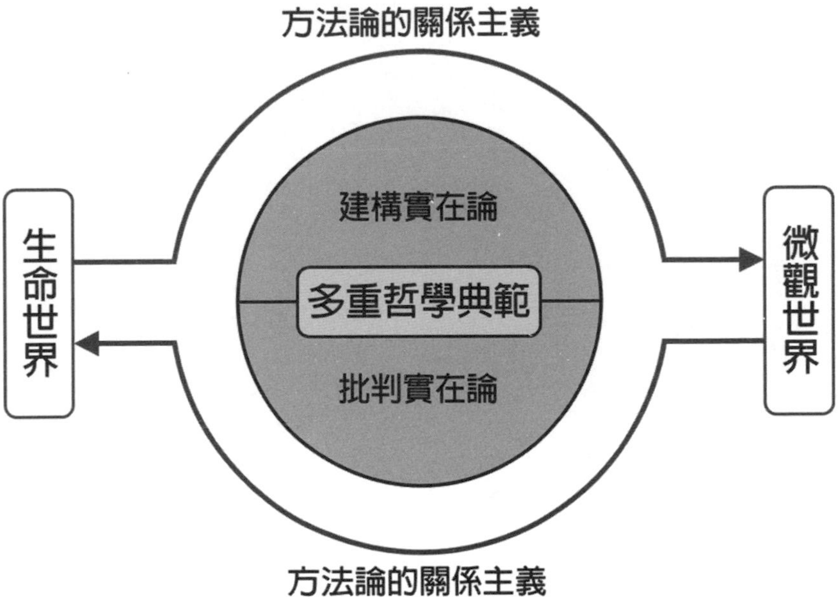

實際去參與該團體，再閱讀相關論文就很容易明白了。這表示實地進入社會有益於我們了解社會科學使用的語言，自然科學亦復如此，這就是「本體性的外推」。建構實在論替不同理論搭起橋梁，其承認有各種建構科學的方法，因此科學家需要反省並整合自己建構的微觀世界，該反省通常呈現出一種不具備嚴格規則的程序，希冀衍生各種不同洞見，其目標並不在於檢驗個別科學的標準或方法，重點在理解科學研究的成果，且其成果要檢視是否能促進於行動，意即如果某種科學不能促成創新的行動，則其就不是有益的科學（黃光國，二〇一三：四三〇—四三八）。筆者理解「語言的外推」就是中華文化常在說的「格義」，「本體的外推」則是中華文化最看重的「體驗」，黃光國藉由引薦建構實在論來讓不同的微觀世界獲得交流與整合，並藉由生命世界的地基來讓不同的微觀世界獲得反省與調整，這是建構實在論對於「微觀世界」與「生命世界」產生的溝通意義。筆者同樣從中或能理解黃光國本人為何不急著再建構嶄新的上游核心理論來詮釋「多重哲學典範」，因為建構實在論本身就已不企圖再架構完全迥異的微觀世界，其重點就在於讓不同的微觀世界因為共同對應著生命世界而獲得整合性實踐。

接著，我們來討論批判實在論。批判實在論主張實在論的取向研究科學知識必須兼顧本體論的「不易」（intransitive）與知識論的「變易」（transitive），其建構的知識應該對實在展開有深度的探究，甚至巴斯卡後期主張放棄西洋文化的二元論（dualism），採取「非二元的模式」（non-dual）來克服事物間的二元對立與分離，藉此獲得解放，這是其「先驗辯證實在論」（transcendental dialectical realism）的「靈性轉向」（spiritual turn）。先驗實在論會標示「先驗」的主要理由來自「先驗論證」（transcendental arguments），意即從某個已經發生的現象推論到某個持久性的結構，或從實際某個事物推論到更根本（奠立該事物可能性）的某個事物，按照巴斯卡本人的語言來說，這種論證型態來自於「從某現象的描述回溯到產生該現象的某事物（或某條件）的描述」（Bhaskar, 1986: 11）。黃光國詮釋巴斯卡的觀點，將先驗論證區隔出三個範疇：（一）實在的範疇（reality）：獨立於認知者對其相關知識外的存在自身；（二）真實的範疇（actuality）：客觀存在的能量被啟動後發生的事件；（三）事實的範疇（factuality）：不同觀察者各自知覺或經驗到相同的對象。如果建構實在論是個「廣度的實在論」，批判實在論則是個「深度的實在論」，其對實證主義（positivistism）的反對主要來自前者將事實範疇與真實範疇混合稱作「經驗世界」（empirical world），在這個經驗世界裡，會使用直接與間接的知覺經驗來界定「實在」；並認為「實在」的基本性質就是「已被經驗的或可被經驗的」；最終因「人類中心主義的概念」（anthropocentric concept），忽略掉凸顯經驗的認知意義的社會環境會變化，殊不知人類直接或間接經驗的認知意義，可能會隨著社會環境尤其科技發展而有不同的事實，譬如往日「基因」的結構就屬於「無法直接或間接觀察」的臆測，現在則是可間接觀察到的「事實」（黃光國，二〇一三：四五一—四五四、四八五—四八七）。黃光國將批判實在論納做「多重哲學典範」的其中一大實質內涵，主要看重這三個範疇的解析深度，然而，不論是建構實在論或批判實在論都各有短長，查閱海峽兩岸的論文期刊索引資料庫可得知，華人學術圈將這兩種實在論應用到社會現象來詮釋的論文實屬相當常見，黃光國素來質疑這類「原裝設備加工」的嫁接研究，卻將兩種實在論視作「多重哲學典範」的實質內涵，如此從事於「中西會通」的工作未免太輕忽問題的複雜性，如果有後世學者想按部就班，依照黃光國的設計來從事華人本土社會科學的研究，不正就掉落到黃光國往日嚴厲質疑「學術自我殖民」的現象裡，形成「父子騎驢」的窘況，如此最終焉能完成黃光國有著如張之洞主張「中學為體，西學為用」那般的整合性宏願？

筆者覺得問題的癥結正來自黃光國有關於「西學」的學養深厚，使得他在翻轉中西學術並開創華人本土社會科學的過程裡，無法擺脫「西學的框架」，正視中華思想最重要的特徵，替我們設計真正相應於華人生命世界該有的「多重哲學典範」，目前的「多重哲學典範」最大的缺陷就在於我們看不出其具有開創性的中心思想，只呈現「零件拼裝」的結構，其實已產生具體應用的困難，只是往日學者尚未仔細深究其義理。黃光國承認最終有個「恆常自明存在」的實在，其具有超越於個人的先驗性（transcendentality），持續在生命世界與微觀世界的交融共構裡產生實際的影響，既使得生命世界的現象變動不居；更使得微觀世界的觀察流轉不息，人無法徹底掌握，卻能不斷經由內觀或外觀來展開合理推測，但他不能徹底接受中華文化本質具有「天人合一」的思想，從中架構相應的學說，殊不知中華思想裡，「天」對「人」而言，從來沒有「遙遠的距離」，並不是「可望不可及」的存在，「人」與「天」本來有自然流動交通的精神意境，其間具有「人天共構主體」的主體際性（intersubjectivity），這種主體際性發展出生命中的「自我」與「關係」顯然不同於西洋文化，如果不釐清其間究竟，則後續儒家思想的倫理學與政治學將從何來談？這是有關於儒家的「文化型態學」（morphostasis）的大問題，現在就體現在黃光國徵引的建構實在論與批判實在論，其實質內涵固然當各有可取，共同特點正在於主張「實在不可知」，如果實在全然獨立於我們的知識外，不論我們窮盡任何辦法（包括沉思或冥想的任何辦法）最終都無法搆到其奧義，那意味著人「始終無法悟道」，意即不論「尊德性」或「道問學」的修養路徑，都將無路可循，儒家思想最精湛的「成聖觀」與「成聖關」至此該如何探討與落實？任何繼往開來的新思維是否屬於儒家思想的脈絡，當由這條主軸來檢視。如果從中華思想的角度來思索實在議題，實在論卻說「實在不可知」，這兩種對於實在的不實在說法，首先只有如亞歷山大揮劍砍斷「戈迪安繩結」，將這個來自基督型態信仰，長期糾纏中西文化的繩結徹底打破（意即斬斷「人成為天的禁忌與焦慮」），纔能接著展開我們的思想長征。順此脈絡來說，筆者就要承繼前文，再度提出中華思想本來最具獨特性的「心體論」（nousism，古希臘字「nous」指「心靈」，筆者覺得結合該字自創英譯會更適合），心體的說文解字就是「心靈作為實體」（entity），這是終極的實在，儒家不同時期的聖賢對此有各種不同的稱謂，如孔子講「仁」，孟子講「性善」，周敦頤講「誠體」，陸九淵講「本心」，王陽明講「良知」，該實在連結著「天」與「人」這兩端，固然可從研究層面展開主客對立的討論，更能從修養層面展開主客合一的實踐。如果我們從這種開闊的角度來思考實在論，可進而將建構實在論與批判實在論確實值得參考的實質內涵拿過來作為新實在論思想的補充，卻不再受本有的概念限制，如此展開觀念轉化，纔能真正落實「中體西用」的願景。

因此，筆者從心體論的角度，首先要打破既有實在論的局限，提出新的「雙重實在論」來構築「多重哲學典範」的「典範架構」，這雙重實在論是相互作用與相互影響的「互動實在論」（interacted realism），都來自中華思想的心體論，希冀從「先驗論證」的角度，關注著「人」與「天」的雙向共構主體對話，來闡釋心體如何作為實在本身：首先是「精神實在論」（spirical realism），這是內部實在論，意即從內部身心來確認實在的存在，我們希望從已發生的現象來推論到實在具有「變易」與「不易」的結構，其對於「實在」的論證如下：（一）實在的剎那性：當人精神意識到實在，每個意識的倏忽生滅，實在就在人當下的精神狀態獲得剎那的存在，意識持續愈長則實在就愈長；（二）實在的永恆性：實在本身的精神屬性屬於永恆的存在，人願意展開各種朝向實在的驗證或鍛鍊，來自人的精神希望最終獲得如實在本身，這是通過「體證」來把握住實在，意即屬於「體證的實在」，人通過修養內部身體而證成心體的恆在。接著是「歷史實在論」（historical realism），這是外部實在論，意即從外部現象來確認實在的存在，我們同樣希望從已發生的現象來推論到實在具有「變易」與「不易」的結構，其對於「實在」的論證如下：（一）實在的剎那性：不同時間背景的人都不斷對何謂實在展開討論，當這些語言構築的討論未曾斷絕，在每個討論的剎那，實在就持續存在；（二）實在的永恆性：人類符號載具裡不斷記錄著有關實在的各種呈現，記錄的本身就使得實在採取符號的型態而永恆流傳，實在就持續存在，這是通過「論證」來把握住實在，意即屬於「論證的實在」，人通過推演外部知識而證成心體的恆在。精神實在論側重於「實在的空間性」，人對精神的意識使得實在的空間感創生；歷史實在論側重於「實在的時間性」，人對語言的記錄使得實在的時間感創生，兩者來自一個共同的終極理念：人如果沒有心靈實體，則不只精神的實在論與歷史的實在論將沒有存在的根據，實在本身更因沒有心靈而無法存在，這使得「心體即是實在」。這就能回應《漢書．司馬遷傳》第三十二引司馬遷在〈報任安書〉中說的話：「亦欲以究天人之際，通古今之變，成一家之言。」（二〇〇二：二三七五）精神實在論就是「究天人之際」，意即探索宇宙間精神如何連結；歷史實在論就是「通古今之變」，意即探索人世間歷史如何連結，其連結的根基都來自實在。符應於實在就回歸「常道」，則個人到天下都無不昌盛；不符應於實在就橫生「亂道」，則個人到天下都無不解離。承認這個「實在的範疇」，接著纔能認識「真實的範疇」，雖然實在本身具有「天」的意義，超越於「人」而獨立存在，然而每個人的生命都有心靈，使得「自我」注定就是「人天共構主體」（如果違反則會產生各種乖張的現象），這個人天共構主體產生往外面對己身外的現象，兩者交融就會變成客體的能量，客體的能量啟動後發生的事件就是真實。最後，就來到「事實的範疇」，個人的經驗常只能確知眼耳鼻舌身意構築的「事實」，這些都是經驗的表象，如果事實來自於真實，且真實來自於心體，則表象反映裡象，意即「表裡合一」，然而實況則是社會的各種薰染，人無法恢復自我本具「人天共構主體」的屬性，使得表象無法反映裡象，造成事實不來自真實，真實並不實在的深刻問題，這就是知識的確認為何需要來自修養的根本原因，意即「道問學」與「尊德性」需要獲得整合的背景，當人把握住精神實在論與歷史實在論，兩者展開互動的窮究與貫通，這時就能發展出堅實的「建構的實在」，面對森羅萬象的微觀世界就能展開整合且不再有罣礙，從而使得研究者「成一家言」獲得展開。筆者繪圖如圖2-1：

這是「植基於傳統的實在論」，精神實在論與歷史實在論中間的虛線表示兩者相互補充，共同構築出空間與時間，完成「人」面對「天」該來自且依歸的「實在」。這是面對「心體即是實在」做出具有知識意義的詮釋。該圖示的最大特徵在於「生命世界」不再需要通過任何實在論作為橋梁來與「微觀世界」展開交流，生命世界來自心體，通過精神實在論與歷史實在論有關於「實在範疇」、「真實範疇」與「事實範疇」的驗證（鍛鍊），面對森羅萬象的微觀世界，直接在實踐中選擇對應的微觀世界來詮釋來自心體的領會，這就能進而回到前篇筆者提到的「求如三原則」（three principles of authenticity and unperturbedness）（趙金祁與陳正凡，陳正凡引論，二〇一一a：三—二八），個人面對日常生活，應該依循「情要盡性」、「用要得體」與「勢要依理」這三個原則來奮勉，三個原則生命內具的精神狀態，這即是趙金祁首度指稱的「求如」（趙金祁，二〇一一c：二二〇），由「事實範疇」進而來自「真實範疇」，再由「真實範疇」來到「實在範疇」，不斷藉由這三個原則來檢視，固然可謂其屬於「求如的歷程」，更是儒家成聖的歷程。這幅圖不再特別標示黃光國本來強調的批判實在論，主要來自精神實在論與歷史實在論已消融批判實在論的先驗論證三大範疇到自己裡面。舉例而言，曾子的母親連續三度聽見「曾參殺人」，誤認謠言屬實而丟掉織梭翻牆逃跑，這就是她根據眾人聞見獲得

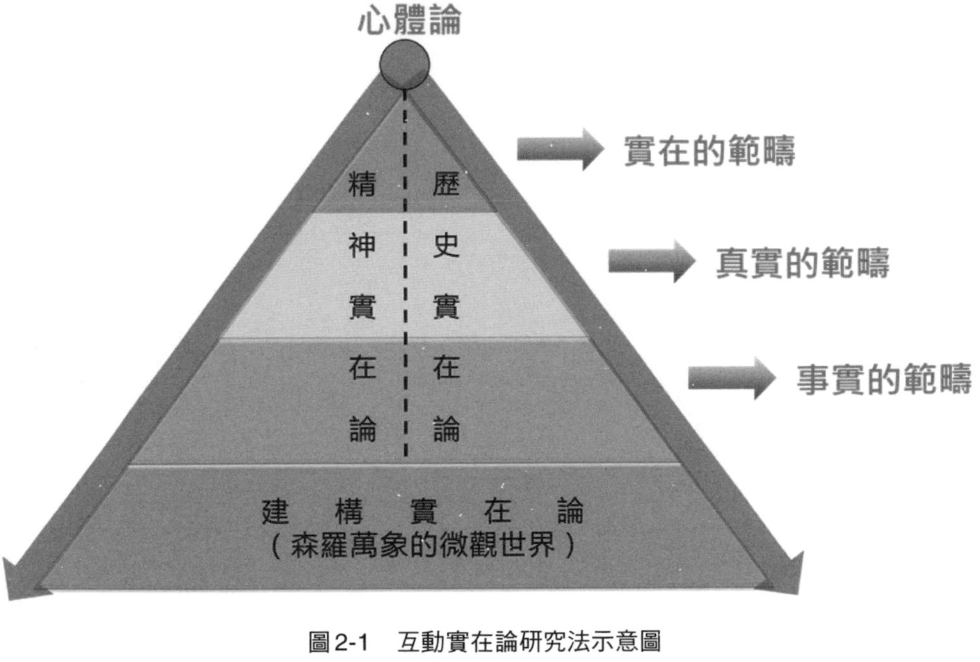

圖2-1　互動實在論研究法示意圖

的「事實範疇」；然而「真實範疇」卻是「曾參」這個名字有兩人，其中一人有殺人，那位被後世稱作「宗聖」的曾子卻沒有殺人，然而曾子的母親因為三度聽見「曾參殺人」這四個字就逃跑，誤聽謠言就創造出有關於逃跑的事件；如果根據「實在範疇」來認知，則確實有發生「曾參殺人」這件事情，然而該人不是同名的曾子，且母親如依據長年對曾子沉穩的心靈有認識，來藉此釐清真實並判斷事實，則根本不會獲得「我的孩子曾參殺人」這樣的認知，更不會有逃跑的事件，曾子的母親無法在紛雜擾攘的現象面前，經由真實辨識事實，卻動搖自己對孩子一貫的信念，顯見其獲得的真實並沒有來自「人天共構主體」的心靈，最終使得她認知並發生的真實無關於實在範疇。再舉個例子來說，「陽明殺人」是筆者素來不斷在思考的案例，王陽明是明朝獨一無二的思想家與軍事家（陳復，二〇一二），他不斷消滅朝內與朝外的土匪，戰爭本身就不得不殺人，因此「陽明殺人」已屬於事實範疇，但「陽明殺人」的事件來自他執干戈衛社稷的平生夙願，這個夙願碰撞到土匪這些對象，就使得他需要率兵平亂而殺人，夙願與對象共構出「陽明殺人」的真實範疇，最後，他不只消滅朝內與朝外的土匪，更消滅心內與心外的土匪，每個生命實踐都來自他畢生對心學的深刻體認與動態詮釋，使得「陽明殺人」已來自「人天共構主體」的實在範疇，意即符合他「知行合一」的主張（認知與實踐都來自心體），當他死前在青龍舖的江舟上悠然說出「此心光明，亦復何言」的遺言（王陽明，一九九五：一三二四），更是悟道者心體的自然流露。「曾參殺人」與「陽明殺人」有著乍看相同的表象，卻有完全不同的裡象，只有從實在範疇展開檢視，纔能對真實範疇有深刻的認識，並了解何謂事實範疇。

第三節 排除黃光國難題對儒家心理學的障礙

黃光國長期有這個論點：從西方哲學的「本體論，知識論，方法論」可開展出現代知識，但是從儒家的「宇宙論，良知論，工夫論」來思考，卻開展不出對於外在世界的「客觀知識」（黃光國，二〇一五：五二四）。他並覺得中華文化因為沒有「超越的上帝」，「天」並沒有成為中國人思索的對象，如果我們想要培養出下一代的科學家，就要讓他們對西洋文化的科學哲學有相應的理解，知道西洋文化中的科學家如何使用「主客對立」的型態來追索其研究對象的「超越本體」。但他同時再援引傅偉勳對老子「道」的解析，認為老子有「道真實存在的形而上本體」（意即道體，Tao as Reality）的思想，並表示「道」是宇宙萬物的「本體」（noumenon），其作為宇宙萬物的根本，不是絕對的「無」，更不是特定的「有」，而是「既有又無」的超越性概念（黃光國，二〇一五：一七二－一七四），他因此覺得道家的「宇宙論，知識論，方法論」，採用「主客合一」的思維，發展出一種完全不同型態的「有機體的科學」（organismal science），這與西洋文化「主客對立」的思維，順其發展的「機械論的科學」（mechanical science）並建構科學微世界，有其本質的不同（黃光國，二〇一五：一八四－一八五）。他覺得只有學習西洋文化的科學哲學，建構相應的微觀世界，同時知道西洋科學的弱點和局限，了解現代科學對自然可能造成的巨大破壞，等到人類對於「現代性」有徹底的反省後，或許會回過頭來了解有機體的科學對人類具有的重要意義（黃光國，二〇一五：一九一－一九二）。令筆者不解的問題是：當前現代科學已對自然造成巨大破壞，大陸不只如霧霾或塵暴這類情況日益嚴重到各大城市伸手不見五指的程度，且其科學研發成果已製造航空母艦與大型客機，如中國探月工程在西元二〇一九年完成不載人登陸月球，西元二〇三〇年前則預計完成載人登陸月球的壯舉。如果儒家的「宇宙論，良知論，工夫論」當真開展不出外在世界的客觀知識，同樣順應著「主客合一」的思維，黃光國何不率先改採道家已有的「有機體的科學」，汲取西洋文化的科學哲學來發展出相應的科學哲學，儘早完成屬於華人本土社會科學的現代知識呢？並且，從《盡己與天良》這本鉅著第十三章與第十五章都在討論陽明學來觀察，黃光國對心學曾經在東亞社會現代化歷程帶來的影響並不是沒有深度的認識，且筆者數年來時常與他討論相關議題，當他承認老子實有「道體」的思想，道體本與心體都屬於「天人合一」這個脈絡裡意義相通的詞組，徵諸其較早時期設計的「自我的曼陀羅模型」與「人情與面子的理論模型」，卻看不出其思想與心體有任何關聯，殊不知這本是構築中華思想學問的主動脈，當心靈實體不被吾人視作「中體」（中華學術的根基），則根基未固，將如何能完成黃光國主張「中體西用」的願景呢？

筆者曾於二〇一六年六月十七日召開「二〇一六生命教育專家諮詢會議」，邀請黃光國來主講，這是個盛況空前的學術會議，媒體並報導「光國學派」的誕生。席間黃光國跟全體與會學者表示：「實在論只是種方便法，佛教說『緣起性空』則是究竟法。」當黃光國將西洋文化的實在論有關於「實在」的探索視作權且獲取現代知識的辦法，再進而將佛教「緣起性空」當作究竟法，這表示萬有法因如夢幻泡影般本無自性，因此得隨緣幻現，果真如此，則不論是道體或心體，有關於「實在」的關鍵思想，將放在什麼位置來發展華人本土社會科學呢？當黃光國提到「空性」（śūnyatā）的觀點，筆者當下纔驚覺黃光國講的「自我的曼陀羅模型」其概念本來自他看見印尼日惹的佛教「婆羅浮屠模型」，共計九層，其底層基座刻的浮雕象徵著「欲界」（Kamadhatu），中間五層塔身是「色界」（Rupadhatu），最上三層圓形塔頂與主圓塔則象徵著「無色界」（Arupadhatu），黃光國覺得這是立體的「自我的曼陀羅模型」，意味著人在生命世界中，藉由佛教的修行，由色界來到無色界，使得其人生境界順此不斷提升，最終達到圓滿的涅槃境界（黃光國，二〇一五：三五四）。如果黃光國真正從該脈絡來細論其思想，則他主張的「自我的曼陀羅模型」最終應該是「無我的曼陀羅模型」，當「自我」因證得涅槃變成空性義理的「無我」，且不說黃光國尚未告訴我們如何藉由現代知識的脈絡來完成這種型態的「修養心理學」（證得涅槃），但即使這種型態的「修養心理學」真正落實開來，如何能完成其聲稱將發展「儒家人文主義」的自主學術傳統呢？這實屬「儒佛會通」的嚴峻課題。但奇怪的現象是說，黃光國在「自我的曼陀羅模型」裡不只沒有談佛家的無我，甚至因為沒有心體的層面，對儒家的自性（the Self）都片語未言，使得他談的「自我」只是認同於某個社會角色裡，藉由行動或實踐成為社會性的「個人」（person）；又因自己同時是生物性的「個體」（individual），受著各種欲望的拉扯，當遭到問題時會藉由「個人知識庫」儲存的資訊來反思，「個人知識庫」包含有「行動的智慧」，此時個人在某個特定情境中的社會實踐，主要來自作為社會的「個人」，與作為生物的「個體」兩種能量拉扯的後果；如果問題依然無法解決，則會更進而往「社會知識庫」中尋覓答案，「社會知識庫」則是某個文化群體在其歷史發展過程中累積下來的知識，其處理生活中某些問題的辦法，就形成某種文化傳統（黃光國，二〇一五：九〇－一一六）。這種社會心理學的觀點，對於詮釋「自我」面臨的條件與選擇或許無誤，然而，「曼陀羅」（mandala）的字面涵義是「輪圓」或「中心」，具有向內觀照展開靈性翻轉的特徵，黃光國對此並無任何探索，未曾開啟曼陀羅的向上超拔（不論導向「自性」的本我或「空性」的無我），因此如依照黃光國目前的論點，這只是「自我模型」，並不是「自我的曼陀羅模型」。

更嚴重的問題是：黃光國在《盡己與天良》第十章設計「儒家的自我修養理論」對儒家思想的認識有誤差。他指出孔門自我修養的「工夫論」包含「正心，誠意，格物，致知」這四個步驟，並按照這四個步驟在整章內鋪陳其觀念，然其將次第錯置，殊不知儒家思想的正確次第是「格物，致知，誠意，正心」，第一個步驟是「格物」，第四個步驟纔是「正心」，這並不是儒家對於心靈議題不看重纔會將其放在第四個次第，而是「格物，致知，誠意，正心」實屬循序漸進教人把握心體的具體工夫，「格物」意味著「釐清物態」，面對整個宇宙的存在，人因語彙的給出而安其基本貞位；接著纔能「致知」，這意味著「獲得知態」，表示世界的存在不斷因人認知而獲得擴張；再接著要「誠意」，意味著人深刻「內明意態」，澄清自身的意念，令其清靜不染雜質；最後纔能「正心」，這意味著「端正心態」，對於人生動靜舉止做出端正的決策。「正心」放在第四個步驟正來自儒家工夫的細緻性，這是孔門「修身四大次第」（修身四態），黃光國由於誤讀文本原始脈絡，接著展開詮釋，固然可看出其作為社會思想家對於理論問題的自由發揮，然而卻不只使得「修身無門」，後續其接著談「行動理論」（action theory），來面對「修，齊，治，平」就會有對應問題，這點實不可不慎（黃光國，二〇一五：三三五—三五八）。由於黃光國有關「自我修養理論」的義理內容相當龐大，如果要全面討論恐怕很難在本章篇幅內結束，筆者只有暫且打住，先回到「自我修養理論」依據的「自我的曼陀羅模型」來探其根本問題，筆者覺得：如果要發展真正具有繼往開來意義的儒家心理學，則應該要探索全部儒家思想都在面對的四大象限：「德性」、「知識」、「實踐」與「欲望」，歷來儒者無不在「天理」與「人欲」間思索著「性善」抑或「性惡」的問題，並探索著工夫到底要著重在「尊德性」還是「道問學」，最終獲致「知行合一」，「儒」字將其拆解來解釋，意味著「需要做一個人」，人如何需要做一個人呢？就需要來到「儒門四大象限」，自問到底應該如何面對「德性與知識」、「德性與實踐」、「實踐與欲望」暨「欲望與知識」這四種不同需要的組合型態，將其匯聚與整合出來的面向交融與安置，如此生命自然能拔高其意境，最終完成「成聖」的理想，這會比黃光國混淆儒佛兩家不同的理想脈絡，用社會學的觀點來稱「個人」，再用生物學的觀點來稱「個體」，且將「智慧」與「知識」混淆在同一個象限裡，更無法區隔「行動」與「實踐」的差異來得更精確，並徹底解決本來該「曼陀羅模型」卻不能輪轉無礙的問題（黃光國撰寫文章反映出來的思維有曼陀羅意涵，然而其設計出來的曼陀羅模型卻無法反映曼陀羅意涵），將「自我」朝向「自性」，最終完成「生天生地」與「成鬼成帝」的「造化的精靈」（意即良知，王陽明，一九九七b：一三九），筆者繪圖如圖2-2：

這幅圖是「朝向自性的自我輪轉模型」，或可將其簡稱作「自性的曼陀羅模型」（mandala model of self），其英譯與黃光國的「自我的曼陀羅模型」相同，然而意涵卻頗不相同，他講的「自我」其實質內涵並沒有筆者闡釋的自性義，因為筆者主張自我最終要超拔出自性（洞見心體）。筆者藉由修正黃光國的自我模型，來勾勒出儒家心理學有關於自我修養更清晰的發展脈絡，畢竟既有的模型其內涵不僅無法符合儒家思想的主軸觀念，甚且無法呈現佛家最高義理中的空性，這實有雙重落空的問題，筆者設計「自性的曼陀羅模型」，其自我通過「德性」、「知識」、「實踐」與「欲望」這四大能量的匯聚與整合共同朝向自性，其間如「知識與實踐」暨「德性與欲望」呈現相望與相對的關係，彼此有如隱形的線頭兩端相互牽引並獲得平衡，如果人有「知行不一」或「德欲失衡」的現象，兩端能量不協調，則會拉陷糾纏，無法將生命能量拔高令自我朝向自性。並且，由於儒家的理想並不否認人的欲望，甚至欲望如經由德性的引導與整合，只要將其倫理化（這包括結婚的欲望與愛國

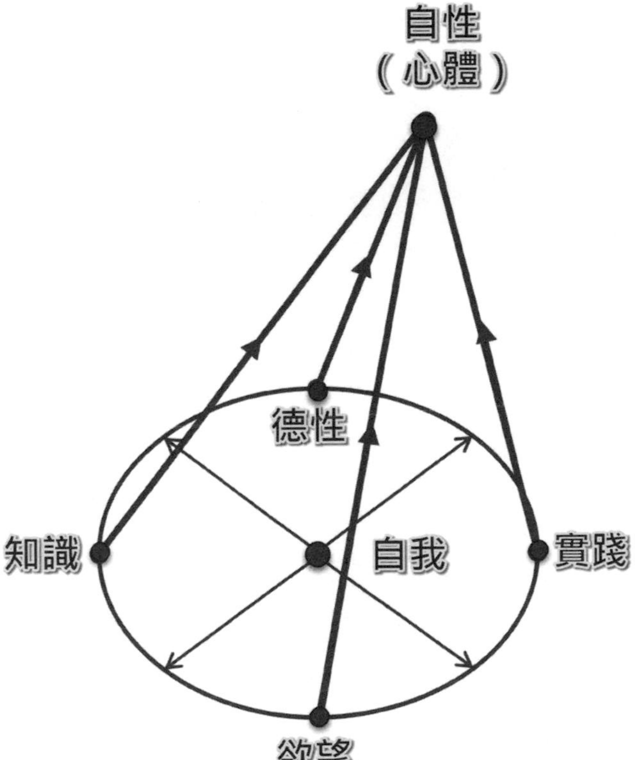

圖2-2　自性的曼陀羅模型圖

的欲望等各類社會性需求），更能幫忙人類獲得價值成就，知識與實踐同樣如此，知識如經由實踐的引導與整合，只要將其行動化（這主要指從生命世界來發展知識並架構出微觀世界），同樣幫忙人類獲得價值成就。其間「兩線四面」的平衡與整合，能將中華文化的「五倫」獲得具有知識意義的詮釋（不再只是道德意義的規範，或者說，道德意義的規範背後將有其知識意義的詮釋，並會因應時空背景來因革損益，補充並發展合宜的儒家倫理），更對於從儒家思想來引領華人本土社會科學的發展將會有實質效益，由於每個人生命自我輪轉的最高意境並不是「無我」，而是始終作為心靈實體的自性，故而我們如果將這幅圖還稱作具有「曼陀羅」的構圖，其曼陀羅內蘊的「輪圓」或「中心」都將精確顯示其內涵與空性無關，畢竟自性本是儒家與漢傳佛教共有的自我觀（意即真常唯心觀），空性則是南傳佛教與藏傳佛教有但儒家不具有的無我觀（意即緣起性空觀），如果後者被稱作「究竟法」，前者卻著實是「根本法」，我們如關注緣起議題，固然都應該深度認識究竟法，但選擇「儒佛會通」當由根本法的角度出發來兼容並蓄可相互補充的義理，纔能緊緊把握住儒家的根本宗旨，避免社會整體流往空疏荒廢於人倫的弊端，並進而發展出相應的儒家心理治療，這纔是儒家心理學自然該有的呈現。筆者根據前面的討論做個總結：黃光國是開創華人本土社會科學的大師，其對於該領域的理論發展具有不可抹滅的歷史貢獻，然而其企圖整合各種觀念的過程裡，尚未解決「中西會通」與「儒佛會通」的兩大困境，不知不覺使得「黃光國難題」的解決陷落到迷陣裡，我們應該汲取並修正建構實在論與批判實在論的實質內涵，從承認心體的角度來發展精神實在論與歷史實在論，順此開展相應的科學哲學來面對生命世界，並依據筆者設計「自性的曼陀羅模型」，纔能將空性轉回自性，進而完成「中西會通」與「儒佛會通」的義理，成熟發展出真正具有中華思想性質的華人本土社會科學，並讓儒家心理學獲得理論與應用徹底整合的機會。

（本文發表在《本土心理學研究》第四十期，二〇一八：三—三六。）

第三章

修養心理學

黃光國儒家自我修養理論的問題

前言

黃光國架構「自我的曼陀羅模型」（mandala model of self）與「人情與面子的理論模型」（theoretical model of Face and Favor）來重新詮釋儒家思想，然而這兩個模型來自對人類自我普世性的認識，故只從庶人倫理（the ethics for ordinary people）的角度來詮釋中華文化，沒有意識到周文化在形塑過程裡，長期有著「賢賢—上功」或「親親—上恩」這兩種不同治國策略的路線辯論，中華文化影響的社會素來由士人領導，不論民間傳統有如何做法，後世儒家真正的主張是藉由教育來導正「親親原則」，外加「賢賢原則」，並讓兩者都服膺於具有道脈意涵的「尊尊原則」，從而發展出「道義統攝利益」的關係主義，因此，儒家關係主義的完整面貌實屬基於士人倫理（the ethics for scholarly people）發展出來的「道義關係主義」，關注「天，人，物，我」這四大象限，產生各種不同的對應關係。黃光國對《大學》的工夫次第認識有誤，他並未對「止，定，靜，安，慮，得」有清晰解釋，尤其將《大學》與《中庸》的義理相互交錯解釋，卻因沒有精確梳理文本脈絡，使得其架構的儒家自我修養理論引發各種具體問題。本章除評論這些具體問題外，並指出自己的論點：士人倫理纔是包括庶人在內都應當遵循的修養觀念，這個觀念的終點就是「成聖」。中華文化長期存在討論自性（the Self）的文化傳統，只有藉由當前學術語言來詮釋「成聖」的具體辦法，打通「微觀世界」（micro world）與「生命世界」（life world）的隔閡，關注中華思想（尤其儒家思想）特有的「心體論」（nousism）與「工夫論」（kungfuism），纔有儒家修養心理學可言，並有益於社會科學本土化的工作。

第一節　普世性或特殊性？黃光國的自我觀念

黃光國教授關注華人本土社會科學的成熟發展，冀圖撥亂反正，翻轉歐洲哲學家長年基於其「歐洲中心主義」（eurocentrism）引發的偏見，帶來對中華思想與中華文化的不精確評估，他撰寫的《盡己與天良：破解韋伯的迷陣》特別關注於儒家自我修養理論的議題，並替其主張的「修養心理學」（psychology of cultivation）提供重要的觀念基石。筆者第一章與第二章，提出面對中華文化具有天人合一的特徵，黃光國採取「天人對立」的研究取徑來認識中華文化，冀圖架構科學哲學的「微觀世界」（micro world）來詮釋中華文化的「生命世界」（life world），藉由發展出華人本土社會科學，完成他在《盡己與天良》的〈自序〉標題與內容指出「中華文化的第三次現代化」（二〇一五：I－VI），筆者指出這種思考路徑可謂「黃光國難題」（Hwang Kwang-Kuo Problem）。由於黃光國企圖檢視中華思想與中華文化各種不同樣貌，使得相應發展出來的「黃光國難題」宛如一個多面水晶體，從不同的面向可觀察（折射）出不同的構面內容，讓人發現「中西會通」與「儒佛會通」正面臨各種觀念難題。為什麼我們會說不只有中西會通，還包括儒佛會通的各種觀念難題呢？蓋因「黃光國難題」不僅指向中西兩大文化系統的溝通與整合，更觸及重新展開中華文化內部的溝通與整合，自明朝中期因心學主導與展開的儒釋道三教整合歷程（意即呈現「三教合一」的景象），雖已獲得階段性的重大成果，各教都有整合其他兩教而發展出的經典作品，諸如道教有《性命旨歸》，佛教有《了凡四訓》，心學自身更因陽明弟子如泰州學派諸大家面向社會底層的傳播與發展，各行各業都有信眾，讓心性探索成為跨越名相的共法，更影響並促成林兆恩發展出具有三教合一性質的「三一教」（何善蒙，二〇〇六），這對後來一貫道信仰系統提供重要的啟發。通過心學思想主導與展開的三教會通，其中「儒道會通」有比較深層的融貫，

「儒佛會通」則雖開啟人間佛教的大興，然其已屬於佛教思想儒家化的呈現，如深究兩教的根本義理，有關於「自我」的認識實有關鍵性的歧異，卻在「會通」的名義裡被淡化處理，尤其黃光國希望架構出相應的理論，來詮釋儒釋道三教合一的生命世界，基於完成「中華文化的第三次現代化」的願景，如何架構觀念更嚴謹的自我修養理論，這點更值得我們仔細釐清。然而，黃光國的願景固然深刻且宏大，其對於儒家思想本身的自我觀念與其相應的修養理論，究竟是否有精確無誤的認識呢？這裡筆者頗有些不同角度的反思，期待就教於黃光國教授。

首先，黃光國批評最早討論華人有關「自我」這個議題的哲學家黑格爾（Georg W. F. Hegel, 1770-1831），黑格爾武斷認為華人完全生活在由上而下的「集權主義」（top-down totalitarianism），因此華人有關「自我」的特徵呈現出「自我否定」或者「沒有自我」（selflessness）的型態，美國漢學家安樂哲（Roger T. Ames）將其稱作「空心人模式」（the hollow man model）（Ames, 1994）。黃光國覺得黑格爾的說法來自二元對立的概念，雖然並不精準，然而儒家倫理的實踐確實偏重於外在世界對於「自我」的評價，譬如孟子說：「不恥不若人，何若人有？」（《孟子．盡心上》）就是個人在社會情境中因為自覺「不若人」而引發的羞恥感，這種主觀感受來自個人經由「社會比較」後，認為自己在某方面比不上他人，因此有「丟臉」或「失面子」的感覺。他並引用孔子稱讚孔文子「敏而好學，不恥下問」（《論語．公冶長》），來指出一般人對於社會地位比自己低的人求教都會覺得羞恥，再引用稱讚子路屬於「衣敝縕袍，與衣狐貉者立，而不恥者」（《論語．子罕》），藉此凸顯儒家對「道」的認識，意即孔子希望其弟子能改變價值觀念，能實踐「士志於道」的宏願，不再只是對自己「惡衣惡食」的處境感到羞恥（黃光國，二〇一五：三一七—三一九）。黃光國並覺得黑格爾說華人「沒有自我」（selflessness）固然是種二元對立的負面用語，旨在呈現自身西洋文化對「自我」的重視，然而儒家的語境裡，「無我」（selfless）是「自私」（selfish）的對立面，「自私」常會與「自利」做連結，「無我」則常會與

「無私」做連結，「無私無我」則是在讚美君子的道德實踐。美國社會學家楊慶堃同樣指出儒家倫理應用於中國家庭裡，常在尋求社會衝突的解決方案時，會基於顧全群體而傾向於自我犧牲（self-sacrifice）（Yang, 1959: 172）。基於這樣的觀念，儒家社會中最基本的單位是家庭，不只五倫中有三倫在處理家庭中的倫理關係，並將整個社會的實際運作都化約成擬似家庭中的倫理關係，譬如將君臣關係稱作「君父」與「臣子」，朋友間則「兄弟」相稱（King, 1985）。黃光國並同意埃爾文（Elvin, 1985）認為華人相信每個「人」都是存在於其祖先與其後裔的網絡結構中，而能向未來無限延伸，其結構中令每個人都自有獨特的位置，這種「獨特的個體性」（unique individuality）與西洋文化中每個人具有「自主的個體性」（autonomous individuality）正形成明顯的對比差異，儒家倫理鼓勵人「犧牲小我，完成大我」，西洋文化的基督教傳統裡，每個歐洲人的靈魂都彼此孤立（黃光國，二〇一五：三二〇—三二一）。

埃爾文對華人的個體已有相當深刻的認識，然而筆者覺得其稱作「獨特的個體性」則只是來自歐洲人獵奇的心態，並未精確指稱這種自我觀的特徵，筆者覺得稱作「連結的個體性」（copulative individuality）會更恰當，因為「人」不只跟自己的家庭甚至家族有連結，進而跟整個國家甚至全天下都有連結；不只跟眼前在世的活人有連結，進而跟全部祖先甚至諸天神聖都有連結；不只跟社會人群有連結，進而跟自然萬物都有連結，人要有如宇宙的胸懷來置身在宇宙裡，其間連結的核心要素就是「情」，因此華人的生命世界可稱作「有情的宇宙觀」。在這種充滿連結的個體性做出來動靜舉止，跟充滿自主的個體性做出來動靜舉止，其個體性的意義就如同牛頓力學中的質量和愛因斯坦相對論中的質量，雖然都是質量，卻具有不可共量性（incommensurability）。當我們站在這個角度來思考，那黃光國架構「自我的曼陀羅模型」（mandala model of self）與「人情與面子的理論模型」（theoretical model of Face and Favor）來重新詮釋儒家思想，這兩個理論架構究竟是來自對人類自我普世性的認識；抑或是對華人自我特殊性的認識呢？筆者相信黃光國的企圖在前者，正因如此，他設計的「自我的曼陀羅模型」其實是個具有社會心理學意義的模型，將「個體」（individual）、「自我」（self）和「個人」（person）三者區隔出來，並指出「個體」是生物學的概念，全部人類的心智（mind）都具有很類似的深層結構心理機能，從這樣的機能做基石，他們纔能在自己的生命世界中根據其生活經驗建構出獨特的「自我」；「個人」屬於社會學的概念，把人看作社會中的代理人（agent-in-society），其會在社會秩序中採取立場來策劃行動，藉此達成特定的目標，因此其常依照文化特有的理路、規則、價值與標準，包括他們對事實的認識來從事相關建構工作；「自我」（self）則是心理學的概念，其把人看作是經驗匯聚的中樞（locus of experience），其最重要的部分莫過於經驗到自己是個什麼樣的人。每個文化對於自我本身的來源，自我與肉身的生老病死，自我與各種道德宣稱，自我與他人的關係，都自有觀念而發展出相應的「人觀」（concepts of person），作為文化承載者的「自我」則成為個體與社會世界發生關聯的交界點，讓人知道在自身的文化脈絡中如何「知善知惡」與「為善去惡」（Markus & Kiayama, 1994；黃光國，二〇一五：九〇—九四）。黃光國繪製的「自我的曼陀羅模型」請見本書第一章圖1-1，這裡基於便利讀者閱讀與查考，再附圖如下頁：

筆者覺得這幅圖頗能解釋人類普世性的自我概念，然而正因如此，其太關注於「自我」的意涵，只能解釋個體如何通過自我經由「行動與智慧」或「實踐與知識」而蛻變成個人，卻無法解釋自我如何經由社會化的「自我」（the Ego）蛻變成神聖化的「自性」（the Self），或能概括性解釋心理如何受到文化的影響，卻無法解釋中華文化特有的修養心理學如何「變化氣質」，讓自我最終發展出其大我性或無我性。並且，這幅圖有個重大缺陷：其構面並不完整且不立體，按圖索驥思索，將無法解釋「個體與實踐」、「個體與知識」、「個人與智慧」與「個人與行動」這四大面向究竟何指或如何連結，則其貫穿含攝的「圓圈」想藉此象徵的曼陀羅意涵會在哪裡呢？黃光國對此並未做過任何闡釋（黃光國，二〇一五：九〇—一〇〇），然而他卻基於曾參觀印尼婆羅浮屠的經驗，深知佛塔作為曼陀羅的壇城，其塔基、塔身與塔頂各自代表佛教認為人生修練過程常具有「欲界」（Kamadhatu）、「色界」（Rupadhatu）與「無色界」（Arupadhatu）這三個不同境界，如果黃光國繪製的這幅圖真能象徵佛教的曼陀羅特徵，他將會如何說明人從充滿「貪，嗔，癡，慢，疑」的欲界，蛻變到拘泥於外顯形象的色界，最後再來到沒有任何執著的無色界呢？黃光國同樣在書中沒有任何詮釋（黃光國，二〇一五：八五－八八），他認為曼陀羅具有內圓外方的結構（其實不盡然如此，結構或可能外圓內方），這是「自我」（self）的特徵，表現出心靈的整體性，並涵融人類與世界的關係，然而他繪製的「自我的曼陀羅模型」其「內圓外方」的線條都不具有實指的精神意涵，反映出自我空洞化的困境，這是頗值得深思的問題。根據這些思考脈絡，筆者會指出這幅圖正因著重於人類普世性的自我概念，由於當前普世性的自我

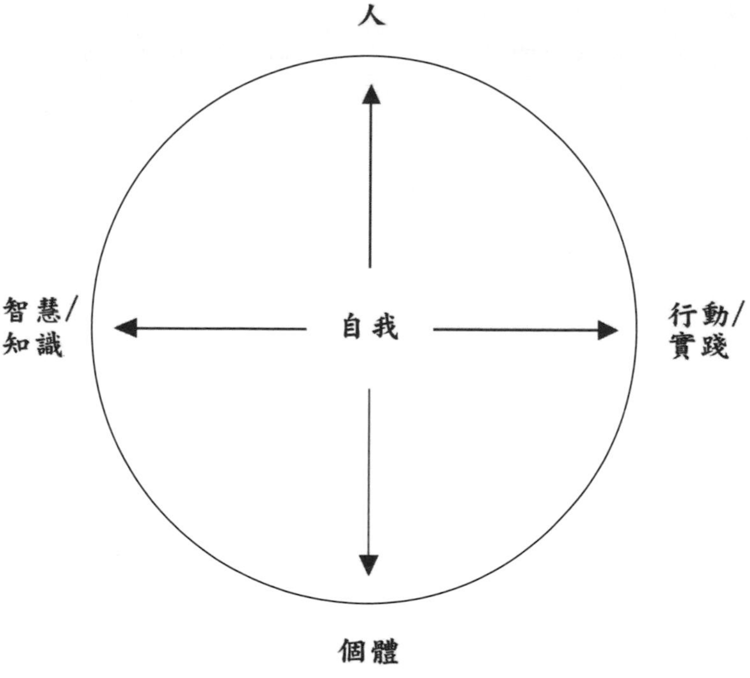

自我的曼陀羅模型

概念深受物質主義（materialism）影響，反而並未呈現精神主義（spiritualism）的高度，完善其有關於「自我生命的深沉結構」。

再從「人情與面子的理論模型」來觀察，黃光國將人與人的互動角色做出「資源請託者」（resource petitioner）與「資源支配者」（resource allocator）這兩者的區隔，當雙方各自掌握有彼此欲求的資源並居於平等地位的時候，其角色會互換，輪流扮演「資源請託者」與「資源支配者」，當「資源請託者」請求於「資源支配者」，令後者將其掌握的資源做有利於前者的配置，「資源支配者」心中想到的第一件事情就是「關係判斷」，他要思考的問題：「他和我彼此間有什麼樣的關係？」該模型將人際關係再區隔出「情感性關係」、「混合性關係」與「工具性關係」，前兩種關係間有個實線隔開，後兩種關係則用虛線隔開。實線表示在「情感性關係」與「混合性關係」間存在著一道不易突破的「心理界線」（psychological boundary），屬於「混合性關係」的其他人很不容易突破這道界線，轉變為「情感性關係」；虛線則表示「工具性關係」與「混合性關係」兩者間的「心理界線」並不明顯，經過攀拉關係或加強關係這些「角色套繫」的動作，屬於「工具性關係」的人可能會加強彼此間的「情感性成分」，變成「混合性關係」。資源支配者在面對這三種關係，各會有「需求法則」、「公平法則」與「人情法則」這三種不同的心理歷程，意即當個人與這三種不同關係的他人交往，他都會衡量自己得付出的「代價」（cost）與他人會做出的「回報」（repay），最終並計算交易的「後果」（outcome）。黃光國覺得該模型是著重在人類心智中有關社會關係的深層結構，並表示如果我們將「人情法則」視作「平等法則」的特例，則該模型是個可適用於各不同文化的形式性理論。黃光國繪製該理論模型的結構圖請見圖1-2（黃光國，二〇〇九：一〇七—一一六），這裡基於便利讀者閱讀與查考，再附如下頁：

由「自我的曼陀羅模型」到「人情與面子的理論模型」，這就是黃光國將其稱作「關係主義」（relationalism）的關鍵內容。如果黃光國將「人情與面子的理論模型」視作人類普世性有關社會關係

（或人際關係）的形式性理論則可；然如欲將其稱作有關「社會關係的深層結構」則會有問題，因為這種「關係主義」的模型理論只講到「關係的表象」而沒有講到「關係的內裡」，只講到「關係的局部」而沒有講到「關係的全貌」，為何會這樣說呢？我們置身於宇宙間，人面對各種情境都與其發生「關係」，關係從來都不會只有個人與他人的關係，如將關係歸類，計有「天」（天理）、「人」（人際）、「物」（外物）與「我」（本我）這四層關係，人只有先認識本我（the Self，自性），跟本我建立起深密的關係，將其從自我（the Ego）中超拔出來；纔能接著認識外物（the Object），認識任何外在於己身的存在，並釐清己身作為生命的主體（subject）與客體（object）間的關係，從而架構出客體的內容，發展出有關客體的各類知識；接著纔能認識人際（the Crowd），了解人與人在社會裡的範圍與關係，這是黃光國關係主義在著墨的重點內涵，但，這並不是終點，還應該再繼續認識天理（the Heaven），了解宇宙有關成住壞空的生滅變化，掌握最終的實相（reality），如果我們將關係著重在自性的認識，則只有由內部再架構出

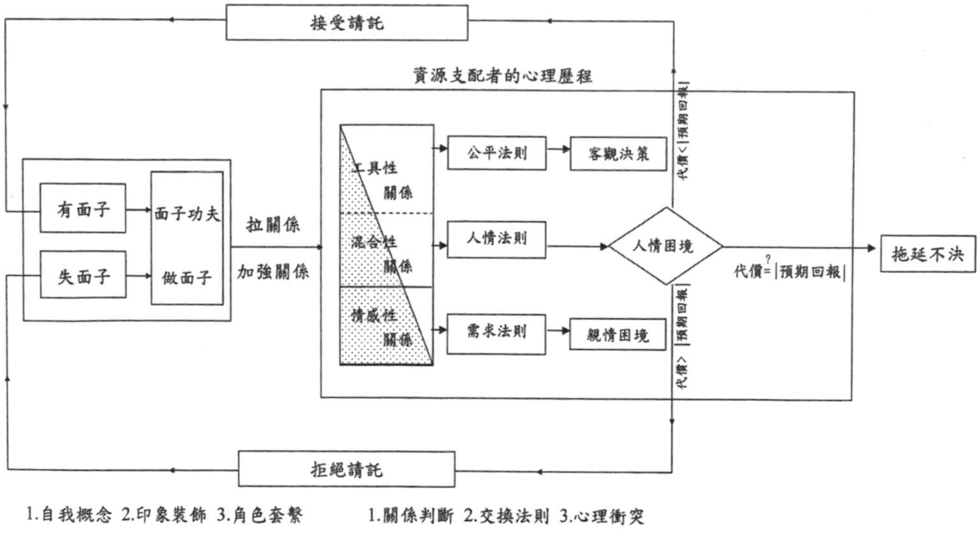

人情與面子模型

「本我關係主義」、「物我關係主義」、「人我關係主義」與「天我關係主義」，再加上屬於外部較間接的「人物關係主義」與「天物關係主義」，整個關係主義的內涵纔能完整呈現。當我們從這四大象限的視野來仔細檢視「關係」這個議題，還會只從「資源請託者」與「資源支配者」這種利益交換的角度來認識其間的需求法則、人情法則與公平法則嗎？或許會，但內容絕不僅如此。這六種關係主義當能更完整解釋人類普世性的自我概念與其相應的關係範疇，人是在這六種關係裡面決策與安頓自身的動靜舉止，其依據並不僅有人我關係主義裡的前面三種技術法則，筆者覺得面對本我首重「蛻變法則」，意即如何做能使得本我繼續獲得開展與超拔，這需要「誠意」；面對外物首重「思辨法則」，意即如何做能將客體建構成可被理解的知識，這需要「格物」；面對天理首重

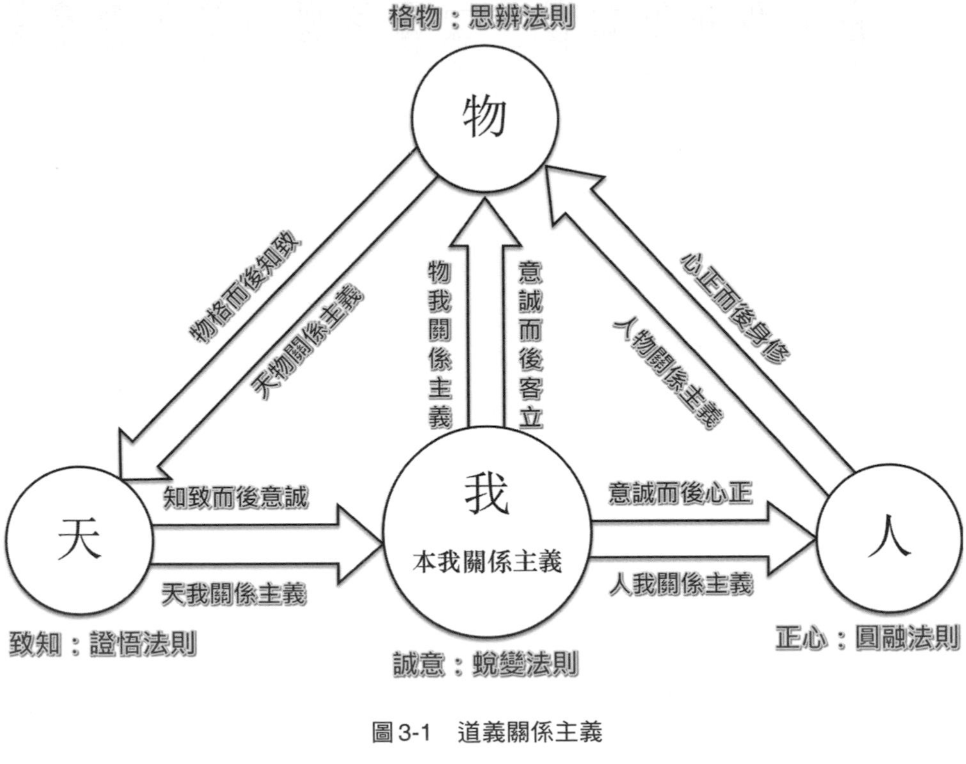

圖 3-1　道義關係主義

「證悟法則」，意即如何做能對宇宙的實相徹底洞悉與應用，這需要「致知」；面對人際首重「圓融法則」，意即如何做能對人與人該有的規矩精確拿捏，這需要「正心」。當這四大象限都被兼顧，纔能完成「道義關係主義」，並統攝人我關係主義內局部確實存在的「利益關係主義」。其構圖如圖3-1：

這裡將關係主義與《大學》的次第論結合，《大學》經一章說：「物格而後知至，知至而後意誠，意誠而後心正，心正而後身修，身修而後家齊，家齊而後國治，國治而後天下平。」（謝冰瑩、賴炎元、邱燮友、劉正浩、李鍌與陳滿銘編譯，二〇〇二：四）釐清天物關係主義的議題就是「物格而後知致」；釐清天我關係主義的議題就是「知致而後意誠」；釐清人我關係主義的議題就是「意誠而後心正」；釐清人物關係主義的議題就是「心正而後身修」，因《大學》裡的「我」直接對應「人」，使得其「意誠而後心正」，當人物關係主義因心正而獲得對應與擴充，「身」成為更大格局的生命，接著對應「物」就不再是本來的「物」，而開始發展「齊，治，平」這三段論（齊家，治國，平天下）逐級張開的「生命世界」，這就是「內聖」後的「外王」。《大學》未曾談到物我關係主義，這是條具有西洋文化特徵的「主客對立思維」，筆者覺得這層關係主義對於華人開展科學概念、科學態度與科學方法著實具有意義，應該落實「意誠而後客立」，讓「物」在「微觀世界」內被客體化，使得格物能順此發展其解析型的思辨脈絡。中華文化的重大特徵是道義關係主義而不是利益關係主義，這就是為何孔子會在《論語．里仁》中說：「君子喻於義，小人喻於利。」還說：「放於利而行，多怨。」並表示：「君子懷德，小人懷土。君子懷刑，小人懷惠。」對於孔子而言，「道」與「義」兩個概念常具有概念互換性，因此他會說：「士志於道，而恥惡衣惡食者，未足與議也。」然後，孔子接著就說：「君子之於天下也，無適也，無莫也，義之與比。」（謝冰瑩、賴炎元、邱燮友、劉正浩、李鍌與陳滿銘編譯，二〇〇二：一〇三—一〇六）據此，筆者覺得黃光國只從「資源請託者」與「資源支配者」這種利益交換的角度來認識其間的需求法則、人情法則與公平法則，其實無法精確指稱中華文化的主軸。再者，黃光國如果只用利益關係主義的角度來認識中華文化，那這種型態的關係主義何需我們特別強調如何「復健」或「復興」呢？其持續存在並運作於華人的生命世界裡，從來都不曾消失，更不要說只要「世衰道微」，就會觸目所及都是這種現象。筆者往日不免疑惑黃光國談關係主義為何範圍會如此狹隘，後來更仔細研究其討論文化議題的內容，發現這來自黃光國對中華文化尤其是周文化的認識與詮釋太過局部所致，黃光國表示：依據儒家的觀點，在人際互動的場合，應當先依據「尊尊」的原則來解決「程序正義」的問題，決定誰是「資源支配者」，有權選擇資源分配或交易的辦法，再由他根據「親親」的原則，來決定資源分配或交易的辦法（黃光國，二〇〇九：一三六），這種基於血緣構築「尊尊」與「親親」的原則，誠然是周文化的一大表現特徵，但並不是全貌。

第二節　道義統攝利益：儒家關係主義的源頭

周文化在形塑過程裡，長期就有「賢賢─上功」或「親親─上恩」這兩種不同治國策略的路線辯論，其最重要的辯論者就是開創周文化的兩大功臣姜太公與周公旦，周朝創立後，姜太公被封到齊國，周公旦被封到魯國，姜太公任用夷人當地的賢士來替齊國做事，並由實際的績效與否來做賞罰的依據，這種不依靠血緣裙帶關係來做事的態度，既是空前未有的創舉，更使得齊國迅速壯大起來，這種措施被稱作「尊賢上功」；周公旦則摒除夷人，依據親疏任用自己周人的貴族來替魯國做事，靠著血緣裙帶關係來確立管理政治的信任感，由於魯國對宗法制度的嚴格落實，使得其國祚綿亙悠久，這種措施則被稱作「親親上恩」。由於齊魯兩國都在山東，政治手段卻有高度的差異，因此文獻常將這兩人的立國措施連結討論，如《呂氏春秋．長見》就曾記錄他們兩人曾見面相互切磋治國策略，並替彼此未來的國運做預言：「呂太公望封於齊，周公旦封於魯，二君者甚相善也。相謂曰：『何以治國？』太公望曰：『尊賢上功。』周公旦曰：『親親上恩。』太公望曰：『魯自此削矣。』」（一九九〇：二九四）這段文字還有其他版本，並從歷史的後設角度來印證齊魯兩國後來不同的發展景象，如《漢書．地理志》說：「昔太公始封，周公曰：『何以治齊？』太公曰：『舉賢而上功。』周公曰：『後世必有篡殺之臣。』其後二十九世為彊臣田和所滅，而和自立為齊侯。」該篇還將角色對調過來說：「周公始封，太公問：『何以治魯？』周公曰：『尊尊而親親。』太公曰：『後世浸弱矣。』故魯自文公以後，祿去公室，政在大夫，季氏逐昭公，陵夷微弱，三十四世而為楚所滅。」（一九九四：一六六一—一六六二）姜太公的措施主要在推尊賢人並按照其績效來獎賞；周公旦的措施則主要在按照血緣親疏的倫理秩序來推恩獎賞，這使得齊國蒸蒸日上，但二十九世被權臣竄位，魯國積弱不振，卻直到三十四世纔被楚國併吞，到底哪種治國策略比較恰當呢？齊魯兩國乍看起來好像差距頗大，其實相對於崇尚鬼神的商朝文化傳統，這只是面對人事布局的態度不同，屬於正在塑型的周朝文化傳統內部兩種略異的發展軌道，正如宣兆琦的看法：古人不明此理，把其拿做齊魯兩國不同的建國方針而完全對立起來，殊不知姜太公與周公旦只是程度的差異，然而這兩種態度在政治實踐過程裡往往無法割離（一九九七：四一），有如陰陽交會於太極般相互輪轉，在筆者看來，這都是來自周文化的脈絡，如果當年周文王不任用素昧平生的姜太公這位大賢，周朝會有機會推翻商朝開創新局？如果作為周文王兒子的周公旦不在兄長周武王死後臨危自命攝政來輔佐成王，征討叛亂並推行封建制度往東部屯墾，最後再治禮作樂教化百姓，周朝焉能維持其長年國祚於不墜？

如從本土心理學的角度來思考，不論是「賢賢」或「親親」，這都屬於「尊尊」的不同呈現，意即賢人或親人都可通過關係網絡來鞏固彼此的共同願望，都屬於關係主義的表現型態。這種關係主義的表現型態早自商朝就已經存在，不僅周公旦會強調「親親」，講究萬世一系承接天命的商王朝同樣在人事布局裡會認同「親親」，譬如《史記．梁孝王世家》記竇太后跟漢景帝說：「吾聞殷道親親，周道尊尊，其義一也。」（一九八六：八二九）這只是看見其一尚不知其二，商朝兄終弟及，周朝父死子繼，都是家族宗法制度在政治層面的體現。但商朝與周朝的文化差異，重點並不在於王位的傳承，而在周朝給賢人出仕的機會，商朝則包括臣僚在內主要都由宗族人士擔任（這來自他們自認被上帝選中的天命觀，因此政治權柄都被貴族壟斷），這是周文化兼容並蓄的體現，周朝的人文精神不只體現在血緣宗法，更體現在其對德性的重視，其開創者關注具體百姓生計，願意集思廣益來共謀天下同福，不只重視賢人，更重視對親人的教育，希望血脈關係能轉化出道脈關係，這使得周文化自身不斷蛻變並成為中華文化的核心源頭，當中華文化由商朝的「血統天命觀」轉化成周朝的「德性天命觀」（或稱道統天命觀），纔能深度而完整解釋《中庸》第二十章說：「仁者，人也，親親為大；義者，宜也，尊賢為大。親親之殺，尊賢之等，禮所生也。」（謝冰瑩、賴炎元、邱燮友、劉正浩、李鍌與陳滿銘編譯，二〇〇二：四四）考量關係親疏遠近背後的重點，不只是親疏遠近的表面，還包括人因德性發展相應的智慧高低互動出來的關係，如此纔能解釋先秦儒家為何如此重視與強調「賢賢易色」，並特別看重如何藉由教育來開啟人心（不論是否屬於自己的親人）。基於對儒家關係主義是道義關係主義而不是利益關係主義的認識，因此，筆者會說：儒家關係主義的成熟發展，體現並來自整合「反關係主義」（anti-relationalism），最終再擴充完成其關係主義。中華文化因反關係主義而發展出這層宏觀視野，裨益在血緣關係外，與陌生人建立緊密關係，這是中國傳統政治會發展出包括後世薦舉或科舉這類「尚賢政治」的主因，這點早有顏學誠在〈中國文明的反關係主義傳統〉已指出（二〇一三），只不過他尚未看出反關係主義同樣是儒家關係主義的變化型發展，兩者並不全然屬於對立面。儒家講的五倫只有「父子」與「兄弟」來自血濃於水的聚集關係，「君臣」與「朋友」則是志同道合的聚集關係，其間「夫妻」則交會與續發這兩種關係，如此纔會將這些關係各自賦予倫理法則，讓其呈現道義關係主義，如《孟子．

滕文公上》說：「使契為司徒，教以人倫，父子有親，君臣有義，夫婦有別，長幼有序，朋友有信。」（謝冰瑩、賴炎元、邱燮友、劉正浩、李鍌與陳滿銘編譯，二〇〇二：四二三）黃光國未曾看見儒家關係主義除重視道脈外，更意圖將血脈發展出道脈，只指出要根據「親親原則」，選擇最恰當的資源分配與交換法則，並解釋要考慮互動雙方關係的親疏，這是儒家的「仁」；依照雙方關係的親疏，選擇適當的交換法則，這是儒家的「義」，考慮雙方交易的利害得失後，做出適當的反映，則是儒家的「禮」，他認為這樣就構成儒家「仁，義，禮」這個倫理體系的核心內容（黃光國，二〇〇九：一三八），果真如此，這可謂將儒家的殊勝義轉換成庸常義，將儒家本來的道義關係主義改採利益關係主義的角度來詮釋，則筆者前面指出的「賢賢原則」該置放與落實在哪裡呢？這實不啻將中華文化由周文化倒轉回商文化了，如果黃光國的觀點有此偏差，顯然將無法完成其始終希冀推展的「中華文化的第三次現代化」。

黃光國覺得儒家主張：個人和任何其他人交往時，都應當從「親疏」與「尊卑」這兩個認知角度（cognitive dimensions）來衡量彼此的角色關係，前者是指彼此關係的親疏遠近，後者是指雙方地位的尊卑上下，其實在這個脈絡裡，「親親原則」只是關係的初階衡量，「尊尊原則」則是關係的進階衡量，兩者並沒有實質的差異，屬於相同血緣脈絡的繼續發展。筆者並不完全否認中華文化確實存在這種現象，但這種「文化現象」並不應該被視作「儒家思想」，或者說，這的確是種「庶人倫理」（the ethics for ordinary people），但卻不是「士人倫理」（the ethics for scholarly people），中華文化影響的社會素來由士人領導，不論民間傳統有如何做法，儒家真正的主張是藉由教育來導正「親親原則」，外加「賢賢原則」，並讓兩者都服膺於具有道脈意涵的「尊尊原則」，從而發展出「道義統攝利益」的關係主義（道義關係主義並不是不食人間煙火的關係主義，但要對於利益有安頓性與約束性）。這纔能精確理解周文化如何修正商文化，繼承並發展出更具有包容性的社會結構，這是中華文化能自周公治禮作樂後維繫三千五百餘年於不墜的主因。然而，黃光國會有這種利益關係主義的偏差觀點（並不是完全錯誤，而是只適用於解釋社會長期存在部分的庶人心態，尤其是農業社會時期的鄉村），或受到來自費孝通主張「差序格局」的誤導（一九四八），如果我們按照薩依德（Edward Said）撰寫《東方主義》（*Orientalism*, Said, 1978；王志弘、王淑燕與莊雅仲等譯，一九九九）的想法，這是對比於西洋社會學觀點而設想出「東方主義」（orientalism），意即其對比於西洋文化屬於「團體格局」出現的反面投射，呈現「他者」（the other）觀點架構出來的「中國社會結構」。黃光國指出費孝通認為中國社會結構好像是一塊石頭丟在水面發生一圈圈推出去的波紋，每個人都是他所屬社會影響推出去圈子的中心，和圈子所推的波紋發生連繫，這個像蜘蛛網般的網絡來自血緣，其中心就是「自己」，由欲望和習慣所合成，這種型態的「自我主義」（egoism）頗不同於西洋社會的個人主義（individualism），後者像是一根根木柴，他們的社會組織將大家綁住，然而每根木柴都具有獨立性。黃光國雖然認為差序格局只是種比喻，並沒有清楚區隔「自我」與「社會關係」的差異，僅是將兩者合併，並從人類學的角度來描寫，對其推論出華人社會互動過程中有關臉面的問題並無裨益（黃光國，二〇一五：三二五—三二六），然而我們只能說黃光國其實認同費孝通這種「自私自利是華人生命的核心價值」的看法，否則將無法解釋為何黃光國會只從「資源請託者」與「資源支配者」這種利益交換的角度來認識人與人間的需求法則、人情法則與公平法則，最後並指出儒家人觀型態正有如印度種姓制度那般的「階序人」（homo hierarchicus），儘管他指出在儒家文化理想中，人的「階序」並不像印度那樣依照人的潔淨程度來排列，而是依照每個人的「道德成就」，將人區隔出「聖，賢，君子，小人」（黃光國，二〇一五：三五四—三五五），然而他有告訴我們恢復成為這種型態的「階序人」該有的自我修養辦法嗎？我們從《盡己與天良》這本書來檢視，委實未能得見黃光國的相關說法，我們只看見其由「自我的曼陀羅模型」與「人情與面子的理論模型」發展出來的自我修養理論，然而其內容相較於儒家聖人孔子的人生境界，則呈現某種斷裂性與矛盾性亟待釐清。

費孝通的「差序格局」是個「非正位」的中國社會結構說法，那該如何精確理解中國社會結構呢？蔡錦昌有提出「感通格局」的說法（二〇〇九），他覺得華人講「人」與「我」完全不同於西洋文化講「other」與「self」，該脈絡裡不只體現「人」與「我」對立隔離，而且說「人」作為一個「他者」，跟「我」一樣，都具有「私」的性質，因此「人」與「我」的外面還有一個超越的公共領域。然而孔孟所謂「推己及人」的「己」與「人」則不然。「己」與「人」並不對立隔離，因為「己」與「人」的稟賦都來自天地化育，人同此心，心同此理，好惡常理相通，只是智愚優劣的差異而已。蔡錦昌引用《論語・為政》裡的話：「為政以德，譬如北辰，居其所，而眾星共之。」（謝冰瑩、賴炎元、邱燮友、劉正浩、李鍌與陳滿銘編譯，二〇〇二：七六）並據此指出（二〇〇九）：費孝通雖然將這段話視作「差序格局」的最佳譬喻，將其解讀：「自己總是中心，像四季不移的北斗星，所有其他的人，隨著他轉動。」卻未將「為政以德」這四個字認真考慮，思索其「德性」的意義如何使用眾星愛戴環拱，蔡錦昌覺得儒家的「德」是種「同聲相應，同氣相求」的「共感作用」或「共鳴作用」，就像同一頻率的兩枝音叉在隔空共振那般，「有德君子」就像一枝強頻大音叉那樣，只要振動就會誘發周圍的事物與其共振，愈與其接近者，不管本來頻率如何，被誘發共振的能量都愈大且反應愈快；而頻率與其相同或接近者，即使相隔某個有效距離，被誘發共振的能量愈大而且反應愈快。蔡錦昌再引用《易經・繫辭上》來說明其看法：「子曰：『君子居其室，出其言善，則千里之外應之，況其邇者乎？居其室，出其言不善，則千里之外逆之，況其邇者乎？言出乎身，加乎民；行發乎邇，見乎遠。言行，君子之樞機。樞機之發，榮辱之主也。言行，君子之所以動天地也。可不慎乎？』」（孔穎達，一九九五：一五一）「己」和「人」都該「修身」，意即最終能「克己復禮為仁」，使得自己的言行好惡皆合於禮儀法度，同時來琢磨自己的性情，使其臻於如美玉或大器那樣的優良狀態。因此，蔡錦昌表示（二〇〇九）：「物以類聚」纔是孔孟所要講的人己關係，「推己及人」則是配合著「物以類聚」來說，君子氣性的人會跟君子氣性的人結交，彼此在「推己及人」方面更互重互勉且相得益彰。同樣的道理，小人氣性的人會跟小人氣性的人結交，彼此會在「推己及人」方面更發揮其小人性格，帶來各種惹事生非的禍端。這是依氣性良窳來區隔，並不是依當前社會所謂「社經地位」或「職業類別」來區隔。蔡錦昌覺得同樣君子氣性的人，雖然有的人擔任軍官，有的人擔任教師，有的人則擔任農夫，但是由於他們都是有修養而言行合禮的人，因此人情往來上都相通，都可「推己及人」，目前各人所從事的職業並不會成為人己交往時的障礙（二〇〇九）。「感通格局」是否比費孝通講「差序格局」更符合儒家思想的本來面目，並更符合我們實際的生活經驗呢？筆者覺得答案很明顯，如果當真完全認同「階序人」的思維，則中國的社會階層就不會有流動與溝通的事實，其結構就會變得固著與僵化，甚至會坐實「吃人的禮教」這種壓迫性的風俗習慣，儘管鄉村生活裡確實有這些文化現象，這類文化現象不應該被我們視作理所當然，甚至賦予學術詮釋來彰顯與西洋文化的不同，如此會與當前時空背景太有差距，但「感通人」則更能說明儒家真正主張的人觀，除反映周文化長期孕育影響的人文精神外，並能解釋中華文化的歷史主軸線，如將「感通人」視作理解「階序人」的主軸內涵，不同的道德成就纔有其「階序」的實質意義，這個觀點頗值得提供給黃光國參考。

第三節　士人倫理：儒家自我修養理論的調整

黃光國提出的儒家自我修養理論，最令人疑惑的問題，就在於他指出孔門自我修養的工夫論包括：「正心，誠意，格物，致知」這四個步驟，他並指出：「正心」是其中第一個步驟，因為當個人的自我受到忿懥、恐懼、好樂與憂患這些情緒干擾的時候，心境無法保持在「喜怒哀樂之未發」的平靜狀態，他很可能「視而不見，聽而不聞，食而不知其味」，不能冷靜反思自己的生命處境，更難學習新的事物，基於這個理由，先秦儒家把「正心」列為「修身」的第一步驟（對照黃光國書中的語意，這是指廣義的修身，不是《大學》文本內專指的修身（黃光國，二〇〇九：三三七））。然而，這是沒有根據的說法。我們查閱《大學》經一章：「物格而後知至，知至而後意誠，意誠而後心正，心正而後身修，身修而後家齊，家齊而後國治，國治而後天下平。」（謝冰瑩、賴炎元、邱燮友、劉正浩、李鍌與陳滿銘編譯，二〇〇二：四）就會發現修身前正確的工夫次第其實是「格物，致知，誠意，正心」，這個次第不顛倒，纔能解釋儒家如何從前意識（preconscious）來到顯意識（conscious），這是「格物致知」；接著由顯意識來到潛意識（unconscious），這是「誠意正心」；再經由潛意識回歸到顯意識，意即由自我拔高到自性的歷程，再經由自性的未發到已發，來逐級落實「修身，齊家，治國，平天下」，這「八條目」就是這樣經由「內聖」而「外王」來整合實踐。黃光國已不只是用社會科學的觀點來重新詮釋《大學》，其自由顛倒次第創立新說，誠然展現心理學者的高度創見，然而如何能證成其說法最終屬於「儒家的自我修養理論」？且不說後四條目屬於外王，茲因前四條目屬於內聖，對於架構儒家自我修養理論可謂休戚相關，由空無到實有孕育成為人的剎那，筆者根據《大學》的脈絡理解其義理如下：「格物」是指己身意識對應的外物，釐訂客體，人意識到外物的實有，從而詳查其內容；「致知」是指通過認識外物的實有，獲取知識，知識幫忙人證悟天理，從而把握住存在；「誠意」是指將天理往內在做收攝，澄清心靈，讓人展開意識的轉化，從而體認出自性；「正心」是指人不斷深化發掘內在，端正自性，往外應對人事而不惑，從而讓生命自如。在「格物」前，人處於前意識狀態，行事不知不覺；「格物」本身則處於意識狀態，「致知」則處於意識到潛意識狀態；「誠意」則處於潛意識狀態；「正心」則再回意識狀態，然而，自「正心」後，人的意識狀態就已再拔高其覺醒，從而人就能開始面對「修，齊，治，平」的後四條目，因此「正心」即使不是儒家修養心理學的第一個步驟，卻的確至關緊要，按照

《大學》的文本脈絡來說，「正心」是指面對人際前的精神氣象；「修身」則是指面對人際後的動靜舉止，兩者雖然脈絡相同，前面指向「心」的議題，後面指向「身」的議題，這兩者屬於「未發」與「已發」的轉軸機關，「修身」是帶著整個「格，致，誠，正」的次第來修身，使得「修身」成為承接前四條目的基石，沒有按照這個次第來修身就會動搖到根本，這就是為何《大學》經一章說：「自天子以至於庶人，壹是皆以修身為本，其本亂而末治者否矣；其所厚者薄，而其所薄者厚，未之有也。」依據這個說法，筆者繪製「大學塔」這幅圖如圖3-2：

如果「自天子以至於庶人，壹是皆以修身為本」，則本來不應該存在「庶人倫理」與「士人倫理」這兩種對立性的概念，不論是「天子」或「庶人」，大家都應該齊一精神，做個「志於道」來修身面世的士人。內聖四條目呈現圓形的造型，因這是屬於個人內在圓滿的狀態，外王四條目呈現方形的造型，則因其屬於個人外在經世的狀態，從《大學》的角度來說，「外王」的前提在

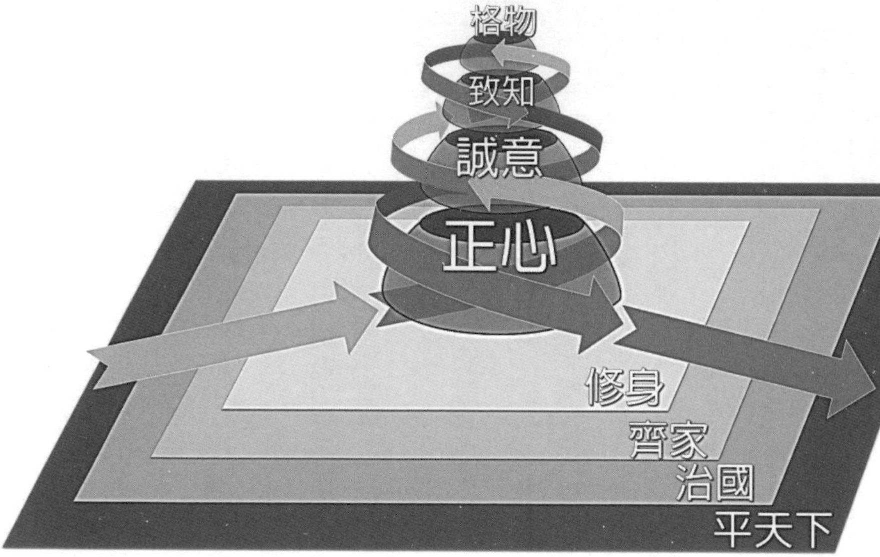

圖3-2　大學塔

於「內聖」，然而「內聖」同樣可通過「外王」來進而深化，兩者通過八條目的次第產生雙向循環。當我們回過頭來檢視黃光國表示：「正心」這門工夫還包含幾個重要的步驟，接著徵引《大學》經一章：「知止而後有定，定而後能靜，靜而後能安，安而後能慮，慮而後能得。」這顯示出他覺得「止，定，靜，安，慮，得」是「正心」的步驟。不過，如順著《大學》經一章本來的文義脈絡來解讀，這應當是整個實踐《大學》關注於「明明德，親民，止於至善」這三大目標可落實的工夫，怎會專門變成「正心」的工夫呢？「止，定，靜，安，慮，得」作為工夫，很細密在闡釋人由意識回歸潛意識再出來意識的過程，筆者覺得這層工夫論確實談到儒家修養心理學由「自我」轉化「自性」的具體內容：「止」是指停止思慮，將內外世界區隔與辨識；「定」是指深化感知，把握住向內探索的軸線；「靜」是指回歸寧靜，感受無內且無外的深度；「安」是指體驗自性，獲得平安與祥和的頻率；「慮」是指面對課題，琢磨對治的態度與做法；「得」是指獲得領會，帶著清明的精神來生活。黃光國沒有深談其間細節究竟，來解釋儒家的自我修養理論，卻單獨拿「知止而後有定」來說個人必須知道「自我」在人際互動中應當遵循的規則，他纔能保持心境的平靜，而不受情緒的干擾，並說這就是所謂的「定而後能靜」，意即儒家修養所謂「正心」的工夫（黃光國，二〇〇九：三三八），其前後文義太過於簡略，無法讓我們清晰洞見背後主張的理則（並將「知止而後有定」與「定而後能靜」解釋成同一種觀念），著實會令人費解。接著，黃光國再指出「靜而後能安」其「安」字是指「定位」（anchorage），讓客觀世界中的每一事物都能如其所是呈現在其認知系統中，要做到這點，《大學》提出的對策是「誠意」（黃光國，二〇〇九：三四六）。如果「靜而後能安」現在再被轉成解釋是「誠意」的工夫，那前面怎麼又說是「正心」的工夫呢？同樣的問題，就「格物」這個層面而言，黃光國指出：由於「物」是指「自我」在其生活世界中遭遇的「事物」，宋明理學家主張「即物而窮其理」，意即找出每件事物的道理，因為「天下之物，莫不有理」，如果「理有未窮」，則必「知有不盡」，然而，個人該如何「窮其理」呢？先秦儒家提出的對策是「誠意」，唯有冷靜認識外在世界中客觀事物的變化，纔能知道該事物的是非對錯（黃光國，二〇一五：三四九），依其文義合理的說法應該是指黃光國認為「格物」的工夫就是「誠意」，殊不知「格物」本來就是門獨立的工夫，現在概念被虛設，轉為「誠意」的替換詞彙，難道對黃光國而言，這些工夫當真沒有任何差異，其文義可輕易互換解釋？

雖然，黃光國自己表示這個觀點：「人情與面子的理論模型」和儒家的「庶人倫理」具有「同構」（isomorphic）的關係，該模型可用來說明不同社會中有關人際互動的形式性理論，然而除「庶人倫理」外，儒家思想還有其獨特的宇宙論、天命觀、心性論和修養論，這整體的結構形成我們理解儒家「仁，義，禮」倫理體系的「背景視域」（黃光國，二〇〇九：一六一），且不說黃光國詮釋出來的「庶人倫理」究竟是否屬於嚴格意義的「儒家思想」，當他在《儒家關係主義》到《盡己與天良》這兩本鉅著中大量闡釋「人情與面子的理論模型」與儒家關係主義的同構關係，則真正屬於儒家思想中「士人倫理」的獨特意涵，意即黃光國前面指出的「宇宙論、天命觀、心性論和修養論」就跟著被淡化隱沒了，這使得他後續討論《大學》與《中庸》呈現不對應性（還包括《論語》與《孟子》在內，這些都屬於士人倫理的內容，並不能證成黃光國基於庶人倫理架構有關利益關係主義的說法），儒家修養心理學的內容變得空洞虛無，這樣的問題直到他書寫與發表〈《大學》的修養工夫論〉依然未見解決（黃光國，二〇一六a），並且其依然堅持著「正心，誠意，格物，致知，修身，齊家，治國，平天下」這種自創新說的八目，然而，其中有個重要的差異點：他開始利用瑞士心理學家榮格的說法，終於開始在行文間承認有種「未曾發現的自我」（the undiscovered self），意即我們再三強調的「自性」（the Self），藉由榮格心理學中有關「自性」的討論，綜合「儒家思想第三次現代化」的研究成果，來重新詮釋《大學》和《中庸》，作為發展修養心理學的基石（黃光國，二〇一六a，二〇一六b）。這無疑是個很值得關注的新發展，然而，榮格心理學如何能詮釋《大學》和《中庸》，黃光國並未深度著墨，倒是他在繼續強調「先秦儒家把『正心』列為『修身』的第一步驟」時，除徵引《大學》傳七章說：「所謂修身在正其心者：身有所忿懥，則不得其正；有所恐懼，則不得其正；有所好樂，則不得其正；有所憂患，則不得其正。心不在焉，視而不見，聽而不聞，食而不知其味。」（謝冰瑩、賴炎元、邱燮友、劉正浩、李鍌與陳滿銘編譯，二〇〇二：一三）當個人的自我受到忿懥、恐懼、好樂與憂患等情緒干擾的時候，心境無法保持在「喜怒哀樂之未發」的平靜狀態，他很可能就會有前面所說各種身心狀況，不能冷靜反思自己的生命處境，更難學習新的事物，黃光國指出這些各種正向或負向的情緒，絕不是像西洋文化這些年來發展出來的「正向心理學」（positive psychology）那般追求「快樂」（happiness，黃光國，二〇一六a），正向心理學呈現某種失控性，使得人無法真正面對現實，年來已經開始引發學者的反省（艾倫瑞克，二〇一五）。朱熹畢生都在思考這個根本問題：「喜怒哀樂未發前是何氣象？」他先後提出「中和舊說」與「中和新說」，最後朱熹纔發展出「心統性情」的修養理論，認為「自我」應該將自己的「意識」（心）來探索自己的本性，並主導情緒的表現，來邁出自己的人生該有的「道」，這替《大學》中說的「定，靜，安，慮，得」做出重要的具體詮釋（黃光國，二〇一六a）。

朱熹思考「喜怒哀樂未發前的氣象」絕對是個根本問題，黃光國已看出《大學》本來未對「止，定，靜，安，慮，得」做出具體詮釋，直到朱熹纔開始釐清其脈絡，這點確實相當重要。然而，黃光國前文提到六字真言，除漏掉「止」這個字外，並將《大學》傳三章對「止於至善」的詮釋與其混淆在一起，該章：「詩云：『穆穆文王，於緝熙敬止！』為人君，止於仁；為人臣，止於敬；為人子，止於孝；為人父，止於慈；與國人交，止於信。」（謝冰瑩、賴炎元、邱燮友、劉正浩、李鍌與陳滿銘編譯，二〇〇二：八）在《盡己與天良》第十章，黃光國就據此表示「知止而後有定」的「知止」與該章的內容都是「止息」的意思（黃光國，二〇一五：三三七—三三八），意即黃光國將作為修養工夫該修持的第一意念放到人生不同社會關係該呈現的最高境界裡面來認識，顯見他並未掌握這兩者的差異。黃光國將《大學》與《中庸》的義理相互交錯解釋，還顯現在他將《中庸》第一章講「喜怒哀樂之未發謂之中」的「中」，直接稱作個人內心處於《大學》說的「正心狀態」（黃光國，二〇一六b），這種跨越不同書籍相互交錯解釋其義理，如果研究者能精確梳理文本脈絡，本來未見得不可如此，但黃光國其實是將《大學》面對自性該有的「誠意」與面對人際該有的「正心」這兩個次第視作同一件事情，殊不知喜怒哀樂未發前的氣象不該來自意識狀態，而該來自潛意識狀態，「誠意」作為清澄的潛意識纔能幫忙人活出未發的良知，那種未發的良知究竟該如何認識呢？如果我們暫且擱置《大學》的次第，轉而只從《中庸》的角度來認識儒家修養心理學，就會發現黃光國強調「誠意」這個觀念確實極具意義，畢竟這是儒家思想談修養很關鍵的環節，誠如《中庸》第二十章說：「誠者，天之道也；誠之者，人之道也。誠者，不勉而中，不思而得，從容中道，聖人也；誠之者，擇善而固執之者也。」（謝冰瑩、賴炎元、邱燮友、劉正浩、李鍌與陳滿銘編譯，二〇〇二：四五）其間「不勉而中，不思而得，從容中道」就是「喜怒哀樂未發前的氣象」。既然「誠」是「天道」的特徵或內容；那人究竟該如何「誠之」來作為實踐天道的辦法呢？黃光國在《盡己與天良》這本書裡並未回答，他只是採取「白描」的筆法翻譯，並指出選擇做個具有道德主體性的我來「擇善固執」，這是種永無止盡的歷程（黃光國，二〇一五：三四七）。筆者覺得實踐天道的「誠意」這門工夫，如果按照《中庸》的本來義理，並不是來自「行」的勤勉與「知」的焦思，而是來自對自性的「凝然合一」，其具體的工夫次第則譬如操作「止，定，靜，安，慮，得」這六個由意識回歸潛意識再來到意識的過程，其展現的生命氣象就會是「從容中道」，意即庸然大器且決斷合宜。

筆者這兩年來與黃光國教授大量針對本土心理學的相關學術議題展開對話，並自民國一〇五年（二〇一六）開始，陸續撰文與其細緻論學，終於在八月得見黃光國撰寫〈儒家文化中的倫理療癒與修養心理學〉一文（二〇一六c），其將榮格講的「自性」大量會通到儒釋道三家的典籍內闡釋，他徵引筆者談南宋陸九淵主張「發明本心」，引發個人與宇宙的交通感，只有在悟得自性纔能明白，此際天人內外被打通，再沒有限隔，這就是「天人合一」的實際體會（陳復，二〇一六），他接著指出「自性」應當是「經驗匯聚的中樞」，並不是心理分析學派在講的「自我」（the Ego），其繪製的「自我的曼陀羅模型」具有普世性，適用於任何的文化，但「自性」具有文化特殊性，唯有儒釋道三教合一的文化傳統，纔會特別強調「自我」中有「自性」這個層面（黃光國，二〇一六c）。有關黃光國如何談榮格講的自性請見本書第十章，但，當他開始承認中華思想長期存在探索自性的文化傳統，則談儒家修養心理學時就不應該再堅持著「庶人倫理」的說法，而應該從「士人倫理」的角度來打開格局，使得修養心理學不再是個「戲論」（梵文稱作papañca，意指無法令人獲得解脫的學問），更不能把這些論理過程只當作語言遊戲（language games），而應該全面將修養心理學導向中華思想（尤其儒家思想）特有的「心體論」（nousism）與「工夫論」（kungfuism），來發掘其觀念資源與修養門徑，纔能完成社會科學本土化的工作，並有益於世人解決個人困惑與社會問題。黃光國曾表示：士人同時會是庶人，庶人倫理是包括士人在內所有人都應當遵循的觀念（黃光國，二〇一五：二五一）。筆者覺得，這段話應該相反過來說：庶人同時能做士人，士人倫理纔是包括庶人在內都應當遵循的修養觀念，這個觀念的終點就是「成聖」。「如何成聖」這個議題如不釐清，則就無法精確回應儒家兩千五百餘年來持續發展的核心脈絡，並構築嚴格意義的儒家思想，只有藉由當前學術語言來詮釋「成聖」的內在意境與具體辦法，藉此打通「微觀世界」與「生命世界」的隔閡，如此纔能建立儒家修養心理學該有的學術典範，我們共同念茲在茲的「中華文化（或儒家思想）的第三次現代化」纔有具體意義。「成聖」對於現代人置身於當前時空背景，難道已是個與潮流脫節的過時議題嗎？不！如果工商業社會的節奏異常緊繃，人除賺取金錢外，很難不對自己投身於工作，卻只是個宛如機器裡的螺絲釘般毫無價值感，這時候如果沒有修養意識（具有潛意識涵養供給出來的深層意識），就很常會引發各種身心疾病。「成聖」不是什麼宗教密法，而是自我轉化成自性的過程裡，藉由工夫操練最終獲得自如且利他的生命。我們委實不能只活在西洋文化帶來的生活型態裡，卻沒有中華文化特有的生命態度，否則社會如何擺脫被殖民處境，個人將如何轉危為安，人類整體在各種天災與人禍不斷的環境裡，又將如何讓全球文明獲得永續發展呢？因此，筆者覺得儒家自我修養理論應該往士人倫理調整，發展具有「天，人，物，我」四大象限意涵的儒家關係主義，纔能將儒家修養心理學獲得正確的認識。本章從士人倫理的角度出發來思索問題，相關論點雖與黃光國教授頗有不同，然而相信我們企圖擘畫中華文化現代化的本衷與宏願並無二致，期待這些討論對於化解「道術裂解」的現況或有實益。

（本文發表在《破解黃光國難題的知識論策略》，二〇一九：一一九—一四四。）

第四章

多重哲學典範

解決黃光國難題依據的實在論

前言

本章仔細檢視黃光國撰寫《社會科學的理路》該書的各種觀點，並對照其後來出版的《儒家文化系統的主體辯證》，本希望藉此梳理其有關科學哲學的脈絡，卻發現黃光國在書中提出「多重哲學典範」（multiple philosophical paradigms）作為空的架構，本身不具任何實質哲學思想，雖然其本來目的旨在容納各種具有實在論意義的哲學典範來探索「關係主義的研究法」，然該內容混雜著哲學根本性質或哲學應用方法的思想，不見得與實在論有關，更有反對方法論的詮釋學，將其共融於一爐，只會讓人混淆且無所適從，更無法促成「生命世界」（life world）與「微觀世界」（micro world）的雙向循環。黃光國想覓出深藏在人類心智裡的「結構」，然而結構思想並不等於結構主義（structuralism），筆者反對黃光國將結構主義擺放在多重哲學典範的核心位置，並覺得建構實在論的問題在「不討論實在的討論實在」；批判實在論的問題則在「討論不同於實在的實在」，兩者都在閃躲討論實在本身，使得其無法回應中華文化本質具有「天人合一」的思想傳統，架構具有現代意義的華人本土社會科學。如果解決黃光國難題可依據的實在論，已經由論證確知不能由前面任何單一思想來回答，筆者覺得不如回到「心體論」（nousism），由該主軸出發，修正與消融建構實在論與批判實在論，將其由領會心體展開「語言性的外推」，架構出有關心體的「微觀世界」，並將各種森羅萬象的微觀世界做個整合，從而發展出有關心體觀念更縝密的「建構的實在」（constructied reality），意即「心體論」就在其間被建構完成，從而纔能真正落實「本體性的外推」（ontological strangification）。並且，筆者承認並使用先驗論證的理則結構，主張心體研究的對象既不是經驗主義的現象，更不是人類強加於現象的建構，其面對著持續存在，並在我們知識外獨立運作的實在結構，這個結構就是存在自身的心體；接著，我們在真實的範疇裡，發現「自我」本質是個「人天共構主體」，如果能不經社會習染，讓自我恢復自性，則這個人天共構主體產生往外面對己身外的現象，兩者交融就會變成客體的能量，客體的能量啟動後發生的事件就是真實；最後，在事實的範疇裡，進而發現人如果不只有前面六識，更具有自性這個阿賴耶識（ālayavijñāna），則我們看見的事實會來自於真實，且真實來自於心體，生命具有這種多層次的開展視野，纔能真正完成「靈性轉向」，當解決黃光國難題不啻同時在解決李約瑟難題，就使得心理學的科學革命有機會帶來中華學術的質性蛻變。

第一節　引論：再論多重哲學典範的實質內涵

黃光國教授（後面簡稱黃光國）有鑑於華人社會科學本土化運動的浪潮發生至今，社會科學界只對於盲目移植西洋學術研究典範不滿，卻沒有意識到各門學術領域作為科學的發展，背後都和科學哲學呈現「互為體用」的關係，學者常只專注探究各種不同的科學，但對於科學哲學都只有「望文生義的理解」，不只沒有注意到科學哲學的發展和自身科學研究間的關聯，更沒有意識到科學哲學的主流已經由「實證主義」（positivism）轉型到「後實證主義」（post-positivism），並在本體論、知識論與方法論發生巨大轉變，如心理學領域在從事「本土化」的相關研究，誤認只要繼續做個「素樸的實證主義者」，高舉這個大帽子將華人的「心理與行為」割裂成各種心理研究領域，企圖將複雜的心理與文化現象簡化成「兩組對立的同質體」，然後發展測量工具來做施測，收集一大堆統計數字，累積到相當程度就能「歸納」出理論，其結果依然支離破碎，只是根據多變量統計分析再做解釋（黃光國，二〇一三：九─一〇）；要不就根據兩三個案就發展出「理論」，只是憑著自己的靈感任意詮釋，其命題卻常是社會科學中的常識，根本沒有明顯的問題意識，更甚者則用朦朧曖昧的文字，夾雜徵引國外著名學者的觀點，卻不顧作者原意任意扭曲，讓讀者徒然消耗精神「猜測」作者到底在說什麼（黃光國，二〇一三：一二—一四）？黃光國覺得殊不知理論常先於實踐，應該藉由研究前的假設提出理論，接著依據該脈絡展開嚴謹的檢證（verification）或否證（falsification），譬如按照波普（Sir Karl Raimund Popper, 1902-1994）提出有關「進化認識論」（evolutionary epistemology）的觀點，理論的本質誠然只是種「猜測」（conjecture），但這是科學家遇到問題，運用理性思維架構出嘗試性的解決（tentative solution），科學研究的一大主要活動就是設計各種實驗，依據客觀實在來檢驗理論推導出來的各種申論，並排除其中各種錯誤，科學活動的主要目的就在於否證科學家設計的猜測性理論，任何理論在尚未被否證前，我們不過只是暫時接受其屬於真實，然而，具有理論意義的假設正如探照燈一般，纔能照射出未來的研究路徑（Popper, 1989；黃光國，二〇一三：九—一〇）。

黃光國冀圖讓華人社會的科學研究工作者對來自西洋文化的科學哲學有「相應的理解」，特別花十年的工夫撰寫《社會科學的理路》這本書，除討論由「實證主義」到「後實證主義」適用於自然科學和社會科學的哲學外；並討論專門適用於社會科學的哲學如何由「結構主義」（structuralism）再接著發展到「批判理論」（critical theory）。更重要者，黃光國在該書第三版新增「科學的整合」，他闡釋「建構實在論」（constructive realism）、「批判實在論」（critical realism）與其主張的「多重哲學典範」（multiple philosophical paradigms），尤其是「多重哲學典範」，這個觀點不只包括「建構實在論」與「批判實在論」在內，更有統攝全書各種思想並做總結的意義。黃光國覺得：現在我們要想解決本土心理學發展的難題，就需要採取多重哲學典範的研究取向，視問題的性質，採用不同的研究典範，過程裡不只要說明自己的方法論立場，更要實踐該方法論判準，纔能根據文化心理學（cultural psychology）大師史威德（Richard Shweder）主張「一種心智，多種心態」（one mind, many mentalities）

的原則（Shweder et al., 1998: 871），建構有關於「人性」的普世性理論架構（更精確來說，應該是建構「關係」與「自我」的普世性理論架構），從該角度展開對科學哲學的詮釋，發動「心理學的科學革命」（scientific revolution in psychology），取替本來立基於西洋文化極其怪異的心理學理論（會被稱作「怪異」〔weird〕，其說法來自西元二〇一〇年三位英屬哥倫比亞大學的教授在《行為與腦科學》期刊〔*Behavioral and Brain Sciences*〕發表的研究報告指出心理學研究中，九六%的樣本來自歐美諸國，其人口只占全世界人口總數一二%，這些來自西方〔western〕、高教育水準〔educated〕、工業化〔industrialized〕、富裕〔rich〕與發達〔developed〕的樣本，和全世界其他地區的廣大人口相較，其心理傾向非常特殊，該研究報告故特別將其稱作「怪異」的樣本〔Henrich et al., 2010a, b〕），讓來自西洋文化的心理學回歸並視作屬於其文化脈絡裡的本土心理學，並讓華人徹底思考如何從學術層面解決自身本土社會正面臨的各種心理問題（黃光國，二〇一一a：一六二—一八七）。然而，筆者觀察黃光國主張的多重哲學典範並不是毫無標準地採納各種哲學，徵諸《社會科學理路》這本書可合理推測（後面簡稱該書），他主張「實在論」（realism）脈絡裡的「多重哲學典範」（意即實在論是多重哲學典範內各種思想呈現的共同特徵），藉此反對「實證主義」（後面或稱實證論）對科學典範帶來的負面影響，他認為如果持續將實證主義主張的「科學方法」奉做不可逾越的圭臬，華人社會將很難跳脫學術研究水準長期低落的困境（黃光國，二〇一三：XV—XVI）。然而，筆者的合理推測到底是否屬實呢？本章將依據該書第三版與第四版思源版（黃光國，二〇一三；二〇一八c），結合其後來撰寫有關科學哲學的第二本著作《儒家文化系統的主體辯證》（黃光國，二〇一七），藉此展開相關論證，詳細內容請見後面討論。

　　實證主義是社會學家孔德（Isidore Marie Auguste François Xavier Comte, 1798-1857）在十八世紀創出來的概念，其基礎最早來自亞里斯多德（Aristotle, 384-322 BC）主張的「經驗論」（empiricism），意即人必須依照感官經驗來發展知識，只有感官能感受到的經驗纔實在，事物的「共相」存在於事物中，並不是用任何「形式」（forms）或「理念」（ideas）的型態存在於事物外（傅偉勳，一九八七：一三〇—一三二），其中一支就發展出「物質論」（materialism），意即一般稱謂的「唯物主義」，該經驗論承認經驗是人認識的最初出發點，但同時認為感覺經驗來源於客觀實在，這是外間事物作用於人的感官而引發，更是對外間事物的反映。不同於經驗論則是柏拉圖（Plato, 427-347 BC）主張的「理型論」或「觀念論」（idealism，該詞彙在中文語境裡被翻譯做「唯心主義」，並與「唯物主義」對立，這是錯誤的翻譯名詞，該概念與人的精神意識完全無關），其主張世界中的事物其形相並不是固定不變，人類對於個別事物的知覺必然不完整，人無法由此獲得永恆的知識，任何能做永恆知識的基礎者，並不是個別的事物，而是人從眾多個別事物抽象出來的「形式」（eidos）或「觀念」（idea），其等於客觀且永恆的實在，人類知覺到任何個別事物，只是其並不完整的複製品而已（傅偉勳，一九八七：八七—九〇）。該概念在歐洲啟蒙運動時期，被同屬十八世紀的德國哲學家康德（Immanuel Kant, 1724-1804）繼續擴充與發揮，他將人類認知思考活動能觸及的範疇區隔為「感觸世界」（sensible world）與「智思世界」（intelligible world）這兩種，前者是指人類感覺器官能感受的領域，這是自然科學家探討的範疇；後者是人類感覺器官無法觸及的領域，這是形上哲學家關懷的範疇，因為其雖然無法觸及卻可尋思。冀圖解釋人為什麼能運用理性將雜亂無章的經驗現象整理成普遍有效的科學知識，康德再提出「先驗觀念論」（transcendental idealism），其「先驗」（transcendental）與華人常使用的「超越」（transcendent）是兩個不同的概念，後者是指超越現實經驗，包括智思世界在內如上帝、宇宙與心靈這些存在，但對前者而言，現實經驗雖然無法被人的感官觸及，人卻能用「實踐理性」（practical reason）來思辨性處理本體領域（ontological sphere）中的問題，在智思世界裡創發出宗教或倫理的價值體系，來引領人在經驗世界中的動靜舉止。康德並在《純粹理性批判》（*Kritik der reinen Vernunft*）這本書中主張（Kant, 1965）：認知主體經由各種感官經驗到的客體（object），只是客體暫時反映在其認知活動中的「現象」

（phenomenon）而已，該現象並不是「本體」（noumena）或「物自身」（thing in itself）。由於人本身生物結構的各種局限，其有限的生命與感官，永遠無法認知客體的「物自身」，這兩者間存有「超越的分別」（transcendent distinction）（黃光國，二〇一三：三〇—三四）。

黃光國顯然承認康德設立「超越的分別」這個天塹，並依循著該脈絡來談其多重哲學典範，因此自然而然就形成筆者稱作「黃光國難題」（Hwang Kwang-Kuo Problem）這個學術概念，意即中華文化本質具有「天人合一」的思想傳統，但黃光國因主張通過對科學哲學的認識與釐清，尤其藉由實在論發展出多重哲學典範，來創造性展開華人本土社會科學的詮釋工作，使得他同意「天人對立」的階段性思辨過程來觸及「本體」的內容，但這種觸及終究是站在「物自身外」的思索，如何能精確把握住中華文化本質具有「天人合一」的思想傳統呢？並且，這個問題早在康德提出先驗觀念論即已存在，當他覺得人只能思索卻無法觸及智思世界，他無法驗證瑞典科學家史威登堡（Emanuel Swedenborg, 1688-1772）自稱擁有通靈經驗的真假，就直接說這是因實際疾病產生的幻覺，且不論他如何有足夠豐富的醫學知識來證實從未謀面的史威登堡實屬基於幻覺而產生通靈經驗，當他從哲學角度窮究探索當時科學尚無法驗證的通靈經驗，特意撰寫《通靈者之夢》（*Träume eines Geistersehers, erläutert durch Träume der Metaphysik*）來探討該現象的虛實有無（康德，一九八九），最起碼反映出他相信人能用自身秉具「實踐理性」來處理本體領域中的問題（甚或該處理過程只是種「質疑」而已），如同他對傳統的神學觀念提出各種批評，但他從來沒有建構任何的神學思想，其對宗教的反省，始終是從哲學的角度提出，他的哲學縱然不全然將宗教置為主軸，卻明顯具有深邃的宗教意識，特別可見他在宗教上的掙扎，意即康德把宗教化為道德，但又把道德變成宗教；他反對簡單訴諸有神論的觀點，但同時反對唯物主義導向的無神論，他既希望維護宗教又期待革新，對康德而言，他並沒有違背自己的思想信念，上帝旨意與道德律令雖然是兩回事，卻是互相配合且互不牴觸（李澤厚，一九七九：三二四）。康德置身在西洋文化的傳統裡，上帝信仰有無是他很自然會面臨的課題，但「天人合一」並不是他的命題，因此他使用「天人對立」的思維來思考存有，並不會產生我們特有的「黃光國難題」，然而黃光國本身有沒有使用類同於康德的辦法來探索智思世界的議題，諸如到底要如何解釋通靈經驗，或者不見得是狹隘的通靈經驗，而是各種廣義的冥契經驗（mystical experience），纔能讓中華文化「天人合一」的思想傳統獲得比較周全的理解呢？目前為止並沒有。因為黃光國沒有參與有關本體領域的直接討論（徵引他人觀點來間接討論實在並不包括在內），這就使得「黃光國難題」成為有如橫亙在我們面前一座密布著原始森林的高山，需要有志者來登頂並替後繼者開路。

黃光國主張的「多重哲學典範」首先要談建構實在論，該理論核心為「兩重實在論」（two types of reality），其區隔出兩種「實在」，首先是「實在的本身」（reality itself），接著是「建構的實在」（constructied reality），前者是「既予的世界」，意即我們在其間生存的自然環境，事物按著自身來運作卻無須解釋；後者是「給予的世界」，意即我們在其間建構的社會環境，我們只能理解自己所建構的東西。這兩個觀點可與康德的「現象」與「物自身」來對應理解，我們感官看見或聽見都只是「現象」，這就是「建構的實在」，雖然「現象」須拿「物自身」做基石，但物自身卻不在我們的感覺內，因為物自身屬於「實在的本身」。建構實在論認為人類全部認知都藉由語言來展開，因而強調語言的重要性。但，不同科學領域架構不同的術語，各自有不同的論述型態來貼靠著實在，其結果每個科學都拿各自的語言，發展出不同的理論，各自完成其「微觀世界」（micro world），因此，如將不同微觀世界做個總和，擴大科學社群的視域，最終就能獲得更廣大「建構的實在」（黃光國，二〇一三：四二六—四二八）。依據黃光國自己的說法，他指出：建構實在論並不討論科學命題系統的有效性問題，其將理論命題的合法性問題保留給個別科學，其目標不在於重新建構一種邏輯，反而在於藉此實踐科學家建構的微觀世界，科學家對微觀世界的建構與外推（strangification）都是行動，使得原初自明的「生命世界」

（life world）開始有其位置。外推是指人類可能針對「實在的本身」建構出無數的微觀世界，建構實在論認為「實在的本身」無法討論（這與生命世界的原初自明性是兩回事），換個角度來說，這個「既予的世界」或許真有某些結構，或者會按照自己的規則來運作，然而我們卻無從認識，我們能理解的世界都始終來自人類自身的建構（黃光國，二〇一七：九〇），因此人真正能認識的就是「建構的實在」，這是微觀世界的總和，因此需要相互學習彼此的語言，使得各個「微觀世界」能相互溝通，其間讓某種微觀世界中使用的語言能運用到其他微觀世界的理解過程。然而，藉由「語言性的外推」（linguistic strangification）不見得就能完成「本體性的外推」（ontological strangification，或稱存有學的外推），譬如閱讀一本書，讀者有時只能獲取其語言，卻不見得能了解書中的意義，這時候如通過實在本身的「仲介」就比較容易了解其意思。黃光國根據沈清松《儒家、道家和建構實在論》（一九九四）書中的觀點，進而舉例闡釋：人類學的學生在閱讀有關某個少數民族團體的論文，剛開始可能有理解的困難，如果他實際去參與該團體，有些親身經驗，再閱讀相關論文就很容易明白了。這表示實地進入社會有益於我們了解社會科學使用的語言，自然科學亦復如此，這就是「本體性的外推」（黃光國，二〇一三：四三〇—四三八）。然而，我們不得不指出：當黃光國談到「本體性的外推」，這就已經不是建構實在論本來關注的角度了，建構實在論本來只關注著「不討論實在的討論實在」，纔會關注於「語言性的外推」，但黃光國這種角度其實替我們開了一個詮釋的大門，提供繼續發展建構實在論新的契機（請見後面）。

筆者覺得：黃光國主張的「多重哲學典範」首先提倡建構實在論，雖然其藉由引薦建構實在論來讓不同的微觀世界獲得交流與整合，並藉由生命世界的地基來讓不同的微觀世界獲得反省與調整，這是建構實在論對於「微觀世界」與「生命世界」產生的溝通意義。筆者同樣從中或能理解黃光國本人為何不急著再建構嶄新的上游核心理論來詮釋「多重哲學典範」，因為建構實在論本身就已不企圖再架構完全迥異的微觀世界，其重點就在於讓不同的微觀世界因為共同對應著生命世界而獲得整合性實踐（陳復，二〇一八a）。然而，黃光國從先驗觀念論到建構實在論的討論，乍看好像兼容並蓄，其實他雖對此已有自覺，故提出「本體性的外推」，卻沒有繼續深化發展相關內容，且對於「實在的本身」（物自身）呈現限縮討論的態度，本來康德覺得人只能思索卻無法觸及智思世界，意即討論本體尚有可能，但於建構實在論則進而表示本體無法討論，這是筆者開始能理解為何黃光國常有拒絕直接探索本體領域傾向的原因（或者說，因為拒絕直接探索本體領域，纔會提倡建構實在論的主張），但既然討論都是不可能的事情（更不要說其他更深層的冥契經驗），西洋文化最擅長的「沉思」（contemplation）這個傳統都在本體領域被取消其詮釋權，則「語言性的外推」不論如何窮究與擴展，都只是在完成「建構的實在」，而無關於理解實在的本身。既然如此，則我們如果繼續按照古典的說法，前面有關「本體性的外推」這層觀念就變得匪夷所思了，實在本身對自己而言具有自明性，對他人而言具有無解性，如何能做橋梁，甚至外推，令人理解「實在的本身」？既然橫豎都是在理解「建構的實在」，回到黃光國前面的舉例，那人類學的學生不論如何參與少數民族團體的活動，都只是在理解有關該活動被建構出來的語言編織系統（譬如只是認識有關該活動的研究論文），而無關於該活動本身。但這並不可能。因此，我們實不能閃躲當「本體性的外推」開始被提出，就不能不解釋「本體」到底何指。建構實在論固然對溝通各種微觀世界具有便利性，然而其只是在不斷整合與擴張「建構的實在」，既然其古典的內容終究無關於實在的本身，則對於回答我們如何精確把握住中華文化本質具有「天人合一」的思想傳統將變得沒有實際效益。殊不知人類學的學生如果到某個少數民族團體做田野調查，他獲得的第一手資料來自實際的體驗，如果我們不相信世間存在著「實在的本身」，則不只自成完整的「生命世界」終將不知如何構築，人的體驗如何有可能獲致？如果拒絕討論生命世界背後的實在性，或從事著「不討論實在的討論實在」，微觀世界的建構難道只是在玩著自說自話的語言遊戲，甚至聲稱的生命世界，如果真不在意其實在性，不論其有著如何的原初自明性，全部的聞見人如果無法確知真假，何嘗不是種幻象而已？這就是從沈清松到黃光國會提出「本體性的外推」理應存在的背景脈絡，當「實在」被承認，文化至此纔有核心內涵，循此而獲得擴充，不至於被人未經沉思或冥想就隨意將其瓦解與重構，甚或流於虛無，這點我們生活在臺灣社會的學者很自然就會有深刻觀察，並且，黃光國後來出版的《儒家文化系統的主體辯證》（二〇一七）就指出：本體性的外推產生的「文化外推」有其特殊的涵義，非西洋社會中的社會科學工作者在引進其他文化發展出來的社會科學理論時，必須特別注意該理論是否具有實用上或文化上的可外推性，如果這個問題獲得否定的答案，我們就必須設法發展本土性的社會科學理論（黃光國：二〇一七：八八—八九）。

接著，我們來認識黃光國主張的批判實在論，相關內容筆者在第二章已有詳細討論，現在再做釐清，裨益後面引伸探索其正面臨的義理困境（陳復，二〇一八a）。該學說的核心觀點被稱作「先驗實在論」（transcendental realism），其會標示「先驗」，主要理由來自「先驗論證」（transcendental arguments），意即從某個已發生的現象推論到某個持久性的結構，或從實際某個事物推論到更根本（奠立該事物可能性）的某個事物，這種論證型態，根據該學說原創哲學家巴斯卡指出，這來自於「從某現象的描述回溯到產生該現象的某事物（或某條件）的描述」（Bhaskar, 1986: 11）。黃光國進而詮釋其觀點，將「先驗論證」區隔出三個範疇來認識：（一）實在的範疇（reality）：獨立於認知者對其相關知識外的存在自身；（二）真實的範疇（actuality）：客觀存在的能量被啟動後發生的事件；（三）事實的範疇（factuality）：不同觀察者各自知覺或經驗到相同的對象。批判實在論對實證主義的反對，主要來自前者將事實範疇與真實範疇混合稱作「經驗世界」（empirical world），在這個經驗世界裡，會使用直接與間接的知覺經驗來界定「實在」，並認為「實在」的基本性質就是「已被經驗的或可被經驗的狀態」；最終因「人類中心主義的概念」（anthropocentric concept），忽略掉凸顯經驗的認知意義的社會環境會變化，殊不知人類直接或間接經驗的認知意義，可能會隨著社會環境尤其科技發展而有不同的事實，譬如往日面對「基因」的結構就屬於「無法直接或間接觀察」的臆測，現在則是可間接觀察到的「事實」。先驗實在論主張科學研究的對象既不是經驗主義的現象，更不是人類強加於現象的建構，其面對著持續存在，並在我們知識外獨立運作的實在結構（real structure）。知識和實在兩者各有結構，持續分化並不斷變異，且後者獨立於前者而存在（黃光國，二〇一三：四四七—四五三）。因此，有別於經驗的實在論，批判實在論屬於深度的實在論。不同於建構實在論，批判實在論內含的先驗實在論覺得科學研究的對象雖然「超越而不可及」，卻因該對象屬於實在，科學家可針對該「超越的本體」建構出「先驗的理論」（黃光國，二〇一三：四五一—四五四、四八五—四八七）。儘管巴斯卡並不用像康德那樣，冀圖避免與其宣稱對表象背後的實在抱持著不可知的態度相互矛盾，而假設有吾人不可知其性質的「物自身」，巴斯卡不討論這層，他覺得支持現象背後的實在，並不是來自不可知的事物構築的形而上世界，科學活動的目標旨在覓出產生現象的結構性機制（generative mechanism），機制存在於事物本身內部或事物與事物間，並不是能夠在空間中找得到的物件，然而，這種實在到底是什麼實在呢？

如果按照建構實在論的看法，本來的實在全然獨立於我們的知識外，不論我們窮盡任何辦法（包括沉思或冥想兩種辦法在內）最終都無法搆到其奧義，且與科學的結構各自獨立；接著，再按照批判實在論的看法，科學研究的對象來自現象背後的實在，該實在是個結構性機制，然而該結構性機制如果真獨立於我們的知識外，又如何能被我們認識而變成科學的知識呢？巴斯卡認為「實在」的條件有四：(1)客觀性（objectivity）：事物的真實存在與否，並不根據其是否具有可被認識實際內容而存在；(2)可錯性（fallibility）：超越實際後的存在，其具有被我們後來發展的新知識繼續修正的可能性；(3)超現象性（transphenomenality）：我們能認識到不僅是具有實際表象的事物，更能獲知存在於實際表象後面看不見的結構；(4)反現象性（counter-phenomenality）：這些深層結構不僅超越實際並能夠解釋表象，其還有可能與實際表象有相矛盾的內容。尤其第四點，正因實在具有反現象性，纔使得科學具有必要性，如果表象與實在完全吻合，科學便失去意義，因我們就能通過表象直接認識實在和獲得知識（殷杰、安篪，二〇〇九）。但，如果真按照巴斯卡的邏輯脈絡來檢視，只要我們的知識一給出來，我們對結構性機制的認識就變成不是結構性機制本身，因此，筆者覺得如果該結構性機制真被巴斯卡視作「實在」，其結構性機制具有的客觀性、可錯性、超現象性與反現象性這四大條件，該奧義到底是如何被巴斯卡本人知曉？如果實在本來不能認識，「不能認識」就意味著不只不能藉由冥想來得知，更不能藉由沉思來得知，意即實在是否最終有任何結構性機制，順著巴斯卡的說法，我們根本無從得知四大條件的真假，只能靠巴斯卡個人的獨白，筆者更不能確認巴斯卡從何能得知這個有關於實在的內容屬實（且其不屬於人類強加於現象架構出的概念），既然如此，我們如何有可能在自己的知識外特別建構出任何「先驗的理論」？這顯然是個違反基本理則的悖論（paradox）。據此，筆者如果不直接批評巴斯卡在「虛構自己的幻想」，只能視巴斯卡正在「討論不同於實在的實在」，因為巴斯卡依舊認為實在不可知，卻已經在討論實在（給出條件），既然如此，這個實在只能是「不同於實在的實在」，黃光國只喜歡巴斯卡指出實在內蘊著結構性機制，這能配合與證成其談「自我的曼陀羅模型」與「人情與面子的理論模型」都屬於普世性的機制（黃光國，二〇一七：一七二—一七三），卻沒有意識到批判實在論雖然已經突破表象來談結構，或屬於馬克思主義在物質論領域的最新突破，筆者卻覺得其學說反而彰顯唯物主義與唯心主義對源頭的實在預設可具有高度混合性，這固然是個重要的觀念連接點，筆者卻覺得不如直接從自性談實在來得更清晰扼要。最關鍵的問題則是說：這裡談的「建構實在論」與「批判實在論」，兩者說法難道沒有任何矛盾？建構實在論在「不討論實在的討論實在」，批判實在論則在「討論不同於實在的實在」，建構實在論如果只關注於討論「建構的實在」，其與批判實在論在討論的「實在」根本沒有任何交集，批判實在論認為實在的結構性機制如果不屬於科學構築的「微觀世界」，且在人類既有經驗外，最終不只無法被建構實在論容納，其本身到底該如何與實在本然的「生命世界」獲得交融，而不是高聳雲霄無關於人情義理的空中堡壘？

第二節　商榷結構主義在多重哲學典範的意義

前文再論多重哲學典範的主要內涵，讓我們發現如果建構實在論與批判實在論都有盲點，面對「不討論實在的討論實在」與「討論不同於實在的實在」都在閃躲討論實在本身，那我們該如何回應中華文化本質具有「天人合一」的思想傳統，架構具有現代意義的華人本土社會科學呢？筆者於第二章裡表示：黃光國不得不採取「天人對立」的辦法，讓學問藉由「主客對立」來展開其析論，並將「天」的意義放在對實在本身或實在結構的討論；並將「人」的意義放在語言建構出自成系統的觀念，該觀念的建構過程不應著重於「個人」來做探索的基本單位，而應該著重「關係」來做探索的基本單位，尤其社會現象的發生，常只有由其間的社會脈絡出發，纔能理解有關於個人的任何事實，尤其尊重與承認文化對觀念模塑具有無遠弗屆的影響，這使得「人」並不是實證研究視野裡的客體，更是展開該研究的主體，他認識的對象不僅包括外在的客體，更包括他對自身的認識過程，如此纔能架構出與中華文化特質相應的「本土社會科學」（陳復，二〇一八a）。這是筆者理解黃光國會從社會心理學的思維，進而發展出「關係主義」（relationalism）來替換「個人主義」（individualism）的背景脈絡，純粹從關係主義的角度來說，我們不能否認黃光國確實在思考更能與中華文化對應的生命主體學說，由於其主張生命的主體在關係不在個人，這使得其特別關注「關係的結構」。但，這個比較具有理想性的說法，或許符應黃光國的學術企圖，但如果細論其「多重哲學典範」的內容，卻會發現建構實在論與批判實在論的提出，實不利於黃光國本來的願望，儘管黃光國覺得這兩種科學哲學已經最能有益於華人本土社會科學的架構，但徵諸事實，這兩種科學哲學發展出來的研究法，該如何解釋實在本身呢？生命世界與微觀世界通過「多重哲學典範」內的科學哲學作為研究方法，從關係主義的視野獲得融貫，不斷相互交融影響，或許能對華人本土社會科學的發展有益，但如果真按照「建構實在論不討論實在的本身」與「批判實在論只關注科學的實在」這兩個脈絡來發展，則生命世界與微觀世界根本無法相互交融影響。這誠然是個很嚴重的問題，歐美學者不回應這兩個世界能否溝通就罷矣，畢竟對奠立在上帝信仰傳統的歐美人士而言，微觀世界的建構固然需要來自生命世界，生命世界的完整性卻不見得需要來自微觀世界，而主要來自人落實天主教、基督教、東正教或猶太教構築的教義裡。華人學者如果不能覺察這兩種實在論都會導致兩個世界的溝通障礙，並未回應華人社會主要來自儒家思想構築的倫理觀念，該倫理觀念的核心旨趣就在回歸「天人合一」，本體領域對華人而言並不是個假設，如果只憑著觀念來「拒絕實在」或「他設實在」，則最終無異於自己搭築空中樓閣或海市蜃樓，其研究終將無法真實面對社會的需要，並提出思考問題或解決問題的辦法。但，如果我們暫且擱置這個判斷，筆者曾根據個人理解黃光國有關「多重哲學典範」如何作為關係主義的方法論，繪製「關係主義研究法示意圖」（陳復，二〇一七a），請見本書第一章圖1-3（頁五一），這裡不再重複。

這幅「關係主義研究法示意圖」的提出，主要在闡釋黃光國覺得應該如何通過「多重哲學典範」內的科學哲學作為研究方法，來溝通微觀世界與生命世界這兩端，這對於凸顯建構實在論與批判實在論對黃光國主張多重哲學典範的重要性自不待言。自筆者提出該示意圖後，很榮幸二〇一六年獲得黃光國曾三度在筆者有親身參與的學術研討會（二〇一六本土諮商心理學國際學術研討會、國立宜蘭大學與高雄醫學大學各自主辦的二〇一六華人本土社會科學社群學術研討會）指出：「這幅圖頗能勾勒有關多重哲學典範的架構，唯一的問題就在該圖中間應該放置『結構主義』（structuralism）來做主軸。」

這令筆者深感疑惑：為何結構主義對黃光國思考多重哲學典範如此重要，卻未具體反映在其《社會科學的理路》（第三版）這本書裡面呢？徵諸該書第二十一章〈多重哲學典範的研究取向〉，黃光國在詮釋完建構實在論與批判實在論後，談到結構主義的內容，則只有解釋費斯克（Fiske）有關人類社會關係的四種模式（一九九一）：（一）社群分享（communal sharing）：這是個等同的關係（relationship of equivalence），人為達成總體目標（super ordinate goal）而融合，並對集體（collectivity）有高度的認同，認為他們在某些重要層面都是同樣的「我們」，而不是「個人」；（二）權威排序（authority ranking）：這是種不平等的關係，人們會依其社會的重要性或地位來建構彼此的關係，占高階者控制更多的人、物或資源，只要在社會關係中處於位階較高者通常都握有主動權，能宰制較多的屬下，屬下對上司表示效忠，高階者通常會給予保護與支持；（三）平等匹配（equality matching）：這是個別同儕間的平等關係，關係中每個人的影響、貢獻與分配都獲得均衡發展，大家依時間順序做出同樣行動或同等回報，每個人因為拿到跟其他人同樣的東西，因此都不會在意自己拿到什麼，這就是分配正義；（四）市場計價（market pricing）：人通常會使用「價格」（price）或「效用」（utility）這種普世性的單一尺度，來衡量相關商品或人的價值。這種商品的評價可用價格的比率（ratio）來表示，在以物易物（direct barter）的場合則為兌換比率（exchange ratio）（黃光國，二〇一三：四七二—四七四）。因為要回應筆者的疑問，黃光國在該書第四版思源版將「關係主義研究法示意圖」經由改製放在導論內，稱作「黃光國的文化主體策略」（黃光國，二〇一八c：三—四）；第二十一章則改名成〈多重哲學典範的研究策略〉，並特別將第三節〈結構主義：社會行為的基本形式〉改名〈人類學的結構主義〉，這更證實其取法於人類學的結構主義只是種「策略」（黃光國，二〇一八c：四二一—四四六），他從結構主義的角度將人類社會行為的基本形式做出歸類，固然可反映出黃光國希望面對與勾勒人類心智共同的深層結構，與其「人情與面子的理論模型」（theoretical model of Face and Favor）可相互轉譯，讓不同的微觀世界獲得更廣大的整合，頗能回應建構實在論的旨趣，並且符合關係主義的研究法，但有兩個問題：（一）前面的內容能否說就是結構主義的核心思想呢？（二）這與兩種實在論真能放置在同一種層次來討論嗎？如果不能回答這兩個問題，則將其放在「關係主義研究法示意圖」的中間就變得無法自圓其說了。

如果順著黃光國本來的思考脈絡來談，筆者可接受「多重哲學典範」作為空的架構，本身不具有任何實質哲學思想，藉此容納各種具有實在論意義的哲學典範來探索關係主義的研究法，但黃光國好像將各種不同層次的思想都包羅到關係主義的研究法內，當我們將其平行考量時，就會發覺這些思想質量並不均衡，有些內容屬於哲學根本性質的思想；有些內容則屬於哲學應用方法的思想，將兩者共同擺在「關係主義的研究法」內，只會讓人混淆且無所適從。黃光國顯然已意識到筆者的質問確實有道理，使得他好像有放棄「多重哲學典範」的傾向，改成結構主義，來避免自己的說法逐漸空洞化，因此他在第四版思源版中表示這種改製（或稱取代）具有非常重要的涵義（黃光國，二〇一八c：三一四），即使前面的內容屬於結構主義的核心思想，筆者基於黃光國在該書前面對兩種實在論的闡釋，接著想再問：那結構主義屬於「第三種實在論」嗎？我們回到該書第四篇來檢視結構主義的思想，從第十二章到第十四章，我們首先不解黃光國為何不探討被視作二十世紀結構主義的始祖索緒爾（Ferdinand de Saussure, 1857-1913）主張的符號學（semiology or semiotics），其認為語言結構受規律支配、意義其實是被語言創造出來的概念，由此再推導出拉岡（Jacques-Marie-Émile Lacan, 1901-1981）對精神分析（psychoanalysis）的詮釋？他只挑出李維史陀（Claude Lévi-Strauss, 1908-2009）、皮亞傑（Jean Piaget, 1896-1980）與傅柯（Michel Foucault, 1926-1984）三人來詮釋，我們不只無法看出結構主義與實在論的關係，甚至無法看出結構主義與科學哲學的關係，且黃光國自己指出，結構主義者通常把自己的哲學看作一種方法論，而不是本體論或認識論，其關注如何整理自己蒐集的材料，依據這種方法將自己觀察到的現象，整理成連貫的整體或系統（黃光國，二〇一三：二四八）。如果不是本體論，那就不涉及實證論或實在論的討論；如果不是認識論，不只不討論主體與客體的對應問題，更不會專門研究科學的本性，包括不討論科學結構、科學解釋、科學檢驗、科學觀察與相關理論的關係，則其顯然不屬於科學哲學。既然如此，則黃光國將結構主義擺到這本書內詳加詮釋，將結構主義視作「多重哲學典範」的主軸思想（或直接取代），並不斷強調認識科學哲學對於架構華人本土社會科學的重要性，其立基點到底在哪裡呢？這是性質與內容不容混淆的根本問題，如果筆者反過來幫黃光國辯護，則筆者會舉皮亞傑的發生認識論（genetic epistemology）來做解釋，他主張知識的發生與發展，必須用一個能將結構主義和建構主義（constructivism）緊密連結的理論纔能精確說明；意即每一個結構都是心理發生的結果，而心理發生就是從一個較初級的結構轉化為一個較複雜的結構。其主要內容是指知識來源於動作，這是知識的心理起源，知識的形成，來自主體在與外部世界連續不斷交互作用中逐漸建立起來的一系列結構，知識建構的心理機制主要有主體通過「抽象反思」和「自我調節」這兩種機制，這使得新的結構經常處於建構中的狀態（Piaget, 1972）。該角度或許能幫忙我們看出結構主義的確自有認識論的依據，卻依然沒有回答結構主義與實在論究竟有什麼關係，且無法看出結構主義確實屬於某種科學哲學的概念，這還是不能解釋與印證黃光國主張架構華人本土社會科學需要優先認識科學哲學的說法。

不過，筆者從實際互動經驗裡觀察，還是能理解黃光國最早談到多重哲學典範為何要強調結構主義，只是其原因或與本來被認知與定義的科學哲學無關。黃光國想要尋覓出人類共同的心智結構，該結構常隱藏在文化底蘊裡，有著各種不同的心態，呈現變異性的發展，需要人藉由建構微觀世界來揭露各自本來的生命世界，譬如李維史陀就表示結構是理性在潛意識中創造，他觀察原始社會中的人與文明社會中的人，都具有「基本上相同的風俗與習慣」，接著發現構成每種風俗與習慣背後的潛意識結構，其中語言的使用把人類從自然區隔開來，並形成自己的文化體系，因此，語言是社會結構的基石，語言的結構是社會結構的「原型」，全部的社會生活都是藉由語言來建構出自己的結構，從這點來看，人類的語言衍生出整套「二元對立」的概念，首先創造出「文化」與「自然」的對立，接著用來指稱不同事物間的「關係」，包括「生的／熟的」、「男人／女人」、「已婚／未婚」與「太陽／月亮」等相互依存的二元對立關係（Levi-Strauss, 1967；黃光國，二〇一三：二四九—二五一）。對李維史陀而言，他覺得結構永恆存在，這是人腦中先天結構形式的反映，就像是永恆不變的「模型」一樣，成為人們在現實生活中各種關係的「樣板」，既然社會是人腦中結構的外化，其模式永恆不變，因此社會就不存在「歷史」，意即社會並不存在著發展，人們看見各種社會的變化，不過只是人腦中相同模式的不同變異而已，甚至原始人的思維因為更接近人類先天結構的模式，反而比現代人的思維更深刻而真實，研究者要找出文化的結構，必須依靠天賦理性和直覺，他並不重視被研究者的主體性（黃光國，二〇一三：二八一—二八二）。皮亞傑則全然反對這種觀點，他覺得結構是個體與環境互動後，經由「抽象反思」和「自我調節」這兩種機制提供的材料逐漸形成，意即結構是人類有意識建構出來的成果，並不預先存在於客體，更不會突然湧現出來。社會在不同的階段裡有不同程度的智慧，智慧並不是「量」的變異，而是因「質」的不同，接著產生不同的發展階段，由前一個階段到後一個階段的演變，既要個體成熟更需要環境刺激，先前已有的結構會是後來新生結構的出發點（黃光國，二〇一三：二八一—二八三）。

雖然黃光國闡釋結構主義時有將傅柯的後結構主義（post-structuralism）納進來討論，然而筆者看不出來黃光國本人有受到該思想的影響，他游離於李維史陀與皮亞傑各自主張的結構主義兩端，在潛意識與意識裡尋覓「結構」，在李維史陀的角度裡看見中華文化傳統或許更具有人類先天結構的模型，因此希望藉由闡發「人情與面子的理論模型」來認識人類普遍存在的關係主義；儘管李維史陀從人類學角度展開對社會的原型詮釋，可能更接近於傳統儒家常停留於稱頌堯舜禪讓政治的主張，使得兩者都會對古老的人類社會結構有著美麗的憧憬，然而，黃光國不可能接受「歷史終結」或「唯古是尚」的論調，他比較同意皮亞傑表示人類智慧因環境刺激的不同需要，而有相應的「質」的發展，這就是他會主張因應當前社會需要，有意識來建構華人本土社會科學的原因。經由筆者脈絡嚴密的討論裡，黃光國的閱讀與回應，就是逐漸擱置其本來架構與主張的多重哲學典範，轉向強調結構主義，由第三版到第四版思源版在關鍵點的沉默轉向（因其並未公開回答轉向的原因），在筆者看來這無異於「理論的投降」，不論是李維史陀或皮亞傑的觀點都不可能善待其面臨的困境，畢竟如何根據中華文化的特質與內容發展成相應的華人本土社會科學，這從來都不是前兩位學者的問題，而是黃光國本人關注的問題，李維倫早就指出：「不同科學哲學典範有不同的本體論，因此研究者很難在不同典範間遊走而不感到自相矛盾。如果研究者在經驗『多重哲學典範』時不是，也無法採行彈性運用的方式，那麼我認為這種種的典範之於本土心理學研究者，有可能是經過深入探討深思熟慮之後的選擇或轉移選擇的經驗。」（李維倫，二〇一五）李維倫實屬不幸言中！在我們這三年論辯後，黃光國自己都無法採行既有彈性運用的策略，只有經過深入探討與深思熟慮後，選擇與轉移選擇結構主義作為新的主體策略了，然而，這並不是最佳的轉向策略。

第三節　詮釋學觀點對多重哲學典範的再擴充

在多重哲學典範裡，黃光國還提倡詮釋學（hermeneutics）的觀點，該書第二十一章〈多重哲學典範的研究取向〉內，黃光國指出自己會將詮釋學納入多重哲學典範，主要還是著重其對儒家思想內在結構的詮釋。因此，「結構」這個概念對黃光國而言如關鍵詞般，具有無比重要的意義。但我們觀察該章第五節的簡短內容，儘管我們可看出黃光國覺得主張儒家的「庶人倫理」（the ethics for ordinary people）與「人情與面子的理論模型」具有「同構」（isomorphic）的關係，當資源的請託者要求資源分配者將其掌握的資源做有利於自己的配置，資源分配者會各自依據「需求法則」、「人情法則」和「公平法則」來和對方互動，其心理過程中關係判斷、交換法則與外顯行動這三者，會和儒家「庶人倫理」的「仁，義，禮」這個倫理體系相互對應：關係對應於「仁」；交換對應於「義」；行動則對應於「禮」，且不說這是否會將「仁，義，禮」的意涵窄化，將心性涵養與倫理規範的相關內容轉變成某種資源分配的人際手法，究其實，這種「儒家思想的內在結構」與詮釋學究竟有什麼關聯呢？黃光國並未繼續詮釋就戛然而止，更特殊的情況莫過於他在該書第四版思源版取消將詮釋學視作「儒家思想的內在結構」，只純粹討論該結構的內容，詮釋學的性質本來就不可能被視作任何思想的內在結構，但未經詮釋再版就取消這種理解，實在很難不顯得太輕率（黃光國，二〇一八c：四三二—四三六）。因此，構成黃光國難題的某部分原因（這比較是技術層面的原因），或來自其學說相關概念與內涵的模糊性，當他希望倡導學者更深刻認識科學哲學來發展華人本土社會科學時，他跟大家介紹的某個社會科學理路卻不見得屬於科學哲學，後世學者接續其脈絡來討論，如果不重新定義，是否會引發無謂的爭論呢？姑且不論詮釋學是否同樣屬於科學哲學，就讓我們再回到該書第五篇來檢視詮釋學的思想，筆者覺得黃光國對第十五章胡塞爾（Edmund Gustav Albrecht Husserl, 1859-1938）現象學的看重，首先來自胡塞爾指出：自然科學主要使用歸納法，由自然現象中抽取某些普遍性的法則，然而，自然現象有其時間性，在未來無限的時間流中，隨時可能出現新的現象，因此科學法則即使能涵蓋過去全部的現象，都不能涵蓋未來可能出現新的情況，這使得自然科學的法則並沒有絕對性。胡塞爾冀圖使得哲學成為比科學更嚴格的學問，故主張對現象的「存而不論」（或稱懸置，epoche），這就是「現象學的還原法」（phenomenological reduction），把不能在意識流內自明呈現出來的事物剔除於研究範圍外，意即將其特別放在「括弧中」（bracketed），對意識所意識到的事物其「實有性」置諸不議，約束自己不對意識外的事物做任何斷言，這種極端經驗主義（radical empiricism）的態度，現象學者最終纔能保證自己探討的學問完全限制在「絕無可疑」的範圍內（黃光國，二〇一三：三二四—三二八）。

不曉得黃光國是否有意識到：如果接受胡塞爾這種極端經驗主義的態度，則實在論將會變得毫無立基點？因此黃光國主張的「多重哲學典範」，必須採取某種能自圓其說的觀點，不能無限制地接納各種思想，詮釋學不是不能置放於多重哲學典範內，然而這得要經過新的詮釋，其不再屬於胡塞爾的詮釋學，而屬於適合實在論的詮釋學，但「適合實在論的詮釋學」，可能不只詮釋學需要調整，甚至實在論本身都需要做出調整，否則兩者的矛盾性將無法解決。筆者覺得黃光國會看重胡塞爾的現象學，主要來自胡塞爾最早提出「生命世界」的說法，有別於科學架構的「微觀世界」，「生命世界」是個原初自明的世界，這個世界落在意識內，全部自明呈現出來的事物，在這個世界中，都被當作在知覺裡直接出現的事物自身，而生命世界與科學詮釋出來的微觀世界有著高度關聯性，具體的生命世界是微觀世界的基石，其尚未被知識專題化，卻具有心靈這個最核心的主題，科學的微觀世界其客觀性得架構在生命世界的自明性，後者無成見無前設的先驗性，使其具有真正普遍的意義（胡塞爾，二〇〇五：二八一—二八八）。因此，我們如再從胡塞爾主張「現象學的描寫法」（phenomenological description），或許能看見一道曙光。胡塞爾覺得不要將對象理念化，意即不去挖掘現象背後的深層結構，而要求認知主體對研究對象保持高度被動的開放態度，不展開任何主動的解釋，只對現象做不增不減的描寫，如此能回到直觀原初的根源中，讓研究對象在經驗中各種可能的豐富形象，向研究者全盤展現出來（黃光國，二〇一三：三三〇—三三一）。從這個角度出發，筆者會指出：當人如果願意開放自己，不再只活在本來「自我」（the Ego）的封閉狀態裡，開放「天」與「人」的距離，經由自我鍛鍊與自我改善，經由修養讓自我活出「自性」（the Self），意即該自我開始具有「天人合一」的特徵，使得人從中活出更整體的生命，對該種生命經驗的描寫，將會令生命的實有性自明呈現，該「實有」本身不再屬於意識的經驗外，這就是「良知」。王陽明說：「良知是造化的精靈。這些精靈，生天生地，成鬼成帝，皆從此出，真是與物無對。人若復得他完完全全，無少虧欠，自不覺手舞足蹈，不知天地間更有何樂可代。」（《傳習錄》下卷第六十一條，一九九七b：一三九）這段話正就是對打通天人關係直接把握住「造化的精靈」，從中獲得深度心靈體會的描寫。

胡塞爾同樣有類似的想法，他進而由「自我」這個認知主體外，再提出「他者」或「他我」（other Ego）的觀念來打破「唯我論」（solipsism），意即世界不是任何個人的世界，而是面對著所有人，由每個人的自我向外投射，共同架構一個具有「主體際性的世界」（intersubjective world），每個主體都在其他主體的關係網絡內，這個世界會具有客觀性，正因每個自我都內具著他我，自我在架構他人經驗的同時，他人同在架構自我經驗，這使得自我既是在架構的主體，還是個被架構的客體，每個人的自我因此共同架構出共識的世界。胡塞爾指出，由自我的角度能看見確認為真的世界；由他我的角度卻會看見截然不同的世界，這呈現不同樣態的自然，就是自我與他我共同擁有的存在（蔡美麗，二〇〇七：一〇九－一一九）。筆者覺得「自性」即是「超越的自我」，該自我內具著他我的特徵，使得主體際性的客觀世界被架構出來，這在「唯識學」（vijñānavāda）有著更簡潔俐落的說法，稱作「阿賴耶識」，這是根本的心識，其會把內藏的種子向外投射而成就出世界，其證得有關存在的內容則會稱作「真如」（tathatā），這是指最終的實在，正因每個人的心識都具有共同的阿賴耶識，這使得每個人即使有著不同的身體，卻會共同投射出的客觀世界，令其朗現在每個人意識的眼前（吳汝鈞，二〇〇三：三六－三七）。基於這層理解，筆者在前兩篇文章裡已對實在論做出重要的修正，首度提出立基於中華思想傳統的「心體論」（nousism）（陳復，二〇一六；二〇一八a）來指稱具有自性意義的實在。黃光國替我們開個門，提出「本體性的外推」，我們冀圖落實「本體性的外推」而往內架構出「本體性的含攝」，意即只有通過沉思與冥想來含攝實在，讓「實在成真」，纔能實踐其外推，繼續擴充建構實在論，並發展出本土性的社會科學理論。黃光國在該書第十六章有關詮釋學的內容還提到海德格（Martin Heidegger,

1889-1976）的存在哲學，他提到海德格指出哲學研究的內容應該把「本體論」置於首位，哲學研究的方法，則應該用「解釋」的辦法來詮釋「存在」的意義，意即對人的生存結構做出詮釋。海德格在《存在與時間》（*Sein und Zeit*）對自己西洋傳統的認識論做出批評，他覺得西洋人只知把自己看作主體，把自然看作客體，使用主客二元對立的態度不斷對自然展開算計與度量，而把操縱自然與征服自然當作最高目的，這種思考型態蘊含著對「存在」的誤解，將其當作一種永恆的現存狀態，處於我們身體外，呈現在我們眼前，可進而被我們觀察的客觀實體。海德格將「人面對存在」這件事情賦予特別的詞彙，稱作「親在」或「此有」（dasein），意即人必須不斷親臨存在，真實感知著存在的實有於此，存在並不是觀念的實體，我們無法從任何實體的屬性來理解存在，只有藉由親臨存在來讓存在的意義展現出來，從而「寓居於世」（Being-in-the-world），完成自家生命本真性的存在（authentic existentence）。因此，海德格將笛卡兒（René Descartes, 1596-1650）本來主張的「我思故我在」（I think therefore I am）的命題顛倒過來，變成「我在故我思」（I am therefore I think）（Heidegger, 1959；黃光國，二〇一三：三四九—三五三）。筆者覺得：如果黃光國當真認同海德格這種詮釋學的說法，將其納入多重哲學典範內的研究法，則「黃光國難題」將不再有如此複雜的困境，「天人對立」或可當作某種階段性的思考過程，藉此幫忙學問的架構，然而「天人合一」的事實將因「親在」或「此有」而獲得自性在覺察裡的不斷確認。

黃光國徵引海德格理解的「三種先設結構」（fore-structure）：（一）先設所有（fore-having）：或譯為「前有」。人在有自我意識或反思意識前，他已經置身其「生命世界」中，其文化背景、風俗習慣、生活經驗，包括同時期生活的知識水準、物質條件和思想狀況等，都從他意識到自身存在時已經為其所有，並成為不斷影響與形成他的泉源，這就像是宇宙間隱而不顯的神祕法則，始終在發生作用並決定「親在」或「此有」的理解與解釋，卻永遠無法被人清晰把握，並使得「親在」或「此有」對其世界的理解和解釋，永遠無法超出「前有」的範圍；（二）先設觀點（fore-sight）：或譯為「前見」。「前見」的內涵相當穩定，外延卻很模糊，其包含無限的可能性，這本來就在「前有」內，更是我們反思「前有」後纔發生的東西。當人要理解與解釋自己「生命世界」中的某個對象，他需要根據某個預先設定的立場和觀點，纔能做「首度的切入」（first cut），使其鋪陳在吾人面前，雖然前見是預先已有，卻是解釋被發展的因素，通過前見該結構纔有可能獲得闡明；（三）先設概念（fore-conception）：或譯為「前相」。「前見」的機能是把我們的注意引向一個特殊的問題視域，而「前相」則是用一個概念將其釐清作為結構。當我們解釋某件事物，我們總是預先已有一個假設，接著纔能將其解釋為某物，因此前相就是解釋前我們預先已有的假設，由於任何解釋都包含某種預設，使得在解釋裡前相恆在。前有、前見與前相都是任何解釋的基石，三者共同成為理解的前結構，事物會作為結構，都出自該理解的先設結構。海德格覺得「理解先於認識」，在我們將某個對象選出來進行理性認識前，該對象已經存在於我們的「前有」中，和我們的世界產生關聯，我們對其必須存有某種「前見」，纔能通過「前相」展開認識，認識的結果又會回到「前有」裡，構成「前見」再繼續給出「前相」，這就是「詮釋學的循環」，其構成海德格在德文裡稱作「事實的圈子」（Faktumdes Zirkels），意即傳統知識論奮勉建立在主客對立的基礎上的所謂客觀知識，其根本不存在，但詮釋必須重視循環裡的客觀事實（黃光國，二〇一三：三四七—三六六）。值得我們反思這個議題：人類究竟是否具有普世性的心智結構？這到底是來自西洋文化裡基於基督型態上帝信仰衍生出來的世界信念（或幻念），抑或真具有某種客觀事實？筆者覺得黃光國希望拿關係主義來取替個人主義作為理解人類共同的心智結構，這個構想自有其深意，然而他徵引海德格前面的內容，卻未見申論，如果其能採取更柔性而不是剛性的角度來把握住結構，從中打開關係主義的視域（不只站在自我的角度，更能具有「天，人，物，我」的整體視野，從而由本我的自性出發，開展出「本我關係主義」、「物我關係主義」、「人我關係主義」與「天我關係主義」、「人物關係主義」與「天物關係主義」這六大面向），探索出潛藏在人類思維裡「三種先設結構」的具體內容，或許會幫我們看見更精確認識有關實在的內容。

由這個角度再繼續討論，當我們看見該書第十七章有關高達美（Hans-Georg Gadamer, 1900-2002）的內容，就會特別注意黃光國提到高達美認為自然科學方法不論是培根（Francis Bacon, 1st Viscount St Alban, 1561-1626）的經驗歸納法或是笛卡兒的演繹法，都會造成控制意識，方法論的思維就是科學氾濫與科學控制加劇的呈現，方法並不能保證人獲得真理，尤其科學的真理並不普遍適用於各種現象，他希望探索「超越科學方法控制範圍外」對於「真理的經驗」，因此主張發展一套詮釋學的真理，來對方法做徹底的清理。高達美特別關注藝術、歷史和語言這三條通往真理的「非方法」，他認為這種精神科學其目的就是要逼近科學外的各種經驗。高達美特別關注到人的「成見」（prejudice），認為這就是海德格三種先設結構裡的內容，其屬於人的歷史存在狀態，成為人理解事物的基本「視域」（horizon），至此該字就變成關鍵詞彙，意即人必須在歷史展開的地平線中展開理解，他不可能超越該視野來理解人生，這使得「理解」並不是個方法問題，而是人的存在方式，更是人對世界體驗的內容，當人帶著自己的歷史視域來理解某種歷史作品，他必須擺脫由其自身歷史存在產生的「成見」，不能將自己的「成見」來任意曲解其理解的對象，作者與讀者兩種不同的歷史視域就會產生某種「張力」（tension），只有在解釋者的「成見」與被解釋者的「內容」獲得融合並產生出意義，纔會出現真正的「理解」，這種過程就是「視域融合」（fusion of horizons）。高達美認為藝術與歷史最終都要通過語言來表現，這使得語言具有本體論的機能，其實不是哲學在指導語言，反而是哲學被語言引導，真理的最終定義和最後表達都無法離開語言，因此真理其實是關於「人」的真理，語言更是關於「人」的語言，語言是人存在的本質，唯有生活在語言中的人，纔能生活在真理中，因此語言揭示出人的「生命世界」，詮釋學的工作就是藉由語言向人最基本的感受回歸，並將不同時序（過去、現在與未來）組合成超越時空的視域，提供人的精神能量來任意馳騁。高達美指出，真理會被發現，並不是藉由任何「方法」，而是經由「辯證」，唯有不斷提問作為回應事物的方式，探索者不需要針對其研究對象建構出任何方法，藉此掌握住對象，相反地，探索者會突然發現自己是被「主題」所質問的存在者，讓遭遇到的存在開顯事物自身，如果人抱持著「主客對立」的思維，只會誤導方向使得主體變成客體，因此高達美的詮釋學藉由提問超越主客對立，他強調理解的要件不是操縱與控制，而是參與暨開放，其屬於經驗而不是知識，需要辯證法而不是方法論（黃光國，二〇一三：三六九—三八七）。

第四節　結語：解決黃光國難題依據的實在論

如果黃光國真的接受高達美的詮釋學角度，並將其內容放到自己多重哲學典範內作為關係主義的方法論，由於高達美的思想完全反對方法論，如此豈不自相矛盾？我們認真細究就會發現這個嚴重問題，或許黃光國本人可檢視自身學說如何真正包容且擴充其後現代主義（postmodernism）的內涵。但，筆者依然能從這些思想裡獲得解答「黃光國難題」的機會，由於高達美的詮釋學來自對自身西洋文化傳統的反思，其對主客對立思維的批評自有相當深度的依據，卻對在西學東漸前幾乎不存在主客對立思維的中華文化實無提醒意義，因為我們並未深受其苦，卻在這一百五十餘年來深受因沒有主客對立思維，無法有效完成自身現代化的苦難，如果驟然就跳到後現代主義，會因現代化尚未成熟，華人本身尚具有未經辯證過程的前現代思維，在其間滋生各種更複雜難解的社會問題（尤其是學術問題）。我們稍微調整高達美的說法，首先同意「理解」只有在生命世界的經驗中展開，但願意階段性承認「主客對立」對於提高思維層次的效益，姑且讓主體變成客體，使得「微觀世界」從生命世界中對外建構出來，卻藉由不斷辯證的過程，令其再回來滋養生命世界，再讓該客體又回歸出新主體（如同我們此刻在從事的工作），意即使自我因開拓自身，藉由視域融合而發展出自性，並讓辯證的過程就是發展修養心理學的過程，如此豈不快哉？這其間辯證的過程，已經是「主客合一」的動態過程，如此當能再回到中華文化本質具有「天人合一」的思想傳統。有關多重哲學典範的內容，筆者還要談到黃光國對「批判理論」的詮釋，在該書第二十一章裡，黃光國完全沒有提到批判理論的實質內容，卻立即談到「五倫」與「三綱」，表示「五倫」即是儒家對個人生命中的五種角色關係，按照彼此間「尊卑」與「親疏」的程度，有著不同的倫理要求，形成一種「相對倫理」，要求每個人在五種重要的人際關係中善盡自己的義務，其中儒家最重視親子關係中的「父慈子孝」，因為儒家在反思生命的起源裡，並不像基督型態的上帝信仰設想有個獨立於世界外的造物主，其認識到自己的生命是父母雙親肉體生命的延續，儒家有關孝道的觀念都由這個事實衍生出來；接著，黃光國談到「三綱」內含著宰制的剝削性關係，這是漢朝時期利用儒家價值來維繫某種特定社會秩序的精心設計，其對於人性的發展有害。黃光國覺得「五倫」的觀念是屬於儒家文化的「型態學」（morphostasis）；「三綱」的觀念則是屬於儒家文化的「衍生學」（morphogenesis），其看法固然不錯，但請容我們提出這個問題：這些內容與批判理論的思想有什麼關聯呢？

或許該段內容只是個綱要，顯然還有待於黃光國繼續補充，他主要目的或許想藉由批判理論來檢視儒家文化的優點與缺點，只是這樣的書寫難免會讓人無法理解其義理脈絡。讓我們再回到該書第六篇談論批判理論的第十八章，他只有介紹哈伯瑪斯（Jürgen Habermas, 1929-）的知識論，且不論批判理論最早是由德國法蘭克福學派（Frankfurt School）發展出來的理論體系，主要人物除哈伯瑪斯外，最重要的開創者是霍克海默（Max Horkheimer, 1895-1973），接著還有如阿多諾（Theodor Wiesengrund Adorno, 1903-1969）、馬庫色（Herbert Marcuse, 1898-1979）、弗洛姆（Erich Fromm，1900—1980）與施密特

（Alfred Schmidt, 1930-2012）等思想家，或許來自哈伯瑪斯繼承批判理論的傳統，兼汲取英美語言哲學和科學哲學的優點，具有相當的思想高度，不論如何，且讓我們冀圖了解黃光國單舉哈伯瑪斯的知識論，想要揭露其對多重哲學典範相關內容的設想。哈伯瑪斯年輕時對於海德格曾經支持納粹深受震撼，後來師事於霍克海默與阿多諾，了解理論創造必須與實際經驗結合，從中展開跨領域的綜合性研究，在對社會的總體批判裡整合哲學思維與經驗科學，實現人類的自我解放。哈伯瑪斯後來應高達美和洛維茲（Karl Löwith, 1897-1973）的邀請到海德堡大學任教，與這兩位教授開誠布公地論辯學術議題，對洛維茲反對海德格片面誇大個人存在的理論，主張把「個人與他人的關係」看作人類在世界中經歷的最重要因素深有同感。馬丁．布伯（Martin Buber, 1878-1965）與馬賽爾（G. Marcel, 1889-1973）都強調「我—你關係」（I-Thou relation）的關鍵地位，認為該關係即可組成獨立的世界，這種世界內含「共在」意味著某種影響深遠的變異，對海德格片面誇大個人存在的意義具有反思性，洛維茲同意這個說法，這對日後哈伯瑪斯溝通行動理論（theory of communicative action）的開展產生啟發（黃光國，二〇一三：三九八）。哈伯瑪斯覺得生命世界具有的前邏輯性、前技術性與前工具性的存有論領域，其植根於個人直接的生活感受，內容豐富且不固定，界限卻無法被超越。在公共領域中，生命世界的符號再生產，旨在達成文化的更新，藉此構成集體意志，並培養出自主和負責的個體，這些目標都得藉由語言作為中介來獲致，然而，生命世界的理性化，使得政治、法律與經濟這些系統（system）獲得解放，更導致物質生產層面的複雜化，這包括金錢與權柄變成系統整合的操縱媒介，並取替語言在生命世界中的溝通機能，系統的指令開始將生命世界工具化，溝通尋覓共識被納入報酬與懲罰的單向思考中，這種因系統日漸膨脹導致生命世界結構分化，逐漸讓系統自生命世界分離，生命世界反而萎縮成次系統（sub-system），哈伯瑪斯將其稱作「系統對生命世界的殖民」，真正解放的社會，就是生命世界不再被系統的自我維持原則給宰制，獨立自主的公民要學會在公共領域中替自己思考、說話與行動，藉由民主的對話建構出「無扭曲的溝通」，讓人在文化、社會與個體中和解共生（黃光國，二〇一三：四〇二—四〇三）。

哈伯瑪斯將佛洛伊德（Sigmund Freud, 1856-1939）主張的精神分析視作一種「自我反思的科學」，認為自我反思是任何獨立的個體「內傾化」的心理治療過程，藉由不斷深化的自問自答，讓自我終於認識自己獨立的使命，哈伯瑪斯不再秉持西洋文化傳統的觀念，總是強行將「客觀知識」（knowledge of objects）與「認知興趣」（cognitive interest）視作互不相容的兩極，如欲獲得客觀知識，則只有將發生在思考裡的客觀知識與發生在生活裡的認知興趣兩者間的聯繫斬斷，意即主張具有宰制性的客觀主義（objectivism）心態，將任何主觀因素排除，使得知識純粹化，進而發展出「純理論」。殊不知人類生活中滋生出來的興趣常能決定人置身在世界中的取向（orientation），且由這種基本的認知興趣能主導研究者的學術方向，其構成知識的先決條件，意即認知興趣是勾連知識和生活的重要環節。基於人類生活實踐首先來自人對自然的生產勞動，接著出現人與人間的溝通互動，最後則要對各種宰制現象展開社會批判，從該三種面向裡，人先是開始發展出「技術興趣」（technical interest），意即奮勉尋覓現象的規律性與齊一性，於是逐漸形成拿「自然」作為認知對象的「經驗—分析的科學」（empirical-analytical science）；再者，人會發展出「實踐興趣」（practical interest），意即關注他人語言背後的動機與意向，奮勉追求相互溝通依據的共同文化傳統，於是逐漸形成拿「了解」作為認知對象的「歷史—詮釋的科學」（historical-hermeneutic science）；最後，人會發展出「解放興趣」（emancipatory interest），意即經由生產勞動與溝通互動衍生出來的意識型態，在權柄的支配裡，常引發有系統的扭曲溝通，這時人就要從事解除社會宰制的活動，就逐漸形成人如何改革社會的批判科學（critical science）（黃光國，二〇一三：四〇九—四一一）。當哈伯瑪斯表示這些科學的建構都來自人在生活中醞釀出來的認知興趣，只適用於生命世界，這就意味著微觀世界與生命世界已實質獲得雙向深層循環，筆者不僅覺得如何連結這兩個世界實屬黃光國主張「多元哲學典範」的主要目標，更是他特別重視哈伯瑪斯的批判理論的主要原因，如果我們從這個角度來理解黃光國闡釋的科學哲學，或許能掙脫自然科學領域的傳統範疇限制，擴大理解社會科學該有的不同面向，更能體察黃光國希望發展華人本土社會科學該有的理想格局。但，基於前面已完整闡釋黃光國對多重哲學典範可蘊含的內容，筆者或能理解黃光國想覓出深藏在人類心智裡的「結構」，因此特別屬意結構主義（這點在黃光國後來出版的《倫理療癒與德性領導的後現代智慧》這本書裡可看出相關內容（二〇一四：九）），但「結構思想」並不等於「結構主義」，筆者實在看不出來「結構主義」可被視作該典範的核心思想，因為黃光國主張的結構思想並沒有真按照任何既有的結構主義哲學家的觀點來闡釋，且不論批判實在論與建構實在論對黃光國設計該典範的重要性，如果真將結構主義置放在「關係主義研究法示意圖」的中間，則詮釋學三大家的思想與哈伯瑪斯的批判理論又該擺在什麼位置呢？如果只是根據該本來脈絡來論黃光國思想，筆者會覺得自己繪製的示意圖更能精確把握住黃光國的本意。

根據前面的討論，筆者覺得：面對中華文化本質具有「天人合一」的思想傳統，黃光國教授提出多重哲學典範當前容納的相關內容各有缺點，且觀點彼此不見得相容，甚至根本牴觸黃光國想提出關係主義的方法論本衷，黃教授實有責任釐清任何思想如被納進多重哲學典範，是否有共同適用的原則。筆者本來冀圖從相應理解與順成脈絡的角度，覺得該原則應屬於實在論，然而徵諸其容納的思想來看，有些固然不屬於實證論命題，卻同樣跟實在論無關，如將混雜哲學根本性質或哲學應用方法的思想於一爐，不只無法促成「生命世界」與「微觀世界」的雙向循環，更不能有效解決「黃光國難題」，最終究竟想表現出什麼型態的哲學典範呢？因此，筆者論斷：「無原則的多重哲學典範實不能被視作『典範』。」論者或謂：筆者難道不會錯誤解讀黃光國撰寫《社會科學的理路》這本書有某種「統攝全書各種思想」的觀點？然而，如果黃光國沒有「統攝全書各種思想」的終極企圖，他就不會提出「多重哲學典範」，並特別強調建構實在論與批判實在論對該典範的意義。如果解決黃光國難題可依據的實在論，已經由論證確知不能依靠前面任何單一思想就能回答，那我們不如回到筆者曾提到的心體論（陳復，二〇一六；二〇一八a），除拙作前兩篇文章的論點外，筆者還要接著指出：心體論本是由先秦至明末儒家思想希聖希賢的核心主張（儘管使用的詞彙不同，並且只有心體論的實質，尚無心體論的說法），由該主軸出發，筆者就會反而推崇建構實在論與批判實在論這兩種思想的實用性，將其修正與消融到筆者的論點內。首先，我們捨棄建構實在論「不討論實在的討論實在」，意即我們如果承認，在理性的學術討論裡，不得不區隔出兩種「實在」，首先是「實在的本身」，這是自性本具的心體（相關定義則請見第五章，陳復，二〇一八a），既然人類的全部認知都不可能不藉由語言來展開，則我們本應朝向領會心體展開「語言性的外推」，架構出有關心體的「微觀世界」（這本是宋明時期儒者大量在從事的論學與講會這類工作），並將各種森羅萬象的微觀世界做個整合，從而發展出有關心體觀念更縝密的「建構的實在」，意即「心體論」就在其間被建構完成，使得階段性的「主客對立」並不會導致「天人對立」，反而最終使得原初自明的「生命世界」因為有其對應的「微觀世界」而獲得雙向循環，經由「沉思的過程」日益嚴謹鋪陳與完善自身對心體的理解，且沉思因朝向領會心體，並不會與「冥想的過程」有隔閡，只不過相對於冥想需要人的「信」，沉思則會經由「理」來辯證推演心體的內涵，這使得心體屬於在我們知識外獨立運作的實在結構，卻能藉由沉思與冥想來把握住心體，如此纔會因有「本體性的含攝」，真正展開「本體性的外推」。關於這點，筆者從黃光國後期有關科學哲學的討論裡看見其開始承認「歡會神契」（conviviality）的深意，他在《儒家文化系統的主體辯證》表示科學研究並不是一般人想像那樣可仰賴於主客對立的超脫方法，而必須訴諸「存在於世界中」的「融入」，科學家從選擇問題到證實發現的致知過程，都植根於個人的默會整合，而不是立基於明示的邏輯運作，他自己並首度在書中比較細緻地表示：「自我的曼陀羅模型」的提出固然是種「洞察」（insight），其過程卻來自個人親身的體驗最終獲得某種默會致知（trcit knowing）（黃光國，二〇一七：一八九—一九一）。就筆者來看，這種歡會神契的感受，正來自於黃光國實質在領會心體所致，只是不使用該詞彙而已。

再者，巴斯卡雖然掙脫經驗主義的框架，使得其主張的「實在」不再是極其傳統的唯物論，但因為西洋文化固定要說「實在不可知」，導致這種講法變得有邏輯的矛盾性。當我們捨棄批判實在論「討論不同於實在的實在」，卻使用其「先驗論證」有關從某個已發生的現象推論到某個持久性的結構，或從實際某個事物推論到更根本（奠立該事物可能性）的某個事物，該論證有實在的範疇、真實的範疇與事實的範疇這三大型態，且反對實證論常將事實範疇與真實範疇混合直接稱作「經驗世界」，並從人類中心主義出發，將直接與間接的知覺經驗來界定「實在」，最後武斷將「實在」的基本性質設立為「已被經驗的或可被經驗的狀態」。我們承認並使用先驗論證的理則結構，主張心體研究的對象既不是經驗主義的現象，更不是人類強加於現象的建構，其面對著持續存在，並在我們知識外獨立運作的實在結構，這個結構就是存在自身的心體，該實在的範疇不再來自某個「他設實在」，而就是最終極的實在本身，回到筆者主張的「心體即實在」；接著，在真實的範疇裡，我們了解雖然實在本身具有「天」的意義，超越於「人」而獨立存在，然而每個人的生命都有心靈，這使得「自我」本質是個「人天共構主體」，這層主體際性（intersubjectivity）如果能不經社會習染，讓自我恢復自性，則這個人天共構主體產生往外面對己身外的現象，兩者交融就會變成客體的能量，客體的能量啟動後發生的事件就是真實；最後，我們在事實的範疇裡，認知個人的經驗常只能確知眼耳鼻舌身意構築的「事實」，這些都是經驗的表象，但我們更進而發現人如果不只有前面六識，更具有自性這個阿賴耶識，則我們看見的事實會來自於真實，且真實來自於心體，令表象反映裡象，意即「表裡合一」，生命具有這種多層次的開展視野，纔能真正完成「靈性轉向」（spiritual turn），並讓科學研究的對象，因為人的主體獲得精神的拔高，往外觀察對象其認知與內涵變得更豐富，如此不只能提高科學研究的成果，更能幫我們用更遼闊的視野，重新審視中國科學史長年累積的豐碩成果（尤其包括中醫的各種成果）（陳復，二〇一八a）。根據這些修正意見，意即如果巴斯卡承認實在可藉由沉思論證或冥想體驗來獲得，則其講實在的四大條件就具有合理性，當然巴斯卡已過世，我們不可能請其更改主張，這就是筆者要吸收批判實在論的實質內容到心體論的原因，或者我們可視融會建構實在論與批判實在論這兩種內容獲得的相關看法，屬於實在論脈絡裡繼續發展出來的「心體實在論」（nouslogical realism），這是筆者覺得解決黃光國難題應該依據的實在論，並能有效打破唯心主義與唯物主義的界線。其實，筆者會提出「黃光國難題」這個學術議題，來自於長年思索「李約瑟難題」（Needham Problem）未得解決，該議題首先來自美國經濟學家肯尼思（Kenneth Ewart Boulding, 1910-1993），其主題：「儘管中國古代對人類科技發展做出大量的重要貢獻，但為什麼科學革命和工業革命沒有在近代的中國發生？」（詳細討論可見於劉鈍、王揚宗編，二〇〇二），筆者現在有這樣的觀察：中華文化本質具有「天人合一」的思想傳統，這對於理解西洋文化本質具有「天人對立」的思想傳統實有不利，更對於該傳統發展出來的科學革命與工業革命只能做橫向承襲，無法從自身文化的角度來繼往開來再創新猷。但，如放眼當前海峽兩岸華人社會，儘管不出自內發，但工業革命帶來的成果早已成為事實，具體大幅影響著華人社會生活，且華人的確一直在使用自身獨特的辦法展開科技的研發，尤其這些年來，我們看見大陸有相當大量的「逆向工程」（reversed engineering），不論是生活裡的手機、微博與微信，或者大如高鐵、民航機、太空船甚至航空母艦，只要將這些東西購買來，根據既有的事物、狀態或結果，分析並推論其製造方法，按照嚴謹的工序拆解，再藉由「體知」（embody，實際體驗獲得的知識）按部就班組裝回原來的樣子，然後經關鍵點的改良，就蛻變出更尖端的研發成果，難道這些都只是習慣認知的「技術」而已？常見的說法「中國只有技術而沒有科學」，如果是從「李約瑟難題」的角度來看或許並不難理解，但這個脈絡背後是否還是種經過學術殖民形成的觀察與思考呢？中國尖端的技術表象裡，其間或許蘊含著某種尚未被西洋文化完整認識的科學理念，該科學理念不見得符合西洋文化脈絡裡的科學典範，然而就如同陰陽五行的原理應用到中醫層面，其藉由體知來「望，聞，問，切」並開出相應的藥，當能經由驗證得知其普遍有效性，該有效性背後自有其理論的框架與脈絡，譬如仔細研究《黃帝內經》，就看出其該書理論確實自成系統。如果能階段性使用主客對立的辦法，吸納西洋文化的思想內涵，將其做相應的調整，來幫忙我們自己重新詮釋中華文化本質具有「天人合一」的思想傳統，使得心體論被學術論證成立，則解決黃光國難題不啻同時在解決李約瑟難題，意即我們因為發展出新的科學哲學，進而對科學有更開放的理解，並能有效詮釋自身，使得心理學的科學革命有機會帶來中華學術的質性蛻變。

本章作為論文在審查期間，審查委員指出：「解決黃光國提出的難題」與「批判黃光國所主張的論點」，這兩項論述路徑的主要對話對象並不相同。如果「黃光國難題」是指「黃光國對於本土社會科學提出的困難問題」，那麼探討如何解決這項難題，可能是值得本土社會科學學者共同思考的議題；然而，如果解決「黃光國難題」其實是指「點出黃光國在特定著作所提倡論點的內部問題」，那麼最能給予回應者大概只有黃光國本人（以及提出相同主張者）。筆者對此不得不指出：「黃光國難題」的出現當然需要依據黃光國本人的著作，沒有論述的文本如何能構成任何學術命題？因此，「黃光國難題」內有關科學哲學的議題，呈現黃光國在特定著作所提倡的論點，這本來是極其正常的事情。問題癥結在於：「黃光國難題」究竟是否屬於該論點的內部問題呢？意即這是屬於「解決黃光國提出的問題本身具有學術艱難性」，抑或是其本人因「思慮不周」導致邏輯的矛盾或概念的混淆？如果只有後者的存在，則筆者完全同意黃光國難題自然不應該成立；但如果兩個情況都存在，則黃光國難題依然需要解決，因為只要解決該問題本身的確具有學術艱難性，且已有相當豐富的學術論文展開討論（林耀盛，二〇一五；黃光國，二〇一七、二〇一八c；陳復，二〇一八a&b；王智弘，二〇一八；李維倫，二〇一八；夏允中、張蘭石、張峻嘉與陳泰璿，二〇一八；韓布新，二〇一八），甚至該議題獲得科技部計畫案來支持相關研究，則「黃光國難題」作為學術命題的真實存在就不能被否認。再者，審查委員指出「黃光國難題」好像是指：「華人本土社會科學若採取實在論，如何能精確把握住中華文化本質具有『天人合一』的思想傳統呢？」這個問題已帶有兩個預設立場：第一，中華文化本質具有「天人合一」的思想傳統傾向；第二，華人本土社會科學須把握住「天人合一」的思想。這兩點預設立場只要任何一點不成立，前面所謂的「黃光國難題」就自行消解，而且本土社會科學家即便同意第一點，不見得就必須同意第二點。因此，審查委員指出如若本論文主旨是要「解決黃光國提出的難題」，便需要針對這兩項預設的必然性與其邏輯關係，多加論述說明。對此筆者敬答如下：中華文化本質具有「天人合一」的思想傳統傾向，使得其彙整思想家言行內容撰寫出來的中國思想史，長期呈現「主客置換」或「主客交融」的共同特點，並作用於華人日常生活的行事風格裡，成為華人心靈結構中的一個核心要素，共構成其特有的生命世界，這點基礎事實本屬於我們從事人文學術研究的長期共識，余英時在其《論天人之際：中國古代思想起源試探》全書對此有精闢闡釋（二〇一四），甚至黃光國本人後來在其《儒家文化系統的主體辯證》書中第一章就是「黃光國難題」（黃光國，二〇一七：一—三八），顯見該難題中的兩個預設已獲得其承認，他並自問：我們該如何讓一個在講究「天人合一」文化中成長的心理學者，懂得如何用「主客對立」的辦法來建構「含攝文化的心理學理論」呢？（黃光國，二〇一七：八九）如果審查委員尚且覺得該學術共識還是不能輕易成立，則應該提出具體的「否證」，藉此證明筆者原有的假設實屬錯誤，這就是在應用科學哲學的方法，意即拿「可否證性」（falsificability）來取替「可證驗性」（verifiability），作為區隔科學與偽科學（pseudo-science）的標準，不然在尚未被完成否證前，筆者基於學術共識假設出來的觀點就有存在的空間。並且，如果我們發展華人本土社會科學，不能把握住這個思想傳統來發展出相應的新學術，如何能自陳已擺脫學術殖民的架構呢？因此，對筆者而言，第一點與第二點具有前後脈絡關聯性，不宜混淆但不容割裂來對待。筆者撰寫這篇論文，應屬華人本土社會科學在科學哲學理路獲得精確定位的關鍵文章，當實在論的發展路向獲得澄清，則華人本土心理學裡更精確發展出來的修養心理學，就能開始進而談「工夫論」（kungfuism），而不再只空談理論卻疏於實踐。最後，筆者要誠摯感謝黃光國教授，經由這兩年來我們細緻且理性的公開辯論，筆者看得出黃教授已做出很巨幅的「靈性轉向」，願意引領我們這些後輩學人，共同替這些詮釋空間開路，尤其讓自性成為華人本土社會科學的核心命題（相關討論可見於《本土心理學研究》第四十九期的專題），相信這對於中華自主學術的健全發展，將會帶來里程碑意義的貢獻。

（本文發表在《本土心理學研究》第五十三期，二〇一六：三一—五三。）

第五章
萬法不離自性
誠意面對黃光國難題的答客問

前言

《本土心理學研究》第四十九期靶子論文共計有五篇深度與廣度兼具的文章，針對筆者提出「黃光國難題」展開各種不同角度的評論，筆者首先很感謝王智弘對筆者認真討論學術議題的期許，如何樹立華人理性辯論學術議題的典範，正就是我們釐清黃光國難題過程裡應該念茲在茲的共識；面對黃光國指出筆者主張的「精神實在論」與「歷史實在論」具有「主觀主義」的傾向，筆者指出這兩種實在論都指向心體（nous），心體既然具有「天人合一」的特徵，則「人」與「天」本來有自然流動交通的精神意境，其間內蘊著「人天共構主體」的新生命（意即由狹隘的「自我」〔the Ego〕蛻變出寬闊的「自性」〔the Self〕），該性質更應該被精確稱作主體際性（intersubjectivity），通過自性這個心體來面對生命世界，當人誠意內觀與自己生命共在的「天」、「人」、「物」與「我」，就會發展出各種「我—你」關係（I-Thou relation）；面對李維倫指出筆者將心體成為經驗生活的價值判準實屬「危險」，筆者指出中華思想特有的「心體論」（nousism）並不是西洋哲學既有的「觀念論」與「物質論」能涵蓋，心體不離於經驗且不即於經驗，能從經驗裡領悟卻超越於經驗，再給出相應的經驗，如果只尊重病患與家屬的求神問卜，訴諸神靈的存在並不會覺得有問題（這來白傳統的風俗），承認心體的存在卻覺得有問題（這來自傳統的學術），背後其實就有「雙重標準」的問題；面對夏氏研究團隊四人共同提出四則問題，仔細討論到自性具體的性質與內容，然而筆者除無法精確把握住該團隊主張「佛教覺得人有自性還是無自性」外，並經由論證判斷該團隊的說法其實反而能得出「無自我故有自性」，筆者接著說明自性具有六個特徵，據此給出相應的定義，該團隊指出黃光國難題中最難的一環：如何完成社會科學研究方法論的典範轉移？筆者指出當我們直接重新思考科學的定義問題，承認「系統性即屬科學性」的觀點，面向本土社會科學的預設範疇，提供論證嚴密的說法，則自具科學微觀世界的意義；面對韓布新提出儒家是否過度「相信人類理性的絕對力量」，筆者指出儒家思想長期將靈性議題學術化（傳統中華思想正奠立在這個基石上），把本來屬於「信仰層面的上天」轉化成「學問層面的自性」，這不是單純在從事「人文化成」的工作，而是想尋覓出各種不同宗教義理背後共通的源頭思想，這種跨宗教的討論將理性寓於良知，本對於人類文明的和解共生有益，纔會使得中華思想進而成為東亞思想，如果繼續探索其現代意義，將不只有機會使得中華思想發展出更成熟的華人本土社會科學，如果能精確對應世界不同文化來做相應的理解，更有機會使得該學術內容成為「普世性的學問」。

第一節 發展中華自主學術系統的知識研究策略

筆者自二〇一六年撰寫並發表〈黃光國難題——如何替中華文化解開戈迪安繩結〉一文（見本書第一章，陳復，二〇一六），獲得包括黃光國教授本人在內本土社會科學領域相當大的關注與迴響，然而個人深知這種關注與迴響的背景其來有自，主要與華人社會學術被殖民的現象長年無解有關，現在更因臺灣高等教育正面臨大崩盤的困境（這包括大學膨脹過劇導致招生逐年下滑、人文社會科學式微引發系所裁撤、博士出路無門、大學師資日益老化與期刊掛名造假引發學術倫理問題），更變本加厲對臺灣學術產生極惡質的影響，使得學術典範已經來到關鍵十字路口，有識者無不亟思如何振衰起敝冀圖中興。這回筆者發表第二篇論文〈儒家心理學——黃光國難題正面臨的迷陣與突破〉（見本書第二章），很榮幸《本土心理學研究》將其選為第四十九期的靶子論文，獲得黃光國教授、王智弘教授、李維倫教授、夏允中教授、張蘭石教授、研究生張峻嘉與陳泰璿兩位先生暨韓布新教授八人共計五篇深度與廣度兼具的評論文章，顯見此際釐清「黃光國難題」已經成為華人本土社會科學發展過程裡一個至關緊要的學術課題，《本土心理學研究》並希望筆者做個整體答覆，筆者縱然才疏學淺，焉能不披肝瀝膽，僅就拙見所知，誠意回答諸位同仁的提問，藉此共商大計？首先，筆者很感謝王智弘教授在〈說大人，則藐之？與巨人作戰是成為巨人的必要途徑〉一文裡對筆者的期待與鼓勵（二〇一八），筆者雖不見得要效法黃光國教授的行誼當「學術巨人」，然而承蒙黃教授的重視，數度與筆者針對「黃光國難題」展開熱烈且理性的學術辯論，謹此深致謝忱，相信我們如果嚴守辯論紀律，這確實會有益於學術重大議題的澄清，並將替華人如何藉由辯論來解答問題樹立典範，這應該成為我們念茲在茲的共識。至於黃光國教授在其撰寫〈「外王之道」與「儒家心理學」的研究策略〉的評論文章裡表示：「陳復畢竟是主修人文學科的歷史學博士，完全不了解社會科學所面臨的艱困處境。」（黃光國，二〇一八a）筆者不得不指出：當前人文與社會的學術領域正面臨極其艱困的處境，這是西學東漸至今快兩百年前所未見的大變局，正屬於我們全體學人都在概括承受的共業，豈是主修社會科學的學者就更能了解其究竟？且不論筆者曾在科學教育領域做博士後研究，從事科學教育研究政策工作快四年的時光，對於社會科學的相關研究理論與方法實不可謂不熟悉，果真如只有主修社會科學的學者更能了解社會科學所面臨的艱困處境，黃教授就不至於長年對社會科學的學者多數只知橫向移植西洋學術理論輕率套到社會解釋的現象大表不滿了。當學術辯論公開化，我們就要盡可能「對事不對人」，避免對人身背景做價值評論，纔能有效溝通彼此的視域，共同澄清觀念與引領思潮，尤其當我們開始主張跨領域發展「華人本土社會科學」，企圖重新樹立新的學術典範，這意味著既有的人文學各領域與社會科學領域要產生新的共融，並沒有誰高或誰低的輕重差異，更沒有「誰當內容」或「誰當方法」的計算與衡量，而是兩大領域相互作為彼此的內容，共同朝向發展本土社會科學來架構新理論與新方法，我們唯有秉持著氣度恢宏的開放胸懷，纔能讓各種不同既有領域的學者都由衷願意參與到新領域的開拓過程。誠如王智弘教授在文中徵引的名言：「對學者提出最嚴厲的批判，就是對其最大的尊敬。」下面筆者撰寫的回應文字，將主要從議題取向的脈絡，兼顧各評論人的文章順序，交叉討論每位學者的具體論點（後面將直稱其姓名），擇其精要來答覆，討論或許直接，然而都不影響我對諸位學者的敬意。

史學大儒錢穆先生在〈中國文化對人類未來可有的貢獻〉裡指出：「天人合一」是整個中國傳統文化思想的歸宿處，更是中華文化對世界與人類有關未來求生存的主要貢獻，他覺得中國人把「天」與「人」和合起來看，認為「天命」就表露在「人生」上，離開「人生」，就無從來講「天命」；離開「天命」，跟著就無從講「人生」，因此古人認為「人生」與「天命」最高貴最偉大的關鍵點，便在於能把這兩者和合為一（一九九一）。因此，如果我們能將「天人合一」的內涵梳理得當，並將「天命」與「人生」藉由概念架構學術化，這將意味著不只把握住中華文化的真骨血，更是回歸中華自主學術特質的新里程。「天人合一」是人能獲致的最高意境，其發展出的內容則稱作「聖學」，成就出的身心狀態就是「聖人」，我們該如何具體描述這種境界呢？《易經・乾・文言》講九五的一段話或可精確描寫這種狀態：「夫大人者，與天地合其德，與日月合其明，與四時合其序，與鬼神合其吉凶。」（陳鼓應、趙建偉注釋，一九九九：一四）九五是既有君德且有君位的大人，大人具有天德，他的修養就到家，其思想、意識和行徑與天地、日月、四時與鬼神合其節拍。這看來幾近不可思議，其實來自他是「知天命」的人，更是「從心所欲不逾矩」的人，這纔能既順應天道整體的秩序更完成人道個體的自由（金景芳、呂紹綱注釋，二〇〇五：三四；邢麗菊與盧風，二〇一六）。回到本章理應回覆的脈絡來看，黃光國本人因置身該學術辯論的核心位置，他在評論文章裡表示由於中西文化性質截然不同，西洋文化在學術發展的最大特色就在於學者擅長藉由語言建構「科學微世界」（scientific microworlds），並表示筆者前面主張的「精神實在論」（spirical realism）與「歷史實在論」（historical realism），該兩個觀念屬「植基於傳統的實在論」，然而，這兩種「實在論」的最大特徵就在於「生命世界」（life world）

不再需要通過西洋文化的科學哲學作為橋梁，藉此與「微觀世界」（micro world）展開交流，生命世界來自「心體」，通過歷史實在論與精神實在論有關於「實在範疇」、「真實範疇」與「事實範疇」的驗證（鍛鍊），面對森羅萬象的微觀世界，直接在實踐中選擇對應的微觀世界來詮釋得自心體的領會。黃光國特別指出：筆者這裡所謂的微觀世界「是個人主觀的『微觀世界』，而不是以西方科學哲學為基礎建構出來的『科學微世界』」（黃光國，二〇一八a）。筆者主張微觀世界的架構應該與生命世界對應，其過程可汲取西洋文化裡對科學哲學的認識，經由相應的「格義」來視情況調整，使得其義理能接融到中華文化本來的語言系統裡，因此，歷史實在論與精神實在論正就是已消融「批判實在論」（critical realism）的先驗論證三大範疇，再藉由「心體即實在」統攝住「建構實在論」（constructive realism）有關森羅萬象的微觀世界。我們要知道：「實在論」（realism）與「建構論」（constructivism）本來具有相互矛盾性，實在論者認為科學研究和科學理論的主要內容，獨立於世人對它的知識而存在，科學的目的則是描寫並解釋這個獨立在人心外的世界；建構論者則主張社會因素發展出對世界的詮釋，甚至說世界由理論、實踐和體制共同構成。前者認為科學研究的世界是客觀存在，我們只能描述卻不能創造；後者則主張世界是主觀建構，我們能有各種不同的詮釋，即使是表面看起來客觀的科學研究，其實都受其背後的社會體制與意識型態的宰制。建構實在論則包含這兩個互相矛盾的元素，其承認「真實」（actuality）的存在，這與實在論的看法並無不同；但建構實在論主張真實無法認識，我們認知的世界最終只能是有關於「實在」（reality），意即我們只能理解自己建構的東西，這點則和建構論的看法相同。既然我們只能理解自己建構的東西，在展開建構前，承認自己有個能意識建構的機制（否則無法展開任何建構的工作），並承認自己最終只能理解該機制展開的建構，這個承認使得某個空間自然給出，就使得心體能擺放進來。然而，如果這被理解成「陳復個人主觀的微觀世界」，要不就黃光國很了解「我們只能理解自己建構的東西」這種概念本來就具有該脈絡裡的主觀性，其微觀世界相對於「實在的本身」

（reality itself）當然是每個「個人主觀的微觀世界」；要不就反映出黃光國並未理解心體既然具有「天人合一」的特徵，則「人」與「天」本來有自然流動交通的精神意境，其間內蘊著「人天共構主體」的新生命（意即由狹隘的「自我」〔the Ego〕蛻變出寬闊的「自性」〔the Self〕），該性質更應該被精確稱作主體際性（intersubjectivity），通過自性這個心體來面對生命世界（心體與自性實屬異名同謂），當人誠意內觀與自己生命共在的「天」、「人」、「物」與「我」，就會發展出各種「我－你」關係（I-Thou relation）（Marcel, 1964, 131-134；關永中，二〇〇二：三七七—三八七），這不再是主客對立或主客互換的人際關係，因為彼此有愛，「你」（任何的對象）不再是自我外在的陌生人，而是用某種型態參與「我」生命的主體性的別個主體，當人願意「讓你來到我生命裡」，人就要放棄宰制的心態，尊重且容納他人的主體進來，來讓彼此共融出嶄新的生命主體，這使得「我」、「人」、「物」與「天」會根據其特徵發展出各種交織共構的關係型態（這包括「本我關係主義」、「物我關係主義」、「人我關係主義」與「天我關係主義」，再加上較間接的「人物關係主義」與「天物關係主義」）（陳復，二〇一九），共計呈現出六種關係主義的完整內涵，我們架構相應的微觀世界來觀看該生命世界，既然已具有主體際性，不再是主觀與客觀這種二元對立的區隔，究其實如何能被理解成「個人主觀」呢？

筆者曾在國立高雄師範大學諮商心理與復健諮商研究所主辦「本土諮商理論與實務的對話研討會」裡與黃光國熱烈辯論有關「翻譯」與「格義」的差異。黃光國主張我們只能對科學哲學做「相應的理解」，並堅決反對如同當年佛教來華展開觀念的「格義」，藉此使得科學哲學更易傳播於中土，然而，說到底，本沒有人不願意相應理解科學哲學，問題卻在於如果不經由「格義」的角度來展開相應的理解，只是從「翻譯」的角度來展開相應的理解，則出自西洋文化脈絡的科學哲學未做任何調整就搬過來，這種「拿來主義」將很難真實對應到中華文化脈絡的生命世界。回看黃光國自身的著作裡，其有關探討科學哲學的觀念，有沒有很大的程度在從事「格義」的工作呢？任何人如果仔細研究過黃光國思想，都將獲得非常明顯的答案。更何況黃光國自己就曾表示：「科學哲學只不過是西方科學家建構其『微世界』的『遊戲規則』而已。」並說：「這樣建構出來的每一個『微世界』都具有獨特的任務，它們既不是永恆的，也不是絕對必然的；當其任務不再當令，或人們面臨新的任務時，科學家們便需要製作出新的建構。」（黃光國，二〇〇五：六三—七六）據此，黃光國就不能拒絕我們同樣從事「格義」的工作，進而依據新的任務在其間展開「新的建構」，從事創造性詮釋，而僅守住出自西洋文化脈絡的科學哲學最原始的說法，更不消說建構實在論本身都已經是根據「實在論」與「建構論」做出新的理論建構工作了。當黃光國進而承認中華文化的「天人合一」世界觀確實曾經產生過「具有科學意義的『微觀世界』」，並表示李約瑟將其稱作「有機論的科學」（organic science），其與西洋文化固有「機械論的科學」（mechanic science）有差異，兩種科學的「本體論，知識論，方法論」完全不同（黃光國，二〇一八a），我們就應該接著發問：當前中國科技正獲得突飛猛進的發展，甚至在量子通信領域已超前世界各國，二〇一六年且發射全世界首顆量子科學實驗衛星，這是依據「機械論的科學」還是「有機論的科學」獲致的成果？當量子物理學和光通訊技術結合出來的量子通信已經不是西洋文化既有「機械論的科學」能簡單解釋，牛頓宇宙物質理論（Newtonian material universe）早已崩塌，科學家開始承認宇宙中所有物質都是由能量構成，物理的原子根本不是任何實體，而由能量漩渦不停旋轉與振動發生，每個漩渦都放射出自己獨特的能量樣態，尤其物理學家已逐漸承認宇宙是個「精神結構」的事實，譬如英國物理學家金斯（James Jeans, 1877-1946）就表示知識的潮流目前正朝著非機械現實的方向發展；宇宙的存在目前看起來更像是巨大的思想而不是巨大的機械。對物質領域來說，心靈不再是偶然出現的入侵者，我們反而應該將其視作物質領域的創造者與領導者（R. C. Henry, 2005）。我們實在應該謙卑承認：不論是否出自於中華文化，現在已需要針對「有機論的科學」內蘊「天人合一」的特徵，給出精確相應的「本體論，知識論，方法論」，科學最新發展的確正與傳統中華思想大量產生接軌的契機，這只是新的科學知識開始朝向「智慧」產生的認識，本應該藉此詮釋出更相應的科學哲學，階段性使用「主客對立」的解析概念，裨益於細緻架構微觀世界來指導生命世界本無不可，只是須注意儒家的「宇宙論，良知論，工夫論」是否有助於科學研究的進展，已經不是來自天方夜譚的「玄學命題」，而是真實存在的「科學命題」。從這個角度來思索，就能對筆者為何提出「精神實在論」與「歷史實在論」產生較相應的理解，黃光國如果堅持依據「機械論的科學」來作為中西會通的橋梁，將逐漸背離已可預見未來三十年的科學發展實況，恐不利於華人本土社會科學的向前發展，對此不可不慎思。

第二節　中西有別與上下有別：本土心理學的歸路

這條發展中華自主學術系統的知識研究策略如勾勒出明晰的輪廓，我們接著來看李維倫〈告別「難題」與「迷陣」，邁向新本土心理學〉的評論文章就能獲得更清晰的對話。李維倫敏銳指出筆者講的「生命世界」具有內在性，與本來「life world」常被翻譯成「生活世界」具有外在性不同，後者是指先於理論概念而人置身於其中的「既與」（given）世界；且黃光國從建構實在論借來的「微世界」與筆者講的「微觀世界」雖然都出自「micro world」，然而黃光國講的「微世界」有其本體理解的完整心理學理論，並不是「局部世界」，筆者講的「微觀世界」則來自某種視角裡對現象的理解，具有知識與技術的意思，並不是宏觀的本體主張。筆者同意李維倫的說法，然而筆者採取這樣的翻譯有其深層原因。在反對本土現象被輕易放到西洋文化的理論機器中，生產出符應西洋思維架構的產品，釀就出學術長期被殖民的處境，筆者首度提出：我們應該正視中華思想史長期存在著獨特的「心體論」（nousism），心體是終極的實在，該實在連結著「天」與「人」這兩端，這固然可從研究層面展開主客對立的討論，然而中華思想的性質本來不是西洋哲學裡「理型論」（或稱觀念論〔idealism〕或物質論〔materialism〕）能簡單歸類，心體不是優先於現象的「理型」，更不是看得見摸得著的「物質」，心靈作為實體是「人」與「天」共構主體際性（意即天人合一）的源頭。不論是「生命世界」還是「生活世界」，這個概念首先來自於胡塞爾在他的晚期著作《歐洲科學的危機與超越論的現象學》（*Die Krisis der europaischen wissenschaften und die transzendentale phanomenologie*）中提出。胡塞爾在裡面深刻指出：自伽利略（Galileo Galilei, 1564-1642）開始，科學家習慣拿數理化的辦法來解釋世界，並認為這個數理化的世界比我們透過知覺和常識認知的世界更為真確。胡塞爾固然覺得儘管伽利略是個天才，但這種把「宇宙數理化」的解釋傾向，產生出對數理化的盲目追求，導致理論宇宙取替真實宇宙。比如主流經濟學便是高度數理化的產品。儘管主流經濟學的數理法則常沒有辦法帶來真實的預測，但經濟學依然積極數理化，並覺得能替我們帶來某種實際的知識，建立某種正確的世界觀。胡塞爾認為這只是種沒有什麼用的包裝，學者更需要做的事情莫過於離開空想的理論囚籠，直接觀察真實的「生命世界」或「生活世界」（胡塞爾，二〇〇一：三三一—七六）。筆者要接著胡塞爾的想法，提出兩個核心問題來回應李維倫的評論：其一，顯然對胡塞爾而言，生命世界的重要性即使並未超過理論架構出的微觀世界，最起碼會與微觀世界取得平等的位置，那生命世界這個既與的給出，如果沒有任何內在性，意即沒有個觀察者內在本自存在的心靈，如何能獲得任何直接觀察，來精確描寫外在的環境？其二，既然生命世界與微觀世界具有平等的位置，就不應該是單純由微觀世界來指導生命世界，或由生命世界提供各種生活資源，裨益微觀世界獲得概念的發展，這種宰制狀態顯然並不被胡塞爾接受，是否應該讓心靈自作主宰，令生命世界與微觀世界獲得平衡的循環？這就是筆者為何要主張「心體即實在」，把握住心靈這個實體，經修養路徑的「未發」到「已發」，來給出各種「知」（微觀世界）與「行」（生命世界），意即各種森羅萬象的生命世界與微觀世界都在心體裡獲得整合與開展，這就是回到王陽明主張「知行合一」的真實義與引伸義。

筆者在文中並沒有說黃光國講的「多重哲學典範」（multiple philosophical paradigms）就是費依阿本德主張的「科學無政府主義」（scientific anarchism），意即秉持著「行得通就行」（anything goes）的原則，從而產生具體應用的困難（李維倫，二〇一八）。費依阿本德的「科學無政府主義」並不會產生具體應用的困難，因為本來就不存在一種完美的研究方法能用來指導所有的研究工作，每一種研究方法都各自有不同的局限性，同樣有各自不同的獨到性。費依阿本德主張「多元主義方法論」（methodological pluralism），每種研究傳統都會有其規範，尊重各種可能的研究方法，將其應用到適合的對象與範圍，他並不認為任何研究方法都能毫無區別地合理適用於全部議題，「行得通就行」其實是反話，用來諷刺理性主義者自認為無所不能（費依阿本德，一九九二：二七－二九）。因為黃光國的「多重哲學典範」其實是個「空洞的典範」，意即並無典範的架構，其實還不如費依阿本德的「多元主義方法論」來得更能落實。因此，當李維倫舉出美國臨床心理學界超過二十年追求證據本位的治療（evidence-based therapy，意即想證明某些心理治療具有顯著成效且優於其他方法），最後不得不放棄轉向的例證（Kazdin, 2008; Lambert, 2013; Lambert, Bergin & Garfield, 2004），這只能看得出理性主義本來希望無所不包面臨的困局，如何能接著看得出「光國學派的困局」？筆者主張的「心體論」並不是採取這種單向度理論來面對與解決人的心理問題，自然更無法產生困局。當李維倫使用「理論競爭，復興中華」來指稱黃光國與筆者的觀點差異，其實很難不會將問題過度簡化，顯見其對黃光國的思想主軸把握得尚不精準，「中學為體，西學為用」這八個字首先由黃光國再度拿來轉型闡釋自己的觀點，黃光國並數度跟筆者指出這個「中學」是指「中國固有的倫理道德」，筆者則順著這個說法表示反對的意見，如果真要拿「中學」與「西學」來做「體用對比」，該「中學」只能是心體論，纔會具有「體」的根本性，否則倫理或道德會不斷隨時空背景演變而有差異，如何能當作不變的體？就這個角度而言，黃光國長年在各層面堅持反殖民主義，使得他對於如何「復興中華」有著比筆者更古典的保守態度，筆者提出的「理論競爭」其內涵則因為不堅持橫向移植來自西洋文化的科學哲學，反而更具有觀念原創性。當李維倫說本土心理學的理論必須要能與西洋理論對話，而這個對話的基礎就是站上相同的知識論舞臺，一旦主張互不相容的「天人合一」與「天人對立」作為基準，那不過就是主張「你走你的陽關道，我過我的獨木橋」，最後只會成為「關起門來做皇帝」，根據這個論點，他主張黃光國理論系統不只「沒有迷陣」，更「沒有難題」（李維倫，二〇一八）。筆者同意學術討論應該接受各種自成脈絡的觀點，李維倫固然覺得並不存在「黃光國難題」，然而，黃光國本人則承認在本土社會科學的發展過程裡確實存在「黃光國難題」，這來自他熟稔中華思想史的發展脈絡，了解該議題確實是個有關「中西會通」影響巨大的難題，如果不認真面對與解決，則不只無法擺脫學術被殖民的現象，中華學術自身將無從獲得現代化的契機，當李維倫只要我們站在「相同的知識論舞臺」跟西洋學術展開對話，三言兩語就擱置「天人合一」或「天人對立」本來存在的根本差異，輕易撤銷「中西有別」的事實，這如果不是無視中華思想史的發展脈絡，就是無視整個世界正因基督教文明與伊斯蘭教文明的長年宗教衝突，導致領導世界的主軸正在板塊翻轉向中華文明圈，不只對東亞各國產生劇烈的影響，華人知識圈正在因應大陸各領域突飛猛進的發展，開始亟思如何復興中華文化，這是個正在發生的實況，並不僅是筆者個人的主張，李維倫的「告別論點」如果能成立，按照當前社會科學領域的學術習慣，筆者憂慮就只會讓我們臺灣學者繼續從順應西化的既有角度「關起門來做皇帝」，卻「拋棄自家無盡藏」，沒有發揮自身本來因具有思想自由的環境，最適合藉由中西會通與儒佛會通來「整理國故，再造文明」，反而越來越邊緣化。

然而，筆者細思李維倫的觀點，本來覺得其應該並不是真的要告別「中西有別」，而是反對具有「水平模式」（horizontal model）的本土心理學，他主張「上下有別」，意即「回到受苦者生活處境」呈現出「垂直模式」（vertical model）的本土心理學。這個主張相當值得重視，卻在其對筆者的評論文章裡語焉不詳，筆者後來閱讀其〈華人本土心理學的文化主體策略〉這篇論文，始得知他經由討論楊國樞、黃光國、宋文里與余德慧這四位深具成就的學者論點，發現其中「楊—黃」兩人講的本土來自不同文化間的水平地域位置，「宋—余」兩人講的本土則來自不同處境間的垂直知識位置。李維倫並發現四位學者共同強調概念化或再概念化，意即既有的理解或認識，不論來自於西洋典籍或傳統典籍，都需要經由再概念化來獲得心理學研究的本土性，他們都指向作為文化中的生活者其生活經驗是對理論展開再概念化的依據。因此，李維倫的結論指出：「水平模式」與「垂直模式」不見得是本土心理學的歧異選項，其可結合而成具備理論主體性與生活主體性的文化主體策略，該橋接點就是再概念化的操作，作為基礎的生活主體經驗，讓再概念化西洋知識並生產出本土理論就此成為可能，並因「中西有別」的理論主體地位讓生活主體性在面對「文化他者」的時候，有說明彼此的話語（李維倫，二〇一七）。如果筆者的理解無誤，該文中李維倫覺得「中西有別」與「上下有別」不見得是二選一的抉擇，在不同的存在處境裡，因為知識程度有高低的區別，固然有些較低程度者會將傳統知識內涵再概念化按照其風俗習慣來作為自己生活中的「本土」；有些中間程度者則會將傳統與西洋兩種知識內涵交織再概念化來作為自己生活中的「本土」；有些較高程度者則會將西洋知識內涵再概念化並發展出理論來作為自己生活中的「本土」。當然這些「本土經驗」的「上下有別」不見得就是按照由傳統知識到西洋知識的位階，然而按照其脈絡來合理推演，顯然知識程度較高者更有機會掌握來自西洋文化的相關學術知識（科學語言）；知識程度較低者只能純粹運用來自傳統文化的相關民間常識（生活語言）。姑且不論「上下有別」的主張是否隱含著西洋學術霸權的知識傲慢，並未扭轉甚或坐實西洋知識的優位性，且未曾意識到知識程度較高者同樣可能搖身一變就成為生活經驗裡的受苦者（譬如即使擔任大學教授，都可能面臨父母中某人成為失智症患者，或夫妻生出有特殊障礙的孩子），這時候誰在「上」或誰在「下」？當「上下有別」的區別給出，其內涵還是不能割離「中西有別」，纔能完成其闡釋「上下有別」的垂直知識位置，這就是為何李維倫會指出四位學者各自鮮明的路線主張，相互構成一片主體策略風景，他因此覺得「溝通」而不是「分別」的本土心理學發展策略已然浮現，意即這四種策略的相互溝通（尤其是「上下有別」與「中西有別」的相互溝通）實有其重要性（李維倫，二〇一七）。這篇論文剛刊登於《本土心理學研究》第四十七期，內容相當具有創見，怎會到第四十九期，李維倫就接著說我們要告別「中西有別」的思考，並表示「水平模式」的本土心理學是舊的本土心理學，「垂直模式」的本土心理學則是新的本土心理學呢？根據第四十七期的脈絡，李維倫應該主張讓「水平模式」與「垂直模式」相互溝通纔能發展出新本土心理學，如果當真跟「中西有別」的主張堅決做出告別的話，具體內容被抽離，該怎麼按照存在的處境發展「上下有別」的思考？

最後，我們來探討李維倫對筆者主張「心體論」的質疑。他覺得這個看法具有康德主張「先驗觀念論」（transcendental idealism）的傾向，因為康德先驗論證的必要性隸屬於形上學範疇，而不是實際的經驗生活，並指出筆者呈現的先驗論證中只有意識可直接「體證」；外在實在與內在實在（心體）都只是推論證成。如此一來就回到「實在不可知」的康德唯心論觀點。其結果就是把心體闡釋成一個內在於個體而不隨時間、空間與人間條件改變的心靈實在，意即與經驗無關的先驗實體，這就等同於西方先驗唯心論的主張（李維倫，二〇一八）。筆者對於中華思想特有的「心體論」並不是「觀念論」與「物質論」能涵蓋，其論點已在前面闡釋，心體不離於經驗且不即於經驗，能從經驗裡領悟卻超越於經驗，再給出相應的經驗。然而，李維倫的說法對筆者而言，實有「強人所難」的感受。且不論其表示「只有意識可直接體證」的語意有點令人費解，心靈實體本應該經由體證獲得，然而當前學術重視理性論證，當筆者強調體證作為認識心體的根本面，則很容易被學者質疑其不符合學術思維；當筆者著重論證作為認識心體的技術面，卻再被質疑具有「實在不可知」的傾向，那究竟應該怎麼做纔不會掉落到「父子騎驢」的評價裡？體證或論證都是獲取「心體即實在」的不同路徑，學術本應秉持著開放的胸襟來探討不同的學術典範如何可能獲得交集，並且，李維倫自身在〈從實證心理學到實踐心理學——現象學心理學的本土化知識之道〉裡藉由重症的病患與其家屬既會相信尖端醫學科技的解釋與醫治，同樣會求神問卜來希望獲得轉機，他針對該現象表示這不是科學與迷信的不一致，而是在表明「醫學實在」與「神靈實在」同樣從屬於「實在的多重構作現象」（李維倫，二〇一六），筆者完全尊重這個看法，既然如此，「醫學實在」與「神靈實在」具有同等價值而不會令李維倫覺得有「危險」，當中華思想歷來的先哲特別將心體從神靈的存有抽出來，不再賦予其神祕主義（occultism）的內涵，李維倫卻表示將心體成為經驗生活的價值判準實屬「危險」，反而在前文表示尊重病患與家屬的求神問卜，當訴諸神靈的存在沒問題（這來自傳統的風俗），承認心體的存在卻有問題（這來自傳統的學術），這種「雙重標準」背後的機制就變得委實不可理解了。李維倫在文中舉出很有意思的例子：「陽明殺人」、「世民殺人」與「黃巢殺人」，他表示判斷其行徑對錯顯然不能放在心體，因為這會造成道德獨斷或道德混亂（李維倫，二〇一八）。在得出「道德獨斷或道德混亂」的結論前，李維倫需要先舉證說明「世民殺人」與「黃巢殺人」的當事人都相信心體的存在，並接著指出他們相信「自己殺人獲得心體的授權」，如沒有通過歷史事實的檢驗，我們該如何看出人有心體就會「變得很危險」呢？至於「陽明殺人」的往事，這就跟任何將軍都要率兵保家衛國綏靖平亂一樣，如果軍人願意執干戈捍衛社稷，基於保護無辜百姓而果敢消滅土匪，卻被視作殺人的劊子手，不知社會秩序究竟該如何維護，往後還有誰願意當軍人嗎？當陽明願意對社會負責，只因為他相信自己「認知與實踐都來自心體」，卻會被說成是「道德獨斷或道德混亂」，這時候我們就需要檢視這段話裡的「道德」到底是什麼意思，並要對道德的無限上綱常可能導致人的無所適從，最後引發倫理的虛無主義與社會的結構崩解深懷警覺。據此，筆者主張如果「神靈實在」沒有絲毫危險性，心體（自性）長年作為「儒佛會通」的共法，更不可能有絲毫危險性，探索本土心理學（indigenous psychology）的歸路，「中西有別」與「上下有別」誠然不需要執著，兩者或可作為某個階段的知識研究策略，得魚而忘筌，卻不能不集中討論心體或自性，筆者甚至覺得如果從心體或自性的角度出發，就會發現「上下有別」不應該放在知識水準的角度來區隔，如此很難不帶進誰高或誰低的知識來源，接著嵌入「中西有別」就更難解決西洋知識對華人學術圈的殖民事實，「上下有別」本應該由智慧的高低來區隔，其間將「中西會通」與「儒佛會通」的相關內容都放進去討論，使得「修養心理學」（self-cultivation psychology）的領域獲得證成，纔能真正有機會看見並解決受苦者的處境，開啟本土心理學發展的新一章。

第三節　自性的六種特徵：釐清我們對話的焦點

夏允中、張蘭石、張峻嘉與陳泰璿四人組成研究團隊（因該文由夏允中擔任通訊作者，故簡稱夏氏研究團隊，然不影響我對每位研究者的尊敬）合撰的〈黃光國難題正面臨的迷陣與突破再四問〉一文，係五篇評論中最仔細討論到自性的具體性質與內容的文字，有益於從相互切磋中釐清到底「何謂自性」。有關修養議題如何放到心理學的討論內，夏允中主張的「無我心理學」與筆者主張的「自性心理學」實屬未來發展修養心理學過程裡的兩大脈絡，彼此的觀點該如何經由對話持續發展，特別值得重視。夏氏研究團隊首先表示筆者與黃光國的共通點在於「都假設有個自性」，該研究團隊提出第一問：自我的經驗軌跡屬於連串的交感反應，如同無數的經緯線交錯的每個交集點，沒有固定的形象與本質，經驗中樞並不是恆常「允執厥中」，意即沒有固著的中心點，因此說「自我沒有佛教所說的自性」，當我們放下「自我只有既定經驗中樞的執著」，每個十字交集點都是「經驗軌跡的中樞」，如同星光閃爍，當十字交集點的橫豎兩線發展得均衡與和諧，這就是成就「自性─自我的軸線」欲達到圓滿全知的覺醒，意即佛教基於「無自性的自我」而建立的修養之道。夏氏研究團隊並反問：我們為什麼要去尋覓「自性」當作中心點來居高臨下統攝各種「自我」？自我有煩惱、自私、愛戀與道德，每種不同的階段都有各自不同的心態，當我們沒有全觀這些情況，而要尋覓自性作為修養的中心點，這就陷入對自我的偏執裡（夏允中、張蘭石、張峻嘉與陳泰璿，二〇一八）。筆者對第一問的回答如下：夏氏研究團隊的主張應該聚焦在「自我無自性」這個主張，然而其論說的過程裡，詞彙沒有精確鋪陳文義，當文中說「自我沒有佛教所說的自性」，接著說成就「自性—自我的軸線」，再表示該看法係「佛教基於無自性的自我而建立的修養之道」，筆者已經把握不住夏氏研究團隊的意思究竟是說「佛教覺得人有自性還是無自性」？基於我們彼此兩年來的論學經驗，筆者認知夏允中主張的無我心理學應該是無自性的心理學，不過如果擱置名詞的爭論來直探本原，筆者卻會發現「第一問」的論說有關於自我並沒有既定的經驗中樞，其關鍵點在指出「無自我故無自性」，筆者其實完全同意擱置對自我的偏執，並同意不應該尋覓自性作為修養的中心點，因為這就變成「自性的教條主義」，其結果就是各種僵化的道德規範。自性本不在固著任何中心點，而在於每個十字交集點的橫豎兩線都能發展得均衡與和諧，夏氏研究團隊講的「均衡與和諧」，筆者覺得雖然名稱說「無自性」，其實還是因為「有自性」，而且是真實無礙的自性。當偽古文《尚書．大禹謨》說：「人心惟危，道心惟微；惟精惟一，允執厥中。」（李民、王健，二〇〇四：三二）會令李維倫覺得「危險」的內容，恐怕是指參雜各種欲望不斷在纏繞的「人心」，然而自性卻不是指飄蕩散漫的思慮，而是指經由修養工夫的磨練，不斷精微深湛的開拓，終至恢復本真的「道心」，關鍵點就在「惟精惟一，允執厥中」，該「中」字並不是任何自我面向的中心點，更不是常人字面理解的「中庸」（兩個極端的平衡點），而是指人要把握住精鍊合一的心體，當我們對自性抱持著開闊的體證，筆者覺得「第一問」的說法其實反而能得出「無自我故有自性」，文中徵引《華嚴經》有關「帝釋珠網」的譬喻，來自莊嚴忉利天王帝釋天宮殿有個「因陀羅網」（indra-jāla），或稱

「帝網」，這個「因陀羅網」用來比喻重重無盡「一多相即」的華嚴境，「相即」就是說全體現象的本體而言，有「空」就能包容「有」，且有「有」就意味著「空」，空有共構，這兩端同時「共空」或「共有」都絕不能成立，但二者卻不是絕然對立，「空」與「有」是互為緣起且兩相無礙。既然「空有不二」，事實已有「空性」（śūnyatā），如何還能特別標舉說「自性」（svabhāva）不存在？須知「無情亦無種，無性亦無生」（見《六祖壇經．行由品》第一），自性有情如種子，使得整個宇宙充滿生機，獲得生生不息，人可對自性感應道交，卻不可對空性感應道交，然而推至本原，最終只有「兩不否認纔能兩相無礙」，這是種辯證思考，只能藉由推理來論證無法藉由自省來體證，這是筆者提出的本體觀點：「人與天最終無法跨越的鴻溝要設在空性而不在自性」。回過來探討夏氏研究團隊提出的「第一問」，因陀羅網本身由無數摩尼寶珠（cintā-mani）編織而就，無數寶珠間相互輝映光照，寶珠在佛教思想裡就是「自性」的象徵，早在《華嚴經．探玄記》卷一就有紀錄，日本凝然法師在《華嚴五教章通路記》則說得更鮮活：「忉利天王帝釋宮殿，張網覆上，懸網飾殿。彼網皆以寶珠作之，每目懸珠，光明赫赫，照燭明朗。珠玉無量，出算數表。網珠玲玲，各現珠影。一珠之中，現諸珠影。珠珠皆爾，互相影現。無所隱覆，了了分明。相貌朗然，此是一重。各各影現珠中，所現一切珠影，亦現諸珠影像形體，此是二重。各各影現，二重所現珠影之中，亦現一切。所懸珠影，乃至如是。天帝所感，宮殿網珠，如是交映，重重影現，隱映互彰，重重無盡。」（丁福保編，一九八四：四九六）因此，筆者指出「因陀羅網」只能顯示事事無礙圓融的自性，不能據此來談讓人獲得各種悲歡離合經驗的自我，自我要呈現「因陀羅網」，則需要有修養的過程來獲得蛻變。

夏氏研究團隊在「第二問」指出：自性的內涵如何明確定義？該研究團隊依據《菩提道次第廣論》（後面簡稱《廣論》）將人區隔為三種士夫，並藉由黃光國主張「自我的曼陀羅模型」作為理論硬核（hard core），將《廣論》的道次第納為輔助性假設，建立其「三士道自我曼陀羅模型」（夏允中、張蘭石、張峻嘉與陳泰璿，二〇一八），這是從佛法的角度來思考人如何從自我獲得解脫，筆者覺得其實屬相當創新的發展，然而其內容比較無關於自性的內涵如何明確定義，因為前面夏氏研究團隊已經覺得「沒有自性」，其表示如果我們站在發現有一個自我的曼陀羅模型最終極的中心點（自性）的話，最後可能會到頭來發現所謂的「自性」，只不過是自我一連串經驗軌跡（前面稱作十字交點）中的一個中心位置，這會是種「自性迷思」。既然如此，夏氏研究團隊的立場或許就應該根本就不要再接著定義何謂自性，其實文中的內容大致就是這樣發展，重點在鋪陳從《廣論》的角度來觀照生命的不同境界。不過筆者建議文中的詞彙宜儘量統一，因為既然自我只是個因緣假合的經驗現象，我們從假合的角度暫時將其稱作「三士道自我曼陀羅模型」固無不可，然而「中士夫」領悟到的「空」，文中表示意即夏允中所謂的「無我」（Nonself），其主張證得「無我」並不是佛教中的「至善」，這只是「中士夫」的位階。筆者據此想了解：如此「中士夫」領悟「空」是否其實並不是究竟義的「空」，而是根本義的「有」，意即我們共同在討論的「自性」？並且，當其「無我心理學」的相關內容被放在「中士夫」的位階，不知文中整套「三士道自我曼陀羅模型」該如何釐清屬於何種型態的心理學？當夏氏研究團隊繪製「立體的自我曼陀羅模型」，並接著表示：「『自我』是隨存在狀態而變動的心理中樞，而黃氏所說『自性』則是發展至『上士夫』狀態時的心智施為中樞，蘊含深刻而成熟的智慧與深廣而超然的實踐。由此，便解答了『何為自性』。」（夏允中、張蘭石、張峻嘉與陳泰璿，二〇一八）據此筆者想了解：當「中士夫」已經領悟「空」，卻不是佛；「上士夫」則已經成為佛與菩薩，同樣領悟「空」，兩者的差異在「中士夫」只有「出離心」，「上士夫」則有「菩提心」，只要有「心」就意味著體證的工夫尚未路斷，這表示其內容屬於心體不同層次的討論（由佛到菩薩其實還可再做區隔，這點暫且不論），既然如此，拋開名詞的計較，整套「三士道自我曼陀羅模型」就變成實質內容屬於自性心理學討論的範疇，不知這是否能符應於夏氏研究團隊的真正意思呢？並且，文中對「菩提心」的定義，徵諸其引《廣論》有關

「發心為利他，求正等菩提」的說法，顯見其關注的焦點在成己達人的「菩薩道」，尚未對應到筆者討論「空有並立」裡的「空性」，換個角度來觀察，按照筆者的淺見，我們的論點或許說法略有些差異，卻來自相同的脈絡，我們真正的觀念對手，其實是中觀學派的祖師龍樹，其覺得既有般若文獻的空性只是對宇宙與人生的深刻觀察，並未提出任何嚴密的論證，真正證立空的本性，導致只有常見「空的思想內容」，而沒有「空的哲學理論」，進而在《大智度論》將空性區隔出十八空。西洋哲學素來有個「永恆的斷溝」，意即「人」無法成為「天」，個人無法完整洞悉上帝的意旨，黃光國如果將該斷溝點設立在空性而不在自性，就能避免我們常誤認無法詮釋何謂「天人合一」的中華文化。我們真正的難題其實是詮釋具有空性義的天人合一，這是超越於人而永不可及的本體（noumenon）；具有自性義的天人合一早就應該擺脫往日神祕主義的誤會，發展出相應的華人本土社會科學，至於科學研究的「實在」（real）則因研究對象的屬性本身具有自性或空性，而有「可及或不可及」的差異。

在《六祖壇經．行由品》第一裡記載（李中華注譯，二〇〇二：一—三七），五祖弘忍見六祖慧能根器大利，就對其講《金剛經》，最後講到「應無所住而生其心」，六祖慧能豁然開悟，他開始明白「萬法不離自性」，宇宙間各種因緣變化的脈絡，全都是自性的展現，他對五祖弘忍提出自己的五點體證，其內容很適合當作自性的特徵，再加上五祖弘忍回應六祖慧能的一點體認，合計自性有六種特徵，我們應該根據這些說明來尋覓合適的定義：其一，自性本自清淨：自性本來不垢不淨，正因這「雙重否認」，使得其具有根本清淨的屬性。該清淨並不是對污染的擦抹或對喧囂的隔絕，最終恢復出來的清靜，而是該性質本就具有清淨性；其二，自性本不生滅：自性本來不生不滅，同樣因「雙重否認」，使得其具有根本源頭的屬性，該源頭不再有生滅，意即不再有佛教說的「成住壞空」，沒有起點更沒有終點，因此具有源頭性；其三，自性本自具足：自性本來無欠無餘，全然的「獨立存在」而被全體生命共有，並未在佛陀身上增加一些，或在眾生身上減損一些，眾生只是自己遠離自性，做著捨本逐末的事情，自性則無求於萬有，具有自足性；其四，自性本無動搖：眾生會受到各種因緣產生心念的起伏，自性全然的「獨立存在」使其有能量生出外緣卻不受外緣牽引，其毫不搖擺產生任何顛簸，纔能讓天生萬有全都依循著自性來獲得長成，因此自性具有不變性；第五，自性能生萬法：自性具有抽象的內在理路，萬有的現象通過該內在理路發展出各種具象的外在理路，這些外在理路支撐著萬有的生生不息，人需要精確認識內在理路與外在理路的對應關係，因此自性具有萬法性；第六，自性能生道情：萬有生生不息的動能，來自於自性喚發出來的情，這種生機無限的勢能，投身到萬有，並不是任何主體本身私有的本能，使得萬有交互映照與相互感通，推動宇宙不斷創生，因此自性具有道情性。前四點屬於核心特徵，經由「雙重否認」來到「獨立存在」，彙整這四個核心特徵（其具有如基本元素般的內涵），蛻變出「理情共生」的綜合特徵。第五點實屬完成華人本土社會科學的學術關鍵工作，有賴於我們圍繞著自性打開不同子領域的討論，因此筆者特將其標出成為本章主題；第六點雖不見於六祖慧能當年「言下大悟」的內容，卻出自五祖弘忍對六祖慧能傳衣缽前的叮嚀，他覺得慧能獨缺此一味，希望其「善自護念，廣度有情」，這就回到前面已部分徵引其言，偈曰：「有情來下種，因地果還生；無情既無種，無性亦無生。」這是禪宗相當有意義的思想轉型，因啟發六祖慧能大悟的源頭是大乘佛教般若部的《金剛經》，面對慧能已大悟，五祖弘忍獨對其再叮嚀這段「以心傳心」的體證（細讀〈行由品〉即知其屬於五祖弘忍最關鍵的一段話），可見這就是「以心傳心」的真骨血，這來自弘忍是個名滿天下的禪宗大師，本來就生活在中華文化圈，對儒家有情宇宙觀自然知其甚詳，更覺得道情是自性的種子，慧能則本是個被稱作「獦獠」，實屬「此身不幸」的社會邊緣人，早年並沒有機會獲得很高的文化素養，其思想資源此前只有《金剛經》，此後直到開創宗門前，還要繼續避難隱藏於世十五年，據此，筆者論斷將佛教轉型成中國化佛教的禪宗大師，徵諸有具體文獻，則始於五祖弘忍。根據前面六點特徵，筆者特將「自性」做出這樣的定義：「經由不垢不淨與不生不滅的雙重否認，獲得無欠無餘與無動無搖的獨立存在，其內在理路能發展出各種具象的外在理路，且具有普遍的道情，共同令萬有生生不息獲得滋養者，該終極主體就是自性。」

誠如夏氏研究團隊所言，解答「何為自性」後，纔能接著解答「何為修養步驟」的問題，由於該團隊「第三問」的對象並不是筆者，而是面對我們共同想建構的「修養心理學」，從自身脈絡出發提供的工夫論，對此筆者樂見其成，並沒有什麼特別的意見，並且，根據筆者對自性的定義，相對應的修養工夫論與夏氏研究團隊當有些不同，受限於篇幅，這裡暫且不再做擴充討論。接著，我們就來到其「第四問」：如何對「自性與修養」展開社會科學研究？夏氏研究團隊指出黃光國難題中最難的一環：如何完成社會科學研究方法論的典範轉移，將宗教核心理論（強調內在超越、主客冥合）客體化而轉為「含攝文化的理論」？夏氏研究團隊舉出關鍵的問題，如何證明佛教談「前後世」與「輪迴」學說？若此前提不能驗證，便不能驗證諸如「業果」、「苦集二諦」、「十二緣起」、「出離心」、「菩提心」等系列觀念，於是便無法完整建構「含攝佛教文化的理論」。夏氏研究團隊自己回答：族群性的信仰與普世性的知識，其實皆是「建構的實在」；前者屬於「教義微世界」（張蘭石，二〇一六），後者則是「科學微世界」。「教義微世界」的建構，雖然還是需要具備「可知性」，卻不像「科學微世界」的建構那般邏輯嚴密，可跨出實證論範疇的「教義微世界的知識背景」，完整發展出具有實在論範疇的「教義微世界」。我個人則覺得「教義微世界」的討論不應該自外於「科學微世界」，當我們直接重新思考科學的定義問題，承認「系統性即屬科學性」的觀點，面向本土社會科學的預設範疇，提供論證嚴密的說法，則自具科學微觀世界的意義，只不過相對於「轉世」與「輪迴」，儒家思想因為較重視人生在世的實質問題（不見得是社會現實問題，包括精神安頓問題），其思想長期將「探索學問視作信仰的路徑」，不同於任何企圖將「探索信仰視作學問的路徑」的各類型宗教，儒家思想接著轉化自身，來發展出相應的本土社會科學，確實更容易著手些。最後，有關韓布新撰寫的〈成聖與安息——中國基督徒心理學家的視角〉（二〇一八），筆者很高興得知韓布新能看出筆者提出「心體」來作為解決黃光國難題的關鍵內容，其用意旨在幫忙華人回歸文化本原，架構具自主性的學術。並且，韓布新同樣看見筆者提出精神實在論與歷史實在論，希望藉此解決當前科學文化漠視「靈性」的現實。誠如其所言，自歐洲啟蒙運動開始，對人類理性的執著近乎於迷信的態度，實在需要重新檢視。然而，當其接著問儒家過度「相信人類理性的絕對力量」，是否會帶來類似的問題？這點需要再做觀念的澄清。筆者覺得儒家思想正因具有「探索學問視作信仰的路徑」，纔會長期將靈性議題學術化（傳統中華思想正奠立在這個基石上），把本來屬於「信仰層面的上天」轉化成「學問層面的自性」，這不是單純在從事「人文化成」的工作，而是想尋覓出各種不同宗教義理背後共通的源頭思想，這種跨宗教的討論將理性寓於良知，本對於人類文明的和解共生有益，纔會使得中華思想進而成為東亞思想（意即東亞各國的傳統都依循著這套思想脈絡來做主軸），如果繼續探索其現代意義，將不只有機會使得中華思想發展出更成熟的華人本土社會科學，如果能精確對應世界不同文化來做相應的理解，更有機會使得該學術內容成為「普世性的學問」。

理性的態度本不是問題，問題出在理性不應該拒絕靈性，這正是西洋文化自啟蒙運動而降長期「理性化」（rationalization）面臨的一大困境，其不斷精密計算的性質使得理性只變成工具理性（instrumental rationality），然而，這對於歐美社會而言卻實屬情有可原，西洋文化本不知自性這種跨宗教性的本質義理，使得其沒有機會跨越差異，共同攜手合作建築通天的巴別塔（Tower of Babel），卻會對不同外部樣貌的一神教抱持著敵意，彼此爭鬥不止，殊不知這只是各自語言系統架構的概念差異，其有關終極的實質內涵都指向自性。當其想拒絕上帝的宗教控制，因為不知自性的存在，只能馳騁於工具理性的技術思維，「價值理性」（value rationality）就變得相對羸弱不堪，不只醞釀出宗教虛無主義，更使得科學往機械論的偏鋒發展，如此持續江河日下，歐美社會的人難免就會活在某個生命毫無意義的「鐵籠」（iron cage），冰冷面對萬古的長夜。當自性獲得學術承認（現在我們首要目標就在爭取重新獲得華人學術社群自身的學術承認），不只傳統儒釋道的思想將能獲得跟心理學對話的契機，心理學自身的內涵開始翻轉與深化，順此脈絡展開，使得本土心理學蛻變出更具體的修養心理學。韓布新已看出黃光國需要調整其儒家關係主義的理論框架，纔能繼續引領本土心理學深化發展，筆者提出「自性的曼陀羅模型」容或有繼續擴充內容的需要，然而，韓布新指出該模型將「自性」置於「自我」（包括「德性」、「知識」、「欲望」與「實踐」這四個層面）的上面，將會「重蹈身心分離的二元論覆轍」，茲因該文字尚未完整鋪陳觀念脈絡，筆者無法充分掌握其意思，請容暫不做回應。筆者前文中架構的四個層面只是指出人生在世面臨的四大基本課題，如果人懂得如何循序漸進來收攝身心（意即從傳統的工夫論發展出具有未來性的修養心理學），則自我當能螺旋其上來獲得自性，這正是身心合一的效益。筆者同意韓布新文中指出「持守傳統才是創新的關鍵」，從整合性的角度來開闢華人本土心理學的前沿領域，諸如王鳳儀的「性理療病」已經指出一條有益的道路，只是往日科學領域視而不見與聽而不聞而已（韓布新，二〇一八）。華人本土心理學如果往應用層面探索，結合傳統的心學，當能發展出具有性理療病意義，卻更具學術系統脈絡的智慧諮詢，這點筆者在拙作〈如何發展智慧諮詢——解決大學生意義危機的創新策略〉與〈心學心理學——心學如何在心理治療領域獲得突破與新生〉兩篇文章已有詳細討論（陳復，二〇一七ａ；二〇一七ｂ），這裡不再贅言。針對黃光國教授、王智弘教授、李維倫教授、夏允中教授、張蘭石教授、研究生張峻嘉與陳泰璿兩位先生暨韓布新教授的五篇評論，筆者懷著對八位學者無限的感激，誠意面對黃光國難題，謹撰寫答客問如前。

（本文發表在《本土心理學研究》第四十九期，二〇一八：一一二五—一五四。）

第六章

黃光國難題的誤區

由案例反思儒家倫理療癒

前言

黃光國主張「中體西用」固然有其道理，然其「體」不能是「中國固有的倫理道德」，如果說「中體」是個「先驗架構」，該架構只能是具有自性意義的「心體」，纔能離開黃光國難題的觀念誤區，避免倫理因脫離相應的時空背景產生對人的傷害。筆者覺得黃光國主張的「儒家倫理療癒理論」並未獲得成熟發展，其主張充滿著各種「質性跳躍」的內涵，本意旨在藉由生命內省、公共政策、學校教育與社會工作來重構儒家倫理，藉此完成人的療癒，問題並不僅在黃光國徵引的存在三種反思具有混淆性，關鍵更在其太重視傳統儒家的「絕對倫理」，導致壓迫人性的事情被合理化，且既有的「相對倫理」只局限於私領域彼此相識的人情關係，甚至會將本該屬於公領域的倫理都全面轉型成私人關係，卻沒有仔細著墨公領域（群己關係）該有的倫理，這對於發展儒家倫理療癒實有不利。本章觀察與徵引各種經由黃光國討論的案例，都可藉由反思發現這類因為觀念未清導致的倫理困境。因此，筆者提出具體辦法：宣布破除兩漢時期已經過時的「絕對倫理」對集體潛意識的影響，避免再發生任何不同程度的倫理霸凌；說明「相對倫理」現在只能局限於私領域，作為對公領域的搭配，仔細釐清相關的責任與義務，使其與社會實況相互符應；強調華人社會應該設立新的「公五倫」（賢，能，法，智，利），發展內蘊「兩輪同行」意義的儒家倫理，讓公私兩領域平衡發展。如果我們覺得華人社會長期深受儒家思想影響，具有倫理本位，每個人都置身於各種不同的倫理關係中，因此倫理療癒其實有替整個社會各層面釐訂其座標的意義，基於完成這種具有廣義範圍的倫理療癒，筆者對儒家倫理有三點修訂主張，希冀藉此完成具有真實意義的倫理療癒。

第一節 中體西用：如何釐清儒家的倫理療癒

筆者自提出「黃光國難題」（Hwang Kwang-Kuo Problem）這個學術概念來闡釋我對如何發展華人本土社會科學的想法後，獲得包括黃光國教授在內該領域與社群學者相當大的迴響。其實，黃光國難題是個特殊時空背景裡的提問，如同「李約瑟難題」（Needham Problem）同樣是個特殊時空背景裡的提問，往年在華人社會經濟尚未蓬勃發展的環境裡，從李約瑟難題的角度來檢視常見的說法「中國只有技術而沒有科學」或許並不難理解，然而，這種無法徹底擺脫來自歐洲中心主義（eurocentrism）產生的觀察與思考，時至於今日，當我們用來檢視華人社會尤其大陸社會有關物質各層面一日千里的發展，已經很難繼續堅持這種說法，這包括曾長期跟李約瑟合作的英國社會人類學家白馥蘭（Francesca Bray）都接受媒體訪談指出李約瑟難題問「為什麼中國沒有出現科學革命和工業革命」？言外的意思是說歐洲人認為自己象徵著先進的文明；非歐洲人則反映出落後，不具備足夠的精神智慧和社會常識，這種觀點將西洋近代科學的成就作為潛在的參照標準，卻會導致將中國科技文化的實際發展情況和西洋近代科學的各種學術領域做比較，令兩者都脫離各自文化和歷史的背景；並把科學革命和工業革命作為人類進步的自然結果，拿歐洲經驗作為判斷中國發展的依據，武斷認為任何偏離都是失敗，她指出我們不能忽視的事實則是當李約瑟《中國科學技術史》第一卷出版後沒多久，歐洲歷史學家自己都開始質疑歐洲的工業革命和科學革命到底算不算革命，意即李約瑟難題的參照點本身都可能有問題（白馥蘭，二〇一五）。接續著李約瑟難題，我們會開始提出黃光國難題，這意味著「黃光國難題」與「李約瑟難題」是同一種層次的難題，甚至前者對後者有取替性，而不是單純要解決「任何個人的理論限制」。當前華人社會整體元氣已然逐漸復原，繼徹底擺脫政治殖民與經濟殖民的處境後，應該接著開始思考如何擺脫「學術殖民」的問題，現在討論心理治療的議題，同樣不能忽略文化對人的心理影響。然而，這個問題的「困難點」在於中華學術具有天人合一的特質，特重生命的體驗，現代學問則是主客關係涇渭分明的思辨狀態，如何能使用主客分立的語言精確討論主客合一的學問，這是建構中華自主學術的重大難題，其間的複雜性在於如何將中華文化本質具有「天人合一」的思想傳統，傾注「天人對立」的階段性思辨過程，從「生命世界」（life world）中開闢出具有科學哲學意義的「微觀世界」（micro world），通過對科學哲學的認識與釐清，創造性展開華人本土社會科學的詮釋工作。針對該詮釋工作，筆者知道黃光國平素主張「中學為體，西學為用」，這點筆者與其就整體方向而言並無不同，然而，當筆者再三詢問有關「中學為體」的「體」是指什麼具體內容，黃光國表示：「這個『體』是指『中國固有的倫理道德』，因為什麼事情都能藉由西化的過程橫向移植，只有倫理道德最終不能橫向移植。」這點請容筆者有不同的意見。且不論「倫理」（ethic）與「道德」（moral）需要在概念做更細緻的區隔，如果「中體」的「體」只是指「中國固有的倫理道德」，然而「倫理道德」的內容並不會一成不變，其不斷因應時空背景的需要而有因革損益的調整，這時候依其性質而論應該屬於「中用」而不是「中體」，舉例來說，孝道的概念與實踐古今就有不同，漢朝最重孝道，在「三綱」（君為臣綱，父為子綱，夫為妻綱）的脈絡裡被視作最核心的倫理道德，《後漢書．趙咨傳》就記載趙咨在敦煌做太守，因為有病就寧願辭官回家，自己耕田奉養母親，有天夜裡一群強盜來他家裡搶劫，趙咨唯恐母親受到驚嚇，自己到門口陳設飯菜請強盜吃，還跟他們表示自己母親生病，已經八十幾歲，只請求強盜稍微留點衣服與口糧給母親，其餘如自己的太太與孩子，包括任何錢財與物品都沒有關係，任由他們索取即可，強盜對趙咨的孝道舉措反而深感驚駭，跪下來表示自己言行無狀冒犯賢者，說完就奔跑離開，趙咨還追出去吆喝，想把家裡的東西餽贈給這些強盜（楊家駱主編，一九八七：一三一三）。當孝道被黃光國視作庶人倫理中「無條件的積極義務」（黃光國，二〇〇九：二一四），基於黃光國平素主張孝道規範裡有著長期互惠的「需求法則」，請問像這樣重視「親倫」卻不重視「妻倫」與「子倫」的倫理道德，當真能被現在任何妻兒接受，落實於當前華人社會而不至於引發任何爭議嗎？如果倫理道德的具體表現型態果真會隨著時空背景演變而有更易，這只是中華文化在實踐層面的「用」，又如何能被當作中華學術的「體」呢？

並且，從體用關係來檢視，不知黃光國是否有仔細考慮過兩個問題：其一，當其使用「中學」與「西學」兩個詞彙來體用對稱，中國固有的倫理道德究竟該如何「學問化」，使其具有「體」的現代意義，來支配西學實踐其意志與願望？其二，黃光國強烈主張藉由認識科學哲學裨益建構華人本土社會科學，在「中體西用」的格局裡，科學哲學究竟應該被擺放在「體」還是「用」的位置呢？有關第一個問題，筆者覺得這是不可能的事情，既然倫理道德從來都無法固有化，且其永遠都只能被黃光國思想裡視作來自於「生命世界」的內涵，這就意味著其不屬於「微觀世界」，根本無法在黃光國關注的華人本土社會科學裡占有根本的位置（體）；有關第二個問題，筆者覺得既然科學哲學在黃光國思想占有如此重要的位置，就不能不在「中體西用」的格局裡做出相對應的詮釋，否則不能完成自成脈絡的學問系統，然而如果只將科學哲學當作「用」，豈能幫忙中華自主學術完成其科學化的意義呢？基於前面的看法，筆者覺得「中學為體，西學為用」的觀點，其「體」只能是心體（nous），至於「用」則不論「中用」與「西用」，都應該針對具體時空背景需要，而有精確對應的抉擇（譬如演奏音樂，不管中樂或西樂，其樂器都可由人的心體抒發，拿到各自或共同適合的場合，應用於藝術表現中），如此纔是心體朗朗自如的呈現（這始可稱作體用不二），更纔能完成華人社會的現代化。不同於西洋文化有著信仰上帝的傳統，人藉由科學來探索真理就轉型自於人對上帝的探索，中華文化並沒有信仰上帝的傳統，自西周而降就已經「由禘轉天」，意即將「上帝」轉稱「上天」，將其義理化，由先秦至明末，歷來思想家雖然主張各有不同，其核心觀點都只是「自性」（the Self）的異稱，筆者這裡說的心體即自性，都是指超越於「自我」（the Ego）這種個體意識的本來面目，屬於全體人類共有的精神活水源頭，每個人的自我常會禁不住各種物欲遮蔽，使得自我蒙塵，如果能善做工夫，不讓其惹塵埃，令其本自清靜，則層層剝落外在名相的束縛與網羅，當能證得根本的自性。黃光國思想裡的「自我」本無自性義，其對自我的詮釋只有社會性意義，且從利益角度來詮釋儒家思想（陳復，二〇一六），筆者多年來與其時相請益甚或辯論，不斷申論自性對構築華人本土社會科學的重要性，終於獲得採納，自二〇一六年開始將自性置於修養心理學的核心內涵，這本來是修養心理學能深化發展其理論與實踐的契機，然而，黃光國接著卻再將自性與心體兩者區隔兩斷，認為心體只屬於良知，卻不屬於更深刻的自性，自性則屬於本體（黃光國，二〇一六c），這些本屬同義互訓的詞彙，只是各自側重於不同的詮釋角度，實際修養其間自能融會貫通，即使我們姑且定義心體（良知）屬體悟機制，自性（本體）屬於體悟內容，前者是個精神結構，固然在未發狀態；後者就人這個生命的主體來觀察，未體悟前屬於未發，已體悟後屬於已發，請問如何徹底斷得開兩者（心體與自性）的概念脈絡？且不說牟宗三先生在《心體與性體》這本書裡就表示「心體」屬於「性體」的「異名而同謂」，其他還有諸如「道體」、「仁體」與「誠體」等不同詞彙（牟宗三，一九九九b：一五三；周恩榮，二〇一七：一二六），當《六祖壇經．行由品》第一記五祖弘忍說：「菩提自性，本來清淨，但用此心，直了成佛。」（李中華注譯，二〇〇二：二）六祖惠能則說：「弟子自心，常生智慧，不離自性，即是福田。」（李中華注譯，二〇〇二：六）難道兩人各自順著相關文意脈絡談的「此心」與「自心」都無關於「自性」嗎？這是不可能的事情。

黃光國後來在其〈對「中西會通」三大難題的初步回應〉裡表示：儒家的倫理道德是支撐住華人生活世界的「先驗性形式架構」（transcendental formal structure）。任何一個時代的華人，如果不能按照那個時代的知識格準，說清楚什麼是儒家思想中的倫理與道德（Ames, 1994），而且廣為大眾所接受，在這種情況裡，教育系統將不知如何將其倫理道德的文化傳承給下一代，則那個時代華人的良知理性便很可能就會分裂（黃光國，二〇一八b）。據此，黃光國指出「中體西用」的「中體」已不是指倫理道德會隨時間變化的實質內容，而是指倫理道德不隨時間變化的先驗架構。該先驗架構有什麼具體概念呢？黃光國顯然不同意將心體與自性混合，依據不同的語境需要來對應給出詞彙，他指出牟宗三在《心體與性體》有關「心體」是屬於「性體」、「道體」、「仁體」與「誠體」等詞彙的「同名而異謂」，這個說法反映出儒家強調「內在超越」，向內追求「心性的本體」；和西洋思想「後實證主義」的科學哲學強調「外在超越」，尋覓每一外在客體的本體，有其根本的不同。十九世紀以降發展出來的科學哲學包含本體論、知識論和方法論，其「本體」必然具有「外在超越」的涵義。拿思索「外在超越」的「本體」作為基石，發展出來的「科學微世界」（scientific microworld），其中每個概念都必須有清楚的定義，這跟追求「內在超越」的宋明理學正好相反。在中國傳統「體用觀」影響裡，宋明儒學家反思內心的本體，卻沒有思索外在一般作為客體對象的本體，這纔會常產生「天地與我渾然一體」，屬於「天人合一」的感受（黃光國，二〇一八b）。按照該脈絡來檢視，黃光國是否接受人有「天人合一」的感受？如果宋明儒學家都在談論這種「天地與我渾然一體」的內容，黃光國將自己的思想視作儒學在新一期的延伸發展，就不能不仔細回應。談到「中體」能談到倫理道德不隨時間變化的先驗架構，這誠然是巨幅的進展，現在黃光國則需要進而替我們澄清：這個「先驗架構」如果不是黃光國指出儒家強調「內在超越」的本體（不論該本體稱作心體或自性），世間究竟還有什麼內涵能當作「中體」的「體」呢？徵諸黃光國在〈對「中西會通」三大難題的初步回應〉一文中大量談到自性，並進而與瑞士心理學家榮格的自性觀點結合詮釋，顯見其已接受有個內在超越的本體存在。但，如果該「中體」就是儒家強調的本體（作為倫理道德的先驗架構），黃光國就跟筆者面對著相同的難題：如何將該「中體」與「西用」獲得整合，意即西洋的科學哲學如何作為方法，來幫忙我們打破向內與向外的藩籬，使得外在的本體與內在的本體獲得整合？因此，筆者覺得如欲解決黃光國難題，需要認清有個核心的誤區（misunderstanding），就在黃光國有關「中體西用」的「中體」這個主張其內容尚顯模糊不清，進而影響到「西用」的抉擇與對話，這並不是黃光國個人的難題，而是每個思索「黃光國難題」的人都不能再閃開的觀念誤區，尤其在黃光國的各種著作中，不常徵引與討論百年來儒學研究的專業文獻（不只包括熊子真與其弟子如唐君毅、牟宗三與徐復觀這些港臺新儒家〔鵝湖學派〕，包括方東美或錢賓四這些哲學與歷史大家，甚至更後來如杜維明、余英時這些資深學者的著作），反而經常轉引國內的再研究著作與國外的心理學理論，並反覆引用自己的說法，未曾與這些人文學觀點對話，該如何真正完成含攝文化（人文學）的華人本土社會科學呢？這其中最明顯的誤區就是拿「三綱」這種僵化道德來當作中華文化的「本體」，因此筆者覺得有需要替這個誤區做根本義理的澄清。我們其實在同一條面對驚濤駭浪的船上，大家都需要認真想出解決難題的辦法，這就是筆者會主張依據心體來架構相應科學哲學的思路背景。當心體被視作第一義，相應於心體呈現安頓人日常生活的「倫理」就會成為第二義，這時纔能接著對倫理療癒做出比較相應的討論，不至於將應時的倫理與僵化的道德混做一談（黃光國的文章顯然未區隔這兩層義理的差異，纔會將相對倫理的「五倫」與絕對倫理的「三綱」都視作儒家倫理療癒的內涵），這是我們反思儒家倫理療癒前，首先要釐清的基本觀念。

第二節　三種反思：黃光國談的儒家倫理療癒

黃光國撰寫的《倫理療癒與德性領導的後現代智慧》這本書裡，其提出一個發人省思的大哉問：儒家傳統的修養理論傳到日本社會後，曾經發展出森田療法（Morita, 1998）與內觀療法（Murase & Johnson, 1974），其傳到西洋社會接著再發展出「建設性生活療法」（Reynolds, 1976, 1980, 1983, 1989），為什麼其在中國本土反而沒有發展出任何心理治療的理論或方法？黃光國認為中國經歷清末至文革的大動盪，尤其從民國初年五四時期在西洋思想的衝擊裡，開始發展成為拿「三綱革命」作為核心主張的「全盤反傳統主義」（Lin, 1979），學者很難冷靜反省自己的文化傳統，更難從中發展出適用於自身文化傳統的心理治療方法（黃光國，二〇一四：三七）。冷靜反省自己的文化傳統需要有方法，然而，因為我們長年「治學失焦」的結果，使得文史哲領域習慣於從事各種不同意義的考據學，或社會科學領域只能橫向挪植西洋理論來解釋自身社會現象，卻都使得學術與社會脫鉤，自成純粹遺世獨立的知識象牙塔。黃光國欲解決這個問題，冀圖建立儒家倫理療癒的理論，刻意拿「批判實在論」（critical realism）的科學哲學作為基礎，先建構有關於「自我」與「關係」的普世性理論（筆者覺得其依據的脈絡應該不只是「批判實在論」而已，還包括「建構實在論」〔constructive realism〕的觀點來含攝其中），再將先秦儒家思想視作文化系統（cultural system），分析其內在結構，發展出「含攝文化的理論」（culture inclusive-theories），藉此說明儒家思想本具的「文化型態學」（morphostasis），再通過該基礎，來檢視儒家思想在中國不同歷史階段與東亞不同地區的「文化衍生學」（morphogenesis），通過這些理論解析，黃光國撰寫〈盡己——儒家倫理療癒的理論〉（黃光國，二〇一四：三七—五一），提出有關儒家倫理療癒的新看法。黃光國將「morphostasis」翻譯作「文化型態學」；再將「morphogenesis」翻譯作「文化衍生學」，其實有些令人費解，因為這兩個詞彙本來用於家族治療的系統概念，稱作型態靜止（morphostasis）與型態發生（morphogenesis），家庭系統如何在改變的脈絡中保持安定，並相反地在安定的脈絡中進行轉變，「型態靜止」意指系統有傾向安定的趨勢，意即動能保持均衡的狀態，系統的如常運作來自本身不會輕易改變這個均衡的動能，這是「負向的回饋」；「型態發生」則意指系統改變其結構來因應新的環境，其結構保持彈性，容許自己對新刺激做出反應，展開革新、改變與成長，這是「正向的回饋」。家庭系統的維繫有賴於型態靜止與型態發生的交互作用來決定（Olson et al., 1983），然而，黃光國的解釋則不是其英文原意，按照其說法，「文化型態學」意指陶鑄文化的根本型態；「文化衍生學」意指引導文化的衍生發展，我們這裡只是暫且按照黃光國的解釋來繼續討論。他覺得諮商師或諮詢師通常可請當事人體能勞動（Morita, 1998）或內觀靜坐（Murase & Johnson, 1974），讓自己的情緒獲得平撫，接著他需要在諮商師或諮詢師的引導裡，做三種不同層次的反思：首先，他要做「世界取向的反思」（world-oriented self-reflection），意即我們如果從存在現象學（existential phenomenology）的角度來檢視，任何人的生命經驗，最終都具有「在世存有」（being-in-the-world）的特質，依循著某種狀態而與世界發生關聯，無法遺世獨立，如同中國人在算命時常會觀看的「命盤」（主要指紫微斗數的十二宮），個人在毫無選擇的情況裡被「拋擲」到這個世界，當他開始有自我意識並發現自我的時候，他已經跟存在的世界產生各種線索的關聯（如本命、兄弟、夫妻、子女、財帛、疾厄、遷移、交友、官祿、田宅、福德與父母這十二個面向），形成個人獨一無二的「命宮」，人如果能誠意面對生命，自覺並願意活在「本真」（authenticity）的狀態，就意味著他不論曾經遭遇任何受苦的經驗，都能真實面對自己的處境，坦然面對各種挫折，將其視作對生命的考驗（黃光國，二〇一四，三八—四一）。榮格曾表示十二這個數字如同一年有十二個月般，的確是某種有關「整體性」的自性象徵（榮格，二〇一四：二一九），然而，在書中該段討論裡，黃光國附上的命盤圖有特別列出「身宮」卻沒有列出「官祿」，這其實是錯誤的列法，依據紫微斗數真正的命盤裡「身宮」被視作第十三宮，這本是個隱形的宮，並沒有固定宮位，只是依據人不同的生辰依附在不同的宮位裡（通常會在本命、夫妻、財帛、遷移、官祿與福德這六個宮位）。身宮落在不同宮位，則會對人的個性、思想、心態、長相與身材帶來不同的變化與影響，形成不同的生命特質，這裡要做個釐清，我們在做心理諮商或心理諮詢的過程裡，依循命盤來完整了解人的生命面向確實有其意義，畢竟人生幾件大事在這些層面都已涵蓋，然而不應該太從順應宿命的角度來論命，更可從「開啟自性」的角度來論命，意即人不應該只是順從自我，包括順從個性的制約（我）、物質的豢養（物）、人際的牢籠（人）與環境的束縛（天），誤認眼見為實，更要有活出超越於個人的格局，讓個性獲得蛻變，不要只滿足於物質享受，並能掙脫人際與環境對個體本來的限制，如此可謂活出有意義的生命，這其實是每個人都應該追尋的本來面目，針對該型態的心理治療，筆者將該型態稱作「智慧諮詢」（wisdom consultation），通過認識自性來認識十二個生命面向，並繪製更精確的命盤如圖6-1：

黃光國在這裡提到海德格有關「在世存有」的存在哲學，但其期待的「世界取向的反思」，內容卻與海德格的本意不大相同，海德格指出：當人身體尚屬精壯的時候，人就會希望能做個「常人」（das Man），這包括在世間善盡其職位與角色賦予的責任，不斷有發展，然而，在這個過程裡，人很容

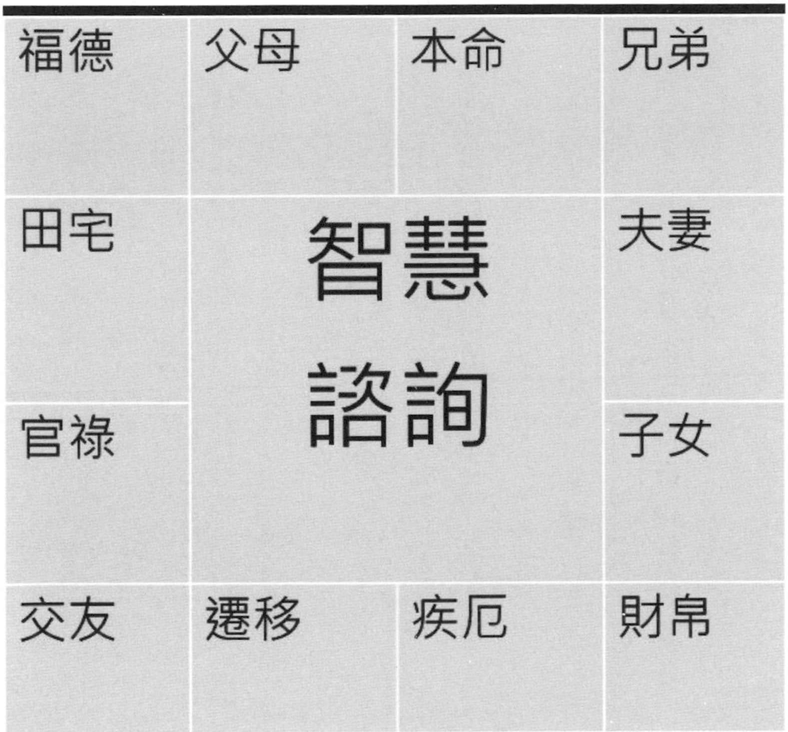

圖6-1　智慧諮詢命盤圖

易活在並不本真屬己（inauthentic）的態度裡，對身外有著斬不斷的眷顧，去爭奪與生命本身無關的事情（余德慧，二〇〇六：一二—一四）。然而，當人置身在死亡的臨在裡，生命掉落至自然無保護的狀態，再沒有任何文飾的網絡，本來存在的基底消失，卻反而會看見存有的根本（Heidegger, 1971）。死亡的臨在，逼使人本來如常的生命猛然破裂，雖然活著，卻不再能繼續對如常的事情掌控與把握，這包括牽掛著這個世界引發出各種「姑容因循之念」，往日或許「自以為不足害道」，卻至此都已「不容絲髮掛帶」，不再有任何偷棲委身的空間，這個飄零的生命裡「獨留一念熒魂」，卻是最本真（authentic）的自己，在這個「減削則已盡」的還原狀態裡，最後產生「豁然若省」，這種經驗很常見於王陽明這類心學家的身上，如筆者曾經研究過錢緒山經歷死亡對生命展開的反省與啟發就屬其中最典型的例證（陳復，二〇一〇）。我們需要注意這個問題：「世界」（Welt）與「大地」（Erde）本來是海德格在〈藝術作品的本源〉（Der Ursprunch des Kunstwerk, The Origin of the Work of Art, 1936）裡使用一對具有對比性的兩個核心概念（孫周興選編，一九九六：二五六，二九八；陳嘉映，一九九五：二五七），世界藉由語言，大地來自默會，人置身在本真在世的生命狀態裡，會脫離原來熟悉的「世界的存在」，這種狀態會讓人剝落名相的執著，不再有語言的橋梁，純粹藉由默會來感知存在，其實並不具有「世界取向」，反而屬於「大地取向」，關於這層看法，余德慧在《詮釋現象心理學》已有相當深刻的著墨（余德慧，一九九八：二二—四一），對海德格而言，大地的存在並不容易了解，因為我們從出生開始，就生活在文化給出世界的存在裡，我們平日活著很難呼喚我們的死亡，因為死亡不在世界的語言裡，卻置身在大地的默會裡，把語言偷渡到大地默會的經驗裡，並不是屬於本真的反思，黃光國這裡卻使用「世界取向的初級反思」來指稱人來到本真的狀態，這一詞彙會扭曲或誤解海德格本來的意思，儘管海德格一貫強調「向死存有」（Being-towards-death），人從出生就朝向死亡臨現，大地與世界並不是截然兩斷，它們持續在爭執中，但如果我們順著黃光國思考的脈絡來繼續探索，他更需要接著闡釋：如果人沒有如瀕臨死亡這類巨大痛苦的經驗，剝落名相，從中展開徹底的自省，焉能激發出如其期待「世界取向的反思」？但如果真置身在這種狀態裡，他的心靈與生命就不在那個既有維繫如常運作的世界（社會）裡了。

接著，黃光國指出：當個人發現自己從文化中習得的知識，無法幫忙其克服外在世界中的障礙，他就會採取「行動取向的反思」（action-oriented self-reflection），意即思考採取什麼行動來恢復行動主體與外在世界的平衡，該反思必然具有「未來取向」（future-oriented），有著目的論結構（basic teleological structure），並且包含評估其決策與後果，和可能導致正式行動的結構。在初級反思裡，個人會直覺對外在世界的障礙做客觀的解釋（譬如使用《孟子・告子下》對「天將降大任於斯人」的那段話來自勉），在次級反思裡，個人會在自己「行動的脈絡」（action context）中反思障礙的意義，接著尋思該如何採取合適的辦法來克服障礙。這時候行動主體會經由文化學習獲致的信念、道德或法律，轉成為「規範性的認知基模」（normative schemata），按照其規約系統（regulatory system）來引導反思的路徑（黃光國，二〇一四，四二—四三）。黃光國在這裡談的重點：他將儒家倫理療癒與西洋敘事治療做個對比，譬如當事人跟諮商師或諮詢師敘說自己的生命故事，這是敘事治療的辦法，然而常見前來諮商或諮詢的當事人希望符合其生存社會的規則，自我描寫的故事經常「充滿問題」，充滿著悲慘或痛苦的負向語言或負面隱喻，這固然反映出負面的自我認同（White & Epston, 1990），然而敘事治療者相信有問題的故事不是當事人的全部經驗，不應該預設諮商或諮詢朝著固定方向前行，其目標在經由合作與對話打開生命經驗的各個面向，幫忙當事人發現自己生活裡被忽略的環節，重新活出自己更樂見的生命故事，藉由重新敘說或重新書寫這個故事的版本，豐富對自我的理解與認識，藉此產生更正向的自我認同（Combs & Freedman, 2004；White, 2007）。但黃光國覺得儒家的倫理療癒則不然，基於「本真」，儒家會展開「籌劃」（project），這是存在與時間的結合點，這是置身於「現在」，拿「未來」作為前提的向前運動，冀圖尋覓生命本真的存在，人得替「過去」已經發生的事情承擔後果與責任，再替「將來」尋覓各種可能的突破。諮商或諮詢就是籌劃的過程，諮商師或諮詢師需要對文化有高度的敏感性，能從當事人的敘事過程裡，看出其問題經驗的關鍵點，根據儒家的核心價值來幫忙當事人籌劃出未來的行動方案（黃光國，二〇一四：四四）。儒家的核心價值是指什麼呢？黃光國指出我們應該把握住「五倫」（父子有親，夫婦有別，君臣有義，長幼有序，朋友有信）內具的「相對倫理」與「三綱」內具的「絕對倫理」對華人人際關係的正面與負面作用，再根據先秦儒家「反求諸己」的精神，考量自己置身處境的各種不同面向展開行動取向的自我反思，稱作「行動取向」就意味著經過「反求諸己」，他還要「推己及人」，尤其要對他人抱持感恩，從中採取相應的行動，因為注意的焦點如能由個人的不幸轉為報答他人，許多神經質的痛苦都會因為生活裡有建設性的目標而跟著消失無蹤（黃光國，二〇一四：四六—四七；Reynolds, 1989）。然而，黃光國將自己解釋的「文化型態學」其範圍只停留於先秦與兩漢這兩個時期，導致其不能檢討與反思「三綱」這個絕對倫理對人性的剝削與壓抑，如果「君不君」、「父不父」與「夫不夫」，難道臣、子與妻這三種角色就需要無條件的「反求諸己」來曲意成全嗎？這點恐怕孔子本人都不能同意。當孔子講「君君，臣臣，父父，子子」（《論語・顏淵》第十一），就意味著他覺得如果「君不君」則「臣不臣」，且「父不父」則「子不子」，同樣「夫不夫」則自然「妻不妻」，這就是倫理的相對性意義；黃光國更沒有進而反思「五倫」本身固然極有意義，卻始終只是私領域的倫理，其關係都是彼此相識的人情關係，甚至傳統將本該屬於公領域的倫理都全面轉型成私人關係（如君臣有義這一倫），卻沒有仔細著墨公領域（群己關係）該有的倫理，彼此不認識如陌生人的非人情關係，已屬工商業社會運作的常態關係，同樣需要實踐某種程度的道義，纔能完成「公民社會」的理想，否則對落實中華文化的現代化實有不利，譬如：政府工作應該要有「賢倫」（任用賢達的倫理）；職場工作應該要有「能倫」（尊重才能的倫理）；社會工作應該要有「法倫」（維護法律的倫理）；教育工作應該要有「智倫」（培養智慧的倫理）；經濟工作應該要有「利倫」（獲得利益的倫理），共同完成群己關係裡應該秉持著「政府選賢，職場舉能，社會守法，教育養智，經濟共利」這五項原則，形成義利相濟的公共倫理，最終讓「私五倫」（親，別，義，序，信）與「公五倫」（賢，能，法，智，利，其對應的英譯 worthy，capability，law，wisdom，benefit）交會合作，發展內蘊「兩輪同行」意義的儒家倫理，這時候我們談「倫理療癒」，反而能看見公私兩個領域都因獲得精確對焦，使得「人與我」暨「人與人」獲得相安的倫理療癒，這纔是儒家思想從相對倫理出發更具現代意義的發展。對此筆者繪圖如圖6-2：

當我們撤除「三綱」這層絕對倫理的束縛，尊重傳統私倫理，但開始承認由農業社會到工商社會，人與人的關係範圍與運作型態擴大，不再只是依循傳統設計「上」與「下」或「尊」與「卑」的差序格局，這時候關係範疇就會由具體的角色範疇轉型成抽象的類別範疇，我們進而拿現代公倫理來與傳統私倫理相互平衡，共同推行於社會，當兩者發生衝突，就要觀察其行為本身影響層面屬於公領域或私領域，當公私被清晰區隔開來，不再混淆來談，接著纔能有不同先後順序的對應原則，果真如此，當按照黃光

圖6-2　公私兩輪同行結構圖

國前面的解釋，「文化型態學」與「文化衍生學」就具有辯證發展的關係，意即我們不只在繼承發展儒家的文化衍生學，更在創新發展儒家的文化型態學。特別值得申論者：有關傳統的五倫，其中「君臣有義」這個環節最容易讓人聯想成公領域，然而，對照中國後兩千年來傳統「家國結構」，由家推到國，甚至面對天下，都是種皇權系統思維，從未有真正具階層平等意義的公領域。我們舉個例子來思考：老闆與員工的關係，是否真能類比成古時候的君臣關係呢？當前社會老闆與員工的關係建立在契約，往日的君臣關係則是種被扭曲的「天命」，當君要臣死，臣不得不死，這就是「君為臣綱」，其單向性的虐待何嘗不是種「倫理霸凌」的極致暴力展現呢？皇帝任用大臣從來不需要簽什麼合約，但現在老闆錄用或開除任何一名員工，都得要依據合同，這就使得「君臣有義」這個倫理環節需要調整，可置放在任何具有直屬關係的角色互動裡，只要無關於法律層面的公領域，都可展現其該有的情義，但前提在於不能影響公共職務正常運作，如此纔能相安於倫理，譬如老闆可因為員工上班遲到扣他薪水；但不能在下班時間命員工幫他買水果，因為契約裡並沒有這層規範，然而老闆或員工任何一人出於自願，覺得彼此很辛苦，願意買個水果相互關懷或問候，更激勵彼此的合作默契，只要不影響契約任何明文規範，這就是「君臣有義」的表現，將「君臣有義」限縮在私領域裡作為公領域的搭配，同樣有其深意，因為「君臣」如果完全只有公領域的法律關係，而沒有私領域的情義關係，對於職場和諧同樣會有負面影響。

最後，黃光國指出：不論是諮商輔導或心理治療，都不是儒家文化中既有的概念，而是由西洋文化移植進來的概念。儒家文化通常將當事人與諮商師或諮詢師的關係界定為「師生關係」而不是「醫病關係」，他舉《中庸》第一章說：「天命之謂性，率性之謂道，修道之謂教。」（謝冰瑩、賴炎元、邱燮友、劉正浩、李鍌與陳滿銘編譯，二〇〇二：二六）藉此指出：儒家教育的目標在依照個人的本性發展，幫忙個人覓出其認同的「人生之道」。這時候就會出現第三層意義的反思，黃光國稱作「主體取向的反思」（agency-oriented self-reflection），意即他會問諸如「我是誰？」、「我存在的意義是什麼？」

或「我個人堅持的品格與信念對我有多重要？」這類問題，黃光國覺得諮商師或諮詢師在做此種反思時，他的任務很像優勢中心治療（strengths-Based therapy），這意味著能幫忙個體對生命感到滿意，產生意義感，滋生出因應生命的能量，其與「天賦」的差異在於優勢來自後天培養，可供選擇、學習與鍛鍊，與前面敘事治療的差異點在於敘事治療不預設當事人敘事的內容與方向，與詮釋現象學一樣，不做任何的價值判斷。優勢中心治療則已經蘊含有價值判斷，其尋覓各種美德作為優勢特質，提出再團隊化（reteaming）的策略，藉由人際合作的方法，看見具體生涯目標並採取行動，然而，黃光國接著表示優勢中心治療其實是個人主義文化的產品，沒有考慮儒家文化關係主義的特質，並未回答華人社會中長期自來存在著各種不同「關係中的人」（person-in-relations），人應該如何通過儒家修養，來跟某一件事情「有關係的人」展開社會互動（黃光國，二〇一四：四七—四九）？黃光國提出的問題很有意義，然而這裡將優勢中心治療放在「主體取向的反思」裡來談，其想表達的真正意思卻讓人百思不得其解，他後面提到其與眾人合作的〈華人本土化正念戒治團體之理念發展與成效〉一文相關內容放在該段脈絡裡，同樣令人困惑。筆者覺得最癥結的問題在於黃光國將「世界取向的反思」、「行動取向的反思」與「主體取向的反思」區隔成三級，感覺三者有個層次或順序，然而他的舉例說明卻讓人發現三者具有高度混淆性，當其在世界取向的反思內引用「天將降大任於斯人」這段文字，如何只能屬於世界取向的反思而不屬於行動取向與主體取向的反思，難道人願意相信上天降給自己的使命，因此能承擔各種苦難，不需要經由主體省察並付諸實踐嗎？當其在行動取向的反思內討論儒家的核心價值，並指出人要懂得「反求諸己」與「推己及人」，如何只能屬於行動取向的反思而不屬於世界取向與主體取向的反思，難道這些核心價值不需要人本真性與主體性的面對？當其自我取向的反思內指出人會經由探問存在的意義來發展出自我認同，如何只能屬於自我取向的反思而不屬於世界取向與行動取向的反思，難道人最終不是在社會行動中，逐漸了解自己存在於世界中的意義？筆者覺得黃光國討論該議題，不能只將埃肯斯伯格

（Eckensberger, 1996, 2012）的行動理論（Action Theory）照搬過來套用到儒家思想，就表示這適用於儒家倫理療癒，畢竟這三者的界定與內容如果無法梳理得更細緻並能實際操作於教育輔導、心理諮商或心理諮詢，其有關儒家倫理療癒的理論就無法獲得成立。

第三節　案例討論（一）：傳統倫理療癒的局限

在理論不清晰的狀態裡，黃光國在〈儒家文化中的倫理療癒〉裡接著討論各種案例（黃光國，二〇一四：五五—一三四），但因沒有堅實的理論支撐，因此他只能描寫這些有關倫理的現象，並未詳加詮釋其間內蘊倫理療癒如何的理論或方法，筆者這裡想藉由討論這些議題，來釐清儒家倫理療癒面臨的困境，因為這是我們共同得要面對的問題。首先，他針對洪雅琴在〈傳統喪葬儀式中的哀悼經驗分析〉裡指出（二〇一三）：華人常有種「文化劇本」（cultural script）來幫忙人面對親人過世經歷的過程與該有的態度，然而，當黃光國舉例說明該研究者在跟兄弟姊妹討論喪葬處理過程的經驗，提到其大哥教孩子念《心經》，這是因為大哥覺得父親能就此「了無罣礙的當神仙」，其小妹則覺得念《心經》本身是種功德，回向給阿公，天上諸神就會幫阿公開路，保護與迎接他來天上，反過來可保佑子孫，因此念《心經》固然是為阿公著想，更是為自己著想。黃光國覺得儒家思想的基本型態是「父慈子孝」，阿公與子孫的相互回向，就反映出儒家的「相對倫理」（黃光國，二〇一四：六四—六五），這種親人間的民俗回向現象固然在華人社會裡很常見，然而，且不說其與狹義的五倫並沒有直接的義理脈絡關係，子孫在現實裡誠懇誦讀《心經》，來自其相信阿公在靈性裡將有能量來保佑子孫，這如何能簡單就解釋成「儒家的相對倫理」呢？即使這真可被視作某種儒家的相對倫理，該民俗現象對倫理療癒而言又具有什麼特別的意義呢？黃光國並未回答就戛然而止。筆者如果替黃光國解釋，則可將這種文化劇本的存在，視作能使家屬「行禮如儀」或「按部就班」來度過親人過世的悲痛心情，有著某種程度悲傷輔導的意涵，至於誦讀《心經》來換取阿公保佑，或因為對阿公有情因此願意誦讀《心經》，不論什麼理由被視作儒家的相對倫理，則顯然有些牽強。當然，我們換個角度來觀察，如果將「文化劇本」視作誦讀《心經》來引領家屬看見心體獲得撫慰，則比較能解釋這件事情內蘊的倫理療癒意義。筆者同意黃光國表示主流文化對於「親人亡故」會提供各種倫理療癒的方法，然而，依照西洋文化學術傳統，對主流文化的解析屬於文化心理學的範疇，無法連結詮釋現象學的領域，即使研究者可用詮釋現象學的方法來解析倫理療癒的過程，其依舊不了解該如何將倫理療癒的具體方法引導至心理治療的場域（黃光國，二〇一四：八六）。但，黃光國同樣並未告訴我們答案，援引既有的民俗習慣或許有倫理療癒的實質效益，卻還不能視作已獲得成熟發展的倫理療癒方法，筆者再檢視黃光國討論廖淑廷與林玲伊有關〈親子關係與母親安適感之關聯性研究〉一文裡表示（二〇一三），在儒家社會中強調「親慈子孝」的影響裡，如探索有關母親與自閉兒的親子關係，作為自閉兒的母親，她們傾向於認為自己對孩子有著諸如「喜愛」、「了解」、「信任」、「公平」和「尊重」的正向情感，由於自閉兒認知的限制，這些母親並不認為孩子真能「了解」自己，或察覺孩子能明白自己對待的「公平」，該研究顯示出親子關係和母親的憂鬱感、焦慮感、悲觀感與照顧負荷感都有顯著的負相關，並發現受測的母親只要在「自評健康情形」良好的狀態裡，前面四種感覺都跟著愈低，黃光國覺得這種關係組型可放置在儒家倫理的脈絡裡理解，卻很難使用西洋既有的研究結果來解釋（黃光國，二〇一四：七二—七五）。筆者細讀其文意前後脈絡，很難明白：黃光國為何根據該研究的統計數字，立刻就能判斷該成果顯示出儒家社會特有的文化現象，卻不屬於人類共有的親子關係內涵？即使我們相信儒家社會裡有關母親與自閉兒的親子關係自有其特殊內涵，都應該首先釐清儒家社會裡親子關係會有的文化現象，接著針對母親與孩子兩端做更細緻的訪談與調查，從中交叉印證，如何能藉由尚未有該問題意識的研究，只是針對六十位母親做量表施測獲得實證統計成果，就能做出這種宏觀的結論呢？黃光國雖然強烈抨擊實證論的研究，但做出這種結論，其實已掉落到實證論的困境裡。

黃光國接著再討論盧怡任與劉淑慧〈受苦經驗之存在現象學研究〉，這篇論文主要在討論人類如何感知到受苦經驗，如何持續受苦與如何最終脫苦，相對於常見的心理治療理論會採取主客分立的觀點來解釋經驗，存在現象學則會採取「在世存有」的辦法來描寫人的經驗結構，因為人總是採取某種型態來與世界發生「關聯」（relation），如果要了解人，就不應該將個人與世界區隔成兩端，而要描寫其間的關聯（盧怡任、劉淑慧，二〇一三）。黃光國藉由該論文提到某位接受訪問的當事人在搬到婆家前曾經歷一個「單純而美好的世界」，家人都是其肯定者與讚賞者，她在教學工作裡遇到的學生大都屬於社經地位比較高的人，當事人展現出成功人士的姿態，其珍視的價值就是藉由「努力」來維持受人讚賞的正面形象，這同樣會投射認知到「未來的成功世界」。搬回婆家居住後，當事人的世界產生重大變化，不只婆家的家庭關係充滿著衝突，後來任教的學校其學生的社經地位都不如先前任教學校，讓當事人看見過去無法看見的學生樣態，當事人雖然堅持「努力就能成功」的籌劃，冀圖調解婆家的衝突，但這種調解本身就引來婆婆與小姑的不滿，更不要說當事人在家事上的無能更形成與婆婆衝突的主要來源，當事人因此被認知成「壞媳婦」，並在夫家中形構出「被否定者—否定者」的關聯樣態。當事人這種經歷已有十年，她開始逐漸能理解婆家有自己的家庭歷史與家庭樣貌，理解公婆不僅對當事人嚴苛，對自己同樣嚴苛，面對任教學校接觸的學生，讓當事人看見世界上並不是每個學生都能擁有好的父母與環境，開始如實接受她看見的世界，接受其不完美，並認為這纔是真實的世界。當事人開始修正本來「努力就能成功」的籌劃，轉而採取「盡力而為」來面對自己置身的世界，接受自己並不是萬能，不再強求做個成功的媳婦，明白很多事情得順其自然，這使得當事人現有的處境與期望的處境不再像先前那般「斷裂」，兩者開始有「接合」（盧怡任、劉淑慧，二〇一三）。黃光國覺得這可看出儒家文化中實施「倫理療癒」的重要意義，現象學者針對個人主義發展出來的詮釋現象學移植到東亞社會，固然能幫忙我們看清個人置身的處境，卻不提供任何「籌劃」的方法，只有使用「多重哲學典範」，針對儒家文化傳統建構「含攝儒家文化的理論」，纔有可能看出儒家倫理療癒的主要方向（黃光國，二〇一四：九〇—九一）。至於這個案例裡的當事人從儒家倫理裡獲得什麼具體的詮釋與療癒呢？黃光國並未回答。筆者反而看見傳統文化對女性來到婆家內含的期待與壓抑，使得接受高知識教育的女性對此家庭結構產生適應的困難，她的「調適」並不是來自倫理療癒，而是她還在意維繫圓滿的婚姻狀態裡，自我置身現實處境裡不得不做出的轉化，藉由調整心態（或者稱作隱忍），彌合理想與現實的落差與斷裂，來讓自己更能適應環境，且不論當事人對此事的認知，其間更反映出傳統倫理「男尊女卑」的現象實在需要調整，甚至可謂隱含著社會對單一性別（女性）或某種角色（媳婦）長年存在「倫理霸凌」的問題，身為媳婦或許可基於夫妻關係和諧自願選擇隱忍，怎麼能反而說這是種倫理療癒呢？如果這可被稱作倫理療癒，筆者覺得這是傳統倫理療癒的視野局限。

有關林杏足〈敘事諮商中當事人自我認同轉化歷程之研究〉（二〇一三），其藉由三名女大學生作為研究參與者，各自接受七項至九項的敘事諮商（或稱作敘事諮詢，其實都屬於敘事治療，這裡按其原文脈絡只稱作敘事諮商）。黃光國覺得藉由她們訴說的生命故事，可看出敘事諮商是諮商師與當事人共同建構故事的對話過程，其強調合作與平等，藉由建立去中心的互動關係，希望塑造出無病理觀與非缺陷論的諮商關係，其把當事人當作專家並視同夥伴，來創造生命經驗相互轉換的可能性（Anderson, 1997, 2001）。諮商師要將自己定位成「遠離中心但具影響」的對談位置（White, 2007），保持對當事人經驗好奇的狀態，來邀請當事人展開對話。同時間，諮商師應該對自身的專業與權柄展開反思與監控，將自己來自文化產生的各種信念、假設與行為對當事人的影響透明化，裨益減輕諮商關係的壓迫性，促成權柄與責任共享的合作關係（Payne, 2006; Winslade & Monk, 1999）。黃光國覺得諮商師或諮詢師扮演「老師」的角色，他不認同諮商師或諮詢師跟當事人「共同建構故事」，更不認同前者對當事人經驗的探問來自於「好奇」，覺得其應該出自於「仁心」，不是基於「要知道」或「想知道」，而是希望替當事人「籌劃未來」，他知道自己扮演的角色對當事人具有相當的影響，但其得尊重當事人替自己擘畫未來的權柄（黃光國，二〇一四：九二—九四）。黃光國對此講得相當有道理，筆者這些年來將宋明儒學時期師生在書院裡的講學與講會，其共證與共闡心性的對話型態，轉化出智慧諮詢（陳復，二〇一七a，二〇一七b），不再將人的問題病理化，而將人的問題心性化，正就是希望能繼承這個優良傳統，去除強加於當事人生命現象某種病症的枷鎖，讓探索「自性」（如同其此刻拿「仁心」這個詞彙來指稱）首度（或重新）成為諮商與諮詢關係的主軸，意即藉著如同老師引領學生的對話型態，來幫忙當事人破解問題與體會生命，進而離苦得樂。然而，黃光國太重視儒家倫理中相對倫理與絕對倫理的把握，卻沒有發揮這層義理，裨益「仁心」的培養與發作，意即該議題並未展開成為黃光國討論儒家倫理療癒的主軸，使得其強調敘事治療與倫理療癒的差異性，會有點流於枝微末節的計較，因為敘事治療作為諮商或諮詢的技術，本應順應情境發展自然而然的實作，不需特意排斥，如同陸象山說：「學苟知本，六經皆我注腳。」（陸九淵，一九八一：三九五）如果能把握住自性這個根本展開對問題的探索與對治，則敘事治療被放在「術」的角度來幫忙當事人，視作「中體西用」這個觀念的落實，焉能產生什麼妨害呢？

第四節　案例討論（二）：轉化倫理療癒的突破

對於優勢中心治療的議題同樣如此，黃光國強調該治療型態來自於個人主義文化，卻沒有考慮到這種治療確實對諮商師或諮詢師幫當事人發現自身的「優勢能量」（意即正向經驗）確屬有益，這種發掘正向經驗的過程，其實何嘗不是在引領當事人培養心體的過程呢？這其實就是在落實智慧諮詢工作。因此，黃光國面對王玉珍寫〈優勢中心取向生涯諮商歷程與改變經驗之敘事研究〉（二〇一三），該研究顯示當事人在家中排行老么，育有兩個學齡兒子，目前在幫父親經營熱電線的家庭企業，自童年就冀圖獲得父母肯定而做出犧牲，替家裡承擔很多事情，這使得他打消出國念頭，服完兵役，從事保險業沒有多久，就選擇回家陪伴父親來做事，卻逐漸發現自己與父親工作時會不斷被否定，因為互動很頻繁，其複雜的情緒就不斷被翻攪，幾度生涯抉擇都是拿父母的需求或期望做優先，現在則覺得應該開始思考自己想過的生活，然而，當機會來臨，當事人卻發現自己好像沒有特別的喜好，看不清想要的東西到底是什麼？經由優勢中心治療，當事人發現自己一直在完成別人的夢想，其實最核心的問題在於無法「擺脫」父親對自己的影響，當他看見這個籠罩，心情反而感到輕鬆，他因為自己選擇「被籠罩」，對這個關係有需求，導致沒有辦法真正長大，反而一直停留在無法獲得父親關愛的痛苦裡，他看見與理解自己對父親的複雜情緒，這幫忙他能進而「放下」（王玉珍，二〇一三）。黃光國覺得該研究完全沒有討論其行動背後具有的文化意涵，當事人面對父親蘊含著「父為子綱」的絕對倫理，優勢中心治療則幫忙當事人放下心中的籠罩，重新安排自己與父親甚或自己與孩子間的關係，其蘊含著「父慈子孝」的相對倫理，這是基於「含攝儒家文化的理論」，纔能發現這種改變不僅對個人有意義，而且還具有文化變遷的重大意義（黃光國，二〇一四，九六—九八）。筆者看不出黃光國指出絕對倫理與相對倫理的存在（這兩者本只是先秦與漢朝屬於生活世界裡的儒家倫理），並未經過微觀世界的梳理與建構，如何就能說其來自「含攝儒家文化的理論」？並且，作為最重要的心理治療層面，黃光國這裡的討論尚有兩個問題：其一，其論點並不能否證優勢中心治療的有效性；其二，其論點並未提出具體的儒家倫理療癒內容。據此，截至目前為止，並未有個如黃光國宣告的「儒家倫理療癒理論」的存在，進而對優勢中心治療產生任何取替性，筆者很難理解黃光國為何要特別強調該親子關係現象來自於儒家倫理（儘管或許是事實），難道當事人只要認知自己「被籠罩」的心理與行徑來自於儒家倫理，就能自然而然產生「療癒」（healing）的效益？這種說法顯然無法成立。

但，當筆者再看見黃光國對於討論邱獻輝與葉光輝有關〈失根的大樹——從文化觀點探究親密暴力殺人者的生命敘說〉這篇文章（二〇一三），前面的問題已有某種解答。對於該研究描寫當事人因原生家庭貧窮，無法養活自己，從出生就被父母送給隔壁村裡的人領養，卻因養母早死，家裡就剩養父與阿嬤而已，當事人對兩人有負欠的恩情，卻打自童年就培養出「凡事靠自己」的習慣，專科學校畢業後結婚，兒子出生，因為考慮要回報養父與阿嬤的恩情，因此決定留在家鄉工作，結果當養父與阿嬤相繼過世，他身體的健康跟著就出現狀況，不再能像往日從事粗重的工作，看西醫只是開止痛藥，再加上睡眠不夠，情況就越來越嚴重，他跟妻子平日不大溝通，有苦沒有人可傾訴，覺得自己是丈夫就要肩負養家的責任，卻因辦不到使得經濟無著落，導致心情越來越差，後來當身體狀況令他再無法「籌劃」未來，他索性把自己灌醉，殺害妻子與孩子然後接著自殺，卻竟然沒死，法官覺得他行凶原因是「精神耗弱」而判決無罪釋放，他卻無法原諒自己，數度再企圖自殺，家人無法處理，只能將其強制送醫治療，經由護士開導他「上天不讓你死必然有其原因」，接著與岳丈獲得和解，在妻子過世五六年後，拿出三十萬請岳丈替妻子修墓，終於稍微恢復「心理與社會的均衡」，後來再參與「家暴專監」裡接受團體治療，開始明白並不是丈夫就要負責整個經濟擔子，夫妻應該攜手出去打拚，並共同幫忙彼此做家事。黃光國對該案例做這個評論：該當事人會想要回報養父與阿嬤，這來自儒家「父慈子孝」的相對倫理；當事人會覺得自己有養家的責任，這是拿「夫為妻綱」的絕對倫理來要求自己；當事人醒悟夫妻關係除盡己外更應該要有合理的安頓，這來自儒家「推己及人」的相對倫理（黃光國，二〇一四：九八—一〇六）。的確，當事人有「上天不讓你死」的思維，從而產生心理修復的動因，這點確實具有儒家天命思想的特徵，具有某種自性意義，不過，筆者開始了解黃光國有關儒家倫理療癒的行文有兩個思路：其一，他對於儒家倫理在臺灣社會的破毀深有感觸，覺得因為世人對倫理的認知缺失與習而不察，導致各種家庭慘案層出不窮，這是臺灣社會動盪不安的主因；其二，他並不是從心理治療的角度來思索儒家倫理療癒，而是覺得應該要藉由生命內省、公共政策、學校教育與社會工作來重構儒家倫理，藉此完成人的療癒。如果筆者順著其脈絡來推演解釋，會得出這個總體評論：黃光國覺得儒家的「絕對倫理」或許會對人帶來現實生命的桎梏；儒家的「相對倫理」或許同樣有如此問題，但如果真正明白傳統倫理的相對責任與相對付出，則會給人帶來精神的解套路徑。因此，黃光國覺得人既然「自搖籃到墳墓」都生活在深受中華文化影響的社會裡，且儒家社會是個倫理本位的社會，每個人都置身於各種不同的倫理關係中，如果人能提高自己對儒家倫理的認知程度，並有相應寬闊的認知態度，這有益於解決社會問題，故被其視作最徹底的「儒家倫理療癒」。黃光國這種觀點涵蓋的面向甚廣，實則已經超越於心理治療討論的層面了。而且，筆者覺得黃光國企圖療癒的主體是「儒家倫理」，而不是在傳統儒家倫理脈絡裡受到桎梏的人，如果我們只看見「抽象的理」卻沒有看見「具體的人」，只是拿理套在人身上，如何能對生命有著感同身受，從而願意換位設想呢？相較於黃光國提出的「儒家倫理療癒」充滿著各種「質性跳躍」的內涵，我們有無可能提出解決黃光國難題的新蹊徑，使得修養心理學闡釋出更具體相應的儒家倫理治療呢？

黃光國主張儒釋道三教合一的中華文化傳統應該與西洋現代文化會通，他覺得包括臺灣在內，絕大多數華人社會都是這兩種文化的混合體（hybridity）。他同樣關注在西洋基督宗教被移植來到臺灣社會後，會對華人社會的文化傳統產生什麼樣的影響？有關賈紅鶯、陳秉華與溫明達聯合撰寫的〈從系統思維探討基督徒癌婦的家庭關係與靈性經驗〉（二〇一三，黃光國原文題目有誤植），該研究拿家族治療（family therapy）做理論基礎，採取系統思維（systematic thinking）的辦法，認為個人必然與其所在的關係持續互動，如要理解個人行為就需要著重個人存在的「脈絡」，否則無法對人的行為產生真正的理解（Liddle, 1987）。系統思維並將家庭視作完整的機制，其成員則是互相關聯的生命，個人出現有關生理與心理的任何癥狀，都看作是家庭功能運作的整體反應，由於癥狀並不是來自個人，如果要對處境做任何改變，都不能只針對個人，而要針對整個家庭系統來著手，只有讓家中每個成員都產生變化，持續展開交互作用，其改變纔能真正持久（黃光國，二〇一四：一〇七—一〇八）。黃光國認同採取系統思維的家族治療，卻覺得其從個人主義文化中發展出來，無法正視非西洋文化的內涵，因此他觀察賈紅鶯、陳秉華與溫明達的研究徵引好些歐美學者對宗教或靈性的定義，發現三位作者談的「宗教」都是指基督宗教而不是中國的宗教，然而，基督宗教談的「超越」（transcendence），主要是指人與「超越的上帝」（transcendent God）間有條無法跨越的鴻溝，人永遠無法變成上帝，這就與佛家講「佛性」，道家講「真我」，儒家講「良知」，人人都可尋覓「內在超越感」而獲致，有著根本的不同（黃光國，二〇一四：一〇九）。該研究訪談四位信仰基督教的婦女，研究會探討這四位婦女如何因信仰基督宗教而體會到神的存在與照顧，黃光國則看見其中兩位當事人（璉與蓉，都已經離婚且罹癌）既有的家庭生活帶給其極大的壓迫感，甚至稱其是儒家「絕對倫理」的受害者，並且，兩人都是因罹癌而成為皈依基督教的「初信者」，其皈依讓她們在心理上「放下」世俗的是非與怨懟（包括原諒前夫的外遇），卻不能改變她們的家庭生活與婚姻生活，她們和癌症奮鬥的過程中只能呼喚上帝（或孤獨面對上帝），最後其中一人在「放下」對前夫的怨懟後，不久就離開人世。另外兩位當事人（宜與璐，都沒有離婚卻罹癌），宜儘管對婆婆有不滿，但婚姻生活本身沒有問題；璐儘管與先生有溝通的困難，但婚姻關係本身並沒有斷裂，然而她們兩人卻都因為對孩子的期望過高而感受到強大的心理壓迫感，並形成親子間的衝突。罹患癌症後，宜體會到人生無常，覺得自己該對女兒放手了，並重新對基督教信仰有如重生般產生新的認識；璐則在罹癌後，青春期的兒子在學校出現狀況，先生不得不開始關注並參與教養，夫妻本來由消極冷戰轉而積極面對夫妻衝突，更進而促成親子關係的轉變。黃光國表示：這四位婦女都因為在面對死亡，纔真正領悟到競逐世俗的毫無價值，纔會開始由「非本真」的存在轉向「本真」的存在，其中宜罹癌後纔重新思考自己的信仰獲得重生的感覺；璐除因罹癌開始緊緊抓住神外，並因為面對死亡的存在，反倒發揮「倫理療癒」的功能，她們都有著人最終要「在天家相見」的觀念，然而這是源自於儒家的倫理觀念，只不過人既然已經來到「本真的存在」，在尚未「在天家相見」前，到底應該追求什麼樣的價值呢？黃光國覺得海德格並沒有說明此事，然而先秦儒家卻早已指出關鍵點就在「修身養性」，這是人「事天」與「立命」最重要的方法，因為真正使得當事人產生轉變的機制其實來自我們文化傳統裡的生命智慧（黃光國，二〇一四：一〇七－一一六）。筆者覺得這是黃光國在〈儒家文化中的倫理療癒〉談得最精湛的一段內容，人直到瀕臨死亡纔能談到這種本真在世的澈念，然而人到底該如何更具體的「修身養性」呢？黃光國並沒有闡釋當人展開「修身養性」該操作的工夫，文末在這裡轉成這樣的問題：「我們是否能夠從儒家文化傳統中提煉出『倫理療癒』的方法呢？」

雖然當時黃光國並未有具體的答案，但，討論到這裡，不只替兩年後我們開始提出「修養心理學」這個概念預作破曉，更揭露著儒家傳統的心學與現代意義的心理學將獲得接合的契機，因為如果要深度回答該問題，裡面已經隱含著工夫論的意義，而且當儒釋道思想都認同人人都可尋覓「內在超越感」而獲致，那這些不同思想由衷期待獲致的「佛性」、「真我」或「良知」（這都指向筆者討論的心體），難道不應該將其放到學術討論的範疇，使得其成為倫理療癒過程裡的終極目標？當我們檢視黃光國、蔡協利、夏允中、黃創華、吳胤辰、廖立宇與吳致廷撰寫的〈華人戒治處遇及其品格教育的理論與實踐〉（二〇一二），就可發現其在高雄戒治所推動的矯治計畫主軸旨在了解受戒治人藥物成癮的原因與其遭遇到的身心困擾後，提出一套從內觀靜坐作為核心的整全矯治辦法，作為矯治機構展開戒治處遇與品德教育的參考，他們與受戒治人建立如同「師生」般的關係，甚至藉由「五術」來從事個案輔導，藉此獲得受戒治人的信任，黃光國覺得藉由這類民間信仰的輔助性辦法，幫忙受戒治人的「良知」重新成為自我決定性的能量（黃光國，二〇一四：一一九—一二八）。這點筆者完全認同，只是相關討論如果能將其內容更現代化，而能擺脫某些已不合時宜的傳統解釋，這對當事人適應社會的自我認知會來得更穩當。並且，值得思索的議題在於：如果探索「良知的本身」與「良知的面向」毫無具體內容與範疇，使得大家訴諸的內容會產生各自不同的想像，是否論理會流於空疏呢？這就回到「儒家倫理療癒」這個概念意涵該如何真實成立的問題。筆者在本書第五章（陳復，二〇一八b）對於這個問題有精確回覆，依據《六祖壇經》，將「良知」這個儒家專有概念先轉成儒釋道三教共同使用的詞彙「自性」，從自性的六種特徵來談其面向：其一，自性本自清淨；其二，自性本不生滅；其三，自性本自具足；其四，自性本無動搖；第五，自性能生萬法；第六，自性能生道情。前四點屬於核心特徵，經由「雙重否認」（不垢不淨與不生不滅）來到「獨立存在」（本自具足與本無動搖），彙整這四個核心特徵（其具有如基本元素般的內涵），再接著蛻變出「理情共生」（能生萬法與能生道情）的綜合特徵。根據前面六點特徵，筆者特將「自性」做出這樣的定義：「經由不垢不淨與不生不滅的雙重否認，獲得無欠無餘與無動無搖的獨立存在，其內在理路能發展出各種具象的外在理路，且具有普遍的道情，共同令萬有生生不息獲得滋養者，該終極主體就是自性。」這就精確回應筆者當前對「良知的本身」與「良知的面向」的認識。

因此，回到前面講的「中體西用」，黃光國主張的「儒家倫理療癒理論」並未獲得成熟發展，其問題並不僅在其徵引的存在三種反思具有混淆性，更關鍵的問題在於自性並未被放在「中體西用」的「中體」內成為思維主軸，使得其早期著作將「先驗架構」視作儒家的「相對倫理」（先秦的五倫）與「絕對倫理」（兩漢的三綱），這是概念的不當置換，從今天社會實況的角度來審視，如果「絕對倫理」已變成對人性的剝削與壓抑，「相對倫理」則只局限於私領域彼此相識的人情關係，甚至會將本該屬於公領域的倫理都全面轉型成私人關係，卻沒有仔細著墨公領域（群己關係）該有的倫理，這對於發展儒家倫理療癒實有不利，觀察前面徵引各種經由黃光國討論的案例，都可自然而然發現這樣的困境。如果我們覺得華人社會長期深受儒家思想影響，具有倫理本位，每個人都置身於各種不同的倫理關係中，因此倫理療癒其實有替整個社會各層面釐訂其座標的意義，基於完成這種具有廣義範圍的倫理療癒，筆者有三點對儒家倫理的修訂主張，這裡姑且稱作「陳復倫理原則」，藉由該原則來補充完成真實意義的倫理療癒：（一）廢除兩漢時期三綱對人性的壓制：儒家思想本來就會因應不同時間的需要而有相應的因革損益，實不可輕易再拿「君為臣綱，父為子綱，夫為妻綱」的想法來製造階層、世代與性別的不平等關係，這種具有壓迫性的家父長制並不適合於當前民智大開的社會，在任何型態的團體內，誰真有威望擔任誰的綱，要問的是思想高低，不是地位高低，前面義理已過時的集體潛意識如果不能宣布破除，對於華人社會的前瞻發展無益；（二）將先秦時期的五倫局限於私領域：傳統認知裡的「父子有親，夫婦有別，君臣有義，長幼有序，朋友有信」，應該要承認其與當前社會公領域的運作已有落差，將其局限實踐於個人私領域，並仔細釐清相關的責任與義務，使其與社會實況相互符應，不能再將傳統五倫無限推論到社會公領域，工商社會由無數陌生人組成，陌生人的合作不應該靠著拉攏成私人關係來破除陌生的藩籬，而應該發展出更成熟的制度性關係；（三）推廣公五倫並完成兩輪同行結構：我們應該秉持著「政府選賢，職場舉能，社會守法，教育養智，經濟共利」這五項原則來維繫整個人類公共環境的運作，形成公五倫，並搭配私五倫來讓「兩輪同行」（兩倫同行），共同架構出公私平衡且義利相濟的結構，提高人的公民素養，不能再只是標舉上世紀「自由」與「民主」的空洞口號，實際內涵卻依然靠著各種集體潛意識來發展，不正視這些問題就會造成體制的空轉，這對於華人社會甚或全體人類的共生無益。尤其兩輪同行結構符合自性具有「理情共生」的綜合特徵，讓具有「情」這一特徵的私倫理與具有「理」這一特徵的公倫理，各自獲得該有的落實與安頓。我們需要虛心坦承，前三點主張雖然尚未到達「儒家倫理療癒理論」的高度，其實，如果仔細深究，構築儒家倫理療癒的內容首先需要「指導原則」而不是「抽象理論」，尤其公五倫的確具有「公民素養」的意義，其屬於完成儒家倫理療癒的指導原則，而尚不是具體內容，根據這三點主張來發展儒家倫理療癒，應該能讓儒家思想經由軸心轉型（主軸核心不變，外顯型態轉化），更在當前社會獲得落實的契機，希冀藉此完成真實意義的倫理療癒。由於黃光國對本土心理學的發展具有相當深遠的影響，尤其中年與青年學者常引用其觀點來探討儒家倫理議題，本章冀圖導正相關討論，藉由釐清黃光國難題的誤區，通過其徵引的案例來反思儒家倫理療癒，對於黃光國本人闡釋的觀點有各種犀利的評論，針對相關議題，黃光國誠然有各種思考的漏洞，卻不見得都係「個人思慮不周」所致，即使有這種現象，主要係中國思想「天人合一」的特徵與西洋哲學「天人對立」的特徵，導致兩者在思想與哲學呈現各種觀念衝突的困境，因此，拿這位社會科學資深工作者的研究盲點來仔細討論其誤區，就變得相當有意思，當我們有辦法逐漸滌除黃光國行文呈現思考的漏洞，其實就在逐漸逼近黃光國難題本身，尋覓可能的突破點，替華人本土社會科學打開新局。

（本文發表在《本土心理學研究》第五十三期，二〇二〇：一八一—二二四。）

第七章 自性的曼陀羅模型

解決黃光國難題的工夫論

前言

本章主要從「自性的曼陀羅模型」（mandala model of the Self）出發，釐清黃光國本來設計自我的曼陀羅模型只有談到人如何由生物性的「個體」（individual）蛻變成社會性的「個人」（person），使其不再只是「個體我」（individual self），而變成「關係我」（relational self），卻因只有「自我」（the Ego）而沒有「自性」（the Self）的概念，使得其模型無法產生曼陀羅的輪轉，讓自我無法發展出自性，儒家思想裡的「成聖」變得毫無機會。本章除釐清曼陀羅的本意外，並指出應該要探索全部儒家思想都在共同面對的四大象限：「德性」、「知識」、「實踐」與「欲望」，「德性」是指對精神的涵養；「知識」是指對世界的認識；「實踐」是指對存在的行動；「欲望」是指對需求的滿足，自性的曼陀羅模型首先因「德性—欲望」（簡稱德性線）與「知識—實踐」（簡稱知識線）這兩個軸線的交會，從而產生意識裡的自我，「德性與欲望」獲得平衡暨「知識與實踐」獲得平衡，因為獲得滋養，則自我就會逐漸蛻變出自性，這就是「相生」的意義；反過來看，「德性與欲望」呈現失衡暨「知識與實踐」呈現失衡，因為彼此衝突，則自我就會呈現停滯與空轉，這就是「相剋」的意義。然而，相生或相剋，卻受到「德性與實踐」、「實踐與欲望」、「欲望與知識」暨「知識與德性」這四種不同人生的組合型態影響，人應該自問：到底應該如何面對將其匯聚與整合出來的四大面向做出安置，如此生命自然能由自我蛻變出自性，拔高其意境，讓自身最終完成「成聖」的理想人生？這就是本章提出「兩線四面」的工夫論（kungfuism），該理論可與傳統的陰陽五行學說相互結合來談，「兩線」屬於構成自我的性質，共同居中屬土，這象徵自我具有根基性，這是構成社會性個人的基石；「四面」則具有順柔性（水）、生發性（木）、燃燒性（火）與銳利性（金），這是人會不斷變化的四大性質，《易經》體系裡談的「四象」（four spirits）主要是在說明陰陽相互往來交流在日常生活裡產生的四種現象，榮格並指出四象觸及人類潛意識最深的底層，且其對潛意識持續發揮強大的影響，就這點而言，四象表徵纔對人類具有普世性的意義。本章提出自性的良性循環路徑，可由此內容發展出儒家倫理治療理論，更可作為實作的觀念工夫，該工夫不只是種意念的轉換，更帶著理論的背景視野來展開對人生命世界的仔細檢視與對治，這是個打通「微觀世界」與「生命世界」的工夫論，因此能從輔導與諮商的角度具體解決「黃光國難題」（Hwang Kwang-Kuo Problem）。

第一節　反思自我的曼陀羅模型如何沒有曼陀羅

華人本土心理學大師黃光國教授（後面簡稱黃光國）提出的「自我的曼陀羅模型」（mandala model of self）素來被學者普遍推崇，並被詮釋到各種不同的領域裡，然而，自從筆者提出「黃光國難題」（Hwang Kwang-Kuo Problem），指出該主題面臨方法論層面的巨大困難，就在於如何將中華文化本質具有「天人合一」的思想傳統，傾注「天人對立」的階段性思辨過程，裨益我們從「生命世界」（life world）中開闢出具有科學哲學意義的「微觀世界」（micro world）（陳復，二〇一六），有關黃光國提出「自我的曼陀羅模型」就開始有兩種不同的學術發展，其一就是反對與修正路線；其二就是接納與詮釋路線。前者如筆者提出「自性的曼陀羅模型」（mandala model of the Self，英譯與黃光國「自我的曼陀羅模型」幾乎完全一樣，然而內涵並不相同，詳細說明見後文）；後者譬如張蘭石教授（後面簡稱張蘭石）就將該模型進而詮釋與延伸成「宗教自我曼陀羅模型」（the Mandala Model of Religion and Self）（張蘭石，二〇一七）。黃光國主張「自我的曼陀羅模型」其觀點意指個人在成長的過程中，會針對自己置身的外在世界，學到各種不同的「知識」（knowledge），從中使用「知識」內蘊的「智慧」（wisdom），前者包含邏輯性、技術性與工具性的認知基圖（schemata）；後者則包含行動能力（action competence）與社會能力（social competence）。自我作為主體（subject）在其生活世界中，首先會有對「自我的認同感」（sense of self-identity），意識到自己與他人的明顯不同，當他展開「世界取向的反思」（world–oriented self reflection）時，基於個人的偏向，從其「個人知識庫」（personal stock of knowledge）中，選取其自認合宜的目標與方法來付諸行動與實踐，並因把自己當作反思覺察的客體，將自己置放於社會群體裡，從而獲致「社會認同感」（sense of social identity），這種人會把自身當作「自我認同的主體」與「自我反思的客體」，這就是黃光國指出的「自我的雙元性」（duality of self）。當人只作為生物性的「個體」（individual），受到各種欲望的拉扯，在生活世界中的行動與實踐遭到阻礙或挫折，他會經歷到負面情緒，並產生企圖控制外界的奮鬥。然而，當他展開「世界取向的反思」，發現往日習得的知識，已不足以克服外在世界中的障礙時，他就不得不用自己的智慧來面向「社會知識庫」（social stock of knowledge）搜尋資料，進而再展開「行動取向的反思」（action-oriented self reflection），思考如何採取行動與實踐來恢復主體和世界間的平衡，使得自己最終成為社會性的「人」（person）。其設計「自我的曼陀羅模型」的圖（黃光國，二〇一一a：二一—一二），請見本書第一章圖1-1（頁四二），這裡不再重複。

黃光國對本土心理學的重要貢獻，就在於他將這種普世心理學內蘊著人類心理共同的深層結構，特別稱作「關係主義」（relationalism），將其作為預設的社會科學理論與相關研究典範，最終有別於歐美社會特別「怪異」架構出「個人主義」（individualism）的思維，另闢蹊徑成為可詮釋人類社會現象的學術主流（黃光國，二〇一一a：一六二—一七一）。前面這種個人主義預設的心理學，即使美國心理學者都有深刻的反省，譬如杜艾文（Alvin Dueck）與凱文賴默（Kevin Reimer）就指出心理學術語可完全不帶政治色彩出現在美國的晚間新聞、公立學校課堂、研究項目和週日講道聖壇，成千上萬的北美人關注自己的心理健康，靠吃藥來輔助療癒，帶有個人主義色彩的心理學詞彙主導對人性的定義，再用這個定義來診斷與治療心理病症，然而，當心理治療師跟美軍合作，滿懷好意來到阿富汗，希望使用自己西洋心理學概念發展出的治療，來面對身心受創的阿富汗孩子，冀圖把當事人造就成反映西洋理想的個體，這是否是種誤認自己的心理學具有普世價值，想使用統一的語言來建立心理學帝國，卻漠視這種意識型態對其民族與宗教陶塑出人的自我會帶來負面影響，最終反映出某種巴別塔（Babel tower）般的妄想呢（凱文賴默，二〇一六：二一九）？這個觀點發人深省。根據〈自我的曼陀羅模型圖〉，筆者曾合理推測黃光國的想法：當人由生物性的「個體」（individual）蛻變成社會性的「個人」（person），他就不再只是「個體我」（individual self），而變成「關係我」（relational self），這就開始發展出「關係主義」的生命狀態，對黃光國而言，孤冷的個體我無法置身於社會，關係我作為與社會互動的主體，更符合社會運作的事實，且「關係主義」類通於自然環境的結構，比「個人主義」更符合人類心智深層結構（陳復，二〇一六）。何友輝就曾指出：中華文化裡的「自我」就是這種「關係性自我」，意即人我疆界模糊，自我與他人同體，對他人的存在有著高度的覺察，並在現象世界中區隔化開變成「在他人關係中的自我」，其進而觀察日本文化與菲律賓文化，覺得這同樣可用來認識亞洲人對自我的身分認同（Ho, 1991; 1993）。

然而，由生物性的「個體」變成社會性的「個人」，其「自我」的變化其實並沒有曼陀羅的實質意涵，黃光國並沒有針對「個人」給出嚴格的概念，殊不知這個詞彙在黃光國發展的概念具有價值涵義，其指向人格，意味著生而為人具有某種尊嚴或意義，不再只是生物學中的物種，甚至不再可稱作日常生活中單純指的「人」（man），但該詞彙卻在英文語脈中指著一般成年人或正常人，涵蓋兒童或青少年，卻不見得能指稱殘障的生命或尚在孕育中的胚胎或胎兒，黃光國的自我曼陀羅模型卻把「個人」放置於自我的上端，而不是放置於中心點，使其通過知識或智慧，藉由行動或實踐而發展出理想的人格，最終成為聖賢（相反狀態則成為奸佞）。黃光國自身不察，接著使用這幅圖來展開詮釋的學者，常沒有意識到自己如果太輕易承認其設計「自我的曼陀羅模型」的概念合理性，卻沒有仔細討論：黃光國指稱的「自我」，究竟如何能開啟生命的曼陀羅？「曼陀羅」（mandala）的本意是圓圈，本有著「輪圓具足」的象徵意涵，接著指宇宙森羅萬象且圓融內攝的本質，從該本質出發成為個人滙聚與修持能量的中心點，象徵著心靈的整體性，從舊石器時期開始，全世界文明都有曼陀羅的符號出現，不只在中華文化的《易經》如八卦，在印度教與佛教的祭祀典禮，甚至西洋文化的煉金術（alchemy）都會運用曼陀羅符號（莎拉．巴特蕾，二〇一六：一六八—一六九）。印度修密教法門的過程裡，冀圖防止外靈侵擾，畫出一個圓形或方形的區域，或建立土壇，在中央與區域內充滿著諸佛菩薩的畫像，事畢則像廢，曼陀羅的外圍常有一層圓形或方形的「結界」（simabandha），該「結界」有三種機能：（一）避免圓輪隨性擴張到無法控制；（二）防止外力介入攪亂原有的秩序；（三）維持神聖空間本身內涵完整性。由此原點出發而衍生種種奇妙美麗的圖形或意象，這就是曼陀羅圖，基督教同樣有類似曼陀羅的「輪狀」象徵符號，如耶穌的荊棘冠冕與瑪利亞的頭頂光暈，或坐落法國沙特大教堂（Cathedral of Chartres）的迷宮皆具有曼陀羅的特徵（蔡東照，轉引何長珠、賴慧峰與張美雲，二〇一一：八五）。黃光國常在闡釋其「自我的曼陀羅模型」的時候會談到他二〇一〇年在印尼日惹市看見婆羅浮屠佛塔，通過對佛塔的三層塔基、塔身與塔頂，來象徵著人如何從「欲界」（kamadhatu）、「色界」（rupadhatu）來到「無色界」（arupadhatu），從而在二〇一一年出版《心理學的科學革命方案》這本書內繪製出這幅圖（黃光國，二〇一一a：二一—二二；二〇一五：八五—八八；二〇一七：一二七—一三二），然而，且不說其設計的模型並未反映該三種層次，曼陀羅本身具有「天人合一」的核心意涵，這點在黃光國的模型與詮釋完全無法看見，尤其當左側的「知識」與「智慧」被放置在相同的象限，其間內涵難道沒有任何差異？殊不知「知識」來自概念架構，「智慧」來自生命體驗，被架構的抽象概念不見得需要有實際的生命體驗，某些深刻的生命體驗更不見得有語言給出相應的概念，這兩者誠然需要有整合的機制，然而，當兩者被混淆視作一體，彼此無差別的對待，這意謂智慧被知識涵化，徵諸黃光國指出發現往日習得的知識，已不足以克服外在世界中的障礙時，他就不得不用自己的智慧面向「社會知識庫」，更可證實其指稱的智慧只是在說既有的知識無法獲得應用，人面向社會來汲取解決問題的資源，該資源其實只是種經驗知識而不是抽象知識（因此纔會稱作社會知識庫），或許對學者長期待在書齋裡做研究而言，經驗知識不同於抽象知識，就會被視作「智慧」，但其距離真正有關於心靈的智慧尚有一大段距離，這就難怪右側的「行動」與「實踐」跟著並無任何實質義理的差異了。

瑞士心理學家榮格在探索意識與潛意識交織狀態的過程中，常提到「曼陀羅」帶給他的引導與啟發。「曼陀羅」在各民族、文化與宗教呈顯的象徵意涵，其背後內蘊靈性層面的意義與奧祕，讓榮格深感好奇，在他與其老師佛洛伊德決裂，生命陷落到最低潮的時刻，榮格在一九一四年到一九三〇年這段期間，每天創作曼陀羅，這歷程幫忙他進入深層潛意識省視內在問題，令他走出生命的幽谷，直到遇見由中國歸來的衛禮賢（Richard Wilhelm, 1873-1930）跟他介紹《易經》與《太乙金華要旨》這些書籍，令其豁然開朗為止，後來這些創作經其家族會議同意對外出版成《紅書》（榮格，二〇一六）。筆者曾指出：榮格將意識的中心主體稱作「自我」（ego）；超越該主體並呈現生命整體的存在稱作「自性」（self，有時會將第一個字母大寫成Self），前者來自意識，後者則常來自個人潛意識（personal unconscious）甚至集體潛意識（collective consciousness），潛意識是意識的母體，自性則使得心靈獲得完整（劉耀中，一九九五：四七—五四、一二九—一三二）。有關自性的定義，筆者在本書第五章有詳細的闡釋。榮格在繪製曼陀羅的過程中發現自性的存在，並認為自性即是心靈的核心，心靈朝向自性發展，因此，對榮格而言，何謂自性？自性即是心靈的目標，更是自我在轉化過程裡最後成為真正的自己

（榮格，二〇〇八：二五七）。筆者質疑：當黃光國將「self」翻譯成中文的「自我」，並將該「self」賦予社會性的意義，那將如何理解人有個往內指向心靈，更具有生命整體性的「自性」呢？這不只是翻譯問題，更是個哲學問題。榮格覺得西洋文化狂熱崇拜「絕對的客觀化」，只在意外在的自我，其高高在上，從最深層的存有中異化而出，要求人像個機械，不惜犧牲掉內在的自我（榮格，二〇〇一：一二一）。黃光國當年不使用「自性」來翻譯「self」是有意的做法（請見後面詳細討論），因為他自己深受西洋文化對社會心理學的影響，只有擱置生命整體的「自性」，纔能不討論由「self」變成「Self」內含的終極性意義，將其下降到社會性的存在，這是筆者對黃光國會將「self」稱作「自我」的理解，並使得他講的「自我」真實意思其實是榮格指出大寫的「Ego」。黃光國後來終於開始理解：閱讀《金花的祕密》（*The Secret of the Golden Flower*）讓榮格體會煉金術士是用「象徵物」在說話，不論中西，這些術士鍊的金並不是物質的金，而是「靈性的金」（a spiritual gold），他們的哲學意圖旨在尋覓一種心理學和哲學對話的精神體系，幫助他們修練身心，使其身心得到完全的轉化，該「靈性的金」，就是指「自性」。藉由對於煉金術符號的了解，榮格開始提出其分析心理學的核心理念，即「自性化的歷程」（the process of individuation）（黃光國，二〇一八b：一七七）。王陽明早就持有相同看法，他相信自性化歷程就是在成聖，這件事情過程如同在煉金：「學者學聖人，不過是去人欲而存天理耳，猶煉金而求其足色，金之成色所爭不多，則煆煉之工省，而功易成。」（《傳習錄．上卷》第一百零二條，一九九七a：四七）成聖就需要人脫出自我來活出自性，這是儒家思想最核心的宗旨。榮格與儒家（譬如陽明）談的自性會不會有差異？自然不能沒有，更何況榮格有兩個想法：其一，他覺得歐洲人不應該模仿東洋文化，如果歐洲人能提升自身心靈的某種功能，將其抬高到與當前智性一致的態度，則西洋文化終將大幅超越東洋；其二，他認為最重要的事情，莫過於強調東洋與西洋的心靈狀態與其象徵的一致性，這並不需要犧牲歐洲人的本性，更不會使其受到連根拔起的威脅（榮格，二〇〇一：二七；七八）。尤其榮格主張意識來自潛意識，潛意識底層（不論是個人潛意識或集體潛意識）充滿著自性的召喚，卻忽略掉意識會影響潛意識，潛意識會召喚現實，現實則會再影響意識，如果沒留意到這層細微的三角關係，卻因夢境與現實的對應交織，誤認被潛意識召喚出來的現實是某種「天啟」（榮格則稱作共時性原理，synchronicity），然後再依照該「天啟」來影響現實人生的動靜舉止，這其實是在自我耽誤，會導致自己生命產生某種悲劇性的效應。本章的重點尚不在凸顯其歧異，而在指出心靈有個目標的存在對象，這是我們徵引前面兩位中西哲人共同在探討的終極課題。

第二節　黃光國的轉向：後期黃光國思想的發展

當年黃光國只採取社會性的路徑來思考「自我的曼陀羅模型」，卻會使得該心靈議題沒有適當的位置來獲得討論，其在心靈層面呈現「內涵的空無」（而不是「空無的內涵」，兩者實質意義不同），使得其模型根本不具有曼陀羅的風貌，更不消說該模型本身不能輪轉，會導致自我無由轉成自性，並產生理論詮釋的混亂，這會影響到輔導與諮商本土化的後續發展，畢竟儒釋道三教思想是本土化的共同泉源，三教思想核心無不在討論自性，本土化的輔導與諮商自然應該引領人更了解自性。就筆者的角度而言，究竟何謂自性？筆者曾根據《六祖壇經．行由品》第一裡記載（李中華注譯，二〇〇二：一一三七），五祖弘忍見六祖慧能根器大利，就對其講《金剛經》，最後講到「應無所住而生其心」，六祖慧能豁然開悟，他開始明白「萬法不離自性」，宇宙間各種因緣變化的脈絡，全都是自性的展現，他對五祖弘忍提出自己的五點體證，其內容很適合當作自性的特徵，再加上五祖弘忍回應六祖慧能的一點體認，合計自性有六種特徵，筆者特將「自性」做出這樣的定義：「經由不垢不淨與不生不滅的雙重否認，獲得無欠無餘與無動無搖的獨立存在，其內在理路能發展出各種具象的外在理路，且具有普遍的道情，共同令萬有生生不息獲得滋養者，該終極主體就是自性。」（陳復，二〇一八b）我們應該順著自性的脈絡，來構思具有中華文化特徵的本土輔導與諮商該如何發展，並從學術的角度來合理解釋各種心靈現象。誠如張蘭石指出，心靈現象（psychic phenomenon）是跨文化的重要身心課題，卻不能基於實證論來研究，他覺得唯有採用「多重哲學典範」（multiple philosophical paradigms）（Hwang, 2014）纔能建立「心靈現象的多面向研究法」（張蘭石，二〇一

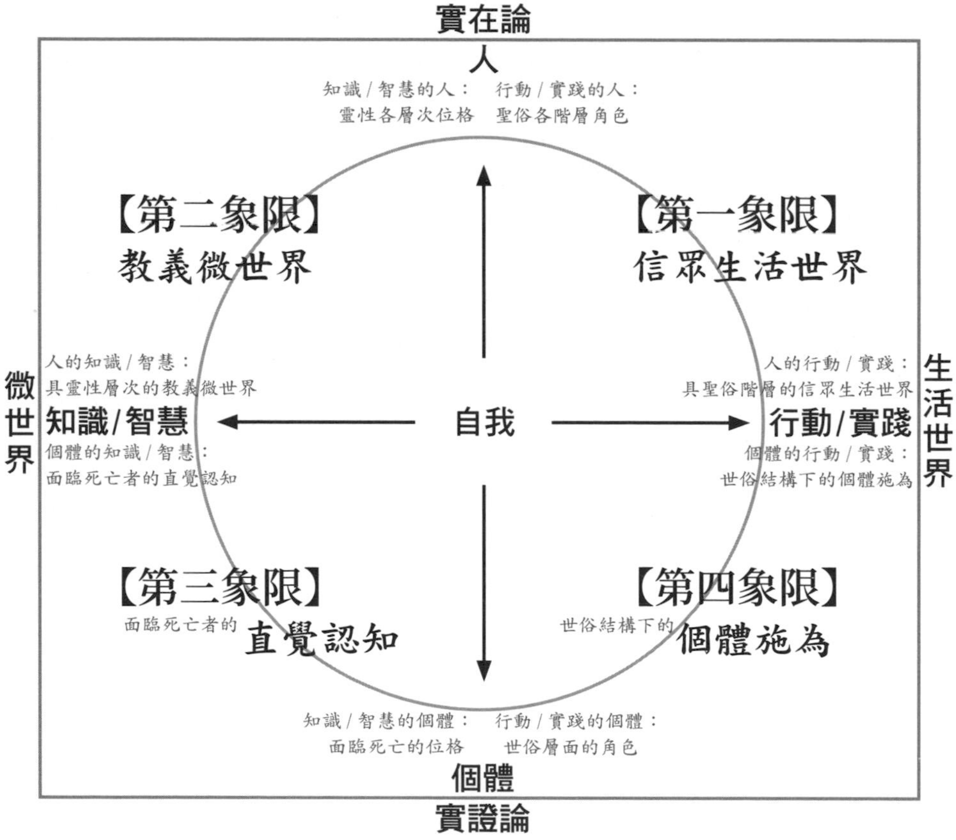

圖7-1　宗教自我曼陀羅模型

六）。筆者對「多重哲學典範」的看法詳細內容請見第四章（陳復，二〇二〇a）。然而，舉個最實際的例證來談，張蘭石提出「宗教的自我曼陀羅模型」如圖7-1（張蘭石，二〇一七）：

張蘭石將左側箭頭稱作「微世界」（筆者稱作「微觀世界」，後面行文將使用該詞彙），右側箭頭則稱作「生活世界」（筆者稱作「生命世界」，後同），這固然的確符合黃光國的論點，然而如果認真討論這張圖，知識出自微觀世界並無問題，但智慧誠然需要影響微觀世界（或成為建構微觀世界的資源），既然來自社會知識庫，卻怎麼能不從生命世界出來，就直接被視作學者在空想中架構的微觀世界呢？這時候張蘭石對第三象限有關直覺認知的詮釋，其意義就被限縮在只能具有實證論（positivism）意義的個體，然而直覺認知本來並不會只有在生物性的個體如此低階的象限，更不只在社會性的個人，而可呈現在終極性的聖人，個人與聖人都具有實在論（realism）意義，但聖人這個意涵卻無法顯示在黃光國的「自我的曼陀羅模型」，然而該意涵卻是宋明儒學常講的「學問大頭腦」，譬如王陽明說：「良知之外，別無知矣。故『致良知』是學問大頭腦，是聖人教人第一義。今云專求之見聞之末，則是失卻頭腦，而已落在第二義矣。」（《傳習錄．答歐陽崇一》中卷第一條，一九九七a：九七）這裡說的「良知」作為自性，在黃光國的模型裡並沒有任何位置；這裡說的「見聞之末」則在黃光國的模型裡係指能被實證的知識，故能證實筆者覺得在這個設計裡，智慧已被知識涵化，沒有獨立的內涵，當黃光國非得要讓這兩者具有同一性，則其指稱的「智慧」就會變成邏各斯（Logos），這是西洋哲學中表示支配世界萬物的規律性原理，卻不能完整指向中華思想談的智慧，這使得張蘭石接著要談「宗教自我曼陀羅模型」則無從彰顯其主張「人」除具社會性的位格，還具有隨著自我修養而發展的靈性層次，因為黃光國的模型只有第二義沒有第一義，張蘭石接著詮釋「宗教自我曼陀羅模型」，其第一象限無法完整容納「具聖俗階層的信眾生活世界」，或許會有信眾本身的生活世界，但不可能有先知聖者的存在空間；其第二象限不能發展「具靈性層次的教義微世界」，因為黃光國本來的模型除社會性的位格外，尚未有自我修養發展出自性的層面：其第三象限不能強調「面臨死亡者的直覺認知」，因為人只是生物性的個體，尚未發展「過於其他生物的覺知」，只能活在「面臨死亡而無法反省死亡」的直覺認知：最後其第四象限或可成立，因為行動與實踐的「個體」的確有各種「世俗層面的角色」，產生「世俗結構的個體施為」，但當張蘭石表示該個體施為指向「終極關懷」（ultimate concern）的對象，既是全部行為所關涉卻又無法檢驗，這樣同樣受限於黃光國設計的個體概念具有實證論意義，我們怎麼能不仔細檢驗個體施為究竟是否得當呢（張蘭石，二〇一七）？黃光國是我們共同尊敬且私淑的前輩學人，然而，相對而言，張蘭石採取接納與詮釋路線，筆者則採取反對與修正路線，張蘭石設計理論的初衷並沒有什麼問題，他由第一象限到第四象限依序展開詮釋理路的「羅盤喻」、「窗喻」、「鏡喻」與「黑洞喻」，很誠意想要回答與解決各種心靈現象議題，其文中的觀點獨立檢視實可謂體大思精，問題源自其依據黃光國有缺陷的理論來發展，導致無法容納自己設計極其細緻的框架與內容，尤其這四喻受到原來的結構限制，四大象限的順序變成逆時針的配置，其詮釋與常見的順時針思維習慣產生落差。黃光國對於其原來的觀念瓶頸有著深刻的反省，他在二〇一八年的鉅著《內聖與外王：儒家思想的完成與開展》內承認自己當年在建構「自我的曼陀羅模型」時，刻意使用「認知與行為」的「科學語言」，根本沒有思考到潛意識的問題，未將「自性」考慮在內，並不足以表現整全的人格（whole personality），現在要談「中西會通」，發展修養心理學，當然得嚴肅思考「自性」在「集體潛意識」中的位置，承認其在東亞宗教和文化中的意涵，這樣建構出來「人」的理論模型纔算完整，從而根本解決「生命世界」與「微觀世界」對立的問題（黃光國，二〇一八b：一四六、一五四—一六二）。黃光國的這番告白，不啻已宣布其本來設計「自我的曼陀羅模型」並未具有普世性的內涵（最起碼其無法解釋東亞社會的思想主軸，東亞社會並沒有這種將自我意識當中心的觀點，其普世性就產生問題），並轉而承認筆者提出自性議題的重要性，纔能替心靈現象的多面向研究法開路，最終發展出更成熟的修養心理學，這是「黃光國的轉向」，屬於經由筆者與其辯論，後期黃光國思想在華人本土社會科學的發展，並且，如果「自我的曼陀羅模型」已能完整詮釋到底何謂「人」，黃光國後來何需再融合榮格的「四元體圖」與筆者的「自性的曼陀羅模型」，接著詮釋其「自性的心理動力模型」（psycho-dynamic model of the Self）呢？

黃光國有關「自我的曼陀羅模型」背後的理論困境，其實正反映出過去心理學深受西洋文化理性主義（rationalism）思維的影響（包括在應用層面的輔導與諮商領域同樣如此），當黃光國後來想要弭平「良知與理性的分裂」，他表示，儒家的倫理與道德是支撐住華人生活世界的先驗性形式架構（transcendental formal structure）。任何一個時代中國的知識分子，如果無法依照當時的學術格準，提出一套能夠讓人信服的理論，來說明儒家的倫理與道德，作為道德教育的基礎，則該時期的「良知」與「理性」就產生分裂（黃光國，二〇一八b：八—三八）。這其實何嘗不是想徹底解決黃光國本人心理長期的分裂？由於輔導與諮商領域並未對心靈現象展開深刻的研究，使得華人社會如果有人產生心理困擾，自己想辦法解決其比例明顯高於輔導與諮商，這並不能光從當事人的素養角度來做出價值判斷（譬如對於輔導與諮商的認知尚不成熟），其實可反思從事於輔導與諮商的工作者是否具備跟當事人文化背景相應的素養，其中包括工具素養與生命素養，前者係指輔導與諮商方法的本土化，後者係指專業工作者自身除輔導或諮商的專業技術外，能否有做工夫的修養意識，來讓當事人的身心獲得開啟或撫慰。余德慧從社會心理學的角度研究發現，由於文化認知的差異，華人對於精神官能症與身心症大都會覺得自己身體出毛病，或風水有問題、受人詛咒與個人犯忌這些層面來做解釋（余德慧，一九八六）。就民間社會對精神疾病的認知而言，心理問題會被認為來自患者自身過錯而引發，因為文化常要求個人自制，如果人無法做到，使得有心理問題，則除患者自救外，別人無法幫忙，或有時家人可能會被外人指責，認為疾病起因於家人對病人太過於苛刻，甚或是神明在懲罰病人的行為過失，在這樣的文化影響裡，家庭中若有精神病人，家人大都會否認這件事情，不然就會帶當事人去看內科醫師（張珣，二〇〇〇）。

二〇〇三年針對臺灣民眾憂鬱程度與求助行為的調查研究顯示（發出問卷一萬八百八十二份，回收有效問卷七千八百八十八份），無論憂鬱程度如何，主要採取自助處理的辦法為主，這包括「不管它、多休息、多運動」、「使用放鬆方法」與「自己研究資料上的建議」這些辦法；在向外求助的管道層面，則多採取看西醫（內科與一般科別）與中醫來治療，接著纔是「求助於專業心理師」、「看西醫的精神科」與「求助心理輔導志工」這些心理衛生專業人員的幫忙，最後則是「試試別人介紹的偏方」，或從事「算命、卜卦、看風水」這些民俗療法（葉雅馨、林家興，二〇〇六）。文榮光在臺灣南部某醫學中心精神科所做的調查發現，第一次發病的精神分裂症病人中，超過七五%曾到廟裡求助於道士或乩童（Wen, 1998，轉引自葉雅馨、林家興，二〇〇六）。更有研究指出，七成以上的精神病患者曾接受過其他不屬於精神科的診療型態，包括通過親友、同事和朋友、中醫（含中藥與成藥）與求神問卜，因此，臺灣民眾在面對心理疾患的時候，明顯會出現前述「複向求助」的特徵（葉英堃、吳中立，一九八七）。

第三節　發展自性的曼陀羅模型該有的背景脈絡

這些層面除自己想辦法解決外，或從生理治療角度來對待心理問題，或來自某種信仰的救贖，然而該信仰不見得是有具體組織的宗教，或許來自某種心靈思想的引領，包括算命、卜卦或看風水這些民俗療法。誠如張蘭石指出，西洋社會的諮商發展到現在，已相當重視案主的信仰，故美國諮商學會設計的倫理守則指出諮商過程應重視宗教因素（American Counseling Association, 2005）。若當事人有宗教信仰，則諮商中涉入該宗教的靈性課題不僅必要，同樣合乎諮商倫理（Hage, 2006; Richards & Bergin, 2005）；後設分析則顯示，對於有信仰的當事人，靈性介入比一般沒有這種介入的諮商更有效（Smith,

Bartz, & Richards, 2007），臺灣的研究同樣有相應的發現（陳秉華、蔡秀玲、鄭玉英，二〇一一），但關於諮商師處理靈性課題需要的知能，在臺灣目前依然沒有相關的深刻研究（陳秉華、范嵐欣、詹杏如，二〇一六）。這正是我們需要補充的一段空白，而且，值得注意者，儘管前面有關臺灣民眾憂鬱程度與求助行為的調查研究尚未意識到「自己想辦法解決」背後內蘊的文化心理，然而，當日被研究者有相當高比例者主要希望「自己想辦法解決」，這其實何嘗不是某種修養意識的殘留？根據「臺灣地區社會變遷基本調查」的統計，高達八五．六％的人贊成或很贊成「自己肯努力，不一定要靠神」，僅有一四％的人不贊成或很不贊成；六六．二％的人同意與非常同意「一個人不一定要參加宗教團體，靠自己靈修也可以接近佛或接近神」，僅有二一．九％的人不同意或非常不同意（傅仰止、杜素豪，二〇一〇：二三二）。這些統計長期反映出相同的看法，意即臺灣人相信可藉由自己的某種帶有內在心靈意義的奮鬥來讓生命獲得改變，不見得需要藉由外在宗教團體的幫忙，儘管本來如果人懂得傳統具精神鍛鍊內涵的「工夫論」（kungfuism），這種「依靠自己」來改變的想法或會變得更有實質意義。工夫論就意味著自我通過做工夫來恢復或獲得自性，我們應該讓心靈議題的探討藉由學術化來破除任何神祕，不再拿神祕主義（occultism）的思維來將其保持蒙昧，該詞彙從拉丁文的原始語意裡就有「隱藏」或「遮蔽」的意思，榮格已指出內觀並不是西洋人士想像中那種亂七八糟的情況，當我們否認這些體系可被經驗，其實隱藏極大的心靈危機，因為意識的統制太強，自發體系的行徑會轉成被壓抑的事物，凡在意識中被壓抑的事物總會合理化呈現在生活裡，導致包括精神官能症在內的錯誤心態（榮格，二〇〇一：一三九、五三—五四），這本來早在先秦時期至宋明時期，儒家思想藉由將自性學術化，就已經完成思想除魅（disenchantment）的工作，卻因為西學東漸，不論什麼樣的意識型態，基本主軸都未曾擺脫從狹隘的自我意識發展出來的個人主義（individualism），並對不屬於歐美社會則抱持著東方主義（orientalism）的審視態度，有著對於「他者」（the Other）的論斷與確認（薩依德，一九九九），致使超過一百五十餘年來，西洋視角反過來變成國人對自己文化牢不可破的成見（prejudice），誤將修養工夫視作薩滿信仰（shaman），無法看見超越自我外的生命狀態，榮格就指出輕視心靈其實就是典型的西洋偏見（榮格，二〇〇一：七二），榮格覺得自性化的關鍵點就在於正視原型（archetype），就能去除原型的魔咒，令原型不再往外投射，讓自我深入自性中，自性就逐漸會被意識到，精神的治療就扮演著這類角色（楊儒賓，二〇〇五）。這種觀點其實是儒家思想的本來風格。並且，如果輔導與諮商的內容能強化人的修養性，意即不再只是藉由邏輯性的對話來幫忙當事人看見自己的盲點並化解自己的問題，更能在對話的過程裡消除外在介入感，讓當事人自己發現並樂意從事於工夫的操練，藉此讓心靈獲得承認與蛻變，這種策略是否更有益於輔導與諮商的本土化呢？王智弘教授（後面簡稱王智弘）已有這層意思，其曾提出「助人專業倫理的雙元模型」（the duality model of helping professional ethics，二〇一三），除納入西方專業倫理觀的核

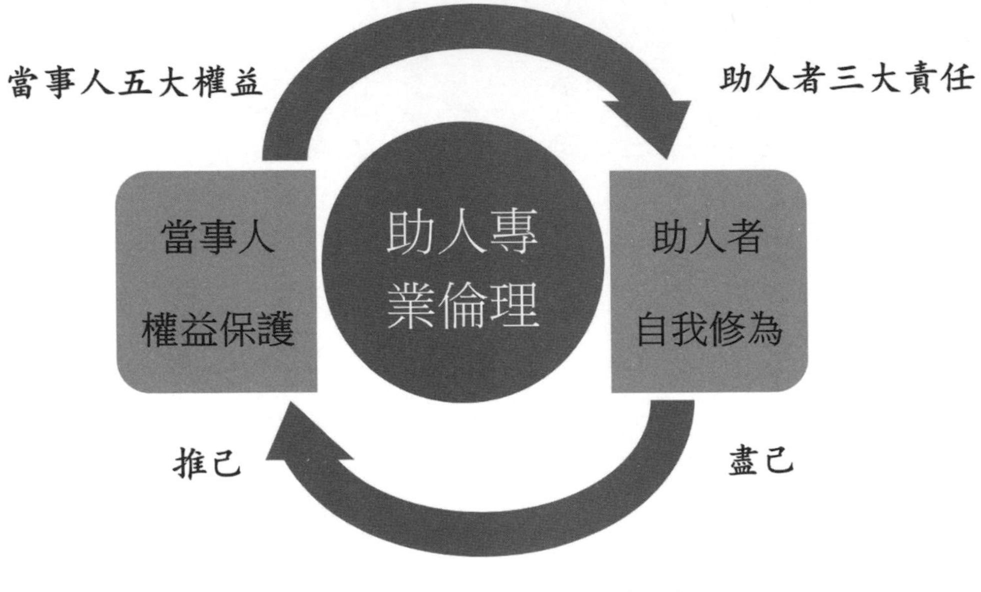

圖7-2　助人專業倫理核心概念雙元模型

心概念（包括當事人的五大權益與助人者的三大責任）外，他還透過含攝文化心理學的研究理路（黃光國，二〇一一a，二〇一一b；Shweder etal., 1998），建構華人文化的倫理核心概念：盡己與推己，即是從助人者德行的自我修為的「盡己」工夫開始，進而要能做到善待當事人來保護其權益的「推己」工夫。其模型如圖7-2（王智弘，二〇一三）：

王智弘表示，從西洋學術的觀點來看專業倫理的核心概念，助人專業倫理的核心概念就是當事人權益與助人者責任，西洋專業倫理的出發點就在維護倫理的基本原則（或當事人的權益）（牛格正，一九九一；牛格正、王智弘，二〇〇八；American Psychological ACA, 2005;〔APA〕, 2010; Corey, Corey, & Callanan, 2011），當事人有五大權益：自主權（autonomy）、受益權（beneficence）、免受傷害權（nonmaleficence）、公平待遇權（justice）、要求忠誠權（fidelity）（牛格正，一九九一；牛格正、王智弘，二〇〇八；Herlihy & Corey, 1996; Kitchener, 1984）。自主權指的是當事人自由決定的權利、完全的自我決定、以選擇進入或退出諮商、保留或揭露諮商資料；受益權指的是當事人應從諮商受益的權利、其福祉被列為最優先考量；免受傷害權指的是當事人應受保護的權利、免於遭受來自諮商過程或助人者的任何傷害；公平待遇權指的是當事人被公平對待的權利、有權接受諮商、有權參與基於個人需要而設計之諮商計畫、有權尋求適合自己的其他輔助資源；要求忠誠權則指的是當事人被忠實且真誠對待的權利、有權被尊重、被保密、被真誠地對待、諮商過程被正確地記錄。這當事人五大權益的維護是西洋在輔導與諮商領域考量助人專業倫理的主要思考架構（王智弘，二〇一三）。相對於當事人的五大權益，助人專業人員則有專業責任（professional duty）、倫理責任（ethical duty）與法律責任（legal duty）等三大責任（牛格正，一九九一；牛格正、王智弘，二〇〇八；Corey et al., 2011; Herlihy & Corey, 1996）。專業責任包括要求助人者要有：（一）專業人格修養與身心健康；（二）專業知能訓練；（三）專業個人經驗：包括接受諮商、實習經驗與接受督導；（四）專業倫理信念。倫理責任則要求助人者要有：（一）提供合格專業服務；（二）維護當事人基本權益；（三）增進專業公共信任。法律責任則要求助人者要有：（一）保護當事人的隱私權；（二）維護當事人的溝通特權；（三）預警與舉發的責任；（四）避免處理不當或瀆職。這是過往學術偏重西洋哲學觀點來發展助人專業倫理意涵的探討重點（王智弘，二〇一三）。然而，王智弘覺得西洋文化對專業倫理的觀點建立在個人主義，只著重理性為依歸，成為海德格說的「技術性思考」（technical thinking），他表示，強調當事人權益的保護，這確實是具體客觀的助人專業倫理目標，由此而加諸於助人者的責任亦能要求助人者表現良好的倫理行為，但是，其限制在於助人者倫理行為的表現起於外在的理性要求，而較未著眼於助人者發乎本心的自我主動積極作為，雖可規範助人專業工作者的外在倫理行為表現，但較忽略個人的內在道德修為，而無法完全契合專業倫理最為期待的自律精神（王智弘，二〇一三），因此，王智弘設計「助人專業倫理核心概念雙元模型」內有關「盡己」（涵養精神來善盡責任）與「推己」（推展經驗來變化生命）的正向循環，這是基於華人本土輔導與諮商角度設計的實用原則，筆者覺得如果能放進自性意識展開工夫的操練，應該更能深化專業工作者與當事人在輔導與諮商過程裡帶來的效益，這就是為何筆者會進而提出「自性的曼陀羅模型」。

筆者承認，本來心理學的「Self」，不見得有清晰的「自性」該一義理，這就是榮格會使用「未發現的自我」（Undiscovered Self）來做其撰寫書名的原因（榮格，二〇一八），意即該內容本來不包含「良知」或「心體」的內涵，但，即使良知或心體具有個體有關「主體性」（subjectivity）的語意，並不妨礙其同樣具有行動者的語意，只是該行動者不再是從個人主義角度呈現的自我，而是從關係主義角度呈現的自我，或者可視作「圓滿的自我」，因為個人主義關注的並不是「良知」或「心體」（這兩者跟自性這個概念高度重疊，如果細論其指稱的細微差異，則自性是指人經過蛻變的自我，心體是指該自我的意識主軸點，良知則是該自我給出對世界的本質性認知），只要來到關係主義脈絡裡的自我，豈能沒有這層超越個體意涵的自我？榮格早已在討論該議題，並視其為「第二人格」，這使得詮釋轉化後的「自性的曼陀羅模型」同樣可視作心理學要針對的行動者心理研究。有關「自性的曼陀羅模型」的詮釋，筆者覺得：歷來儒者長期辯論何謂「存天理」與「去人欲」，並探索著工夫到底要著重在「尊德性」還是「道問學」，其間「知識」與「實踐」有無先後次第，該如何最終獲致生命的合一（意即「知行合一」），因此，筆者綜合自己對儒家思想的認識，覺得應該要探索全部儒家思想都在共同面對的四大象限：「德性」、「知識」、「實踐」與「欲望」，「德性」是指人涵養精神獲得的素質；「知識」是指人認識世界獲得的內容；「實踐」是指人推展心理產生的願望；「欲望」是指人餵養生理產生的需求，前兩者係自我朝向的靜態目標；後兩者係自我朝向的動態現象，這四大象限共構人生的完整性，其概念本身具有自明的意義，所謂自明意味著這是人生四大不可或缺的內涵，人自有肉身後，就因這四個端點的交會、衝突與融合而發展出人生。當這四大象限相互交會，人應該自問：到底應該如何面對「德性與實踐」、「實踐與欲望」、「欲望與知識」暨「知識與德性」這四種不同人生的組合型態，將其匯聚與整合出來的面向做出安置，如此生命自然能由自我蛻變出自性，拔高其意境，讓自身最終完成「成聖」的理想人生。如果這四種不同的組合型態能獲得某種推展人生的解釋，當能徹底解決本來「曼陀羅模型」不能輪轉無礙的問題。每個象限本身沒有任何價值高低，卻在匯聚與整合的過程裡需要仔細琢磨如何安置，這四種交會出來的面向，共構成人生真實的喜怒哀樂與悲歡離合，然而如何降低人生因緣的劇烈起伏，保持自如不滅，這就需要做工夫。對此筆者曾在本書第二章繪圖2-2（陳復，二〇一八a），這裡便於讀者查考，再附圖如下頁：

筆者藉由修正黃光國的自我模型，來勾勒出基於儒家倫理發展出修養心理學的過程裡，有關於自我如何蛻變出自性更清晰的發展脈絡。人的自我究竟如何產生呢？如由「自性的曼陀羅模型」來看，筆者認為自我本由「德性—欲望」（簡稱德性線）與「知識—實踐」（簡稱知識線）這兩個軸線的交會而來，意即德性與知識的兩線虛擬交會就構成意識裡的自我。首先談這兩個軸線的內涵：（一）德性與欲望（第一軸線）：德性線最真實的問題，就是如何跟欲望取得協調，不讓欲望馳騁與壓制住德性，反讓德性引領欲望獲得平衡，讓欲望的疏通過程不違背德性的期待，譬如人都需要賺錢來養活自己與家人，然而，在路上無意間看見一大筆錢，撿錢偷偷放到口袋是欲望，撿錢交給警察則是德性，克服獲得橫財的欲望，卻認真賺錢來養活自己與家人，在這些面臨考驗的過程裡，人就意識到自我的存在；（二）知識與實踐（第二軸線）：知識線最真實的問題，就是如何藉由實踐來印證其知識獲得成立，使得知識不再是夢幻虛無的抽象概念，知識更促進實踐，使得實踐產生真實的動能，譬如人都會到學校讀書學習知識，知識越深化人就越容易經由概念辨識出自我的存在，然而，人學習知識不應該只讓自我意識壁壘井然，如果只有藉由讀書考取功名來讓自我獲得存在感，卻沒有意識到知識本來應該放到社會裡印證或修正。德性線與知識線的各自構成與相互影響就會培養與發展出人的自我，「德性與欲望」獲得平衡暨「知識與實踐」獲得平衡，平衡能促進

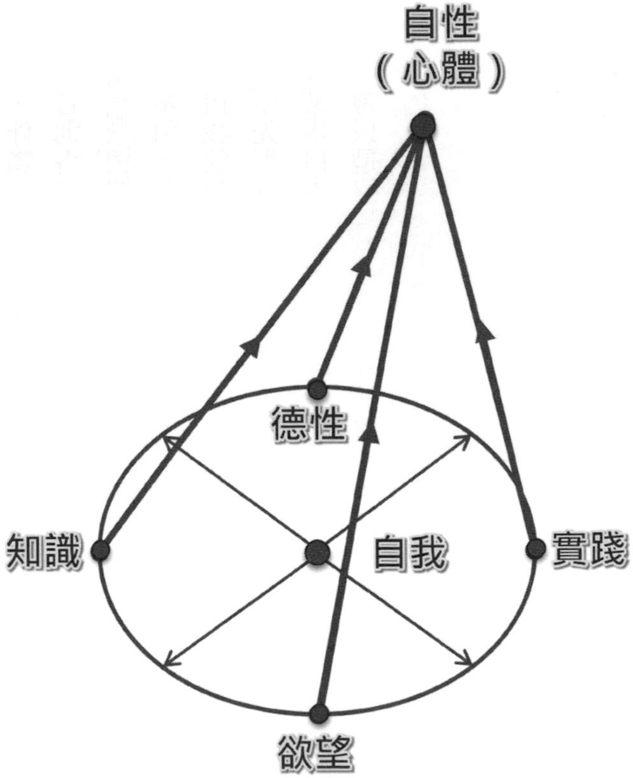

自性的曼陀羅模型圖

生命的正向發展，獲得滋養，則自我就會逐漸蛻變出自性，這就是「相生」的意義；反過來看，「德性與欲望」呈現失衡暨「知識與實踐」呈現失衡，失衡會釀就生命的負向發展，彼此衝突，則自我就會呈現停滯與空轉，這就是「相剋」的意義，這就來到筆者的論點：人生本質充滿著生剋關係，通過生剋關係而出現人生的悲歡離合與喜怒哀樂。奧地利心理學家佛洛伊德認為「自我」是「內在心靈與外在世界的通道」，其機能在調節這兩者，結合、統整與協調內在幻想與外在現實，自我必須使得內在幻想合乎外在現實的要求，更要通過外在現實的改變來滿足內在幻想的要求，因此有個轉變過程，讓內在幻想與外在現實趨於一致（佛洛伊德，二〇〇〇：一一一—一一五），這種轉變佛洛伊德稱作「修通」（working through），修通的過程很難避免痛苦，伴隨著強大的情感衝突，如果在輔導或諮商領域裡，當事人常需要時間來完成修通的過程，專業工作者則需要等待，來讓事情順其自然地發展（Freud, 1958：155）。筆者將自我給出更精確的內涵，並覺得佛洛伊德對自我的前面觀察並沒有錯誤，德性線與知識線的交會裡，人的自我常因受到欲望與實踐的牽引，很難不會面臨痛苦，藉由自甘墮落來沉淪於痛苦，或尋歡作樂來逃離出痛苦，不同的現象都因為自我的執著而無法掙脫，然而對痛苦情緒的忍受，並在痛苦當中忍受處境的模糊與不定，在其中逐漸讓原先拒絕的處境內蘊的意義呈現，這是受苦者生命改變的關鍵（盧怡任、劉淑慧，二〇一四）。自我感就來自人深受痛苦的折磨，或進而克服獲得對生命主體的領會，當人克服欲望與實踐的牽引，自我感不會只是停留在原狀，而會逐漸往上昇華，這其實就是由自我逐漸蛻變成自性的歷程。

第四節　兩線四面理論：陰陽五行學說的新詮釋

筆者接著從「相生」與「相剋」的觀點來談四個面向，闡釋的過程裡，我們會加入「內在性擴張」、「內在性止息」、「外在性擴張」與「外在性止息」四個人生動能，意即「人的心靈內在向度」暨「人的社會外在向度」呈現正向或負向的狀態，擴張與止息相對，表示內在心靈或外在社會的收穫值產生「增加」或「減損」，藉此說明生剋關係如何產生：（一）德性與實踐（第一面向）：這是儒家倫理最看重的層面，德性如何藉由實踐獲得彰顯，或實踐如何藉由德性看見主體存在的意義，活出光與熱的人生，兩者相生則人的內在性擴張，兩者相剋則人的內在性止息；譬如看見老人家過馬路跌倒，你就在其身後，立即往前扶他一把，讓他站起身來，不論老人家有無跟你道謝，你的心中都因為實踐德性而產生喜悅感；如果你旁若無人自顧自離開，不論老人家是否安全無虞，你的心中都會因為該實踐德性卻不實踐，而在心中產生負惡感。（二）實踐與欲望（第二面向）：這是日常生活最真實的層面，因為人的意念有各種欲望牽引而落實在生活裡，就形成社會的百態寫照與個人的愛恨情仇，兩者相生則人的外在性擴張，兩者相剋則人的外在性止息，譬如你擔任公司職員，認真把分內工作處理妥當就是你的職責，因為辦理如宜你就會希望獲得獎勵，甚至未來能升遷成為主管，這是實踐與欲望結合；然而，如果你辦理工作卻不受主管賞識，讓你心灰意冷，要不會想換工作，甚至可能讓你再無奮鬥的欲望，只想應付了事。（三）欲望與知識（第三面向）：知識因欲望而滋生，意即欲望是知識的起點，人本來未知，因有欲望而開始構築知識，欲望卻因知識而滋生更大的欲望，兩者相生則人的外在性擴張，兩者相剋則人的外在性止息；譬如人類因為想要登陸月球甚至探索銀河，因此需要發展太空科技，這時候有關天文學的知識就會不斷擴張；如果人類的欲望是儘快探索如何在地球獲取維持國家發展的能源，因為該時期經費排擠的緣故，這時候太空科技的需求性降低，有關天文學的知識就不會快速擴張。（四）知識與德性（第四面向）：知識與德性常相互影響，一般人通常表現出知識高則德性低，知識低則德性高，然而知識與德性更需要獲得平衡與兩全，兩者相剋則人的內在性止息，兩者相生則人的內在性擴張。譬如人如果太強調知識的抽象面或技術面，忽視德性會影響人如何理解與應用知識，這時候知識與德性相互衝突，知識的豐富與否與德性毫無干係（使得德性低落），人的內在就變得貧瘠：反過來說，如果知識與德性互補，從知識解析更細密釐清德性，人的內在就會擴張。冀圖讓觀念更具象化，筆者製作「兩線四面說明表」如表一：

這個「兩線四面」可與傳統的陰陽五行學說相互結合來談，成為陰陽五行學說的新詮釋：首先與五行學說結合來展開詮釋，「兩線」屬於構成自我的性質，共同居中屬土，這象徵自我具有根基性，這是構成社會性個人的基石，「知識與實踐」暨「德性與欲望」雖具土性卻已涵蓋四大象限，已具備包納水木火金這四大元素（因為只有土纔能包容與容納這些不同元素於一爐）；「四面」裡「德性與實踐」居北屬水，這象徵德性具有順柔性，「實踐與欲望」居東屬木，這象徵實踐具有生發性，「欲望與知識」居南屬火，這象徵欲望具有燃燒性，「知識與德性」居西屬金，這象徵知識具有銳利性。順柔性、生發性、燃燒性與銳利性就是人會不斷變化的四大性質，從「五行相

表一　兩線四面說明表

	兩線四面	留戀自我	獲得自性	方位	屬性	四象	象徵
自我性質（兩線）	知識與實踐	相剋（外在性擴張）	相生（外在性止息）	中	土		
	德性與欲望	相剋（內在性止息）	相生（內在性擴張）	中	土		
自我體現（四面）	德性與實踐	相剋（內在性止息）	相生（內在性擴張）	北	水	太陰	玄武
	實踐與欲望	相生（外在性擴張）	相剋（外在性止息）	東	木	少陽	青龍
	欲望與知識	相生（外在性擴張）	相剋（外在性止息）	南	火	太陽	朱雀
	知識與德性	相剋（內在性止息）	相生（內在性擴張）	西	金	少陰	白虎

生」的角度來詮釋，因「木生火」，實踐帶來的欲望就會探索未知生出相關的知識；因「火生土」，欲望帶來的知識就會形成人對自我的剛性認識；因「土生金」，實踐與欲望會使得知識與德性形成辯證的關係；因「金生水」，知識與德性的辯證相生就會裨益德性展開實踐；因「水生木」，德性展開實踐就會在過程裡再刺激欲望的滋生；從「五行相剋」的角度來詮釋，因「木克土」，實踐生欲望令自我停滯不前而無法蛻變出自性；因「土克水」，自我因人的知識太執著導致德性無法付諸實踐；因「水克火」，德性付諸實踐使得知識的產生不再受欲望牽引；因「火克金」，欲望引導出知識令德性與知識相互摩擦與抵銷；因「金克木」，知識與德性相生使得欲望無法再被實踐引導。解釋完筆者根據五行學說原創的闡釋，我們依據前面「兩線四面說明表」接著來談陰陽學說，尤其傳統典籍《易經》內蘊著陰陽交替的道理（王鎮華，二〇〇六；南懷瑾，一九九一a、一九九一b；陳居淵，二〇〇二；傅佩榮，二〇一一；傅隸樸，一九八一；黃慶萱，二〇〇三、二〇〇七；劉玉建，二〇〇五），反映出陰與陽兩者呈現「亦此亦彼」、「相互轉化」與「生生不息」的特質，陽象徵自強不息與陽剛開創，陰象徵厚德載物與陰柔包容，根據劉淑慧教授（後面簡稱劉淑慧）帶領的研究團隊相關研究結果顯示，如果從「生涯願景」（career vision）及「籌劃策略」（projecting strategies, ways of being-in-the-world）的角度來思考（劉淑慧，一九九六、二〇〇五；劉淑慧、朱曉瑜，一九九八），可發展出「精挑掌控」與「悅納變通」兩種有關生涯願景的籌劃策略原型（劉淑慧，一九九六、一九九九；劉淑慧、朱曉瑜，一九九九；劉淑慧、邱美華、胡嘉琪、吳思佳、張歆祐，二〇〇〇）：（一）悅納變通是由陰生陽：懷著好奇欣賞、直觀體驗的陰柔悅納意圖迎接不確定性，因而會發掘資源、開啟創新目標和行動計畫，彈性調整，樂觀冒險，享受變化；（二）精挑掌控是由陽生陰：冷靜觀察、理性解析之陽剛的掌控意圖迎接不確定性，因而透過理性解析知己知彼、消除不確定性，藉以固守既定目標和行動計畫，追求安穩（劉淑慧、王智弘，二〇一四）。劉淑慧的研究團隊指出，生涯發展可透過太極陰陽圖，描繪出持續轉化而不斷朝向本真開展的樣貌。具體而言，生涯發展者若能適時援用這兩種籌劃策略原型，就可讓陽剛掌控意圖帶出陰柔的安穩守舊行為，安穩守舊所蘊含的陰柔悅納意圖則又帶出陽剛的享變創新行為，兩種籌劃策略交互轉化，就能在生涯中活出韌性、熱情和幸福（李玉婷，二〇一〇；高先瑩、劉淑慧，二〇一二；彭心怡、洪瑞斌、劉淑慧，二〇一三；張靜怡，二〇〇八；劉淑慧、王智弘、陳弈靜、鄧志平、楊育儀、林妙穗、蘇芳儀、盧怡任，二〇一三；蕭景方，二〇〇六）。這種生涯發展歷程蘊含一體兩面：一是活在世間的生活經驗，一是活出天道的生命意義（意即華人關注的心性修養）。因此，理想的生涯發展者既能穩穩扎根大地（立地），更能昂然承接長天（頂天）。其模型如圖7-3（劉淑慧、王智弘，二〇一四）：

這裡徵引劉淑慧研究團隊的看法，主要想指出陰陽學說不只可用來闡釋外在的生涯規劃，更可用來闡釋內在的心靈蛻變（意即自我如何發展成自性），因為前面談「精挑掌控」與「悅納變通」具有的「相反而相成」，正就是心靈獲得蛻變，由自

圖7-3　頂天立地的生涯發展模型

我發展出自性的動能，這種新詮釋對於輔導與諮商領域的本土化相當有益。在陰陽與五行外，傳統尚有「四象」的說法，《易經．繫辭傳》有「兩儀生四象」的觀點，按照前面「兩線四面說明表」，筆者提出「兩線四面」如與《易經》體系裡談的「四象」（four spirits）結合來檢視，會進而得出一套有關四象學說的系統性詮釋：《易經》的「四象」主要是在說明陰陽相互往來交流在日常生活裡產生的四種現象，與我們這裡談的四大面向相互解釋，由「陰」與「陽」這「兩儀」的相互推演（意即「精挑掌控」與「悅納變通」相互作用產生的「相反而相成」），接續生出「少陽」、「太陽」、「少陰」與「太陰」這「四象」，四象中，「太陰」處於蓄積與寧靜的狀態，守候著未來的變化；「少陽」表示情況開始發生變化，外在環境開始牽引；「太陽」表示日正當中，強烈的態度接管全部的情況；「少陰」則受到蓄積的能量牽引，開始推往內在前行，整個變化會由太陰當作周期的起點；太陽當作周期的終點，如此周而復始，舉個兩性情感的議題來說，譬如周郎作為年輕男性，本來對兩性沒有任何想法，只知道認真讀書與工作，這就是處於最原始的太陰狀態；然而，有一天他看見雲娘，初相見的時候，彼此頗有好感，但相互並不熟悉，周郎尋求交往，雲娘同樣有意，兩人開始建立關係，這就來到少陽狀態；經過交往，兩人如膠似漆，形影不離，進而論及婚嫁，彼此成為夫妻，關係就來到鼎盛期，這就是太陽狀態；接著兩人生兒育女，共同在生活裡打拚，隨著激情的退卻，常在關係裡有爭執與磨合，這就來到少陰狀態；當兒女都長大，彼此年華逐漸老去，開始回歸本來面目，如果懂得相知相惜，相伴終生到死亡，這就來到最終點的太陰狀態。如果將四象的概念搭配到我們「兩線四面」來檢視，正如「知識與實踐」居於「陽」，「德性與欲望」居於「陰」，這樣的配置反映出我們覺得知識居剛性而德性居柔性，兩者循環共構出人的自我意識，由自我作為發端點，開始從「實踐與欲望」的「少陽」（自我因實踐本身產生欲望）；接著發展到「欲望與知識」的「太陽」（自我因欲望開發產生知識）；再接著發展到「知識與德性」的「少陰」（自我因反思知識產生德性）；然後再發展到「德性與實踐」的「太陰」（自我因德性彰題展開實踐），每個面向的構成都有其表裡關係，意即能量由裡層推展顯現於表層，該表層再經轉化成為下個狀態的裡層。從日常生活探討這些面向，譬如某位學生因來到學校讀書而產生想考第一名的欲望，因為想考第一名的欲望而獲得各種課程相關知識，因獲得課程相關知識而了解比考第一名更重要的生命價值，然後因把握住生命價值而開始在生活裡將自己的體會付諸於實踐，藉此幫忙社會。這個過程裡，生命會不斷周而復始地向前循環（包括推演出八卦，再跟著交錯出六十四卦），人如果能保持覺察，就在由「盡己」到「推己」的過程裡逐漸由「自我」蛻變出「自性」。即使在傳統脈絡裡，四象學說都未曾經由系統性的詮釋應用於人生，筆者首度提出這個創見，未來預期將能持續發展於輔導與諮商領域。最後，有關四象與四面在卦位的對應，筆者特繪製「四象與四面對應圖」，構圖如圖7-4：

第五節　總結：解決難題需要的兩線四面工夫論

論者或謂：相比於宗教常見的各種靈性修持，這裡談的工夫論並未探索把握住自性的密法，是否可稱作嚴格意義的工夫論？儒家的工夫論大抵區隔為實踐工夫（即工夫即本體）與觀念工夫（即本體即工夫），前者包括靜坐、冥想、祝禱、習字、練琴與下棋，日常生活裡只

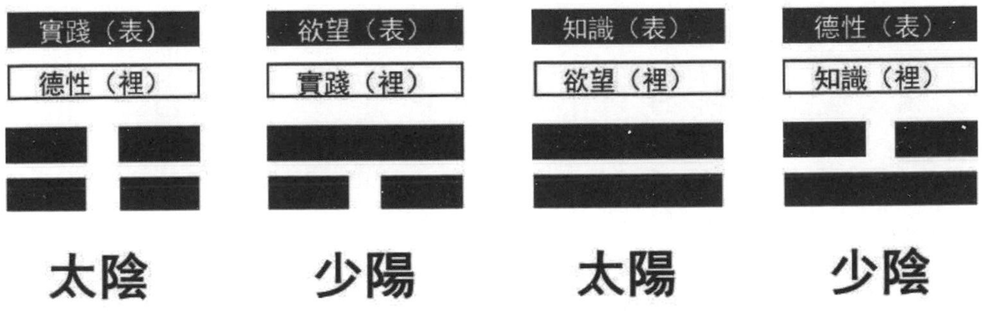

圖7-4　四象與四面對應圖

要藉由實際身體操練來心靈對話者，無不可視作實踐工夫；後者則主要將「事上磨練」提高到「意上磨練」，意即只要在意念裡展開觀念轉換，讓生命因當下了解自性而當下豁然開朗，這就是觀念工夫（陳復，二〇一六）。由於我們這裡主要從輔導與諮商的角度來談工夫論，這意味著我們希望提供輔導師或諮商師了解儒家思想其實有具體的次第，可提供自身操練，並引領當事人循序漸進由自我來到自性，誠如杜保瑞指出：儒家的工夫論著重本體工夫為根本型態，主旨在純粹化主體的意志，儒家培養意志的活動主要是就心理狀態的涵養與察識，藉此從事意志鍛鍊的活動，該工夫的鍛鍊有其先後獲致不同程度「次第」的議題，並有達到不同狀態「境界」的議題，更有如何操作於日常生活的「實踐」的議題（杜保瑞，二〇〇七），王智弘從倫理自我修為的角度，曾彙整儒家典籍內容提出「學思並重」、「學行兼備」、「謹言慎行」、「自我反省」、「定靜安慮」與「言行合宜」這六種方法（王智弘，二〇一六），筆者深信這些工夫如果從純粹實踐的角度而言當然都極其有益，不過尚需與當前學術語言有對話的過程，使其不只是個可操作的實踐工夫，更是個可操作的觀念工夫，從而在輔導與諮商領域獲得落實，因此提出更具有結合理論與應用的兩線四面工夫論。我們當前的重點在如何構築「由自我到自性」的具體次第，如果人的自我意識濃郁，導致生命在不知不覺間跟「天」、「人」、「物」與「我」產生隔閡，則倫理療癒的重點首先應該放在人自己如何不會高築自我的城牆，而能活出更寬闊的生命視野。按照筆者提出的脈絡來檢視，不只構築出儒家倫理治療理論，通過知識化的學術闡釋，有關修養心理學的工夫路徑會變得更清晰。我們稱作「儒家倫理治療」，意味著這是種有關儒家倫理的修復機制，認同儒家思想者不應該再認同道德教條，而應該藉由具體的觀念次第來展開心靈的修復，使得生命因活出自性而活出倫理，徹底避免「禮教殺人」的弊端。

筆者覺得：「兩線四面」這套系列理論對於人如何由自我蛻變出自性提一套系統化的觀念路徑，將傳統概念賦予現代意義，使其成為知識化的學術脈絡，獲得操作性的具體條款，這是對筆者在談智慧諮詢如何應用於生涯規劃的繼續發展，其目標在思索如何解決人的意義危機（陳復，二〇一七a）。如果轉到輔導與諮商工作來檢視，相關工作者可進而結合前面徵引王智弘提出「助人專業倫理核心概念雙元模型」，裡面指出「盡己」與「推己」的兩大動能，人的自我只要能認真落實知識並將欲望導向德性，善盡自身的責任，這就是在落實「盡己」，則自我就開始逐漸蛻變，不再內縮止息，反而會因擴張往外推，意即人開始「推己」，想要將所知與所能用來幫忙社會，這時候自我的內圈就會發生變化，形成自性獲得孕育與啟動的狀態，接著就如齒輪轉軸般影響自我的外圈跟著發生變化，其理想的路徑如：「德性—實踐」開始相生（意即德性往外付諸實踐，標號A），導致「實踐—欲望」獲得相剋（意即不再往外實踐欲望，標號B），「欲望—知識」跟著相剋（意即欲望不再產生知識，標號C），就讓「知識—德性」獲得相生（意即知識與德性整合，標號D），意即整個路徑發展成為「A—B—C—D」的良性循環，或許該良性循環可作為人面對每個單一議題時對治克服的次第，由專業工作者引領當事人在輔導與諮商的過程裡探索，這個過程就理想而言有如螺旋圈般環繞前行，然而就現實而言該螺旋圈則或會環繞退轉，這就需要人釐清觀念來善做工夫，當知識與德性不再彼此呈現任何一種消長關係，而能相互成全，讓德性通過知識而獲得實踐的能量更加大，意即欲望不再成為知識的主導，人不再馳騁欲望於實踐面，這股能量會繼續再召喚德性往外付諸實踐，「成聖」的道路就此不斷波瀾壯闊地展開，螺旋圈就會逐漸往上環繞直指自性，使其獲得孕育與涵養，最終成為證道的聖人。筆者據此再繪製「兩線四面輪轉圖」，該圖要請讀者想像有如老鷹的視野（或者空拍機的鏡頭），由最高往下俯瞰這個曼陀羅輪轉圖（因此中心點只會看見自性，不再看見自我），該圖繪製如圖7-5：

通過「兩線四面」的系列理論闡釋完自性的曼陀羅模型，我們就應該接著回答：「這套儒家倫理治療理論，其內含具體的工夫論，如何能解決黃光國難題呢？」這就要回到「黃光國難題」裡面提到的「微觀世界」與「生命世界」了。如果黃光國只是在談「個體」如何成為「個人」，其「智慧／知識」與「行動／實踐」各自被視作「微觀世界」與「生命世界」固無不可（黃光國的確有此意），然而其「兩端牽制」使得彼此會合並無可能（張蘭石，二〇一六），如此「微觀世界」與「生命世界」的斷裂，將成為永恆的「黃光國難題」，這正是當前學術研究與社會應用常呈現毫不相干的背景原因。敝人提出「自性的曼陀羅模型」將「個體」如何變成「個人」這個層面由二維角度變成三維角度，並將個人的意涵與格局擴張到「聖人」，再將「智慧／知識」中承認智慧實屬具有制高點的觀念，不應該與知識同列於一個概念範疇，讓智慧恢復具有自性的終極意義；接著，筆者解決「行動／實踐」這兩個概念並無實際差異的問題（行動即實踐），只選擇並保留實踐這個概念，再置放「德性」與「欲望」這兩個人類生活中永恆存在的兩大概念，彼此兩相對應，並讓「知識」對應「實踐」，就架構出更合理的「自性的曼陀羅模型」。重點是四個點連結成「德性—欲望」與「知識—實踐」這兩

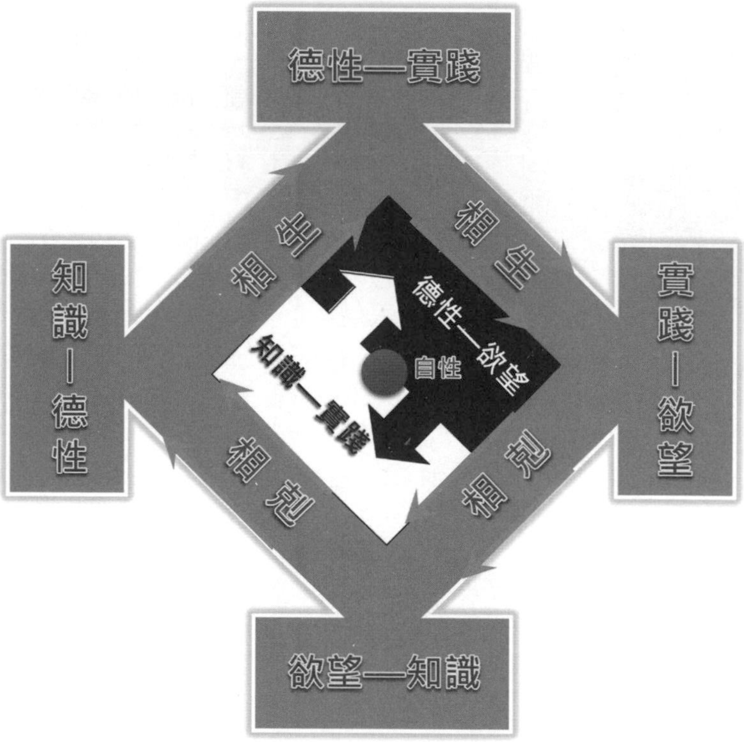

圖7-5　兩線四面輪轉圖

個軸線，彼此相交發展出現實的自我，再讓四個點交織發展「四面」（人生四大構面），「德性與實踐」具有順柔性（水），「實踐與欲望」具有生發性（木），「欲望與知識」具有燃燒性（火），「知識與德性」具有銳利性（金），順柔性、生發性、燃燒性與銳利性就是人會不斷變化的四大性質，其輪轉的過程就發展出人生，順著良性循環的系統輪轉就是工夫，裨益人依循著路徑發展出自性。該模型有關「德性」與「知識」這兩個點屬於「微觀世界」的概念（因其屬性較精細，主要在組織出思維）；有關「實踐」與「欲望」這兩個點則屬於「生命世界」的概念（因其屬性較粗鈍，主要在推動出現象），當「德性與欲望」（第一軸線）跟「知識與實踐」（第二軸線）交會共構出自我，就意味著兩條軸線裡已有「微觀世界」與「生命世界」的共融，接著在生活的動靜舉止裡，因「德性與實踐」（第一面向）使得德性的微觀領導生活的實踐，讓生命收攝精神處事；因「實踐與欲望」（第二面向）使得生活的實踐充滿生物的欲望，讓生命充滿喜怒哀樂；因「欲望與知識」（第三面向）使得生物的欲望引領知識的微觀，讓生命不斷開發未知；因「知識與德性」（第四面向）使得知識的微觀結合德性的收攝，讓生命重新謙虛做人。這個工夫論有明確的次第，卻不太像是華人平常認知的做工夫，主因就在於這不再是個純粹指向生命世界，只解決具體心靈問題的工夫；更是個開始指向觀念世界，能解決抽象思想問題的工夫，甚至兩者獲得交融，使得第一面向變成「微觀生命世界」；第二面向變成「雙重生命世界」；第三面向變成「生命微觀世界」；第四面向變成「雙重微觀世界」。「兩線四面」這套架構應該具有相當的合理性，纔會令黃光國採納，成為其「自性的心理動力模型」兩大參考資源中的一環（黃光國，二〇一八b：一五四—一六二）。

最後，回到前面談的曼陀羅，我們再從文化衍生學（morphogenesis）的角度對四象議題做個總結性討論：四象早在先秦時期，其「少陽」、「太陽」、「少陰」與「太陰」就被賦予「青龍」、「朱雀」、「白虎」與「玄武」四種神獸的象徵，並將天空區隔成東、北、西、南、中五大區域，稱東方為蒼龍象，北方為玄武象，西方為白虎象，南方為朱雀象。榮格就指出西洋文化在中世紀初期有很多耶教的曼陀羅畫，其中耶穌位居中央，四福音書的四位作者或其象徵（鷲鳥、翼牛、獅子與天使）則配置在四隅，曼陀羅的圖常會呈現十字或輪子的形狀，明顯帶有傾向四方發展的趨向，他看見精神病患都會畫出這種曼陀羅，並且，當他的病人畫出這些曼陀羅圖，並沒有受到他人的提示，這種圖畫完全是自動自發產生，早在榮格本身知道這種圖的意義前，或知道這種圖與東洋文化內蘊的修練關係前，同樣的圖畫早就有人在畫，他並指出在羅德西亞發現新石器時期的「日輪」就建立在四象的原則，這種事情竟然能追溯到人類如此遙遠的歷史，顯示其觸及人類潛意識最深的底層，且其對潛意識持續發揮強大的影響（榮格，二〇〇二：四一—四九）。就這點而言，四象表徵纔對人類具有普世性的意義。明朝中晚期因心學的影響，儒釋道三教思想獲得調和，進而出現《性命圭旨》這本融合儒釋道來展開內丹修練的著作，其除將傳統中醫裡人的身體四種內臟與外竅對應四象外，並標示出「精—水」、「神—火」、「魂—木」與「魄—金」，四象都匯聚於「意—土」，如此就能「和合四象」。根據《性命圭旨．元集．和合四象說》原文表示：「眼不視而魂在肝，耳不聞而精在腎，舌不動而神在心，鼻不嗅而魄在肺。四者無漏，則精水、神火、魂木、魄金皆聚於意土之中，而謂之和合四象也。」（傅鳳英注釋，二〇一一：一一七）該段接著談具體修身養性的工夫，使得眼耳鼻舌獲得含凝調緘，並指出：「含眼光，凝耳韻，調鼻息，緘舌氣，四大不動，使金、木、水、火、土俱會於中宮，謂之攢簇五行也。故曰：精、神、魂、魄、意，攢簇歸坤位，靜極見天心，自有神明至。」（傅鳳英注釋，二〇一一：一一七）其中「意」就是指人的潛意識到意識的通道，「坤位」則指人的自性，當人守住坤位，讓自我虛無化，意即精神魂魄都從潛意識匯聚於意識內，呈現寂靜至極的狀態，就能讓「人心」得見「天心」，使得神明與己身契合無間。尉禮賢早就在〈《太乙金華宗旨》之源流與內容〉裡指出這種世界觀是全部中國哲學流派的公產，從宇宙到個人都服從相同的法則，心靈與宇宙的關係，就像是內部世界與外部世界的關係（榮格，二〇〇二：一一一）。《性命圭旨》這本書並繪製《和合四象圖》，這裡附圖如圖7-6：

這其實就是明朝時期儒釋道三教思想融合發展出來的曼陀羅繪畫。何謂「和合四象」（coordination of four spirits）？其中「和合」與「四象」不是並列的關係，而是「和合」作動詞，將「四象」匯聚整合成一體的意思，就本來《性命圭旨》的意思是說「精水」、「神火」、「魂木」與「魄金」皆聚於「意土」就是「和合四象」，該匯聚整合的機制就出於自性（坤位）。「和合」（saṃyoga）本出自梵文，意指諸緣聚集，這是瑜伽行派（Yogācāra，又稱唯識學派，Vijñānavāda）二十四種不相應行法中的心不相應行法。這幅圖除「青龍」、「朱雀」、「白虎」與「玄武」四種神獸外，中央的火爐就是自性的

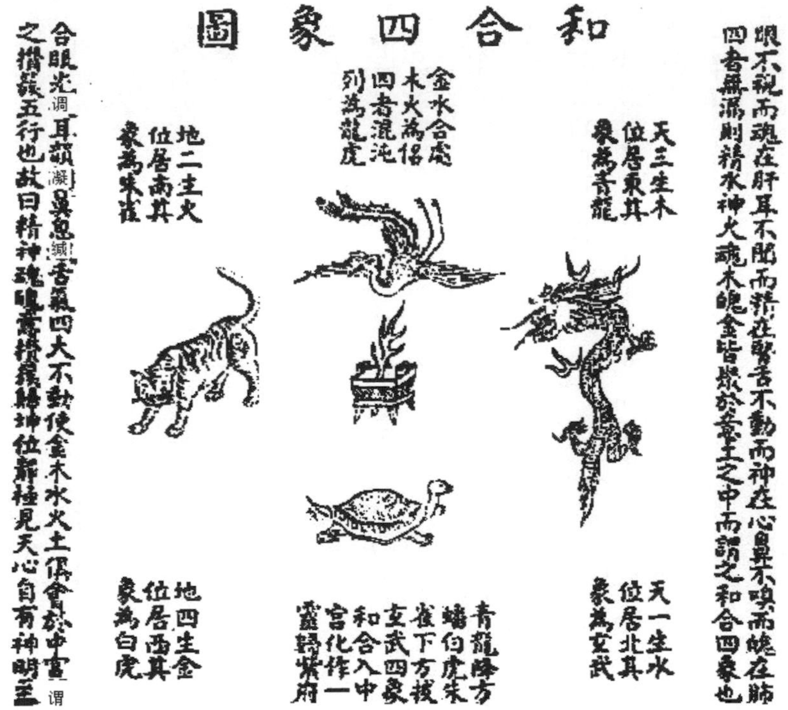

圖7-6　《和合四象圖》

寓意，表徵著自我經過烈火的鍛鍊而獲得蛻變。對輔導與諮商的專業工作者來說，前面提出「A—B—C—D」的良性循環路徑，除應該成為專業工作者自身的修養工夫外，輔導與諮商過程裡引領當事人意識到心靈的存在，藉由該路徑內蘊的相生與相剋，懂得如何往外實踐德性而不是馳騁欲望，知識則由德性給出而不再任由欲望滋養，和合四面就是和合四象，意即通過和合四面來落實和合四象，這是輔導與諮商幫忙人發現自性的工作過程裡，可提供輔導師或諮商師與當事人共同依循的目標。前面的討論只到四象為止，如果繼續推演下去，還要進而開始研究如何將輔導與諮商結合《易經》的八卦，架構有關八卦學說的新詮釋，譬如建構占卜為媒介的單元輔導與諮商模式，透過易經占卜的實務操作與流程，發展出「關係建立、尋找占卜時機、占卜原理與解說、起卦與記錄、解卦」這些階段作為輔導與諮商過程（洪鎰昌、許忠仁，二〇一五）。尤其將易經融合到諮商領域，目前尚未有精確獲得公認的諮商歷程，而諮商歷程通常涵蓋有助人者（諮商師）與求助者（個案）的互動關係建立，個案本身具有改變的意願或動機，在引導裡展開探索與改變，最後透過行動達成改變這些重要的歷程特徵；其中藉由易經思維或其卜卦的媒介，最大的特色在於藉由《易經》的解卦過程更容易獲得社會一般民眾交流的機會（鍾進添，二〇〇一）。筆者特別留意到林俊德教授（後面簡稱林俊德）有針對結合《易經》與諮商設計「起，承，轉，合」四個階段：（一）第一階段：個案對個人問題有約略知覺，意識到個人困擾的存在，諮商師工作重點在與個案建立互動關係，諮商師的工作原則應該放在對個案的生命故事有同理的傾聽與理解，同時逐漸引導個案尋覓與其故事相應的易卦，參照卦象獲得對應關係，藉此當作下個階段諮商進展的參考。（二）第二階段：諮商師引導深化個案對個人困擾故事的訴說，同時參照易經思維作為架構，尋覓易卦與個案經歷的生命故事（問題困擾），尋求可能對應的易經卦象，再從卦爻辭中尋找對應啟發的易卦，意即透過卦爻內容與時位關係，引導個案對生命故事的訴說有更深入的探索與理解。（三）第三階段：個案透過新的觀點來看待自己的故事，轉變由此產生。透過前一階段對應個案易卦的尋覓，獲得對應個案生命故事脈絡具有明示或隱喻的卦爻辭，從其中的時位關係（易經思維與其他諮商理論最大差異，乃在於透過易經思維，可知過去、現在與未來，獲得趨吉避凶的智慧），尋覓個案問題解決的策略。（四）第四階段：統合個案在諮商歷程中的體驗，與回饋整合其洞察與行動結果的檢驗階段，驗證個案依據易卦所獲啟發的嘗試結果或回饋修正。個案透過諮商過程由易卦的對應解說中，理解個人的困擾問題狀態，由與諮商師對易卦的時位關係討論中，理解個人所處情境及後續可能的變化，而能夠對自己的問題做出改變（林俊德，二〇一八）。茲因這四個階段頗具有前面的四象特徵，因此在這裡補充進來，如能與筆者提出的「A—B—C—D」這個良性循環路徑結合來實作，《易經．繫辭傳》內蘊「四象生八卦」的觀念，這可視作在輔導與諮商領域持續發展易理的落實辦法。本章主旨不在提出黃光國有關「自我的曼陀羅模型」的修改版本，而係針對「黃光國難題」，深入探究發展「自性的曼陀羅模型」該有的路徑，從而提出作者應用陰陽五行學說，重新創立「兩線四面理論」，期與黃光國既有的模型構成理論競爭，並讓心學心理學化，成為華人本土社會科學脈絡中具有理論指導意義的心學心理學（陳復，二〇一七b）。本章尚未針對黃光國後期思想進行深入討論，至於「兩線四面理論」本身應用陰陽五行學說的精確性，且該詮釋相比於黃光國後來主張「自性的心理動力模型」，在理論層面具有如何的競爭性，則有待於後續探究。

（本文發表在《中華輔導與諮商學報》第五十八期，二〇二〇：四七—八四。）

第八章

破解黃光國難題

如何構築清晰的知識論策略

前言

當我們冀圖思索如何依據儒釋道思想的共法，給出現代化的學術詮釋，藉此架構華人本土社會科學，「自性」（the Self）就成為不可迴避的核心議題。黃光國引用榮格的「八面體」來描繪「自性」的結構，同意榮格指出要了解自性，就必須意識到包括個人潛意識與集體潛意識在內的全部潛意識內容，但黃光國並未承繼榮格對潛意識的詮釋，還是回到程朱理學與陸王心學的思想詮釋，甚至談到筆者提出的「冥契主義」（mysticism）如何體證本體與相應該有的修養工夫，藉此對比其內容與神祕主義（occultism）的不同，但缺乏相應的論證與體證。

林耀盛提出「坦塔洛斯的困題」，從思「反」心理學研究的角度，反對實證主義心理學的單一判準，主張「返」回生活世界，展開「文化思想考古」，破除「文化自我中心的成見」，進而挖掘心理學屬於「歷史」的本來面目。黃光國同意林耀盛的觀點，但始終無法承認心體有超越主客對立性的特質，只承認人類思維有「主客對立性」與「個人主觀性」兩種，並將筆者主張的歷史實在論（historical realism）與精神實在論（spirical realism）引入「個人主觀」的角度來詮釋，從來不曾真實了解到中國思想具有「天人合一」與「主客合一」的特徵。

張蘭石指出華人在面對宗教信仰層面有別於西洋文化的宗教信仰，因此在宗教研究層面需要展開相應的「典範轉移」，並將影響社會變遷的文化的「文化系統」進而轉化為「後現代智慧」。黃光國認為必須依據「多重哲學典範」與「文化實在論」來建構「含攝華人文化的理論」，「建構含攝華人文化的理論」，便是「將儒釋道文化系統轉化為後現代智慧」；要建構華人自主社會科學，便須完成社會科學的典範轉移。張蘭石教授繼續追問「黃光國難題」成為「四句辯證」並構築出清晰的知識論策略。

黃光國對儒家傳統修養觀念並不熟悉，於身心修養工夫也未有任何關注與操練，使得他在各種基礎錯誤認知裡架構出有問題的自我修養理論，也未曾深度體證儒釋道思想最核心的自性內涵，很難對自性修養該如何現代化有實質認識。夏氏研究團隊針對佛學與榮格講的自性不同，提出「自性與修養兩難題」。中國人不難接受佛教「涅槃」的說法，而儒家對於「道德主體」的重視，則使中國高僧自覺或不自覺同樣會強調「佛性」，這就是「主體我」時時刻刻在追求「至善」，這是儒家成聖觀念轉化成中國佛學義理的持續發展。

當前時空背景視域裡，「儒佛會通」能在「中西會通」的過程中，交織與架構出華人本土社會科學的重要資源，這個整合亟需有清晰的知識論策略。中國學問著重於「主客合一」，如果沒有階段性使用「主客對立」的語言型態，將思考指向的目標對象化，藉此構築概念來獲取客觀知識，則我們將無法完成具有現代意義的學術。我們這群思源學圈的同道多年來共同真實無隱展開激烈的辯論，大家的討論無不圍繞在釐清抽象概念的正誤，從而獲得可信的知識基礎，更希望建構出能精確闡釋儒釋道文化的理論，尤其需要澄清根本問題並獲得共識。

第一節 黃光國對中西本體論抱持著模糊態度

黃光國教授（後面簡稱黃光國）獲得國立臺灣大學的經費支持，本來自己擔任《破解黃光國難題的知識論策略》的主編，後來卻告訴筆者說：「我現在已退休，你的路還很長，希望由你來擔任主編，做個起點，未來繼續發展我們這些年來論辯的學術議題。」筆者無法推辭黃光國的盛情厚意，只能堅持由我們兩人共同擔任主編，並親自校稿，來讓這本書有個圓滿的終點，讓大家了解《破解黃光國難題的知識論策略》這本書編輯的來龍去脈，並冀圖展望未來的起點。這本書除筆者與黃光國外，共同作者還有國立臺灣大學心理學系林耀盛教授、閩南師範大學心理學系張蘭石副教授、國立高雄師範大學諮商心理與復健諮商研究所夏允中教授、玄奘大學宗教與文化學系陳泰璿與張峻嘉兩位碩士。筆者係黃光國外，最早仔細讀完整本書的人，針對這本書，筆者想順著每位學者的文章做個脈絡認識與思想評論，來當作本書總結。這本書是具有論文性質的合集，每篇文章後面都附有黃光國的答辯文，合計十三章，首先由筆者〈黃光國難題——如何替中華文化解開戈迪安繩結〉揭開全書序幕，這篇文章最早是筆者民國一〇四年十一月七日在臺大召開「心理學第三波：黃光國教授『榮進』學術研討會」上宣讀的會議論文，並刊登在《本土心理學研究》第四十六期（二〇一六），「黃光國難題」就是在其間首度提出來，黃光國對此深表認同，並在稍後撰寫的《儒家文化系統的主體辯證》第一章就闡釋這個難題（黃光國，二〇一七），有關「黃光國難題」的觀念脈絡與論辯調性就此獲得確立。筆者在文中指出，黃光國講的「自我的曼陀羅模型」（mandala model of self），其「自我」只有社會性意義卻沒有終極性意義，殊不知「曼陀羅」（mandala）的本意是指宇宙森羅萬象且圓融內攝的本質，從該本質出發成為個人匯聚與修持能量的中心點，象徵著心靈的整體性，有關該整體性的相關內容，筆者使用「自性」（the Self）來指稱（二〇一六）。《儒家文化系統的主體辯證》書中與「黃光國難題」有關的內容，筆者已做出回應（見第五章。陳復，二〇一八b），這裡茲不再重複。黃光國後來再針對該篇論文撰寫〈「自我」與「自性」——破解「黃光國難題」的策略〉一文回應，作為這本書第二章，這篇文章可看出黃光國思想的飛躍性進展，尤其他開始正面承認「自性」（the Self）這個議題的客觀存在，並承認「自我的曼陀羅模型」與「人情與面子的理論模型」（theoretical model of Face and Favor），確實把中華文化傳統中的重要層面給「暫時擱置」，這點筆者要給其高度肯定。眾所皆知，黃光國童年經歷過國共內戰與國府遷臺的巨變，這些戰後嬰兒潮一輩的中國知識分子，繼承清末民初五四的思潮，更面臨著臺灣物資緊缺與百廢待舉的社會環境，如何用工業來重建家園成為社會的主流思維，不只學術圈，甚至整個社會都具有濃厚自認的「務實取向」，這實屬長期存在的正常現象，這種「務實取向」在學術領域最鮮明的特徵，就是不只重視技術產業的研發，人文與社會科學領域會照搬西洋哲學的理論來套用到社會解釋，更常懷抱著強烈「實證論」（或稱實證主義，positivism）的傾向。何謂實證論？如果按照項退結編譯布魯格（W. Brugger）的《西洋哲學辭典》所說（1989: 279）：「凡是要求任何科學必須可感覺到的事實做出發點，並自限於描述可感覺事實及其規律的哲學看法，這就是實證論。」這是種出自「實際驗證」為中心的哲學思想，只求知於經驗當作材料來證實某件可重複發生的事情為真，拒絕再做任何形上學的思辨。殊不知當西洋學術自身到二十世紀都已發展後實證論（或稱後實證主義，postpositivism）的科學哲學各類觀點，我們如果還在固著於十九世紀法國哲學家孔德的學說，這樣是否太過於抱殘守缺？

當我們冀圖思索如何依據儒釋道思想的共法，給出現代化的學術詮釋，藉此架構華人本土社會科學，「自性」就成為不可迴避的核心議題。由於學術現代化過程中，「中西會通」實屬關鍵，黃光國開始引用榮格的「八面體」（ogdoad）來描繪「自性」的結構，並認為這有益於我們認識「自性」到底是什麼，這點筆者早年已跟黃光國說明榮格思想對於我們探索自性的重要性，對於黃光國做此重大的觀念轉折，自然能理解與同意。然而，黃光國對自己轉引榮格的「八面體」來解釋自性有點語焉不詳，他表示榮格建構理論的辦法與自己不同，然而他本人對自性議題到底有什麼看法呢？他只表示八面體由兩個對反的金字塔所組成，立體的曼陀羅是金字塔的上半部。下半部倒立的金字塔表徵「集體潛意識」，兩個金字塔間的「四方位體」，表徵出生那一剎那。上半部的金字塔表徵自出生後的生命。立體曼陀羅的六層底座，「智慧」的四方形：最上面是代表「慈悲」的圓形。其橫截面則是懸在其間的「自我的曼陀羅模型」，表徵個人生命中某一特定時刻「自我」置身的狀態。「自我」（ego/self）則位於各種力量匯聚的中樞，他並指出當「自我」以其「意識」回想他過去的生命經驗時，從出生到現在所有的生命經驗都儲存在他的「個人潛意識」裡（二〇一九：三六—三七），黃光國同意榮格指出要了解自性，就必須意識到包括個人潛意識與集體潛意識在內全部潛意識內容，但如果要細論，黃光國並未承繼榮格對潛意識的詮釋，還是回到程朱理學與陸王心學的思想詮釋，甚至談到筆者提出的「冥契主義」（mysticism）如何體證本體與相應該有的修養工夫，藉此對比其內容與神祕主義（occultism）的不同（二〇一九：五一），殊不知這些義理都需要論證與體證，否則都只是照搬套路來說的外部知識，而不是瑞士學者耿寧（Iso Kern）探討心學在直指的「原初知識」（德文譯作 ursprüngliches Wissen）。黃光國快筆即將這些論點轉植成自己的意見，是否有經過自己思想脈絡的細緻消化呢？筆者不無疑問。並且，筆者提到有關黃光國對中華文化傳統的分析策略，曾經繪製一張圖，黃光國使用該圖，去掉中間自己指出本來包容廣大的「多重哲學典範」（multiple philosophical paradigms），卻將其改成「結構主義」（structuralism），他說這是因為人類學者尋求表象裡的深層結構，這是西洋文化傳統，跟中華文化關注「陰」與「陽」的宇宙論，從中發展出來的有機論科學完全不同（二〇一九：五二—五三）。既然如此，且不說黃光國是否對人類學者提出的「結構主義」有任何細緻的理論架構或實質的田野調查，依據這樣將「結構主義」置於中央脈絡而給出有關「微觀世界」（micro world）與「生命世界」（life world）的看法，筆者估計其旨在藉此說明「人類心智的深沉結構」具有無比重要性，結構主義側重對結構（交互關係）的認識，不甚關注探討本質的議題，這種著重人類文化表意系統（systems of signification）的釐清，其觀點跟黃光國主張「人類心智的深沉結構」並不見得相同，如何就能精確詮釋長期關注「天人合一」的中華文化，並使得該文化內學術的「微觀世界」與社會的「生命世界」獲得相互溝通呢？黃光國已發現實證論者在本體論（ontology）採取「極端經驗論」的角度，認為藉由感官經驗獲得的事實（empirical facts），這就是唯一的「實在」（reality），科學家不需要在經驗現象的背後追尋任何造成該現象的原因或理由，然而他主張的建構實在論（constructive realism）與批判實在論（critical realism）如果能解決該問題，筆者覺得關鍵點就在承認「建構的實在」（constructed reality）具有開放性，能按照理性的脈絡來詮釋「實在的自身」（actuality），從中發現持續存在並獨立運作於我們知識外的實在結構（real structure），果真如此，則微觀世界與生命世界的中央需要「多重哲學典範」來展開對話與交融，而不是靠著已經有自身理論架構卻不見得合用的「結構主義」，不同大家各有不同說法，更何況黃光國主張「人類心智的深沉結構」到底是否具體符合任何一位西洋人類學家對應結構主義的什麼說法呢？他從未回答這個問題。據此，筆者覺得自己替黃光國梳理的觀點更具合理性，在「多重哲學典範」做支撐的人類主體與思想熔爐內，建構實在論與批判實在論共同成為其主幹思想，使得微觀世界與生命世界獲得溝通，這纔能精確指出黃光國帶給華人本土社會科學的精神資產。筆者曾繪製的「關係主義方法論」，請見第一章圖1-3（頁五一），這裡不再重複（陳復，二〇一七a）。

林耀盛在本書第三章〈「榮進」之後——黃光國難題，我們的難題〉首先引用社會學家鮑曼（Zygmunt Bauman, 1925-2017）的觀點，認為典型的「現代世界觀」充滿著「立法者」（legislators），其態度是建構各種理性的規範、準則與界限，然而我們置身於後現代社會，卻有太多問題需要「闡釋者」（interpreters），在各種現象裡展開應變詮釋，這種狀態卻在立法者的特設規範內，往往屬於受限而很難觸碰的領域或範疇（二〇一九a：六八）。林耀盛徵引這個觀點，表示其的確看出這種角度與角色的差異，而且這更是此刻華人學術圈（尤其在臺灣）存在的世代鴻溝，戰後嬰兒潮世代經歷過戰亂（尤其國民政府自大陸來臺灣），沒有前世代的包袱，對於社會重建很難不採取「立法者」的剛性角度，卻很難意識到當前社會經歷過戰後的重建，已經逐漸轉型到壁壘或疆域逐漸模糊的新環境，學術更需要有人採取「闡釋者」的柔性角度，做出跨領域的闡釋，而不再是採取特定單一學術的領域或範疇。黃光國是否會是個例外呢？林耀盛覺得黃光國的科學哲學認識論，採取實在為本體，屬於建構取向的客觀知識建構，其預設該建構可產生對生命世界的詮釋與實踐，但生命世界能否完全用科學哲學的客觀認識論作為指引？或者，微觀世界與生命世界並不是「知識與行動的張力」，而是相反的觀點，意即生命世界是認識論的優位性，引導出微觀世界的行動與實踐，進而使得科學被注入具生命能量的主張？林耀盛再延伸提問建構取向的實在論如何納入「詮釋實在論」（hermeneutic realism），其主張就是多重（科學）哲學典範，促發意義的多樣性，將傳統心理學從置身孤立脈絡解放，不再拿客體化觀點去詮釋生活實體，因此，心理學家只有將人類存有浸潤於意義脈絡，纔有希望詮釋人們存有的完整性（二〇一九a：七〇—七一），林耀盛提出的觀點頗值得我們注意，因為這就回到筆者向來指出有關微觀世界與生命世界需要有個溝通樞紐，黃光國如果主張「多重哲學典範」尚能具有「闡釋者」的柔性角度；如果改成主張「結構主義」則會具有「立法者」的剛性角度，前者雖有中心但其實去中心化，或對於後現代主義相互肯認彼此的處境知識更有益；後者如果成為中心，則就面臨該問題：究竟什麼是人類心智的深沉結構？這些內容如何能創造微觀世界與生命世界的對話？但不論秉持著何種角度，黃光國都有責任細緻解釋其為何會有任何主張，而不能大筆一揮說出主張，卻不說出理由。林耀盛覺得相比於楊國樞「從傳統到現代」的路數，黃光國則採取「從現代到傳統」的路數，儘管其可能係一種「傳統的發明或創造的道路」，這的確可說明兩人的差異，但本土知識是否具備「客觀性」的特設架構呢？林耀盛覺得天人合一的儒學觀，其傳統如何創造轉化，這當中的難題應該無法拿直接取用實在的知識論來當作理論保護帶的硬核。如果不採取理論的普遍性當作判斷的準繩，反而著重於生命世界的實踐當作原則，並將理論視作「中途」的中介狀態，這可能更能契入多重實在，發展出概念相應的「實在心理學」（二〇一九a：七四—七六）。這點筆者相當同意林耀盛的看法。西洋哲學有指向清晰且論證嚴密的本體論，中國思想對本體的認識並不是主客對立角度面向的實在，然而，如果我們願意階段性採取主客對立的角度來反思具有主客合一特徵的本體，則需要給出相應論述脈絡的本體論，黃光國對中西本體論共同指向的「實在」抱持著模糊的態度，使得在他的思想裡，這個議題暫時無法繼續申論。

第二節 坦塔洛斯的困題：對心理學的再思反

我們的討論已觸碰長期被視為理所當然不再有疑惑的課題，到底何謂「心理學」（psychology）呢？林耀盛在本書第四章〈坦塔洛斯的困題——思「反」心理學，批判社群革「心」〉這篇論文裡，用寓言來提出被他稱作「坦塔洛斯的困題」（二〇一九b：七九—八〇）：「當心理學以實證主義所囿限的領域自居，抬頭仰望自然科學星空的渴望，卻遺忘自身的哲學基底的淵源。等到回頭探看自身扎根的母體土壤時，卻也早已遠離生活世界。如此的學科置身位置，如同坦塔洛斯（Tantalus）的處境。坦塔洛斯是希臘神話中主人宙斯的兒子，因洩漏天機，而被處罰永世站在水中，水深及下巴，上有果樹，想喝水時，水位即退；想吃果子時，樹枝即升高，是謂『坦塔洛斯的痛苦』。置身如此困題，是對某物渴望不可及的痛苦，卻感到無力改變現狀。如今，思『反』心理學研究，不僅是對於過往反思的逆反，亦即對於反思的再反思；更是反對實證主義心理學的單一判準，也保持批判精神。同時，如此的思『反』，也是『返』回生活世界的一條路線。所謂的『反者，道之動』。進而，革『心』也不是一種反動修辭，而是發動一種格物致知的心理學議程，亦即重新思考什麼是心理學的古老探問。」林耀盛指出心理學字中的「psycho」的字根是「psyche」，這個字在希臘語是「psuchē」，原意是靈魂（soul），中日兩國對於心理學的翻譯與理解，同樣有著靈魂甚至心性的內涵，最早有位署名執權居士的中國人於一八七二年在《申報》發表〈附論西教興廢來書〉一文，討論西洋社會宗教受到科學興起而衰落的情況時，心理（學）一詞就首度出現，接著日本學者西周在翻譯「mental philosophy」時使用「心理學」，其實是「心理上的哲學」的簡稱，對此顏永京則翻譯成「心靈學」；康有為於光緒二十三年（一八九七）編的《日本書目志》中，有二十五本包含「心理學」一詞的書籍；梁啟超在〈讀《日本書目志》書後〉使用「心理」指稱「心理學」，康梁兩人當時對社會的巨大影響，確實發揮開風氣先河的作用，其中梁啟超在光緒二十八年（一九〇二）於《新民叢報》發表的〈介紹新著〉中主張當日本人將英文「psychology」翻譯成心理學，將英文「philosophy」翻譯成哲學，兩者範圍截然不同，雖我輩譯名不需要盲從日本人，然其翻譯實「頗經意匠」，梁啟超的這一觀點得到當時中國學界的普遍認同。林耀盛由此脈絡指出，可知心理學本來是一門包含心性、靈魂與意志這些具生命感的領域，心理學深具文化的本土內涵，因此，心理學探討的範圍本來應該包括靈性，而不是今天心理學狹隘認知的心理邏輯（psycho-logic），這種說法能讓我們發現當前心理學的發展不只背反中國思想的主體精神，更背反其自身本來脈絡（二〇一九b：八二—八三）。而且，中國學者本來對心理學的理解，就覺得其與宋明儒學探討的議題有著大量交集，纔會採取這類翻譯詞彙。如果回到坦塔洛斯的寓言，據筆者所知坦塔洛斯並不是「洩漏天機」，而是他「藐視眾神的權威」，不惜烹殺自己的兒子珀羅普斯（Pelops），邀請眾神赴宴，藉此考驗他們是否真的通曉全部事情，宙斯震怒，將其打入地獄。當心理學自詡自己已成為「實證的科學」，不惜拒絕本來有關心性、靈魂與意志這些議題，是否正陷落在「坦塔落斯的困題」而不自知呢？齊格（K. Danziger）具體指出在西元一八七九年前，人類藉由日常生活經驗，給出這些經驗具體意義，而展開理論建構的宣稱，這原本可被接受。但自從心理學晉升成為自然科學，就逐漸把研究範疇囿限在日常生活經驗外，直接假設研究者與被研究者間的獨立關係。然而，這種觀點正面臨重大質疑，即使在標準化或控制化的實驗程序中，知識的生產都同時包括研究者自身與其研究對象（意即原始資料給出的來源者），這使得研究對象不再理所當然被當作客觀的實體（Danziger, 1993），林耀盛據此指出與其將心理客體當作「自然客體」，毋寧將其視作一種「社會客體」（二〇一九b：八一）。

誠如林耀盛（二〇一〇）指出當文化意識已經成為心理學的基本地景時，反倒需要逆反的策略，意即將心理學翻轉為從「心靈的考古學到文化的地景學」，再二度翻轉為從「心靈的地景學到文化的考古學」，展開「文化思想考古」，從中「切問近思」，挖掘心理學屬於「歷史」的本來面目，辨讀深蘊的底層動能，將人的心理與行為重新安置在考掘還原的文化處境裡理解，這就是探討如何從傳統智慧覓得出口，他指出榮格的自性（Self）是建立在「集體潛意識」，包含曼陀羅心理原型的元神，而心學強調對良知良能的覺察，這是「個人意識」的格物致知，這包括「意識／潛意識」；「個人／集體」；「原型性／無對象性」等不同層次的議題，彼此如何對話，這是未來心理學需要思考的「未思」地帶，雖然筆者覺得心學談良知並不僅在「個人意識」這個層面，包括榮格指出的「個人潛意識」與「集體潛意識」都在良知指稱的範圍（這正是心學討論的自性可與榮格討論的自性獲得交集的原因），不過林耀盛作為心理學家能意識到這兩者（陽明心學與榮格心理學）可作為會通的橋梁實屬難得，他並指出有效達到中西文化的流動對話，首要得去破除「文化自我中心的成見」，他相信中西互照的雙面鏡具有照妖的解蔽功能，一則可解除唯我獨尊的意識型態，二則可解放中心固著而走向跨域流動，這是一種創造性的開放過程，藉由「虛待」的智慧與「中庸」的態度，面對心理學的「心性之幾」，打開心理學原本的生命情味的曲道，更是思想考古的當代化（二〇一九b：八六—八八），筆者覺得這正是我們希望發展華人本土社會科學的原因，林耀盛在其論文中則稱其為「人文科學」，他覺得人文科學的焦點在於意義，但探究意義並不意味著人文科學取向不科學，而是涵攝人文科學需「要另一套科學的方式」。黃光國在第五章〈「心性」與「文化的考古」——敬答林耀盛〉這篇論文裡基本完全同意林耀盛的觀點，不過他對於筆者主張的「歷史實在論」與「精神實在論」表示不同的意見。他覺得筆者這兩種實在論的最大特徵在於「生命世界」不再需要藉由任何實在論作為橋梁來與「微觀世界」展開交流，生命世界來自心體，通過歷史實在論與精神實在論有關於「實在範疇」、「真實範疇」與「事實範疇」的驗證（鍛鍊），面對森羅萬象的微觀世界，直接在實踐中選擇對應的微觀世界詮釋來自心體的領會。他並覺得筆者所謂的「微觀世界」係個人主觀的微觀世界，並不是按照西洋科學哲學為基礎建構出來的「科學微世界」，他覺得這種在生命世界裡的「變易」中尋覓「不易」的傳統思維型態，和西洋學者採用「主客對立」的辦法建構「科學微世界」完全不同（二〇一九b：一〇五—一〇六）。筆者不禁疑惑：為何黃光國始終無法承認心體有超越主客對立性的特質，且其只承認人類思維有「主客對立性」與「個人主觀性」兩種，並將其內容往筆者「個人主觀」的角度來詮釋，難道他從來不曾真實了解到中國思想具有「天人合一」與「主客合一」的特徵，其後來轉向發展的「自性」則真具有超越於個人的客觀性嗎？這個「謎底」，只有黃光國自己能回答。他不但沒有回答，更沒有說明自己如何發展符合西洋主客對立思維的實在論，卻接著一滑轉過來開始反思自性，其運用榮格對自性的理解來解釋何謂自性，筆者覺得相關內容都可持續討論，但這些內容並無法證成其所謂的客觀性，他文末只是跟著林耀盛在呼籲我們發展一種向「未思」開放的心理學，卻完全沒有解釋自己為何覺得筆者的「歷史實在論」與「精神實在論」具有個人主觀性，筆者倒是可接著問下去：「如果黃光國不承認陳復主張的『歷史實在論』與『精神實在論』超越個人主觀性，意即不承認我們能依據心體構築自成系統的微觀世界，請問黃光國最終將置『自性』於何地？」

黃光國對儒家傳統修養觀念並不熟悉，使得他在各種基礎錯誤認知裡架構出有問題的自我修養理論，除非他的本意係自創一套修養系統，並承認這不屬於儒家（或精確說明這為何屬於儒家），否則這對於其想發展具有文化視角的華人本土社會科學實有不利的影響。筆者在第三章〈修養心理學——黃光國儒家自我修養理論的問題〉，指出黃光國架構「自我的曼陀羅模型」（mandala model of self）與「人情與面子的理論模型」（theoretical model of Face and Favor）來重新詮釋儒家思想，然而這兩個模型來自對人類自我普世性的認識，故只從庶人倫理（the ethics for ordinary people）的角度來詮釋中華文化，沒有意識到周文化在形塑過程裡，長期有著「賢賢—上功」或「親親—上恩」這兩種不同治國策略的路線辯論，中華文化影響的社會素來由士人領導，不論民間傳統有如何做法，後世儒家真正的主張是藉由教育來導正「親親原則」，外加「賢賢原則」，並讓兩者都服膺於具有道脈意涵的「尊尊原則」，從而發展出「道義統攝利益」的關係主義，因此，儒家關係主義的完整面貌實屬基於士人倫理（the ethics for scholarly people）發展出來的「道義關係主義」，關注「天，人，物，我」這四大象限，產生各種不同的對應關係。黃光國對《大學》的工夫次第認識有誤，他並未對「止，定，靜，安，慮，得」有清晰解釋，尤其將《大學》與《中庸》的義理相互交錯解釋，卻因沒有精確梳理文本脈絡，使得其架構的儒家自我修養理論引發各種具體問題，尤其當黃光國聲稱「正心，誠意，格物，致知」係「孔門自我修養的工夫論」（二〇一九：一六五），殊不知這其實本是「黃門自我修養的工夫論」（儘管內容尚未充實完整），怎麼會掛上「孔門」的招牌呢？本章除評論這些具體問題外，並指出自己的論點：士人倫理纔是包括庶人在內都應當遵循的修養觀念，這個觀念的終點就是「成聖」。中華文化長期存在討論自性（the Self）的文化傳統，只有藉由當前學術語言來詮釋「成聖」的具體辦法，打通「微觀世界」（micro world）與「生命世界」（life world）的隔閡，關注中華思想（尤其儒家思想）特有的「心體論」（nousism）與「工夫論」（kungfuism），纔有儒家修養心理學可言，並有益於社會科學本土化的工作。黃光國在第七章〈由「關係主義」到「修養心理學」〉則回答：其「關係主義」確實只限於「人我」間的社會關係，並未考量「天」、「人」、「物」與「我」這四個層面（並不是層次）間的關係，然而，黃光國把先秦儒家當作一個「文化系統」（cultural system）來看，他本來並不是要「恢復先秦儒家思想的原貌」，他旨在解決儒家思想史上「良知理性」分裂的重大問題（黃光國，二〇一九：一四四）。然而，黃光國首先應該論證：儒家思想史上「良知」與「理性」到底曾發生什麼分裂呢？從該篇論文內我們看不到任何答案，我們倒是看見他在梳理「朱王異同」，朱熹主張理學，與王陽明主張心學，兩人思想不同，卻自有淵源脈絡，陽明終身在面對朱子思想不說，兩人有關八條目的思想共同源自於《大學》，《大學》的次第就出自該書本文，豈能如此簡單被黃光國視作「良知理性的分裂」呢？黃光國不僅因顛倒《大學》次第的淵源而隨意擴大解釋朱王異同，甚至顛倒朱王異同本身，他說「自己切深感受的心路歷程比較接近於朱子」，並表示人的修養工夫應該是「正心，誠意，格物，致知」（黃光國，二〇一九：一七二—一七七），據筆者所知，朱熹誠然非常看重「誠意」（陳林，二〇一五），他在《大學章句》說：「誠其意者，自修之首也。」（二〇一六：七）《朱子語類》同樣說：「更是大學次序，誠意為要。」（二〇一一：三〇六）但請注意：朱熹並沒有顛倒《大學》次序，他從未覺得「誠意在先，格物在後」（這是黃光國的看法），朱熹只是覺得「格物」和「誠意」這兩項工夫是修身治己的核心點和關鍵處。他說：「格物是夢覺關（格得來是覺，格不得只是夢），誠意是善惡關（誠得來是善，誠不得只是惡）。過得此二關，上面工夫卻一節易如一節了。到得平天下處，尚有些工夫。只為天下闊，須著如此點檢。又曰：『誠意是轉關處。』又曰：『誠意是人鬼關（誠得來是人，誠不得是鬼）！』」（二〇一一：二九八）這些看法並沒有在變更其次序，人只有生命獲得醒覺纔能識得善惡，未能格物則如置身夢中，更不能知善惡，如果黃光國查閱《朱子語類》卷第十四到卷第十八，就會得知朱子如何詳細討論《大學》的綱領與次序。當然，我們不能否認朱熹思想的原創性，他將《大學》古本區隔成「經」一章，「傳」十章，並按照「經」的論說次序，對「傳」直接展開調整，這引發王陽明的不滿，但兩人的觀點不同並不應該被簡化視作「分裂」，思想有異並展開辯論難道不是學術正常現象？黃光國講「良知與理性的分裂」實在得要有更堅強的理據，尤其不能「打著朱熹反朱熹」，他要不就是具體闡釋自己為何會同意朱熹的看法，如果反對朱熹的看法，則請其仔細解讀朱熹的思想脈絡，拿出論證來具體反駁其說法，否則他不能說「自己切深感受的心路歷程比較接近於朱子」，卻自創「誠意在先，格物在後」的新說，更不能隨意給筆者安上「忠實的儒家捍衛者」與「王陽明的忠實信徒」這種不屬於學術語言的大帽子，任何人要架構自己的觀念前，都得要精確理解辯論對手的意思，通過回應質疑纔能完成自身。

第三節 宗教研究本土化須面對的黃光國難題

這些討論持續深化，就會出現張蘭石在第八章〈文化傳承與典範轉移之一役——華人宗教研究上的黃光國難題〉（二〇一九：一八一—一九八）指出，華人在面對宗教信仰層面有別於機構化宗教（institutional religion），華人大多浸淫於傳統信仰文化中，卻不見得自認是宗教信徒，西洋文化在宗教學發展出來有關於「委身」（commitment）、「改宗」（conversion）與「世俗化」（secularization）這些概念都不適用於解釋華人社會，因此在宗教研究層面需要展開相應的「典範轉移」（paradigm shift），黃光國建構的「含攝文化的理論」（culture-inclusive theories），其目的在克服西洋實證論的局限，故基於多重哲學典範（multiple philosophical paradigms）而源引巴斯卡主張的批判實在論與阿徹（Margaret S. Archer, 1943-）主張的分析二元說（analytical dualism），有關於前者，筆者已有相關討論，這裡暫時不談；有關於後者，張蘭石指出，阿徹將「文化系統」（cultural system）區別於「社會—文化互動」（socio-cultural interaction）（Archer, 1988），故而能解釋社會變遷中的文化內部動能（Archer, 2000: 6），黃光國則藉由分析二元說的角度來直指馬克斯・韋伯犯下「熔接的謬誤」，首先的極端是向下熔接的謬誤（fallacy of downwards conflation）：這一極端，在談因果機制時，會提出「物體化」（reified）或「本質化」（essentialized）的「結構」（structure）而視為獨立於「施為者」（agent）外的存在，因此忽略施為者的自主性，如某些主張原教旨主義（fundamentalism）的人，漠視「社會—文化互動」（socio-cultural interaction）的事實，執意選取某傳統經文來理解地緣政治（geopolitics）。張蘭石指出，其實西洋學術根據個人主義所建立的社會科學，不正同樣是個人主義文化的「物體化」（Hwang, 2011）？再則的極端是向上熔接的謬誤（fallacy of upwards conflation）：這一極端，在談因果機制時擱置結構而著眼於施為者，在社會現象中只著眼於個人的行動與意義建構，誤認能將巨觀現象化約為微觀現象來解釋（Archer, 2000: 5）。某些西方人對來自東方的宗教有著宗教恐懼症，錯用複雜因素下的恐怖主義來理解某宗教，譬如按照其對部分穆斯林行為觀察或量測指標來詮釋伊斯蘭文化，卻未探究《古蘭經》。張蘭石覺得冀圖預測人的行為甚至社會變遷的文化內部因素，就須能把握文化系統，探究文化系統內在結構中存在的各種機制（mechanisms）。這就需要將「文化系統」（教義微世界）進而轉化為「後現代智慧」（科學微世界）。如何將儒釋道「文化系統」轉化為「後現代智慧」？依據黃光國的洞察，這必須依據「多重哲學典範」與「文化實在論」來建構「含攝華人文化的理論」。在黃光國的學術策略中，「建構含攝華人文化的理論」，便是「將儒釋道文化系統轉化為後現代智慧」；要建構華人自主社會科學，便須完成社會科學的典範轉移（二〇一九：一八二－一八五）。

張蘭石的闡釋最有意思者，莫過於將「黃光國難題」區隔成四個子議題來繼續追問，成為其自成脈絡的「四句辯證」，該四句辯證的提問內容雖然不無值得商榷，然而這種架構已經構築清晰的知識論策略：第一道難題是「含攝文化的理論」面對文化界的質疑：譬如其指出筆者是站在儒家立場來質疑黃光國主張「含攝儒家文化的理論」能否精確含攝儒家思想的神髓，這顯然應該包括其對於《大學》次第的認識有誤；再譬如其舉佛教學者越建東始終關切被定位為「世俗諦」的「含攝佛教文化的理論」，其被理性化與客體化而建構為系列理論的過程中，是否會失去某些「佛法宗旨」（真諦），最終能否完整傳承佛法而切實導向「勝義諦」？他覺得這種質疑幾乎得說暫時無解，意即無法在一時間論斷（二〇一九：一八九－一九〇）。不過，筆者與越建東是各自站在儒佛本來的學術脈絡來討論問題，這是否適合被稱作「文化界的質疑」呢？並且，越建東質疑黃光國對佛法的詮釋觀點屬於「世俗諦」，不見得能完整導向佛法的「勝義諦」，筆者則質疑黃光國對儒學有關《大學》次第的詮釋有誤，如果要自創新說，則要精確指出舊說的問題，並指出新說的合理性，否則無法令人信服，這兩者置身的角度其實略有不同，主要來自儒學從來就是個「因革損益的學問」，只要能按照既有脈絡來合理詮釋，就能繼續擴充內容。第二道難題是「含攝文化的理論」面對科學界的質疑：張蘭石徵引黃光國早年與北京大學社會科學系蘇國勛教授的辯論，蘇國勛覺得作為科學發展前鋒的西方核心國家，科學哲學確實是思想史家或哲學家針對「科學史上出現的和發生影響的各種學說和理論」做出反思和評價所得的結果，這並不是「科學工作者自身所用的」。黃光國則覺得對於像臺灣或大陸這樣非西洋社會的邊陲國家，如果不了解其科學哲學的精神，充其量只能套用西洋各國發展出來的研究模式，蒐集一些零零碎碎的實徵研究資料，怎麼可能發展出自己的「本土心理學」甚或「本土社會科學」（黃光國，二〇一〇：一九）？該關鍵質疑：若要在社會科學領域主張「科學研究綱領」作為發展策略，就要有社會科學史的事實。張蘭石指出，黃光國反駁該質疑的唯一方法，就是用自己的主張完成「將儒釋道文化系統轉化為後現代智慧」，藉由這個具體成果示範一個新的社會科學研究綱領的建立、檢討、調整與進化（二〇一九：一九〇—一九二）。不過，筆者覺得這個質疑應該屬於「科學哲學研究者」對於「科學哲學闡發者」的質疑，因為黃光國不只正在隨著自己新發展的觀點在解釋中國思想，更隨著自己新發展的觀點在解釋科學哲學，蘇國勛的質疑是否屬於「科學界的質疑」則有待商榷，畢竟並沒有任何嚴格意義的自然科學家正在參與這個討論，其用語有些簡化。並且，張蘭石覺得第一道難題屬於實在論的難題；第二道難題則屬於實證論的難題，筆者不解為何這兩道難題可被連結到實在論與實證論，難道張蘭石的意思是說屬於哲學討論的議題（其實指內容是儒學與佛學）其範疇就屬於實在論，屬於科學討論的議題（其實指內容是科學哲學）其範疇就屬於實證論？這種分類區隔同樣會過度簡化。

第三道難題是「含攝文化的理論」中智慧與實踐如何會合：張蘭石指出，當夏允中依據「含攝文化的理論」這一進路提出的「無我心理學」（Shiah, 2016），就碰觸「智慧與實踐如何會合」這問題。「含攝文化的理論」中作為終極真實的「自性」（包括「佛性」與「神性」），如何實踐於生活世界？這問題其實就是在指「微觀世界」如何銜接「生活世界」？筆者素來都不使用生活世界，而將其稱作「生命世界」，這個用法其實更要指向生活的終極意義，但筆者尊重學者的不同用法。張蘭石指出，「科學微世界」（筆者對此專門只稱作「微觀世界」，張蘭石則在行文間基於不同定義的觀念脈絡會交替使用）中的理論，必然採取主客對立的研究法來建立，那麼其如何能銜接生活世界中的修養工夫（主客間冥契與合一的境界）？他深刻指出「含攝儒釋道修養文化的理論」若不能實踐，該如何檢驗？若不能銜接「微觀世界中的智慧」與「生活世界中的實踐」，就會被質疑是未能含攝完整的修養文化系統。因此，他建議黃光國建構「自我的曼陀羅模型」的靈感來源——婆羅浮屠的「曼陀羅」，本就是三維構面，這表示自我生命境界的逐步提升。在黃光國對「自我的曼陀羅模型」的二維詮釋中，「智慧」與「實踐」兩端互相牽制，「智慧與實踐的會合」似乎不可能；然而，若「自我的曼陀羅模型」的「輔助假設」能補充三維的建構，說明從「自我」到「自性」的豎向發展，便可詮釋「智慧與實踐的會合」。當分處兩端的「知識／智慧」與「行動／實踐」能會合於「自性」，科學微世界的主客對立思辨與生活世界的主客冥合境界便能相應。最後，張蘭石指出解開第三道黃光國難題，「含攝文化的理論」須能含攝儒學的「工夫論」或佛法的「道次第」（如宗喀巴的學說），這有待黃光國有關科學研究綱領系列理論的發展（二○一九：一九二—一九四）。筆者細讀張蘭石的觀點，實感敬佩其背後深藏著苦心孤詣，冀圖「調解」筆者與黃光國的觀點差異，從中整合出更內容渾厚的華人本土社會科學，相信這是黃光國為何會後續發展出「自性的心理動力模型」的重要原因（其實，黃光國如果從辯證法的角度轉念一想，當會發現筆者前面講的「歷史實在論」與「精神實在論」可作為該模型提出自性的實在論基石）。第四道難題是「含攝文化的理論」浩瀚的待建構空間：張蘭石指出「含攝文化的理論」含攝的文化系統，必須是體系完整而概念間環環相扣，這指向更多有待建構的課題。在黃光國提出「儒家關係主體」與其「自我的曼陀羅模型」後，點出的待建構空間，比已建構空間更浩瀚。若尚未能呈現體系完整的「含攝儒（或佛、道）

文化的理論」，便不能在工夫論層次體現「含攝文化的理論」的重大價值，如何充分填補「輔助假設」呈現完整的「含攝儒家文化的理論」與「含攝佛教文化的理論」，並讓這些理論系統互相競爭與接受檢討？這是第四道黃光國難題（二〇一九：一九四）。筆者有個親身觀察，黃光國一輩子活在自己的「微觀世界」裡面，他強烈關注並探討理論議題，固然帶給學術極寶貴的觀念資產，卻對人如何置身在生活裡呈現有點冷漠與無感的狀態（除政治議題外），筆者從未聽聞他在言說間，對於身心修養工夫有任何關注與操練，如果該觀察屬實，這種局限性或會使得他未曾深度體證儒釋道思想最核心的自性內涵，很難對自性修養該如何現代化有實質認識（並不只是理論層面的認識），自然更無法解決第三道與第四道難題，這其實纔是我們最關鍵的思想差異，需要黃光國亟思突破。當前華人學術圈實在需要有學者願意如美國肯恩·威爾伯（Kenneth Earl Wilber II, 1949-）寫出如《靈性復興》（*The Marriage of Sense and Soul*, 2000）、《萬法簡史》（*A Brief History of Everything*, 2005）與《意識光譜》（*The Spectrum of Consciousness*, 2017）這類書籍（其目標首先在解決自身西洋文化二元對立的問題），來讓我們中華文化獲得更新轉化，並讓世界各國都能認識這個人類文明資產，並從中獲益。

黃光國對此四道難題的回答其實有些模糊，筆者很難清晰掌握其意思。他在第九章〈華人宗教研究的典範移轉〉這篇論文回答如下：首先，他覺得第一道難題屬於「文化系統」的難題，他受益於阿徹分析二元說，將文化系統（CS）和社會—文化互動（S—C）在分析過程中做出區隔，認同文化系統是由曾經存在的知識菁英（existing intelligibilia）的著作全集所構成，卻指出先秦儒家思想並不足以說明儒家整體的文化系統（二〇一九d：二〇七），然而，還記得他在第七章〈由「關係主義」到「修養心理學」〉這篇論文卻說自己在思考「天」、「人」、「物」、「我」四個層次時把先秦儒家思想當作一個文化系統來看，並沒有要恢復先秦儒家思想的原貌（二〇一九c：一四四）。如果先秦儒家思想已被其視作自成一個文化系統，卻又不是儒家整體的文化系統，並且文化系統的機制來自於「知識菁英的著作全集」（二〇一九d：二〇六），再由其最新著作《內聖與外王：儒家思想的完成與開展》（二〇一八b）來檢視，難道黃光國的意思就是指儒家整體的文化系統當由其本人來詮釋完成？黃光國還說孔子晚年回到魯國，跟弟子共同寫《易傳》，希望把自己平日講學的內容「建立在堅強的形上學基礎上」，並表示「他還沒把話說清楚就過世了」（二〇一九d：二〇七），請問：「形上學」（metaphysics）本來是西洋哲學的概念，孔子當時並沒有這種類型的概念，如何有此意願，並且黃光國還能得知他沒有講出自己的形上學就壯志未酬身先死？當黃光國已徹底表明不想恢復先秦儒家思想的原貌，卻覺得自己在闡釋儒家整體的文化系統，不尊重既有的「文化型態學」（morphostasis）卻想發展出「文化衍生學」（morphogenesis），隨意解釋先秦儒家思想，這是完全的「別子為宗」，恐怕很難說服海峽兩岸儒家學者接受其說法，儘管因時空背景與語境脈絡的變化，「恢復原貌」本來就是不可能且不實際的事情，然而「文化型態學」需要的是精確闡釋文化本原觀念，而不是瓦解再重構其觀念，依據該詮釋再接著發展「文化衍生學」，纔有可能獲得長期研究與闡發中華文化相關學者的風行景從，否則黃光國跟韋伯製造的謬誤究竟有什麼根本不同呢？有關第二道難題，黃光國將其與張蘭石本來提出的難題次序對調列為第一道難題，並說這屬於「實證科學」的難題，他對此只是簡單重申自己採取的策略旨在建構普世性的「自我」和「關係」的理論模型，他採取建構實在論的科學哲學作為基礎，建構出具有普世性的「人情與面子的理論模型」（二〇一九d：二〇四），對此筆者已有相關討論，暫時不再置論。有關黃光國對第三道難題的討論，記得張蘭石前面提出的問題很真實：「含攝文化的理論」中終極真實的「自性」（或稱佛性，或神性）如何實踐於「生活世界」？他深刻指出「含攝儒釋道修養文化的理論」若不能實踐，該如何檢驗？若不能銜接「微觀世界中的智慧」與「生活世界中的實踐」，就會被質疑是未能含攝完整的修養文化系統。「科學微世界」中的理論必然採取主客對立的研究法來建立，那麼其如何能銜接生活世界中的修養工夫（主客間冥契與合一的境界）？黃光國完全明白張蘭石提出的問題，然而他持續在談自己在參觀印尼日惹市婆羅浮屠佛塔的經驗，他只表示：儒釋道三教合一的文化傳統，本來就以各種不同形式儲存於華人「社會知識庫」與「集體潛意識」中，當個人抱持「求道之心」立志學習，就會在個人的意識中形成系統性的「智慧相關知識」，儲存於「個人知識庫」中，而成為指引其「行動」的「個人潛意識」，當我們建構出「含攝文化的理論」，幫忙個人「悟道」後，在「生活世界」中以「知行合一」的方式，「實踐」源自其文化傳統的「智慧」時，他會感受到自己的生命境界像是置身在立體的「自我的曼陀羅模型」中逐級往上提升（二〇一九d：二一一－二一二）。筆者覺得這些看法根本都沒有在回答張蘭石的問題，裡面充滿著觀點與觀點間不可理解的斷裂語言，譬如建構「含攝文化的理論」這種知識如何有可能會帶來「悟道」呢？黃光國如果覺得有可能，就應該講出具體的道理，更不用說其接著談的相關內容（諸如誰會有什麼感受）都沒有理則的必然性。至於第四道難題，當張蘭石問如何讓不同系列理論間能互相比較、檢討而進化其「科學研究綱領」呢？黃光國則表示自己用「多元哲學典範」（其實應該係指多重哲學典範）來建構「含攝文化的理論」後，已經由華人的「集體潛意識」進入到「社會知識庫」中，有志於建立華人本土社會科學傳統的學者，可將自己不同學術領域的背景視域（horizon）當作基石與硬核，繼續建構「儒家關係主義」的「科學研究綱領」（二〇一九d：二一二），筆者同意此論點，但請容這裡一問：如果黃光國當真看重自己主張的「多重哲學典範」，為何在《社會科學的理路》（第四版思源版）不著重鋪陳其「空的架構」內含的深意，卻將筆者繪製有關「微觀世界」與「生命世界」的樞紐（屬於兩者溝通橋梁），其中央圖示的「多重哲學典範」撤除，改成「結構主義」呢（陳復，二〇一九a）？

第四節　自性的有無：佛學對自我修養的策略

陳泰璿、夏允中、張峻嘉與張蘭石常共同撰寫華人本土社會科學議題，並由夏允中擔任通訊作者，筆者常稱其「夏氏研究團隊」，這裡再依循往例簡稱。夏氏研究團隊共同撰寫第十章〈黃光國難題——自性的有無〉與第十一章〈黃光國難題再三問——如何定義自性、如何修養、如何進行社會科學研究〉這兩篇論文，夏氏研究團隊指出：在榮格心理學中，「自性」是在「自我」外的意識與無意識協調者，是「自我實現歷程」的驅動者；人們的一生，都依「自我—自性的軸線」（ego-Self axis）來發展（Neumann, 1973）。榮格提出的「自性」在「原型」（archetype）的框架中，故並不是佛教說的「無我」（nonself）。當「自性」在實在論框架中被錯誤認知為「恆常獨立的存在」，這將使得「自我」更加鞏固，不但無法導向「無我」的修養，反而會產生更多環繞「我執」（藏文：བདག་འཛིན）的煩惱，他們覺得這是黃光國提出「自我的曼陀羅模型」銜接榮格「自性」的說法會產生的難題，如果要解決該「自性難題」，就須主張「無自性」（梵文：niḥsvabhāva；藏文：རང་བཞིན་མེད་པ）與「自性空」（梵文：svabhāva-śūnyatā；藏文：རང་བཞིན་སྟོང་པ）來談修養心理學（二〇一九a：二二二），唯有當我們放下對於「自我只有一個既定的經驗匯聚的中樞」這個執著後，每一個十字交點都作為經驗軌跡的中樞，如同星光閃爍，這就像是《華嚴經》中「帝釋珠網」的譬喻，網珠間能重重無盡相映；如同千面鑽石，每一個構面都是自我的現象。並且，每個經驗軌跡都彼此產生聯繫，當逐漸達到橫豎兩對力場的均衡和諧，便逐漸成就「自我的曼陀羅模型」中的圓形所象徵的終極圓滿（ultimate wholeness），這同時意味著「自我—自性的軸線」所欲達到圓滿與全知的覺醒。這就是佛教基於「無自性的自我」而建立的「自我修養之道」。夏氏研究團隊覺得「自我」有煩惱與自私，同樣有貪戀與道德，每一個不同的階段與心態，都是其「自我」透過不斷地對比而轉換經驗的軌跡。當我們沒有全觀，特別去尋覓某個修養的中心點（意即自性），這就已經陷入對「自我」的偏執中。夏氏研究團隊指出：況且如果我們長期存在的思考型態，都是站在「去發現有一個自我的曼陀羅模型最終極的中心點（自性）」的角度去思考的話？會不會到頭來發現，所謂的「自性」只不過是自我的一連串經驗軌跡（十字交點）中的其中一個中心位置而已？如此一來，在不斷的自性迷思中，如何完成自我修養的建構？這會不得不陷入「自性的戈迪安繩結」中（二〇一九a：二二四—二二五）。相關論點，筆者已在本書第五章〈萬法不離自性——誠意面對黃光國難題的答客問〉做出回答（陳復，二〇一八b），這裡再稍做補充回應：筆者覺得夏氏研究團隊對於《書經．大禹謨》談「允執厥中」有些認知誤差，該「中」字並不是任何自我面向的中心點，更不是常人字面理解給出的「中庸」（兩個極端的平衡點），而是指人要把握住精鍊合一的心體，當我們對自性抱持著開闊的體證，反而能得出「無自我故有自性」，該文中徵引《華嚴經》有關「帝釋珠網」的譬喻，來自莊嚴忉利天王帝釋天宮殿有個「因陀羅網」（indra-jāla），或稱「帝網」，這個「因陀羅網」用來比喻重重無盡「一多相即」的華嚴境，「相即」就是說全體現象的本體而言，有「空」的存在就能包容「有」的內涵，並且有「有」的存在就能證實「空」的容量，「真空」與「妙有」是個整體，空有兩者共構與互補，意味著兩者都是彼此的因與果，這兩端同時「共空」或「共有」都絕不能成立，無法絕然對立，「空」與「有」是互為緣起且兩相無礙。既然「空有不二」，這就表示並不單純是「真空」生出「妙有」，「妙有」同樣生出「真空」，兩者相生與相成，當我們已承認有「空性」（śūnyatā），如何還能特別標舉說「自性」（svabhāva）竟不存在呢？這是筆者對於「自性空」的認識，意即我們需要澄清「自性空不是無自性」。的確，本原只有「一」，即是「不二」，但名「不二」，即意味著「或有二而合一」，這纔有「不二」的「一」。就終極的角度來說，筆者並不認同「空」居母位，「有」居子位，這是筆者的看法：「如果只有『空生有』，請問究竟『誰生空』？」當我們說「知行合一」，該

「二」正來自於「空有相生而相成」，共成於「一」。只說「真空生妙有」，這是沒有意識到「妙有」該概念的兩層性，使得「真空」與「妙有」如曼陀羅般輪轉不已。為何儒家思想常會特別著重於談「妙有」（不論從哪一層來談），因為「妙有」有語言，「真空」本無言，從「妙有」纔能談清概念本身，並在社會設立「人極」，這就是為何周敦頤會在《太極圖說》中說：「聖人定之以中正仁義，而主靜，立人極焉。」（二〇一六：六）第十章該文中，夏氏研究團隊針對佛學與榮格講的自性不同，其質疑的確相當銳利，該文指出佛教有時會權且稱自性為真如（bhūta-tathatā）、佛性（Buddha-dhātu）或如來藏（Tathāgatagarbha），其表示這些概念並不是榮格心理學指的「本我」（Self，自性的另一譯法）（二〇一九a：二二三），筆者同意這個說法，並覺得據此顯然該團隊反對的癥結在於「世俗諦自性」，而不是反對佛學本來就有的「勝義諦自性」，果真如此，這就能對應筆者說「空有不二」。

夏氏研究團隊在第十一章〈黃光國難題再三問——如何定義自性、如何修養、如何進行社會科學研究〉展現出相當宏大的氣魄，其首先表示既然「自性」具有先驗性，理當無須後天的「修養」；如果「修養」具有相對性與次第性，應該無法銜接絕對的「自性」，因此，他們覺得「何為自性」與「如何修養」就成為兩道難題，並簡稱「自性與修養兩難題」。有關自性本身的定義可見筆者在第五章的相關討論（陳復，二〇一八b），這裡暫且不再細論。有關「自性」與「修養」的關聯議題，如果仔細研究過陽明心學，就會知道這類問題早在明朝已經討論並獲得不同狀態的對待與解決，譬如王龍溪〈天泉證道記〉裡記王陽明跟其說：「上根之人，悟得無善無惡心體，便從無處立根基，意與知物，皆從無生，一了百當，即本體便是工夫，易簡直截，更無剩欠，頓悟之學也。中根以下之人，未嘗悟得本體，未免在有善有惡上立根基，心與知物，皆從有生，須用為善去惡工夫隨處對治，使之漸漸入悟，從有以歸于無，復還本體，及其成功一也。」（《王龍溪集．天泉證道記》卷一，二〇〇七：二）根器敏銳的人，直接把握自性，本不需依憑任何修養過程（無處立根基），這是「即本體便是工夫」；根器駑鈍的人，未嘗悟得本體，這就需要踏實依照為善去惡的修養工夫來對治自己的問題，這係實際體證經驗有得，並不是理則層面的推敲或揣測。夏氏研究團隊甚至針對夏允中本人希冀建構含攝佛教智慧的現代心理學理論，在「內在超越」的向度上，依據黃光國「自我的曼陀羅模型」，而將其「自我」導向佛教的「自我」，從而建構無我理論（nonself theory），批評該理論只是從事「方法論的含攝」，還沒有包含「存有論的含攝」，更沒有說明如何從「自我」發展到「無我」的歷程。因此，該團隊依據宗喀巴《菩提道次第廣論》發展出來有關「道次第學說」，再根據達賴與班禪這些學者對相關內容的注解與整合，來藉此含攝「三士道」這一系統，發展其「立體三士道的自我曼陀羅模型」（二〇一九b：二四三—二五六），對於該團隊希望將佛學經由客體化，發展成含攝佛學義理的華人本土社會科學理論，筆者對此樂觀其成，不過，有些細節尚須討論，這包括夏允中與張峻嘉依據《大學》修養的觀點，並根據《中庸》與《孟子》有關討論自性的內容，而提出的「儒家三層次修養曼陀羅模型」，定義出「自性」與「修養」的次第，來說明儒家如何修養到至善的原貌（二〇一七）；後來夏允中與黃光國再共同發表〈開啟以儒釋道文化的修養諮商心理學理論與實徵研究——邁向自性覺醒的心理療癒〉，除肯定前面論點外，再度提到自性是「修養匯聚的中樞」，從中探討如何整合儒釋道有關自性覺醒的心理療癒（二〇一九）。但，夏氏研究團隊怎麼會在本書第十章〈黃光國難題——自性的有無〉內全然否定自性係修養中樞，嚴密提出各種論證反駁黃光國的觀點，甚至指出這是「自性的戈迪安繩結」，卻接著在第十一章這裡再轉回來說自性係「修養匯聚的中樞」，然後據此按照佛教的道次第體系，架構其立體的自我曼陀羅模型呢？研究團隊在整合過程中，彼此觀點有異自然在所難免，不過夏氏研究團隊未來還需要經由內部對話，將自性的整體意見構築出更具系統性的一貫說法，相信當會對學術發展做出更重大貢獻。

我們接著來看黃光國在第十二章〈榮格心理學與自性難題〉對前兩文做出的回答。黃光國很敏銳地看出夏氏研究團隊針對佛教有關「緣起性空」的基本教義會觸及對「真空妙有」的見解，這是「中西會通」與「儒佛會通」的根本問題，他指出「緣起性空」並不是否定人有「主體」的存在，原始佛教說的「三法印」（諸行無常、諸法無我、涅槃寂靜）和「四諦」（苦、集、滅、道）都承認：人有作為「主體」的「經驗自我」（empirical self）或「現象自我」（phenomenal self），但該「經驗自我」或「現象自我」屬於「眾像合和」的「假我」。「四諦」中談的滅諦，便是要人透過自覺奮鬥，最終成為具備「最高自由」的「真我」，其方向則是透過各種修符（道諦），獲得佛教經論中常見的「解脫」（Mokka）或者「涅槃」（Nibbana）。黃光國表示「解脫」是對「束縛」而言；「涅槃」則是對「生死」而言。因此，佛教所說的「無我」皆是對「假我」的否定，並不是完全取消「主體」，否則「三法印」本身，還有「滅」與「道」這二諦將完全不可理解（二〇一九e：二七〇—二七一）。他並指出中印兩大文化交流過程中，佛教典籍的翻譯如何做出相應的理解，其實是經過長期發展的過程，譬如西晉竺法護所譯兩卷本的《佛說方等般泥洹經》，未曾使用性字；東晉法顯所翻譯的六卷本《大般泥洹經》，則使用一百八十三次的性字，其中數度提到法性與佛性，這就可看出佛教徒對性字意涵的開發。他並根據勞思光的看法，覺得佛學本土化過程中發展出天臺、華嚴、禪宗三支宗派，都屬於「真常」這一系統，會關注「佛性」與「法界」這些教義，本來並未流行於印度，這三宗都共同關注人生命的「主體性」，並都受到中國本有的哲學思想或價值觀念的影響（尤其是儒家與道家兩大系統），纔會特別強調德性的「自由」與「不息」，肯定主體在德性層面有最高自由，不接受印度佛教業報種姓的說法，但其得要改變儒道二家原本肯定「外在實有」的認知結構，藉此讓中國思想「接納」（accommodate）印度佛教對於「外在實有」的否定；再者，中國的高僧同樣要改變印度佛教的某些原始教義，使其容易被中國佛教信仰者原有的認知結構給「同化」（assimilate），這樣纔能讓將印度佛教「轉化」（transform）成為「中國佛教」，這兩個問題纔是「儒佛會通」的關鍵（二〇一九e：二七六—二七七），這個看法相當穩健，筆者對此並無異議，值得視作儒釋道整合發展成華人本土社會科學的共識。黃光國完全承認榮格對於自性的看法跟佛教對於自性的觀點，看起來相似，其實卻蘊含著東西文化的根本差異，譬如榮格的〈對亡者的七次布道詞〉用比喻的辦法，凸顯出一神教的特色，這篇文章的一開始，那群幽靈便說：「我們從耶路撒冷回來，在那裡沒有找到我們想要尋找的東西。」黃光國問：「耶路撒冷是基督教、猶太教和伊斯蘭教的共同聖地，他們在耶路撒冷找不到的東西究竟是什麼呢？」後面他接著表示，在東方宗教中，「梵天」和「真我」是「天人合一」的狀態，但在一神教信仰中，「造物主」和「被造物」其本質截然不同（二〇一九e：二七六—二七七）。他再舉《大學》提到的「三綱領」，指出作為儒家的「君子」，在其生命中面臨重大抉擇的每一時刻，都應當「存天理，去人欲」，達到儒家對「做人」的要求，而寧可捨棄「個體」一己的私欲，實踐儒家所主張與「天理」相通的「自明之德」，這是大家普遍的看法，更是為何佛教傳入中國後，中國的高僧會將其改造成「中國佛教」的原因，雖然儒、道二家都肯定「外在實有」，但要中國人接納印度佛教否定「外在實有」的立場並不難，只要想像生前死後的不可知，中國人不難接受佛教「涅槃」的說法，而儒家對於「道德主體」的重視，則使中國高僧自覺或不自覺同樣會強調「佛性」（譬如竺道生提出有關「眾生皆有佛性」的主張），這就是「主體我」時時刻刻在追求「至善」，念茲在茲，無有止息（二〇一九e：二八三—二八五），筆者觀察這是儒家成聖觀念轉化成中國佛學義理的持續發展，更是當前時空背景視域裡，「儒佛會通」能在「中西會通」的過程中，交織與架構出華人本土社會科學的重要資源，這個整合亟需有清晰的知識論策略，由於中國學問著重於「主客合一」，然而如果沒有階段性使用「主客對立」的語言型態，將思考指向的目標對象化，藉此構築概念來獲取客觀知識，則我們將無法完成具有現代意義的學術。我們這群思源學圈的同道多年來共同真實無隱展開激烈的辯論，大家的討論無不圍繞在釐清抽象概念的正誤，從而獲得可信的知識基礎，更希望建構出能精確闡釋儒釋道文化的理論，尤其需要澄清根本問題並獲得共識，因此實屬開先河的創舉，畢竟中華人文與社會學術領域長年在社交層面呈現「禮尚往來」與「行禮如儀」的狀態，個人則「閉門造車」

在從事學術研究工作，總是把個人情誼與抽象觀念攪和成一團，從來很難不帶個人情緒，開誠布公純粹討論問題本身，使得自西學東漸至今，學術長期呈現晦暗不明的景象，這對於擺脫學術自我殖民並建立嶄新學術典範，實具有極其不利的影響。希望我們的拋磚引玉，能激盪出知識與智慧的火花，徹底替華夏學術的出路開創新局。

（本文發表在《破解黃光國難題的知識論策略》，二〇一九：二九三—三二二。）

第九章

黃光國難題的體用觀

化解中西本體論的歧異

前言

本章從「黃光國難題」（Hwang Kwang-Kuo Problem）這個命題探討出發，釐清黃光國主張「中學為體，西學為用」背後有關體用觀的議題，藉由歷史脈絡的梳理，本章指出對「中體西用」的實質內涵會因人而有不同觀點，須深究其實際意思，張之洞將倫理道德視作「中體」，黃光國的主張比較接近於這個看法，然而如果倫理道德會隨著時間不斷更易，這顯然尚不能成為思想匯歸的源頭，但如果我們將其視作某種先驗性形式架構（transcendental formal structure），則不僅是倫理道德這些條目本身（諸如仁、義、禮），這些條目背後還應該要有「心體」（nous）來做機制，使其作為中國學問的基石，並接著指導實用層面的開展。本章主張藉由科學哲學的方法構築心體的微觀世界，來對應日用的生命世界；並藉由科學哲學的實踐應用心體的微觀世界，來影響日用的生命世界，彼此通過科學哲學形成雙向的善性循環，這是深層意義在回應《易經・繫辭傳》說的「君子之道」。本章梳理費依阿本德主張的「多元主義方法論」（methodological pluralism），提出「費依阿本德古典原則」（The Three Classic Principles of Feyerabend）與「費依阿本德演化原則」（The Three Evolving Principles of Feyerabend），冀圖讓多元主義方法論獲得更完整的落實路徑。本章指出：我們只能說中華思想沒有「西洋哲學的本體論」，不能說沒有「中華思想的本體論」，並且，體用觀不見得能完整涵蓋中華思想的本體論，因此，本章同意使用建構實在論（constructive realism）的觀點，尤其沈清松後來對建構實在論的衍生解釋，其三個階段的「外推」已可作為化解中西本體論歧異的橋梁，本章覺得應該將建構實在論當作策略性的工具，更細緻釐清出「心體論」（nousism），意即儒釋道對自性的關注，能經由外推的過程，讓「中華思想的本體論」跨越發展到可被視作「西洋哲學的本體論」，架構出深層意義的「中學為體，西學為用」。使得我們有機會藉由這種觀點來化解中西本體論的歧異。

第一節　質性跳躍：李約瑟難題到黃光國難題

筆者自提出「黃光國難題」（Hwang Kwang-Kuo Problem）這個學術概念來闡釋自己對如何發展華人本土社會科學的想法後，獲得包括黃光國教授在內該領域與社群學者相當大的迴響，除黃光國本人著有《儒家文化系統的主體辯證》（二〇一七）外，《本土心理學研究》第四十九期有筆者針對黃光國難題撰寫的靶子論文，並獲得八位學者的討論與回應（二〇一八a），二〇一九年並由筆者與黃光國主編，出版《破解黃光國難題的知識論策略》這本書。其實，黃光國難題是個特殊時空背景裡的提問，如同此前「李約瑟難題」（Needham Problem）同樣是個特殊時空背景裡的提問，該難題最早由英國學者李約瑟在一九三〇年代開始研究中國科技史時提出，一九七六年，美國經濟學家肯尼思正式將這個歷史問題稱為李約瑟難題，其主題是「儘管中國古代對人類科技發展做出了很多重要貢獻，但為什麼科學和工業革命沒有在近代的中國發生？」。往年在華人社會經濟尚未蓬勃發展的環境裡，從李約瑟難題的角度來檢視常見的說法「中國只有技術而沒有科學」或許並不難理解，然而，殊不知這種論點並無法徹底擺脫來自歐洲中心主義（eurocentrism）產生的觀察與思考（請見後面討論），如果真同意「中國古代無科學」的說法，且這是極狹隘指「無近代科學」，那豈止中國古代「無近代科學」，古希臘社會或中世紀阿拉伯社會都沒有（劉鈍、王揚宗，二〇〇二：二三）。更不用說時至今日，當我們用來檢視華人社會尤其大陸社會有關物質各層面一日千里的發展，已經很難繼續堅持這種說法，這包括曾長期跟李約瑟合作的英國社會人類學家白馥蘭都接受媒體訪談指出李約瑟難題問「為什麼中國沒有出現科學革命和工業革命？」，言外的意思是說歐洲人認為自己象徵著「先進的文明」；非歐洲人則反映出落後，不具備足夠的精神智慧和社會常識，這種觀點將西洋近代科學的成就作為潛在的參照標準，卻會導致將中國科技文化的實際發展情況和西洋近代科學的各種學術領域做比較，令兩者都脫離各自文化和歷史的脈絡；並把科學革命和工業革命作為人類進步的自然結果，拿歐洲經驗作為判斷中國發展的依據，武斷認為任何偏離都是失敗，她指出我們不能忽視的事實則是當李約瑟《中國科學技術史》第一卷出版後沒多久，歐洲歷史學家自己都開始質疑歐洲的工業革命和科學革命到底算不算革命，意即李約瑟難題的參照點本身都可能有問題（白馥蘭，二〇一五）。接續著李約瑟難題，我們會開始提出黃光國難題，這意味著「黃光國難題」與「李約瑟難題」是同一種層次的難題，甚至因為時空背景的變更，使得前者對後者具有取替性，而不是單純要解決「任何個人的理論限制」。華人社會整體元氣已然逐漸復原，繼徹底擺脫政治殖民與經濟殖民的處境後，應該接著開始思考如何擺脫學術殖民的問題，然而，這個問題的「困難點」在於：中華學術具有天人合一的特質，特重生命的體驗，現代學問則是主客關係涇渭分明的思辨狀態，如何能使用主客分立的語言精確討論主客合一的學問，這是建構中華自主學術的重大難題，其間的複雜性在於如何將中華文化本質具有「天人合一」的思想傳統，傾注「天人對立」的階段性思辨過程，從「生命世界」中開闢出具有科學哲學意義的「微觀世界」，通過對科學哲學的認識與釐清，創造性展開華人本土社會科學的詮釋工作。筆者雖然首先發想出這個詞彙，但這個詞彙會獲得認同與引伸，來自黃光國本人確實有這個想法，纔會有符合該概念該有的內涵（intension）與外延（extension）。徵諸黃光國在《倫理療癒與德性領導的後現代智慧》這本書的自序，他開篇即指出自己自一九八〇年代投身於心理學本土化運動後，就一直認為發展本土心理學最重要的意義，莫過於解決西洋心理學懸而未解的「一項難題」（黃光國，二〇一四：I），儘管他並未給予該難題冠上任何詞彙，甚至要從其字裡行間立刻看出該難題的具體內容都不容易，然而，從書中討論可看出，該難題涉及黃光國的核心關注，意即心理學的發展目前正在經歷第三回大型的典範移轉：首先是行為主義（behaviorism）拿實證主義（positivism）強調的實徵研究作為基礎；接著是認知心理學（cognitive psychology）拿後實證主義（postpositivism）強調的先驗觀念論（transcendental idealism）作為基礎；本土心理學（indigenous psychology）則是拿批判實在論（critical realism）主張的先驗實在論（transcendental realism）作為基礎（黃光國，二〇一四：VII）。

黃光國對「典範移轉」的構思，其有關第三回的變革，嚴格來說只是自己的期待，因為華人本土心理學的開創者楊國樞教授本人並沒有拿批判實在論主張的先驗實在論作為基礎，反而是拿實證主義強調的實徵研究作為基礎，纔會關注個人置身於傳統與現代這兩大軸線的調適議題，製作各種不同的量表來測量，譬如針對文化的普同性與本土性，考慮各種不同的生活範疇（包括家庭生活、教育與學習、職業與工作、經濟與消費、法律與政治、宗教與信仰、社交與休閒、性與兩性關係這十個範疇），他與其團隊編製「多元個人傳統性量表」與「多元個人現代性量表」，各自測量個人傳統性與個人現代性各五個主要的心理層面（高旭繁、楊國樞，二〇〇一），華人本土心理學依據這類脈絡發展三十年，並未由實證論轉型出任何實在論的研究典範，當黃光國在國立臺灣大學心理系退休前，於民國一〇四年（二〇一五）的年底臺大特別為他舉辦盛況空前的「黃光國教授『榮進』學術研討會」，席間黃光國表示本土心理學因為發展成熟，其作為學術運動已經來到尾聲，現在他要轉而開始推展「修養心理學」（self-cultivation psychology），這意味著心理學的第三回典範移轉，應該要從其主張開發出修養心理學開始，纔能拿批判實在論（critical realism）主張的先驗實在論（transcendental realism）作為基礎，心理學領域纔能說開始意識到科學哲學對於自身研究的重要性，否則學術橫向移植的現象從來沒有結構性的改變，就這個角度而言，本土心理學實屬修養心理學的學術過渡階段，意即「本土心理學」並沒有徹底擺脫其學術殖民性，直到這兩年來（二〇一六至二〇一七）大家開始關注修養心理學的內涵，如何架構出具有主體性的華人本土社會科學（意即中華自主學術，筆者特取「華學」（huaology）這個詞彙來做簡稱）終於浮出來成為討論的公共議題，儘管距離黃光國推動「社會科學本土化」已歷三十年，然而，該議題在前三十年間，除黃光國本人的積極耕耘外，並沒有獲得什麼具體的回應，誠如《六祖壇經．付囑品》第十記載菩提達摩說：「吾本來茲土，傳法救迷情；一華開五葉，結果自然成。」（李中華注譯，二〇〇二：二二七—二二八）達摩來華自始即遭遇各種艱難險阻，如果沒有在嵩山面壁九年靜待花開的經驗，最終如何能因緣和合，將「如來禪」傳法給二祖慧可？因此，黃光國特別花十年的工夫撰寫《社會科學的理路》這本書，且目前不斷修改與再版到第四版（思源版，二〇一八c），其倡導使得學者注意到不能再只是注意到西洋科學的產品（譬如船堅炮利），卻不曾認識其內蘊的哲學基礎，唯有對西洋科學哲學的發展有「相應的理解」，徹底掌握住西洋人從事科學研究內含的精神意索（ethos），據此成為「背景視域」，建構出有關華人本土社會科學特有的「微觀世界」（micro world），纔能真正離開「典範移植」的困境，完成學術的現代化工程（黃光國，二〇一四：二—三、一四—一五），這無疑是其帶給後人發展中華自主學術的巨大貢獻。

然而，誠如俄國心理學家維高斯基（Lev Vygotsky, 1896-1934）早在其國內爆發布爾什維克革命後，就發現學生從自己家庭裡學到源自其傳統文化的語言工具與價值系統，但教師在學校中強調的卻是有關科學與政治的意識型態，兩者間長期存有「質性跳躍」（qualitative jumps）的不連續現象，他發現兒童在日常生活的思考發生明顯有「知識滲透」（diffusion of knowledge）的現象，科學與政治的觀念來自政府與學校，在老師與學生的溝通裡，這些高度抽象內容與兒童來自家庭裡的常識相互衝擊與轉化，容納到兒童本來的生命世界內，然而，如果這些科學與政治的意識型態交織出的「微觀世界」無法與本來的生命世界（life world）連結，就會引發兒童巨大的心理困惑，畢竟兒童教育需要與其生活經驗相結合，讓學習發生意義，不能只是無意義的背誦與演算，卻與日常生活毫無關係。華人社會正面臨著這樣的問題。當各種社會科學領域的學者從西洋文化傳統各自擷取出微觀世界的內容，長期未能與我們本來的生命世界做深度的對話與交融，就將其片段的知識，藉由各科目課綱與課本再傳播到學校教育裡，但學生到學校受教育前，已經在學習本國的語言與其背後承載的文化傳統，來到學校後，教師開始教一套源自西洋文化傳統的現代知識，孩子得要用自己熟悉的語言作為工具，將這些知識「同化」（assimilate）到既有認知系統，或改變既有認知系統，來「順化」（accommodate）這些新知識，然而，學生本來日常的生命世界卻是校園外最真實而巨大的存在，這種套裝知識與經驗知識的落差，很難不造就出困惑，生命世界在套裝知識裡沒有具體著落，這就會醞釀出生命的意義危機（Vygotsky, 1978; Luria, 1976, 1979）。現在黃光國將具有異質性的科學哲學搬到華人學術圈裡展開討論，如果將其與華人真實面對的生命世界展開對話，難道其不會同樣引發與我們本來的文化傳統間有著不連續現象，產生某種「質性跳躍」，意即在相互轉化的過程裡，不只內容，更包括形式與結構的轉變？其實，這種情況早已發生在黃光國本人的研究裡，他自承西洋學術認知的科學哲學，通常指自然科學的哲學，然而，黃光國治學的終極關懷，卻要整合自然與社會的科學，最終建立本土社會科學的學術傳統，除探討「詮釋學」（hermeneutics）與「批判理論」（critical theory）外，更會著重討論西洋科學哲學幾乎不會談的「結構主義」（structuralism），藉此釐清文化的深層結構（黃光國，二〇一四：九），這些觀念的討論就「多重哲學典範」（multiple philosophical paradigms）的研究角度而言自然甚有意義，卻不應該尚未被賦予「科學哲學」的義理前，就立即被視作「科學哲學」這個範疇內的觀念來討論，畢竟科學哲學是關注科學的基礎、方法與含義，主要研究科學的本性與科學的結構，關注於科學解釋、科學檢驗、科學觀察這些層面與理論的關係，探討其理論的可靠性，最終做出科學理論的選擇，該領域的核心問題是「什麼思想真正符合科學的標準」，藉此釐清科學的終極目標。但不論如何，黃光國這種討論呈現的事實，已經不是本來西洋科學哲學的脈絡，或可被視作他自身面對「生命世界」與「微觀世界」這兩大存在，展開其特有的「質性跳躍」。

有關於該「質性跳躍」是否圓善，筆者在第四章裡已經詳細討論（陳復，二〇二〇a），這裡不再重複，然而，筆者要指出探索黃光國難題不得不正視的核心問題：黃光國主張「中學為體，西學為用」，這點筆者與其就整體路向而言並無不同，然而，當筆者想要釐清黃光國思想中的「體用觀」，再三詢問黃光國有關「中學為體」的「體」是指什麼具體內容，他表示：「這個『體』是指『中國固有的倫理道德』，因為什麼事情都能藉由西化的過程橫向移植，只有倫理道德最終不能橫向移植。」這就使得該體用觀變成黃光國難題中的一項重大命題，請容筆者有不同的意見。如果這個「體」只是指「中國固有的倫理道德」，然而「倫理道德」並不會一成不變，其不斷因應時空背景的需要而有因革損益的調整，如同筆者在第六章中舉的具體例證（陳復，二〇二〇c），請容筆者再提醒如下：孝道的概念與實踐古今就有不同，漢朝最重孝道，在「三綱」（君為臣綱，父為子綱，夫為妻綱）的脈絡裡被視作最核心的倫理道德，《後漢書．趙咨傳》就記載趙咨在敦煌做太守，因為有病就辭官回家，自己耕田奉養母親，有天夜裡一群強盜來他家裡搶劫，趙咨唯恐母親受到驚嚇，自己到門口陳設飯菜請強盜吃，還跟他們表示自己母親生病，已經八十幾歲，只請求強盜稍微留點衣服與口糧給母親，其餘如自己的太太與孩子，包括任何錢財與物品都沒有關係，任由他們索取即可，強盜反而深感驚駭，跪下來表示自己言行無狀冒犯賢者，說完就奔跑離開，趙咨還追出去吆喝，想把家裡的東西餽贈給這些強盜（楊家駱主編，一九八七：一三一三）。孝道被黃光國視作庶人倫理中「無條件的積極義務」（黃光國，二〇〇九：二一四），基於黃光國主張孝道規範裡有著長期互惠的「需求法則」，請問像這樣重視「親倫」卻不重視「妻倫」與「子倫」的倫理道德，當真能被現在任何妻兒接受，落實於當前華人社會而不至於引發爭議嗎？如果倫理道德會隨著時空背景演變而有更易，又如何能被當作中華學術始終不變的「體」呢？不知黃光國是否有仔細考慮過兩個問題：其一，當其使用「中學」與「西學」兩個詞彙來體用對稱，中國固有的倫理道德究竟該如何「學問化」，使其具有「體」的現代意義，來支配西學實踐其意志與願望？其二，黃光國強烈主張藉由認識科學哲學裨益建構華人本土社會科學，在「中體西用」的格局裡，科學哲學究竟應該被擺放在「體」還是「用」的位置呢？有關第一個問題，筆者覺得這是不可能的事情，既然倫理道德從來都無法固有化，且其永遠都只能被黃光國思想視作來自於「生命世界」的內涵，這就意味著其不屬於「微觀世界」，根本無法在黃光國關注的華人本土社會科學裡占有根本的位置（體）；有關第二個問題，筆者覺得既然科學哲學在黃光國思想占有如此重要的位置，就不能不在「中體西用」的格局裡做出相對應的詮釋，否則不能完成自成脈絡的學問系統，然而如果只將科學哲學當作「用」，豈能幫忙中華自主學術完成其科學化的意義呢？根據筆者目前的認識，相對於黃光國主張的「中學」係指中國固有的倫理道德；「西學」則係指西洋特有的科學哲學，他覺得國人應該藉由認識後者來完成中西會通的工作，因此該「用」不能只當作應用或實踐，在其理論結構中實具有關鍵樞紐的意義，應該將其視作方法論。

第二節 中體西用：架構自成系統的體用關係

現在一般人談「中體西用」總會認為這是清末洋務派大臣張之洞（一八三七—一九〇九）的主張，殊不知這是整個洋務派都在關注的議題，張之洞在光緒二十四年（一八九八）撰寫的《勸學篇》根本沒有「中學為體，西學為用」這八個字（雖然確實有「舊學為體，新學為用」的說法），他只是說：「中學為內學，西學為外學；中學治身心，西學應世事。不必盡索之於經文，而必無悖於經義。」（一九九〇：一五九）甚至這套思想的最早提出者並不是洋務派，而是維新派。譬如曾在曾國藩幕中工作的薛福成，就是早期維新派代表人物，其改良主義思想對後來的康梁變法產生深遠的影響，他在論及籌海防事宜時，就將法制與風俗這些制度層面視作體，而火器與輪船這些技術視作用，並覺得體與用不能截然分開，其討論到體與用的相互轉化問題，後來洋務派講「中體西用」著眼「補救」二字，意即用西學來「補救」中學的缺失（戚其章，一九九五）。由於光緒二十一年（一八九五）維新思潮興起後，「中體西用」逐漸成為流行的口號，洋務派冀圖壓制維新派，其本來使用「中本西末」來當作洋務運動的指導思想，後來卻用「中體西用」來混淆與指稱其主張，相比於維新派更著重於「中西會通」的角度，兩者顯有不同，譬如梁啟超在光緒二十二年（一八九六）在《時務報》發表〈西學書目表後序〉指出：「要之，舍西學而言中學者，其中學必為無用；舍中學而言西學者，其西學必為無本。無用無本，皆不足以治天下。」（一九九四：一二六—一二九）這裡可看出當時「中學」雖然已經退出實用領域，但梁啟超擔憂如果中國學人真的完全放棄「中學」，面對中國學問尚被視作思想源頭的當日，這恐怕將會導致淪落至「斷港絕潢」的尷尬處境，當梁啟超幫總理衙門草擬〈京師大學堂章程〉就指出：「考東西各國，無論何等學校，斷未有盡舍本國之學而徒講他國之學者，亦未有絕不通本國之學而能通他國之學者。」（二〇〇五：三三—四二）他還表示：「中國學人之大弊，治中學者則絕口不言西學，治西學者亦絕口不言中學。此兩學所以終不能合，徒互相詬病，若水火不相入也。夫中學體也，西學用也，二者相需，缺一不可。體用不備，安能成才？」（二〇〇五：三三—四二）但應該如何可謂「體用兼備」呢？不容否認者，梁啟超這些維新派人士主張的「中體西用」，其對於「中體」本身的內容著墨不深，甚至有打著「西用」的名義來引進「西體」的政教制度的意思（尤其君主立憲制度），這對於本來支持慈禧太后的洋務派而言並不見得能接受，他們雖然不完全反對「西體」，卻想要捍衛「中體」的合法性，張之洞主張的「中體西用」就是在這個脈絡裡大幅進展，其由前期洋務派有關槍炮兵船、天文曆算、聲光化電與工程技術這類技藝擴展到「西政」，他個人包括政教制度都視作可接受的「西用」，卻堅持還是要有「中體」，這時候該「中體」就變成中國本來的倫理道德，他在《勸學篇》說：「夫不可變者，倫紀也，非法制也；聖道也，非器械也；心術也，非工藝也。」（一九九〇：一二一）他的儒家防線已經退到「法制」可改但「倫紀」不可改，對中學，他是捨棄「物質文化」而推崇「精神文化」；對西學，他是捨棄「精神文化」而推崇「物質文化」，這就形成他具有過渡性的「中體西用」這一思想（徐玲、崔新明，二〇〇四）。我們在這裡探討「中體西用」的歷史脈絡，用意在指出該主張會因人而有不同觀點，須深究其實際意思，這並不是張之洞專門在使用的詞彙，梁啟超本來特別著重於「中西會通」的義理來認識「中體西用」，該角度相當可取，可惜其當時並未申論「中體」的深層意涵，僅是用來指稱中國本來有關經史子集的學問，張之洞將倫理道德視作「中體」，顯見黃光國的主張並不是沒有根據，其誠然比較接近於這個看法，然而如果倫理道德會隨著時間不斷更易，這顯然尚不能成為思想匯歸的源頭，但如果我們將其視作某種先驗性形式架構（transcendental formal structure），則不僅是倫理道德這些條目本身（諸如仁、義、禮），這些條目背後是否尚有個含攝的機制，意即還有個不變的「體」，能作為中國學問的基石，並能接著指導「用」該如何開展呢？

雖然「中學為體」的「體」，在理論層面最終可指向哲學的本體論，但這的確不是張之洞當時倡導「中學為體，西學為用」的原意，其本來只是在談文化結構的選擇與其機能運作，甚至讓「體用關係」這一概念變得虛無化，否則兩者必須具有精確的對應關係。基於這些討論的過程，筆者覺得如果站在更高端的視野來思考，有關「中學為體，西學為用」的觀點，其「體」的根基只能是心體（nous）。根據筆者在第六章的說法（陳復，二〇二〇c）：不同於西洋文化有著信仰上帝的傳統，人藉由科學來探索真理就轉型自於人對上帝的探索，中華文化並沒有信仰上帝的傳統，自西周而降就已經「由禘轉天」，意即將「上帝」轉稱「上天」，將其義理化，由先秦至明末，歷來思想家雖然主張各有不同，其主要核心觀點都只是「自性」（the Self）的異稱，筆者這裡說的心體即自性，都是指超越於「自我」（the Ego）

的本來面目，每個人的自我常會禁不住各種物欲遮蔽，使得自我蒙塵，如果能善做工夫，不讓其惹塵埃，令其本自清靜，則層層剝落外在名相的束縛與網羅，當能證得根本的自性。這是在說明工夫論的成德路徑，人的動物性與有限性當然存在，使得成德有其艱難過程需要克服各種障礙。黃光國思想裡的「自我」本無自性義，其對自我的詮釋只有社會性意義，且從利益角度來詮釋儒家思想（陳復，二〇一六），筆者多年來與其時相請益甚或辯論，不斷申論自性對構築華人本土社會科學的重要性，終於獲得採納，使得黃光國自二〇一六年開始將自性置於修養心理學的核心內涵，這本來是修養心理學能深化發展其理論與實踐的契機，然而，黃光國接著卻再將自性與心體區隔兩斷，認為心體只屬於良知，卻不屬於更深刻的自性，自性則屬於本體（黃光國，二〇一八a），這些本屬同義互訓的詞彙，只是各自側重於不同的詮釋角度，實際修養其間自能融會貫通，即使姑且定義心體（良知）屬體悟機制（未發的中），自性（本體）屬於體悟內容（未發的和），請問又如何徹底斷得開？且不說牟宗三先生在《心體與性體》這本書裡就表示「心體」屬於「性體」的「異名而同謂」，其他還有如「道體」、「仁體」與「誠體」等詞彙（牟宗三，一九九九a：一五三；周恩榮，二〇一七），當《六祖壇經．行由品》第一記五祖弘忍說：「菩提自性，本來清淨，但用此心，直了成佛。」（李中華注譯，二〇〇二：二）六祖惠能則說：「弟子自心，常生智慧，不離自性，即是福田。」（李中華注譯，二〇〇二：六）難道兩人各自表示的「此心」與「自心」豈都無關於「自性」嗎？傳統因為重視體用關係，任何東西的研發都需要關注根本義與實踐義這兩端，往上要通過心體良知的檢視，往下要具有日用實作的意義，兩者的匯合就是其研發的開始要能「修身養性」（內聖），最終要能「經世濟民」（外王），使用白話來說，就是讓自己的生命獲得沉潛與收攝，對問題達到忘我的探索，其工作獲得的成果，就能讓社會大眾共同獲得福利，我們如仔細檢視中國科學發展史，就會發現自來中國每項科學成果的萌芽與茁壯，都離不開這層相互循環的體用關係，這層體用關係同時具有陰陽共生關係，研發前是「體陽用陰」，研發後是「體陰用陽」，只不過研發者置身在中華文化裡，對此常呈現「日用而不知」的狀態，誠如《易經．繫辭傳》上說：「一陰一陽之謂道，繼之者善也，成之者性也。仁者見之謂之仁，知者見之謂之知。百姓日用而不知，故君子之道鮮矣。」（一九九五：一四八）當前大陸正在奮發圖強展開的「逆向工程」（reversed engineering），其按照嚴謹的工序將本來的東西拆解，在觀察的過程裡藉由「體知」（embody，實際體驗獲得的知識）按部就班組裝回原來的樣子，然後再經由關鍵點的改良，蛻變出更尖端的研發成果，如果研發者本身沒有修身養性與經世濟民的強大信念暨熱忱實踐，焉能開創出如此巨大的突破？這就是《孟子．告子下》針對「天將降大任」這一議題說：「所以動心忍性，曾益其所不能。」（謝冰瑩、賴炎元、邱燮友、劉正浩、李鍌與陳滿銘編譯，二〇〇二：五九九）這顯然是經過文化大革命四十年，大陸經過深刻反省展開改革開放，自覺不能再脫離中華文化的母體滋養，正在社會各領域如雨後春筍般出現的文藝復興浪潮，不能光從民族主義的角度來等閒理解。因此，當我們構思能反映這層體用關係的科學哲學，就應該創發出「仁知交融」的科學哲學系統（該系統既是種知識論系統，更是種方法論系統），讓「仁者見之謂之仁，知者見之謂之知」，意即讓西洋文化的本體論（ontology）轉型含攝出中華文化的體用關係，使得心體發展出能對應的「認知心智」（cognitive mind）來從事於科研工作，而不能只是生吞活剝照搬其科學哲學到華人社會來思考學術問題，就覺得已然完成中西會通的華人本土社會科學，畢竟這還是內含「依西化中」或「依中化西」孰為主體的根本命題，如果沒有精確把握，則「中體西用」無異於沒有落實的口號，意即「中體」與「西用」沒有獲得深度連結，更無法真實構築中華自主學術。這就是筆者要提出：藉由科學哲學的方法構築心體的微觀世界，來對應日用的生命世界；並藉由科學哲學的實踐應用心體的微觀世界，來影響日用的生命世界，彼此通過科學哲學形成雙向的善性循環，這是深層意義在回應前面《易經．繫辭傳》說的「君子之道」。冀圖更清晰理解，筆者繪圖如圖9-1：

或許有人會有這層疑惑：「作者是否並不了解『科學哲學』的意涵，將其與『科學』暨『哲學』這兩個概念相互混淆？『科學哲學』是一門哲學而非科學，在『科學哲學』的領域中根本沒有所謂『科學哲學的方法』，更沒有所謂『科學哲學的實踐』（除非把研究『科學哲學』視作『科學哲學的實踐』。但在科學卻有『科學方法』，而『科學實踐』這一詞彙常指科學研究工作。」筆者要指出：將科學哲學的研究取向或研究典範視作一種方法論，這正是黃光國提出的觀點（他將其視作西洋科學哲學在「本體論」、「知識論」與「方法論」共構出來的「世界觀」）（二〇一八：一〇一—一一三），筆者只有不同意繼續使用其「本體論」的層面，並順其後兩者脈絡而繼續演繹科學哲學在應用層面的路徑。基於這個路徑結構，即使槍炮兵船、天文曆算、聲光化電、工程技術甚至政教制度都受到西洋文化的影響，呈現在國人的日用

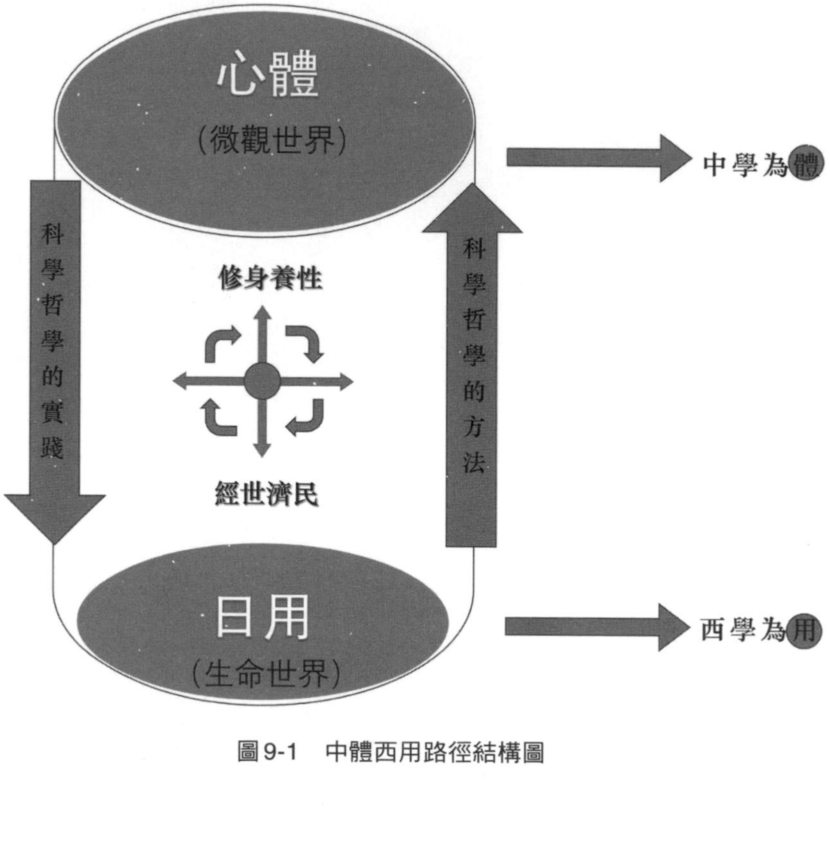

圖 9-1　中體西用路徑結構圖

生命中，這都可在中西會通的視野裡視作滋養的內容，對於我們過著現代文明生活有益，但我們更需要問：在精神思維中，我們是否有心體（自性）的覺悟，懷著修身養性的態度來面對與實踐自己的生活，不會耽溺於物質欲望的攫取，進而能從工作中經世濟民，使得人生充滿著意義？畢竟當前社會的課題已經來到我們應該更嚴肅看待全球化對氣候變遷的影響，果能如此，則「西用」或「中用」都不再是個具有對立的矛盾命題，甚至「西用」都能因為帶著「中體」而轉成「中用」，如同二胡與揚琴這些西域傳來的樂器都能共融到中國音樂，豐富中國音樂的內涵。當我們把握住這個核心角度來討論中西本體論的議題，纔能化解兩者的歧異。

第三節　再演繹費依阿本德的多元主義方法論

繼續前面的討論，何謂「科學哲學的方法」與「科學哲學的實踐」？在我們思索這兩大路徑的過程裡，筆者本來同意黃光國主張「多重哲學典範」的概念（黃光國，二〇一三：四六七—四八八），然而由於該概念的實質論點相當模糊且相互矛盾，筆者曾在第四章指出（陳復，二〇二〇a）：中華文化本質具有「天人合一」的思想傳統，黃光國教授提出多重哲學典範當前容納的相關內容各有缺點，且觀點彼此不見得相容，甚至根本牴觸黃光國想提出關係主義（relationism）的方法論本衷，黃教授實有責任釐清任何思想如被納進多重哲學典範，是否有共同適用的原則（陳復，二〇二〇a）。該文並仔細梳理從心體出發架構的科學哲學脈絡，這裡且容筆者不再詳論。在該問題尚未獲得根本解決前，筆者更同意美國科學哲學家費依阿本德主張的「多元主義方法論」（methodological pluralism），他覺得西洋近代科學依據的理性主義（rationalism），其成就雖然有目共睹，然而其不是沒有局限性，更不應該成為唯一的知識霸權。其他各種文明的知識體系，雖然表面看起來比較「落伍」，好像有「停滯不前」的現象，但是我們依然應該尊重這些知識體系，因為科學史的發展事實告訴我們，許多知識體系都會歷經黑暗期與停滯期，然而科學史有許多研發敗部復活且後來居上的例證。費依阿本德覺得從來就不存在一種完美的研究方法能用來指導全部的研究工作（這正是理性主義者的理想），認為存在著普遍而不變的合理性，就像存在著普遍不變的測量儀器可獲得任何量值而不管具體環境般並不現實（費依阿本德，一九九〇：一二〇）。他覺得每種研究方法都有各自不同的局限性，同樣有各自獨到的優點，任何觀察或實驗都會受到理論的污染，從某個理論出發，我們的感官通常只能看見符合該理論的「事實」，卻看不見背離理論的「異例」（anomalies），但這些「事實」其實並不是世界的真實情況，但當我們只在某個理論內，就不會意識到異例的存在，更不會質疑理論本身，只有我們接觸完全不同的理論時，我們纔會察覺到不同理論帶給我們的豐富認識（黃光國，二〇一八c：一九二）。因此費依阿本德主張尊重各種可能的研究方法，他並不認為這些研究方法都是完全在全部情況裡都合理與合用，如果真有一種放諸四海皆準的研究方法，那就是「怎麼樣都行」（anything goes）的研究方法，這是種「反規則」（counterrule）的規則。費依阿本德表示科學醫學在西洋社會中長期占主導地位，並不是科學醫學的方法論比傳統醫學優越，而是與傳統醫學競爭的過程裡，社會環境比較有利，科學醫學受到規則的偏袒，中醫與中藥的復興打破西洋醫學對醫學領域有關教學和研究的長期壟斷，使人認識到西洋醫學無法重複某些診療的手段與效果，更無法通過本來的理論脈絡來解釋（費依阿本德，一九九二：二七—二九）。「慣常的科學方法」首先將草藥合劑解析為化學成分，然後確立每個成分的特異功效，再根據各個特定的效益來解釋對特定器官的總效益，這種還原論的系統性遮蔽整體出現新特徵的可能性，即草藥其整體改變整個機體的狀態，正是整個機體的新狀態，而不是草藥合劑的某一特殊組分治癒疾病。費依阿本德覺得中醫與中藥復興的案例揭示我們只要給非科學的傳統醫學相關理論與實踐更公平的競爭機會，其就能成為堅強的競爭對手，揭露現行科學的重大缺點（費依阿本德，一九九〇：一一〇）。費依阿本德因此反對科學沙文主義（scientific chauvinism）將科學與非科學設立人為的疆界，因為今天的知識可能變成明天的童話，然而最可笑的神話最終可能變成科學的最堅實構件（費依阿本德，一九九二：二七—二九）。按照「怎麼樣都行」的多元主義方法論，費依阿本德有兩點主張：首先，他主張「增生原則」（principle of prolification），即使某種科學理論已得到高度確證與普遍接受，科學家還要發展與公認觀點不一致的理論，因為習慣使用單一理論思考問題的心智，甚至不會注意到其最明顯的弱點，建構其他新理論，可幫忙人克服心理上的盲點；再者，他主張「韌性原則」（principle of tenacity），他覺得一個舊理論即使受到事實的反駁與否證，都應當被保留下來，因為其內容可能對得勝的對手理論有貢獻。如果因為某種觀念不符合流行的科學觀點，就堅持要將其排除，這等於把科學的某個暫時性階段，變成爭論的永久仲裁者，這反倒會導致科學的退化（黃光國，二〇一八c：一九四—一九八）。這兩大原則屬於費依阿本德最原初的觀點，筆者特稱作「費依阿本德古典原則」（The Three Classic Principles of Feyerabend）。

費依阿本德「怎麼樣都行」的多元主義方法論，對於何謂「理性」有著更深刻的洞見，他覺得現在的理性不見得能被過去的理性接受，反過來同樣如此，他會強烈反對科學哲學受限於理性主義，主要來自理性主義並不真具有什麼內在優越性，而是基於「非理性」的「權力因素」，使得「理性」變成一種「傳統」（黃光國，二〇一八c：一九六—一九八）。但筆者不禁反思：如果探討「理性」並不只有「理性主義」這一種思路，即使是某個神話，都隱含某種內在結構，或具有某種內在理則，能回應某種文化心理，使得其被某一社會的人民長期流傳與接受，梳理出這種內在結構或理則，應該可視作多元主義方法論的繼續落實；並且，從費依阿本德主張增生原則與韌性原則，我們更能確認其縱然反對理性主義的霸權，卻支持理論本身的持續闡發，畢竟這對於多元主義方法論的發展有益。既然如此，該如何不僅尊重多元主義的事實存在，更能發展多元主義方法論呢？如果只依據既有的「費依阿本德古典原則」，縱然可保留被淘汰的理論，然而該理論所以值得被保留，其本身要有自成一套的內在結構，這個內在結構面對不同的理論，或因特殊時空背景而顯得落後，但該如何各自獲得存在的價值呢？筆者覺得：如果更細緻梳理費依阿本德的說法，我們只要依據三大原則來探討，或可合理做出論斷某個理論始終具有科學哲學的意涵，並符合費依阿本德主張的多元主義方法論的既有脈絡：其一，該觀念已構築自成脈絡的系統，提供自具圓善的說法，這是「觀念系統原則」（The principle of Conceptual system）；其二，依循該觀念發展的實踐，經實際檢驗證實有具體效果，這是「實踐有效原則」（The Principle of Practical Effectiveness）；其三，該觀念與該實踐兩者具有高度對應與相互影響的脈絡，這是「脈絡關聯原則」（The Principle of Threaded association）。這是按照前面「增生原則」與「韌性原則」這兩大古典原則繼續演繹，提供實踐多元主義方法論更具體的路徑，彼此的關係繪圖如圖9-2：

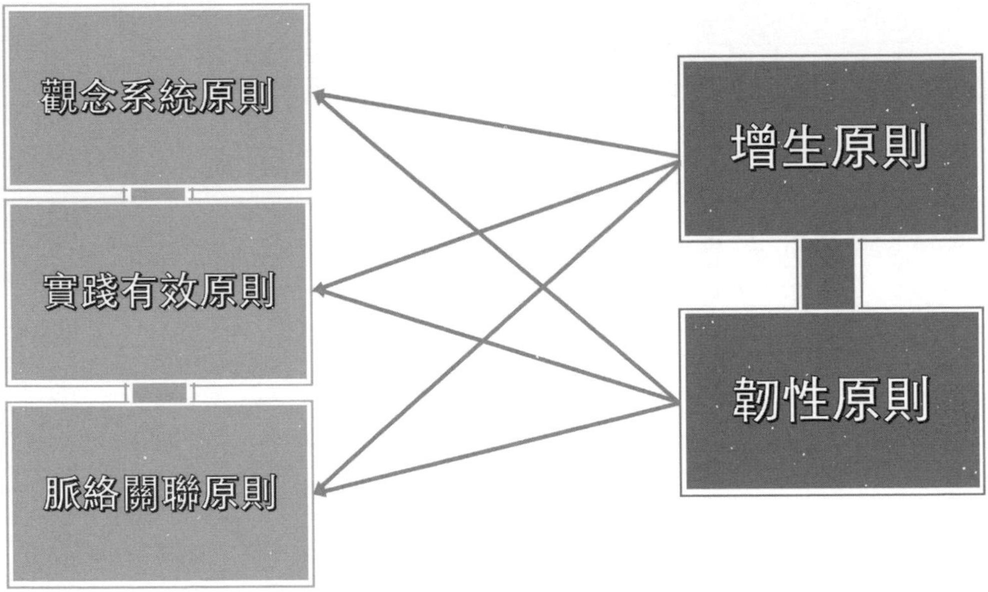

圖9-2　多元主義方法論路徑圖

依據這三個原則提供嚴密的路徑，既可檢視哪些理論始終可獲得保留，更能使得任何領域的既有成果都不會因為其暫時不居於主流位置而被邊緣化，甚至能因其在理論層面與應用層面都具有系統性、有效性與關聯性，而不會輕易被淘汰，或在某個時空範疇內繼續獲得演化（或實踐），筆者特將這三點稱作「費依阿本德演化原則」（The Three Evolving Principles of Feyerabend），會稱作「演化原則」，意指筆者雖然同意費依阿本德有關「怎麼樣都行」的多元主義方法論其內容相當深刻而有創意，然而我們不應該未經反思就無條件接受費依阿本德的想法，導致對嚴格科學的精神帶來傷害。每個新科學典範的提出，從來就不是按照既有規則來發展，這點早在費依阿本德提出該觀點前就已存在，無論是理論的提出（實在論）或是實驗的設計（實證論），都是依靠科學家自成一格的研發，然而，任何理論或實驗是否能被接納，都必須要通過嚴格的檢驗，並不真的「怎麼樣都行」，因此要將費依阿本德的說法稍做限縮，給予更精確的認知，這層意涵相較於古典原則已經有演化。這三個演化原則的脈絡指向，繪圖如圖9-3：

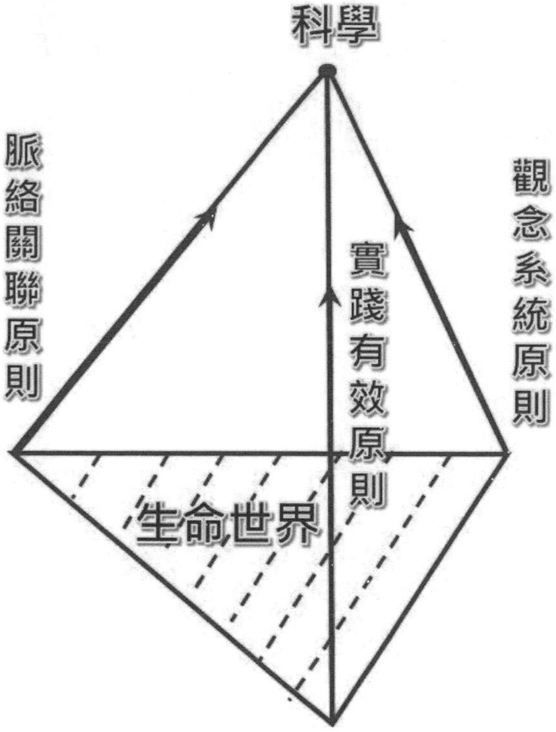

圖9-3 費依阿本德演化原則圖

只要符合這三個原則來檢證，則任何技術成果背後的義理脈絡都可被視作（或繼續視作）其符合「科學」（science），屬於具備「科學哲學的方法」與「科學哲學的實踐」，並且，這三個原則共同的地基就在生命世界，只有具體的生命能回答某個理論是否具有系統性、有效性與關聯性，意即筆者覺得只有生命世界成為微觀世界的源頭，纔能保持生命的主體性，有效將理論被人應用，畢竟只有人纔能決定何種理論適合於自己（或更適合於解釋自己的社會）。誠如榮格指出，如果我們要了解人類的某個體，就必須放下全部有關人類普遍性的科學知識，摒棄所有理論，採取不帶任何偏見的科學態度（榮格，二〇一八：八），這並不是反對理論的存在，而是說只有當我們對個體有完整的認識，我們纔知道什麼樣的理論適合拿來認識某個具體的人，筆者覺得這種態度拿來認識整體的文化心理依然適合，如果我們沒有對人類某個文化其內蘊的思想有深刻與相應的了解，我們憑什麼能聲稱自己認識該社會的文化心理呢？如果將微觀世界反過來變成認識生命世界的源頭，我們就要留意哈伯瑪斯宣稱任何將理性等同於工具理性的主張都是意識型態，將微觀世界產生的理論視作某種工具理性，誤認其可當作方法來指導人生，其實就是將理論當作宰制生命的意識型態，該脈絡的「科學」最終會反噬生命世界，製造人類社會的災難，哈伯瑪斯指出海德格正就是拿哲學理論的面貌來宣傳政治觀點，纔會去擔任弗萊堡大學校長，做出支持納粹價值觀的行徑（黃光國，二〇一八c：三五七—三六四）。至於前面討論中華學術特有的體用關係，同樣只要符合這三大原則，就能完成中華自主學術的發展路徑，使其成為具有嚴謹意義的華人本土社會科學，並讓中華思想不再能輕易被人高舉理性主義的論調，就擱置在「封建迷信」的倉庫中。如果拿費依阿本德的觀點來檢視，筆者合理估計：中國傳統醫學應該都符合這三大原則，儘管費依阿本德可能不知道經過戰後七十年來的發展，中醫本身都已越來越觀念系統化、實踐有效化與脈絡關聯化，使得中醫變成科學中醫，甚至中藥都變成科學中藥，不僅如此，具有中華文化特徵的整體科學成果正在呈現「敗部復活」且「後來居上」的旺盛復原能量，甚至突破既有科學典範，在尖端科技如人工智能（Artificial Intelligence，簡稱ＡＩ）、第五代行動通訊系統（5th generation mobile networks，簡稱５Ｇ）、基因編輯（Genome Editing）、五百米口徑球面無線電望遠鏡（Five-hundred-meter Aperture Spherical radio Telescope，簡稱ＦＡＳＴ）、量子科學實驗衛星（Quantum Experiments at Space Scale，簡稱ＱＵＥＳＳ，該衛星後稱作墨子號）和嫦娥四號探測器登陸月球背面這些事項都有巨幅發展，然而，這更顯現發展相應的華人本土社會科學實屬刻不容緩的研究工作，纔能提出理論，讓這些現象獲得合理的詮釋，並在持續巨幅進展的浪潮中，提出值得探討的觀點，尤其背後存在著會影響人類福祉的科學倫理議題，這就是本章會首度提出前面系列理論的背景原因。

第四節　建構實在論：化解中西本體論的歧異

奠立在前面討論的脈絡裡，我們再回到如何化解中西本體論的歧異。黃光國曾跟筆者表示：「本體論是西洋哲學的觀念，中國思想嚴格來說只有體用觀，並沒有本體論。」中華思想誠然有體用觀，從源頭來說，譬如《易經．繫辭上》說：「故神無方而易無體。」（一九九五：一四八）並說：「君子體道以為用也。」（一九九五：一五〇）「體」與「用」並舉則最早開始於《荀子．富國》說：「萬物同宇而異體，無宜而有用。」（楊倞注，王先謙，一九七四：一一三）然而這個「體」只是指外在形體，「用」則是指效用，並不具有深刻的思想意涵，真正出現體用觀，首先是魏晉時期王弼針對《老子》第十一章：「三十輻，共一轂，當其無，有車之用；埏埴以為器，當其無，有器之用。」（樓宇烈校釋，一九八〇：二七）王弼表示：「雖貴以無為用，不能舍無以為體也。」（同上）意即開始主張「無」實屬體用兼備的觀點。然而，如果中華思想長期有著關於何謂「本體」的概念釐清與相關討論，我們只能說中華思想沒有「西洋哲學的本體論」，而不能說沒有「中華思想的本體論」，並且，體用觀不見得能完整涵蓋中華思想的本體論，方東美（一八九九－一九七七）就曾指出自古希臘而降的西洋哲學如果說有本體論的話，中國的道家思想如老子對於「眾妙之門」的哲學追尋，則呈現出一種「超本體論」（me-ontology）的格局（方東美，二〇一二a：一二六），他覺得道家思想不僅從本體論角度審視問題，更要從超本體論角度闡發，道家並不陷溺於本體論，而是自「有」至「無」，把本體論再往上推演求索，變作「超本體論」，意即變成「非本體論」，認為那個宇宙「之後，之外，之上」，還有更深、更高與更遠的宇宙根本真象，將本體論的「有」結合超本體論的「無」，把荒謬的世界變成和諧與寧靜的精神生活領域（方東美，二〇一二b：二八、一八七、二〇二）。並且，筆者在第二章詳細考察黃光國的觀點，發現黃光國援引傅偉勳對老子「道」的解析，認為老子有「道真實存在的形而上本體」（意即道體，Tao as Reality）的思想，並表示「道」是宇宙萬物的「本體」（noumenon），其作為宇宙萬物的根本，不是絕對的「無」，更不是特定的「有」，而是「既有又無」的超越性概念（黃光國，二〇一五：一七二－一七四），他因此覺得道家的「宇宙論，知識論，方法論」，採用「主客合一」的思維，發展出一種完全不同型態的「有機體的科學」（organismal science），這與西洋文化「主客對立」的思維，順其發展的「機械論的科學」（mechanical science）並建構科學微世界，有其本質的不同（黃光國，二〇一五：一八四－一八五）。既然黃光國自己有此論點，其覺得中華思想完全沒有本體論，顯然就無法成立。

再者，或許有人會問：「西洋哲學的本體論」究何所指？這是指柏拉圖的「觀念」（eidos）？還是指亞里斯多德的「實體」（ousia）？這是指斯多噶學派（Stoicism）居住於萬有裡面的理性（具有自覺的世界靈體，logos）？還是指笛卡兒的「思在」（cogito, ergo sum）？這是指史賓諾沙的「神性」（deus）？還是指萊布尼茲（Gottfried Wilhelm Leibniz, 1646-1716）的「單子」（monad）？這是指康德的「實體」（substance）？還是指費希特（Johann Gottlieb Fichte, 1762-1814）的「絕對自我」（absolute self）？這是指黑格爾在《精神現象學》談的「精神」（geist），還是在《邏輯學》談的「存有」（sein）？或者，這是指叔本華（Arthur Schopenhauer, 1788-1860）的「意志」（wille）？這些哲學家的主張各有不同，由此可知西洋哲學中的「本體」是極其多樣性的概念，然而，該本體傾向獨立於人而客觀實存，人或能置身其中，卻無法與其徹底合一，這是筆者認知西洋哲學本體論的根本特徵。換個角度來看，西洋哲學的本體論，其英譯「ontology」真的適合稱作本體論嗎？該詞彙源自希臘語單詞「ον」（存有）和「λόγος」（理則）的組合，因此這是門探討「存在」（being）的學問，意指探討物（object，或稱客體或對象）的存在基礎，或物與物間的關係，西洋哲學或主張任何名詞都對應某個實際的存在，或主張名詞並不表示存在的實體，這只是種集合的概念（包括事物或事件），其探討諸如「何謂存有與其特性」、「什麼是客體的基本屬性」與「客體如何相對虛無存在」這些議題，著重於抽象概念的釐清，更適合的中文譯名不見得是「本體論」，反而會是「存在論」，當我們將本該視作存在論的「ontology」約定俗成翻譯成「本體論」，這是否會引發錯誤理解或不當比較呢？再者，中華思想的本體論主要在探討「宇宙如何構成」、「宇宙與人群的關係」與「人如何能認識宇宙」這些議題，著重於生命意義的開展。如果我們單從具體議題來看，會覺得中西哲學（思想）的差異判若雲泥，譬如探討「椅子」的本質與我們眼前具體看見的「椅子」是否相互應合，這的確是西洋哲學的本體論（存在論）會討論的議題，卻不是中華思想的本體論（體用觀）會討論的議題。然而，譬如當我們改變對眼前這朵花的知覺方法，是否在世界中看這朵花就變得不一樣？這的確是西洋本體論會關注的議題，卻同樣是中國本體論會關注的議題，最有名的紀錄，莫過於王陽明跟人在「南鎮觀花」的往事（一九九七a：一四四—一四五）：「先生游南鎮，一友指巖中花樹問曰：『天下無心外之物，如此花樹，在深山中自開自落，於我心亦何相關？』先生曰：『你未看此花時，此花與汝心同歸於寂。你來看此花時，則此花顏色一時明白起來。便知此花不在你的心外。』」（《傳習錄．下卷》第七十五條）這裡確實有關於主體如何認識客體的思考，只是中華思想中的本體常與心性高度關聯，採取「主客合一」的角度來思考人與花，西洋哲學中的本體卻常與知識高度關聯，採取「主客對立」的角度來思考人與花，因此，中西本體論並不是完全沒有交集的範疇與對象，這包括當我們討論到德國觀念論（German Idealism）如康德主張的道德形上學（metaphysics of morals），還有海德格討論「此在」（Dasein）發展的基本存有論（Fundamentalontologie），都會發現中西本體論在議題層面有著交集，只是因為「主客合一」與「主客對立」的差異，使得兩者有著不同的特徵，各自發展出極其豐富的思想內容，我們只能承認中國思想家避免將「道」（智慧）裂解成主體與客體兩者，經由對立思維產生某個對象化的實體（substance），卻不能說中國思想家沒有經由合一思維產生整體化的實體（entity），畢竟前者（substance）比後者（entity）指稱有關實體的義理更狹窄。現在，既然我們希望傾注「天人對立」的階段性思辨過程，來針對中華文化本質具有「天人合一」的思想傳統，發展相應的現代化學術，則我們就需要思考如何架構出能相應於中華思想的實在論（realism），來化解中西本體論的歧異。

因此，當黃光國提出特別值得注意華爾納主張的建構實在論（constructive realism），其理論核心為「兩重實在論」（two types of reality），其從自然與人設兩種角度，區隔出兩種「實在」，首先是「實在的本身」（reality itself），接著是「建構的實在」（constructied reality）。建構實在論認為人類全部認知都藉由語言來展開，因而強調語言的重要性。但，不同科學領域架構不同的術語，各自有不同的論述型態來貼靠著實在，其結果每個科學都拿各自的語言，發展出不同的理論，各自完成其「微觀世界」，因此，如將不同微觀世界做個總和，擴大科學社群的視域，最終就能獲得「建構的實在」（黃光國，二〇一三：四二六—四二八）。建構實在論並不討論科學命題系統的有效性問題，其將理論命題的合法性問題保留給個別科學，其目標不在於重新建構一種邏輯，反而在於藉此實踐科學家建構的微觀世界，因此其特別關注外推（strangification），外推是指人類可能針對「實在的本身」建構出無數的微觀世界，由於「實在的本身」無法討論，「建構的實在」則是微觀世界的總和，因此需要相互學習彼此的語言，使得各個「微觀世界」能相互溝通，其間讓某種微觀世界中使用的語言能運用到其他微觀世界的理解過程，這能有助於科際整合。因此，外推的第一個步驟就是「語言性的外推」（linguistic strangification），意指每個文化世界中的意義與價值（包括每個學術領域中最重要的命題與其發現），都能用不同微觀世界可茲了解的語言來表達，這是外推策略的基本步驟。語言的外推是否會喪失本來的意涵呢？沈清松是最早將建構實在論轉譯到華人學術圈，使用「外推」這一中文詞彙，並成為跟華爾納合作的理論闡發者（周曉瑩，二〇一五），他表示佛教就是採用語言性的外推來到中國社會，其既用漢語對佛經展開系統的翻譯，更通過對儒道兩家思想的經典語詞，對佛法做出「格義」，順利融會到中華文化就證明語言的外推具有可行性；再者，外推的第二個步驟就是「社會性的外推」（social strangification），意即在某一社會組織中產生的科學、價值或習俗，如果將其從該社會組織的脈絡中抽離，置於另一社會脈絡中，如果還能運作發展，表示它含有更大的價值或真理；如果行不通，則表示它只適合某一種社會組織，本身有其限制，無法普遍化。沈清松覺得該論點可用來檢視文化間的交流，沈清松覺得佛教在經過語言性的外推後，在當時中國展開社會性的外推，其與傳統倫理和社會秩序相融的過程中，對自身重新脈絡化，進而更加被百姓甚至統治者接受，因此讓佛教在中國順利移植生根；最後，外推的第三個步驟就是「本體性的外推」（ontological strangification），這是從本來的微觀世界（不論是文化世界或宗教世界）跨出來，通過與實在本身的接觸，進人其他的微觀世界（包括文化世界或宗教世界）。沈清松覺得無論是來自何種民族，不論其文化或宗教的內涵，個體對終極實在的體驗都具有可普化和可分享的特性，譬如考察佛教的「空」與「心」、道家的「道」與「無」或儒家的「仁」與「誠」，雖然彼此在概念與範疇不盡相同，但對終極實在的體驗卻存在著某種的相似和互補，正是如此，佛教在中國展開本體性的外推過程中，會提倡三教同源或三教互補，冀圖對終極實在體驗的基礎獲得儒道兩家的理解（沈清松，二〇〇五：五六—五八）。

其實，「外推」在內在理則中預設「慷慨的運作」。「慷慨」是主體的自覺與自發，願意跨出封閉的自我，邁往多元他者的內在精神動能。沈清松區隔出「主動的慷慨」和「被動的慷慨」兩個概念，「主動的慷慨」是源發自主體本身，跨出自我，來到多元他者（many others）的慷慨，在這個過程中，主體內在無私與無求，不帶絲毫優越感，願意將最好的思想菁華，提供給多元他者共享，豐富其知識，更豐富物質和精神的生活。「主動的慷慨」實屬相互外推過程中的必要條件。「被動的慷慨」其實就是積極的接納，通過熱情的歡迎和認真的聆聽，讓多元他者獲得賓至如歸的自由感。「主動的慷慨」和「被動的慷慨」是相互外推過程中的重要隱含預設。有慷慨，纔能有真正的跨出來交談（周曉瑩，二〇一五）。特別值得留意者，當沈清松將建構實在論有關本體性的外推這個說法，拿來詮釋儒釋道三家核心思想的會通工作，顯見「建構的實在」係通過語言性的外推，經由社會性的外推，再展開本體性的外推，從而使得新的實在被建構出來。然而，當這個實在被建構出來，其是否有精確對應著實在本身呢？建構實在論並不否認實在本身，只是華爾納本來並不著重討論這個議題，使得建構實在論呈現「不討論實在的討論實在」（陳復，二〇二〇a），華爾納當時僅運用「外推」這詞彙來表達一種科際整合的方法論，沈清松與華爾納後來合著並出版《建構實在論：中西哲學的中介》（二〇一八），沈清松在這本書序裡即表示，華爾納本來談的兩重實在論（意即「建構的實在」與「實在的本身」）忽視極為重要而且中介兩者的「生命世界」，他因此繼續將「外推」從科際整合的方法，擴張為跨文化交流與宗教交談的策略，從此華爾納跟著從善如流，採取現象學的「生命世界」這一概念（沈清松對此中文翻譯成「生活世界」，其英譯都是 life world），擴張至跨文化層面，然而他謹守住科學哲學領域，並沒有往倫理學、宇宙論與本體論這些領域拓展（沈清松，二〇一八：一—四）。然而，建構實在論的確不只是個科學哲學，因為其畢竟是個實在論，沈清松對建構實在論的衍生解釋，使得我們有機會藉由這種觀點來化解中西本體論的歧異，因為當生命世界獲得重視，就得重新將「中華思想的本體論」納進來討論，這就是筆者前面說側重。其實，前面沈清松引用儒釋道的詞彙並不專屬於各自的思想，後來經由長期交流彼此間早已互通使用這些詞彙，尤其自性（心體）的議題更屬於三家的共識，只是內容與工夫各有其系統性的說法，既然該終極實在（心體）可藉由體驗（或稱作外推中展現「慷慨的運作」這一過程）而獲得共識，這意味著經擴充詮釋的建構實在論，其三個階段的「外推」已可作為化解中西本體論歧異的橋梁，筆者並覺得應該將建構實在論當作策略性的工具，更細緻釐清出「心體論」（nousism），意即儒釋道對自性的關注，能經由外推的過程，讓「中華思想的本體論」跨越發展到可被視作「西洋哲學的本體論」，使得實在本身的內涵不只有體證，更獲得當前學術語言的論證（陳復，二〇一八a），當體證與論證並行，則其構築出的本體論（意即心體論）就既置身於微觀世界，又實踐於生活世界，這時候回過來思索黃光國難題的體用觀，就能理解為何筆者說生命世界要成為微觀世界的源頭，當我們藉由科學哲學的方法構築心體的微觀世界，來對應日用的生命世界；並藉由科學哲學的實踐應用心體的微觀世界，來影響日用的生命世界，彼此通過科學哲學形成雙向的善性循環，就能精確詮釋何謂深層意義的「中學為體，西學為用」。

（本文發表在《哲學與文化》第四十六卷十期，二〇一九：二九—四八。）

第十章

後期黃光國思想

陽明學與榮格心理學的對話

前言

黃光國思想最關鍵的發展在於提出「自性」（the Self，後來他並改成英譯 the Self-Nature），他在《內聖與外王：儒家思想的完成與開展》這本書內承認自己當年建構「自我的曼陀羅模型」（mandala model of self）並未具有普世性的內涵，轉而承認筆者提出自性議題的重要性，發展出更成熟的修養心理學，融合榮格的「四元體圖」（quaternity）與筆者的「自性的曼陀羅模型」，接著詮釋其新設計的「自性的心理動力模型」。黃光國撰寫這本書實屬「後期黃光國思想」最關鍵轉折的著作，其目標旨在通過榮格心理學來釐清自性議題，並跟中國儒釋道思想共同指向的自性對話，藉此完成「中西會通」，發展相應的華人本土社會科學。因此，《內聖與外王：儒家思想的完成與開展》這本書可視作探討「黃光國難題」的分水嶺，使得筆者與黃光國的歧異變成內部路線歧異，而不再是外部路線衝突。然而，黃光國將儒家思想中有關「朱王異同」的議題，擴大視作「良知與理性的分裂」，使得其不能看見陽明心學實屬自朱熹理學這一脈絡蛻變發展出的思想，兩者應該整合視作當前心學的整體內容，通過「儒佛會通」來架構其殊勝義，進而跟榮格心理學對話，讓自性獲得現代學術思考型態的理解與承認，過程中並應該對榮格心理學如何認識自性抱持著警覺與詳查，不能漠視彼此文化背景的差異，導致關注的焦點其實大有不同。然而，後期黃光國思想在「自性的心埋動力模型」上的轉型，其主張充滿著內容的矛盾與空無，筆者依據榮格的三種「四元體圖」發展出「自性四元體模型」，結合陽明學的工夫論來認識榮格的分析心理學，從中讓自性的討論顯題化，真正讓朱王思想獲得相互補充的詮釋空間，尤其能在心理諮詢領域獲得實務印證，並在技術層面發展智慧諮詢（wisdom consultation），更宏觀來觀看中西會通，並思考如何完成中華學術的現代化，藉此擺脫學術殖民的困境。經由筆者與黃光國教授的長期辯論，出現後期黃光國思想的關鍵性轉折，這不只象徵著自性議題終於開始學術化，更意味著華人本土社會科學的完成與開展。本章藉由釐清該書各種觀點，尤其針對黃光國主張的「自性的心理動力模型」相關內容做出校正，從而提出心學心理學（nouslogical psychology）的新觀點。

第一節　後期黃光國思想會形成的背景與脈絡

筆者從民國九十八年（二〇〇九）九月開始聆聽黃光國教授（後面簡稱黃光國）在國立臺灣大學心理學系開授的課程，並常提出各種有關釐清何謂華人本土社會科學的問題跟黃光國探討，期間筆者將撰寫與出版的各類書籍都轉給黃光國閱讀，請其提供寶貴意見，尤其自民國一〇四年（二〇一五）十一月七日因參與「黃光國教授『榮進』學術研討會」，撰寫第一篇論文〈黃光國難題——如何替中華文化解開戈迪安繩結〉，與黃光國展開波瀾壯闊的思想路線大辯論，如今已超過五年。依據筆者的觀察，黃光國高度擅長於整合與消化其覺得有益的觀點，將其轉換到自己的思想系統內，蛻變成新的觀點再發表成文，這期間每當筆者撰寫一篇論文就教於黃光國，黃光國就回覆一篇論文，並將其改寫成書籍，至目前為止，徵諸他已陸續出版《盡己與天良：破解韋伯的迷陣》（二〇一五）、《儒家文化系統的主體辯證》（二〇一七）、《社會科學的理路》（第四版思源版）（二〇一八c）與《內聖與外王：儒家思想的完成與開展》（二〇一八b）這些著作，我們兩人並共同主編《破解黃光國難題的知識論策略》（二〇一九d），將這些年來思源學圈學者的辯論滙聚成書，目前他因應筆者在該書中提出對他思想中沒有討論修養論的疑問，正撰寫並出版《致中和：儒家「修養論」的科學詮釋》一書（二〇二〇）。由這些相關內容來檢視學術成績，實可謂成果豐碩，並可看出黃光國思想逐漸在變化的歷程。筆者長年對於學術圈無法真實討論問題，卻常同樣流露華人社會各種錯綜複雜的人際關係，並展開各種冀圖維護學術霸權的鬥爭深感疑惑，一旦聽聞黃光國素來期待學者對自己過去學術研究工作提出「不留情面」的批判，並告知將會盡其所能詳盡答覆，筆者很敬佩其開放的胸襟，因此彙整其歷年來的說法，綜合提出「黃光國難題」這一觀點，實屬率先發難的直問，藉此釐清黃光國在結合中華文化內涵來建構與發展華人本土社會科學（包括本土心理學）的過程裡，如何能精確闡釋中華文化的特徵，從而真正完成學術現代化工程，這裡面最核心的辯論莫過於知識論的思考。知識到底如何發生與完成，其間的主客關係該如何釐清，顯然中西文化有著至關緊要的差異。由於中國學問本來著重於「主客合一」，如果沒有階段性使用「主客對立」的語言型態，將思考指向的目標對象化，藉此構築概念來獲取客觀知識，則我們將無法完成具有現代意義的學術。我們在《破解黃光國難題的知識論策略》書中的討論，無不圍繞在釐清抽象概念的正誤，從而獲得可信的知識基礎，更希望建構出能精確闡釋儒釋道文化的理論，因此訂出這部書名，實屬其來有自。該書最可貴的精神資產，不僅是學者間不同觀點交織的火花，甚至不只是學者的深刻反省與自我批判，而是這些不同思路的辯論並未絲毫減損彼此深厚的情誼，反映出中華學者同樣可展現「針對道理不針對個人來探討學問」的品質，這就是我們後來期許發展出「君子和而不同」的思源風格。

黃光國的思想最關鍵的發展在於提出「自性」（the Self，後來他並改成英譯 the Self-Nature），筆者在第七章已指出：黃光國在新寫的鉅著《內聖與外王：儒家思想的完成與開展》內承認自己當年在建構「自我的曼陀羅模型」（mandala model of self）時，刻意在使用「認知與行為」的「科學語言」，根本沒有思考到潛意識的問題，未將「自性」考慮在內，並不足以表現整全的人格（whole personality），現在如果要談「中西會通」，發展修養心理學，當然得嚴肅思考「自性」這概念在「集體潛意識」中的位置，承認其在東亞宗教和文化中的意涵，這樣建構出來「人」的理論模型纔算完整，從而根本解決「生命世界」與「微觀世界」對立的問題（黃光國，二〇一八b：一四六、一五四—一六二）。該段內容的告白，在筆者看來，等於實質放棄往年黃光國有關「自我的曼陀羅模型」這一理論，該理論的建構靈感雖然來自黃光國曾觀看印尼日惹婆羅浮屠（Borobudur Temple Compounds），理論本身卻沒有任何實質的曼陀羅深意，該模型無關生命修持能量的中心，更無法象徵宇宙萬象圓融有序的布置，黃光國卻對外表示這是「曼陀羅模型」，其實已有失真，長年徵引這種「談自我卻無自性」的觀點來認識與解釋中華文化的學者，是否已有許多人深受其影響，將其就視作華人本土社會科學的核心內容呢？筆者姑且僅就研究門（ResearchGate）網站查閱的數字來觀察，截至二〇一九年十二月三十一日為止，徵引黃光國〈The Mandala Model of Self〉這篇論文來發表自己論文者有四十三次，其中更不要說有學者使用該模型進而延伸發展出新的理論並展開後續詮釋了。但黃光國前面的告白，不啻已宣布其本來設計「自我的曼陀羅模型」並未具有普世性的內涵（最起碼其無法解釋東亞社會的思想主軸，東亞社會並沒有這種將自我意識當中心的觀點，其普世性就產生適用性問題），並轉而承認筆者提出自性議題的重要性，纔能替心靈現象的多面向研究法開路，最終發展出更成熟的修養心理學，這是「黃光國的轉向」，屬於經由筆者與其來回辯論，後期黃光國思想在華人本土社會科學的最新發展，這是該思想獲得孕育的背景，至於早期的黃光國思想尚可拿《儒家關係主義》這本書作為分水嶺（黃光國，二〇〇九），區隔成「前期黃光國思想」與「中期黃光國思想」，前期黃光國思想尚未臻於成熟，無法從中檢視任何系統性的理論詮釋，真正具有自成一家的思想義理者，當從《儒家關係主義》這本書出版開始。並且，如果黃光國對此有不同意見，覺得自己早年提出來有關「自我的曼陀羅模型」（其英譯「mandala model of the Self」易造成「自我」與「自性」的混淆，因此他纔會改成 the Self-Nature 的英譯）已能完整詮釋到底何謂「人」，何需再融合榮格的「四元體圖」（quaternity）與筆者的「自性的曼陀羅模型」，接著詮釋其新設計的「自性的心理動力模型」（陳復，二〇二〇b）呢？由此得證黃光國的轉向實屬深思熟慮的抉擇，《內聖與外王：儒家思想的完成與開展》這本書的問世，可視作探討「黃光國難題」的分水嶺，使得筆者與黃光國的歧異變成內部路線歧異，而不再是外部路線衝突，更標誌者後期黃光國思想的重要起點。茲因這本書首度開始細緻討論「自性」來作為儒釋道三教合一的文化中發展社會科學的基礎，可謂「體大思精」，實屬黃光國近年來殫精竭慮的鉅著（陳復，二〇一九c），值得筆者特別做個整體回顧與綜合討論，並視作本書的最後一章。

後期黃光國思想的出現有其發展脈絡，時間計有兩年的光陰。猶記得筆者在民國一〇三年（二〇一四）十二月十二日首度在國立宜蘭大學舉辦「生命教育專家諮詢會議」，邀請黃光國來校內跟師生演講〈中國精神治療與華人本土社會科學〉，前一晚黃光國下榻於宜大貴賓宿舍，筆者與其討論華人本土社會科學的完成與發展，請其特別留意陽明學與榮格心理學都在談自性議題，如果要談「中西會通」，則榮格的觀點實不可不嚴密注意，可將其視作「中西會通的橋梁」，當時黃光國立即表示：「我的思想系統著重在社會心理學的面向來發展，並不需要特別談到榮格的觀點，更沒有需要談到自性議題，其實只要把『自我的曼陀羅模型』給擴充詮釋即可。」由於自性議題被納進華人本土社會科學的討論範疇極度重要，這使得筆者發現如欲說服黃光國，不能光通過言談來溝通觀念，只有認真撰寫成文章，詳細鋪陳論點脈絡，或許纔有機會獲得黃光國的重視，這就是筆者為何會在民國一〇四年（二〇一五）十一月七日在「黃光國教授『榮進』學術研討會」發表〈黃光國難題——如何替中華文化解開戈迪安繩結〉，該文並在隔年（二〇一六）十二月刊登於《本土心理學研究》第四十六期的原因，期間筆者於民國一〇五年（二〇一六）六月十七日第二度在宜大召開「生命教育專家諮詢會議」，再邀請黃光國來校內跟師生演講〈陽明思想與臺灣社會——我們為何要從事社會科學本土化〉，前一晚黃光國再度下榻於宜大貴賓宿舍，筆者再度與其討論華人本土社會科學的完成與發展，這時候黃光國已大幅轉變對自性這個議題的看法，並指出早在民國九十三年（二〇〇四）張其成撰寫並出版有關榮格那本書的《太乙金華宗旨新解》（這是黃光國的原話，正確書名應該是《金丹養生的祕密：《太乙金華宗旨》語譯評介》，二〇〇五），他曾幫其寫序，藉此說明他對這一議題的關注（這是他後來常在公開演講跟人訴說會討論榮格思想的重要緣由），然而，根據筆者對該序內容的詳查（計一千一百六十八字），並未發現他將自性這個概念顯題化，可見他當年即使替人寫序，的確尚未意識到自性實屬中華思想的核心內容，並可作為探討華人本土社會科學的主軸。儘管我們不能否認潛意識對人的意義與影響，不過如果由文字來當作思想演變的精確佐證，筆者可反過來得證指出：前期黃光國思想與後期黃光國思想最關鍵的差異就是自性這個概念。筆者不憚繁瑣詳論事情始末，如此纔能凸顯出後期黃光國思想的確有個漸變歷程，其中最關鍵的演化就是他願意將榮格的分析心理學（psychoanalysis）對自性的討論納進來，筆者高度認同這是「中西會通」過程中最恰當的橋梁，拿榮格作為我們探討中華學術現代化的對象，其意義有如民國新儒家如牟宗三（一九〇九－一九九五）特別選擇康德來對話，將中國的思想發展成哲學一樣，然而，中國的思想就對哲學的嚴格定義而言是否適合於被視作「中國哲學」，且該轉型是否會失去中華思想本來深具的智慧特徵，這兩點實在不無疑問，但通過榮格將中華思想轉化出本土心理學的內涵，卻不會有這種問題，因為這並不需要拿西洋學問的觀點來展開自我殖民化（self-colonization）的過程，只需要展開相應的對話，並做出適當的自我調整，即可發展出自具脈絡的本土心理學，箇中原因詳見後面討論。

如果《內聖與外王：儒家思想的完成與開展》這本書已被視作後期黃光國思想的結晶，我們該如何精確認識這本書呈現的優點與缺點呢？筆者這裡姑且摘要三段出自〈書評：《內聖與外王：儒家思想的完成與開展》〉這篇拙作對該書的觀察：《內聖與外王：儒家思想的完成與開展》全書總計有十四章，由第一部分「中西文化的交會」作起點，到第四部分「形塑現代人的認同」作總結，其主要論點旨在說明儒家的「仁，義，禮」倫理體系是支撐華人生活世界的「先驗性形式架構」（transcendental formal structure），這是華人與西洋（或其他）社會根本的差異。黃光國覺得華人追求「內在超越」的文化傳統卻無法將其轉化成客觀的知識體系，須藉助西洋的科學哲學來建構「含攝文化的理論」，纔有可能說明清楚儒家倫理與道德的特色，並在儒釋道三教合一的文化中發展相應的本土社會科學（二〇一八b：I）。該書最特別的論點，就在於黃光國主張的「內聖與外王」並不是指儒家傳統的個人內在修養與外在事功，其「內聖」指具有普世性的修養理論，「外王」指各種系統性的知識，包括科學創新的成果，尤其科學哲學的理路釐清被其視作「外王之道」，這固然來自於黃光國希望建立華人社會中的「學統」（二〇一八b：V），然而，由於黃光國對於內聖議題尚未涉及傳統工夫論的討論，卻同時沒有鋪陳任何具體的修養理論，只有稍微在書中談到「自性的心理動力模型」（psycho-dynamic model of the Self），使得其主張的內聖與外王兩者間的觀念橋梁該如何搭建，目前顯得尚有斷溝（陳復，二〇一九c）。就研究主題來說，黃光國將該書名副標題訂為「儒家思想的完成與開展」，其文字有些令人疑惑，儒家思想固然可通過這本書的理論化工作而獲得開展，卻如何可通過這本書而就此被「完成」呢？這顯然是效法劉述先《朱子哲學思想的發展與完成》這本書（一九八一），其用來講朱子個人無不可，但如果黃光國說的「完成」意味著對儒家思想做出總結，則儒家思想豈不就再毫無新生命可言？筆者當然能接受黃光國自成一說，但深感這是相當獨斷的說法。徵諸自先秦至民國，儒家思想長期就是種生生不息的思潮，會隨著各種需要而因革損益，不會有終極意義的「完成」可言，在該書撰寫期間，筆者就曾數度跟黃光國做出建議：「如果副標題更精確訂為『儒家思想理論的完成與開展』，意即加上『理論』兩字，讓世人從理論層面理解何謂『完成』，其副標題更具有合理性。」（陳復，二〇一九c）很可惜黃光國並不接受筆者這個論點，該書最終還是出現「儒家思想的完成」這種令人疑惑的標題。或許有人會覺得：「儒家思想為何不能被人完成？『思想』二字其實已包括進『理論』在內，若改為「思想理論」，文字反而顯得累贅，這樣是否有畫蛇添足的問題？」對此筆者敬答：「思想並不是理論，孔子有思想，並不意味著孔子有理論，理論是種有關抽象觀念的先驗形式架構，如果認為孔子已有理論，則需要有堅實的證據來論證，因此，黃光國的學術貢獻正在於將儒家思想開展出理論，則稱作『儒家思想理論的完成』自屬精確合宜，但並不能將概念偷渡，聲稱自己『已完成儒家思想』，因為他既不是儒家思想的創始者，更不會是儒家思想的終結者，如何能從任何角度輕言『完成』呢？」這段公案現在已載諸文本，我們兩人間的論點對錯，或可讓後世讀者公斷（陳復，二〇一九c）。

在仔細討論榮格的「四元體圖」如何深度影響黃光國主張「自性的心理動力模型」前，筆者要先說明自己提出的「朝向自性的自我輪轉模型」（意即自性的曼陀羅模型）如何被黃光國轉變詮釋並放到「自性的心理動力模型」內，變成「朝向至善的自性模型」（黃光國，二〇一八b：一五八），這種修改會帶來如何的問題呢？我們首先來認識筆者曾在第二章繪製的圖2-2（頁八七）（陳復，二〇一八a），這裡不再重複。

筆者在文中指出：藉由修正黃光國的自我模型，來勾勒出儒家心理學有關於自我修養更清晰的發展脈絡，畢竟既有的模型其內涵不僅無法符合儒家思想的主軸觀念，甚且無法呈現佛家最高義理中的空性，這實有雙重落空的問題，筆者設計「自性的曼陀羅模型」，其自我通過「德性」、「知識」、「實踐」與「欲望」這四大能量的匯聚與整合共同朝向自性，其間如「知識與實踐」暨「德性與欲望」呈現相望與相對的關係，彼此有如隱形的線頭兩端相互牽引並獲得平衡，如果人有「知行不一」或「德欲失衡」的現象，兩端能量不協調，則會拉陷糾纏，無法將生命能量拔高令自我朝向自性（陳復，二〇一八a）。黃光國將該圖再經修改，筆者頂端在第一欄位稱作「自性」，他則改稱作「至善」；筆者在頂端第二欄位稱作「心體」，他則改稱作「良知」，這些詞彙的使用習慣不同都無不可，問題在於黃光國是否意識到自性與心體雖屬異名同謂，就大範圍而言都指向本體，卻可有更細緻的辨識，如果拿《中庸》第一章的說法來談本體：「喜怒哀樂之未發，謂之中；發而皆中節，謂之和。」（謝冰瑩、賴炎元、邱燮友、劉正浩、李鍌、陳滿銘編譯，二〇〇三：二六）則同樣在本體層面，心體屬於體悟機制（未發的中），自性屬於體悟內容（未發的和），從該未發的和催化出已發的和，纔會有「發而皆中節」的言行舉止，這就是具有自性的自我，意即通過自我的輪轉拔高，完成具有修養意識且精神完整的人。筆者的說法係按照儒家思想的脈絡來談，並在第五章對自性做出嚴謹的定義（陳復，二〇一八b），黃光國未曾做這種細緻梳理，只在詞彙層面跟筆者做出區隔而已，然而，更關鍵的問題在於筆者有關四大象限的說法，係從知行角度出發，按照「天理」與「人欲」的對立難題，探索著工夫到底要著重在「尊德性」還是「道問學」，最終獲致「知行合一」，這背後是自成脈絡的系統，黃光國卻持續將「智慧」與「知識」混淆在同一個象限中，中國學問從來不曾混淆這兩者的差異，而是視作本末關係或輕重關係，最重要者，當智慧被拉到與知識同一象限，意即智慧只是人生命中面對的課題而不是呈現的結果，這將要置「自性」與「心體」或「至善」與「良知」於何地？這顯然會使得智慧這個詞彙其意涵虛無化，徵諸黃光國在《內聖與外王：儒家思想的完成與開展》書中表示儒道佛各家聖人對其弟子做的訓誨應當被視作智慧，而不是西洋文化意義中的哲學，他顯然完全了解其間的差異，這就更令人不解為何還要如此在模型中放置了（黃光國，二〇一八b：一七八）。並且，黃光國將「做人」與「欲望」並立，他早期的繪圖依據筆者的說法，將「德性」與「欲望」並立，這點筆者沒有意見，後來對外出版成書，卻把圖中「德性」改成「做人」，筆者完全知悉《內聖與外王》這本書的成書始末，因此知道這種變化歷程的細節，幸賴在我們合編的《破解黃光國難題的知識論策略》書中第十二章〈榮格心理學與自性難題〉（該章由黃光國本人執筆）尚保留該原始圖檔，裡面明白顯示黃光國使用「德性」兩字（黃光國，二〇一九e：二八六），否則筆者此番說法將變得毫無佐證根據。我們固然可理解黃光國冀圖淡化筆者觀點的影響，然而，首先，基於「化繁為簡」與「後出轉精」這兩大原則，如同筆者從來不會否認黃光國對筆者的思想有著巨大影響；並且，再基於我們都有著對學術與歷史負責的真誠態度，辯論從來就個人而言不會有真正的輸贏，只有中華學術現代化纔會是真正的贏家，筆者會想在此建議黃光國不需要另起爐灶使用自己再修改筆者版本的模型，因為這讓討論變得越來越複雜，當他對於原來已有問題的「自我的曼陀羅模型」尚心存念想，希望再與其結合，卻會對於澄清議題本身無益，「做人」這個詞彙本來不是名詞（而是動詞），任何指向不精確的意涵都不應該被視作象限，「做人」的實質狀態到底有德性或沒德性，有欲望或沒欲望，意即任何人企圖「當個君子或小人」，全都是有可能的事情，正如《論語・雍也》第六說：「子謂子夏曰：『女為君子儒，無為小人儒。』」（謝冰瑩、賴炎元、邱燮友、劉正浩、李鍌、陳滿銘編譯，二〇〇三：一二九）當筆者特別拿「德性」來與「欲望」並立對稱，目標在思索人到底該如何「存天理，去人欲」，這的確就儒家思想而言是個「千古難題」，據此反觀黃光國再經修改的模型，專就概念完整性而言，「做人」豈可單獨被視作一個象限來與「欲望」對稱？更不用說「實踐」這一象限當然同樣需要思考該如何「做人」了，這使得黃光國新設計的四大象限變得相當混亂。黃光國有關「朝向至善的自性模型」在該書中的圖繪製尚不夠精緻（黃光國，二〇一八b：一五九），茲因兼顧版面整齊，筆者完全按照其原意再經繪製如圖10-1，裨益後面的讀者對比觀察該圖與筆者的「朝向自性的自我輪轉模型」究竟有何差異：

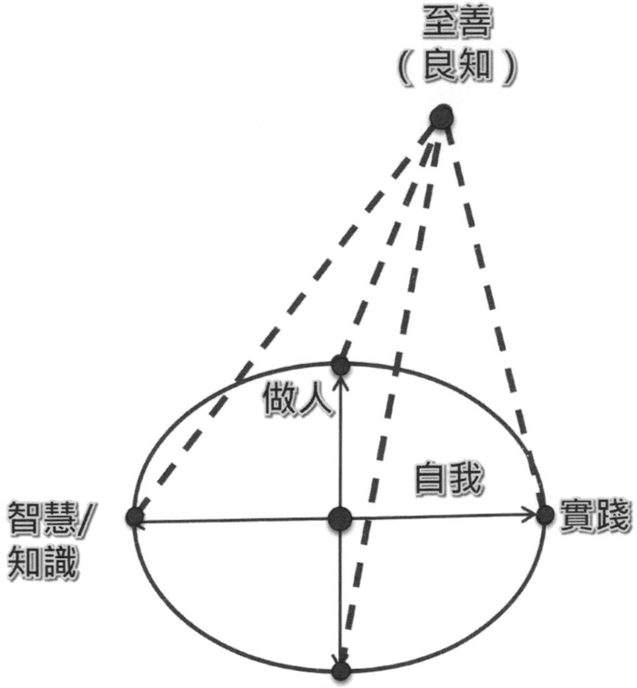

圖10-1 朝向至善的自性模型圖

第二節　榮格心理學對後期黃光國思想的影響

黃光國在《內聖與外王：儒家思想的完成與開展》這本書中主張的「自性的心理動力模型」（對於該模型的英譯究竟應該拼寫成「psycho-dynamic model of the Self」或「psycho-dynamic model of the Self-Nature」，這就要看黃光國的語境脈絡來論斷，我們姑且先並存這兩個詞彙），由於黃光國在書中的語意過簡，可能會讓讀者誤會這是「空的架構」，殊不知其上半段就是修改筆者「朝向自性的自我輪轉模型」變成「朝向至善的自性模型」，下半段則是修改榮格主張的「四元體圖」，筆者重製並徵引該圖如圖10-2（黃光國，二〇一八b：一五五）：

黃光國表示：在榮格晚年作品《基督教時代》的最後一章（Jung, 1969），他冀圖拿四元體（或稱作四方位體）來描繪「自性」（榮格稱作the Self）的結構，其繪製的多張圖中，有一張由正反面兩個金字塔共構的八面體（ogdoad），黃光

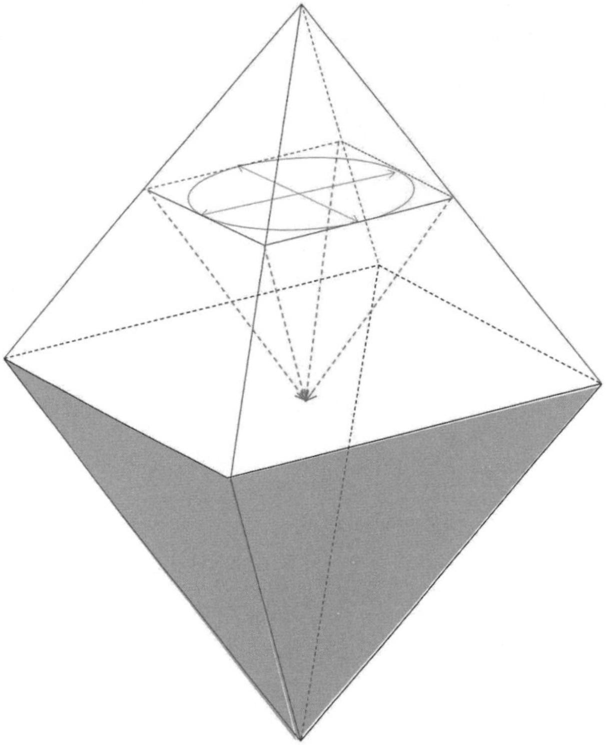

圖10-2　自性的心理動力模型

國覺得在該圖中加上自己建構的「自我的曼陀羅模型」，我們就可藉此來表示「自性」的形式結構，榮格在其理論中，曾經談到各種「原型」（archetype，或稱原始模型，primordial archetype），包括人格面具（persona）、阿尼瑪（anima）、阿尼姆斯（animus）、陰影（shadow）、智慧老人（old wise man）與老祖母（grande-mere）這些概念，榮格覺得原型是指前理性的心靈器官，其有著永恆的遺傳型態或理念結構，人類心靈構成顯現出的齊一性，並不亞於形色相貌這些身體構成顯現出的齊一性，其中最重要的原型就是自性（黃光國，二〇一八b：一四九、一五四—一五七），這就是他會改良該圖的原因。如果我們回過來檢視黃光國的「自我的曼陀羅模型」，這幅圖原始的樣貌如下（黃光國，二〇一五：九〇—一〇〇）：

如果這就是黃光國長年說的「自我的曼陀羅模型」無誤，請問現在被放進去

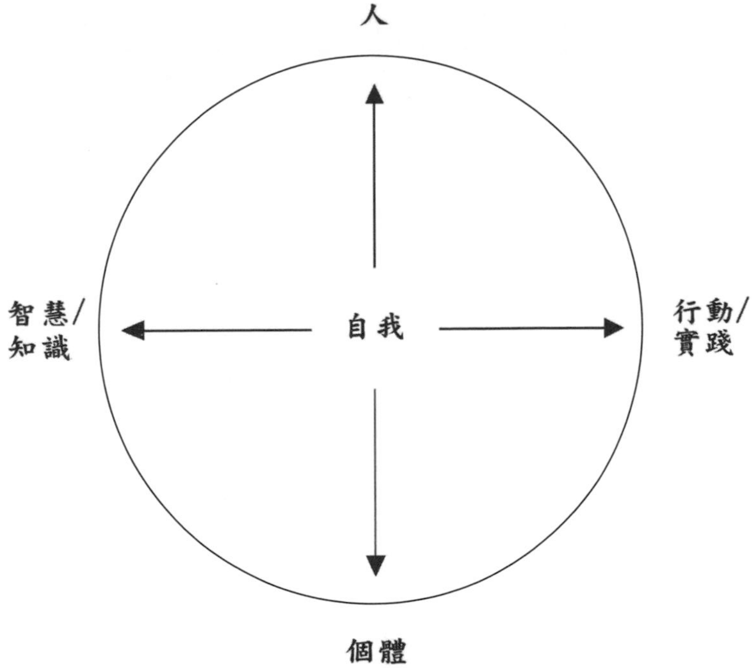

自我的曼陀羅模型

「自性的心理動力模型」上半部的內容會是這幅圖嗎？我們只要誠實面對學術議題來就事論事，就會知道早期「自我的曼陀羅模型」根本就不是後期「朝向至善的自性模型」，黃光國放進去的是「朝向至善的自性模型」，「自我的曼陀羅模型」本來是沒有自性意涵的圖（這個事實黃光國都已承認），果真放進去，將使得該八面體最終無法朝向黃光國期待的至善（良知）。並且，依據黃光國在《內聖與外王：儒家思想的完成與開展》這本書中的最新說法，「自我的曼陀羅模型」裡面有關「個人」、「自我」和「個體」的區隔，有如佛洛伊德在談「超我」（super ego）、「自我」（ego）與本我（id）的概念，彼此理論脈絡不同，卻具有相同的人格結構（黃光國，二〇一八b：一四七），既然如此，顯然按照黃光國的說法，該模型就絕對不具有自性的意涵，尤其「超我」如道德教條或社會規範並不能簡單與自性畫成等號，否則他的學生榮格又何需和佛洛伊德最終分道揚鑣，過程中並倍感痛苦呢？然而，「朝向至善的自性模型」現在呈現兩個版本，都是經由筆者與其嚴密辯論每個環節後，黃光國將筆者設計的原圖再做修改，不論他希望「做人與欲望」或「德性與欲望」誰來作為對比的兩端，再加上早期「自我的曼陀羅模型」其實是將「個人與個體」來對比，總計有三個版本（更不用說兩個模型中有關實踐這一象限，後期黃光國思想取消「行動」這個詞彙，這其實是受到筆者有關「自性的曼陀羅模型」的影響），請問黃光國現在究竟想使用哪個版本來當作八面體的上半部？這件事情至關緊要，畢竟理論建構的討論完全沒有含混其詞的空間。如果只是問筆者的意見，則筆者覺得黃光國在我們辯論的過程中，已經呈現快速回應，卻只有東補西貼，使得其理論有如裱糊的紙窗，觀點經不住細緻檢視，有著各種漏洞，還不如回到筆者「自性的曼陀羅模型」更具有嚴密的論理結構（陳復，二〇一八a），畢竟這本來就是他設計各種版本的原始依據，除非他能真正駁倒該模型的觀點。問題在於黃光國未經詳查的寫作狀態裡，他不只把「朝向至善的自性模型」與「自我的曼陀羅模型」混淆，更把該模型稱作「自性的曼陀羅模型」，變成又跟筆者設計的模型名稱混淆，這會讓讀者完全不解其意，或誤認他的「自我的曼陀羅模型」從來就有自性的意涵（黃光國，二〇一八b：一六〇），更不用說筆者看見他冀圖跟「自性的曼陀羅模型」結合，按照筆者原圖的脈絡表示「人欲」是作為生物的「個體」擁有的欲望，「天理」則是社會認為作為「個人」應該遵從的道理，藉此表示「自我的曼陀羅模型」即是「自性的曼陀羅模型」（黃光國，二〇一八b：二一二）。再回到八面體本身來談，榮格本來將其稱作四元體，改稱八面體只是在指出有兩個四元體（八是四的一倍），他發現四位一體這個概念在「東方的宗教與哲學」中具有重要地位，基督教將其取替成三位一體，但這其實在人類集體潛意識中依然存在（榮格，二〇一八：一六五），筆者從中華文化圈裡的角度來回首看榮格，會覺得榮格在西洋文化中的樞紐意義有如孔子在中華文化中的樞紐意義（不論西洋文化學者自身是否已有意識到這層觀念樞紐），因為他在西洋文化因基督信仰的衰落而呈現沒落的環境中，既明白不能完全把印度與中國這些「東方的宗教與哲學」照搬過來實踐於自己的社會，這對於深受西洋文化影響的人而言，會與其文化有嚴重隔閡，他不希望自己西洋文化的同胞用基督徒模仿基督的辦法，藉由強迫的心態，去誠心學習東方精神的修練法門，反而應該從探索自身的潛意識中，尋覓出與東方精神指導法則相像的內向型傾向，這更能相應西洋，因為精神自有源頭活水，不需要借自於外，如果扎根於自己的歷史，對於基督教的價值意識就會獲得充分體認，更能體認其與東方內向態度間的衝突，因此，如果真想要獲得與東方相同的價值與成果，只能從自己身上的潛意識中探求（榮格，二〇〇一：一〇九－一一〇），這點何嘗不值得我們深刻反省華人自己面對「中西會通」應該秉持的態度呢？並且，榮格企圖將基督教信仰中具有諾斯替主義（gnosticism）的流派思想帶進來，認為這裡面是種心理知識，其內容源自於潛意識（榮格，二〇一四：二一八），因此特別關注中世紀煉金術的議題，其後續的呈現就是對占星術做出理性的詮釋，這就像是孔子與其門生做《十翼》（易傳），讓《易經》變得義理化，榮格晚年企圖將占星術義理化，纔會構思西洋文化中如何認知人生的發展歷程，從來自天堂的「樂園四元體」（the paradise quaternion）來到人間的「摩西四元體」（the Moses quaternion）

的觀點，來解釋自己對「婚姻四元體」（the marriage quaternion）的理解，最終發展成「人類四元體」（the Man quaternion），意即通過婚姻的神聖結合，人（兩性）跟自身的阿尼瑪或阿尼姆斯對應相見，接受智慧老人這層原型的引領，逐漸由「低級亞當」蛻變成「高級亞當」，最終完成每個人生命的自性化（individuation，英譯原來應該稱作個體化，但榮格的實質意思就是自性化）（梁恆豪，二〇一四）。

黃光國有理解榮格前面這層思考嗎？依筆者目前的觀察來看並沒有，否則當筆者在《內聖與外王：儒家思想的完成與開展》這本書出版前詢問黃光國：「為何您依循榮格的八面體來設計『自性的心理動力模型』，除卻上半部外，其餘各支點都沒有任何註記？這個模型不可能會是『空的架構』，否則四元體就不再有什麼意義，變成基督教的三元體都無不可，您應該將每個支點給出具體的意思。」黃光國則對此回應表示：「沒關係，你的思考對我很有益，等你寫論文仔細討論這個觀念該有的內容後，我再來做回應。」筆者比較不了解為何這個觀念非要等到出版後再來修改或補充的意義，因為這時候全部討論過程都要在公開的平臺上檢視。在樂園四元體中，由「石」變成「蛇」，「石」的意涵在西洋文化的煉金術中係指「哲人石」（philosopher's stone），其構成的原始元素有「火」、「土」、「水」與「氣」，通過這四種元素結合出「第五元素」就是「石」，這本來泛指全部的金屬，源自西元八世紀生於波斯的阿拉伯裔葉門煉金術士賈比爾（Geber，他被稱作現代化學之父）的觀點，火是熱與乾，土是冷與乾，水是冷與溼，氣是熱與溼，他個人覺得「全部金屬都是這四種元素的結合」，使用「石」作為象徵的概念，榮格則把這個概念繪製成「石的四元體」（榮格，二〇一四：二三三，茲因節省篇幅，詳細請見原圖，這裡不再附上），將煉金術轉成修養自性的意義，筆者稱作「煉金術變成煉心術」，「石」就轉化的角度而言反而變成人修養生命的起點，這在煉金術士裡的確有此意識，其將金視作「靈性的金」（spiritual gold），而不是物質的金，榮格覺得煉金術士通過這種「煉金即煉心」來鍛鍊生命，使得精神獲得轉化，因此該靈性的金就是自性（黃光國，二〇一八b：一五二）。由這個起點來回看基督教有關「樂園」的概念，就能看出西洋文化源頭裡兩河流域（底格里斯河與幼發拉底河）各有其對應與隱藏的源頭活水（在榮格而言這具有文化的原型意涵）：「比遜」（Pison，意指平坦的地面）與「基訓」（Gihon，意指湧出的泉水）這兩條早已消失的河流，這四河交叉共構出傳說中的樂園（就是指伊甸園這個天堂），有關榮格構思的「樂園四元體」，筆者重繪如圖10-3（原圖見榮格，二〇一四：二三一）：

在圖中，「底格里斯」與其原型「比遜」位置如果做個對調，對照後面榮格的兩張圖或會更恰當，儘管沒有對調不影響我們理解其意思，甚至反而有益於我們後面轉型成「自性四元體模型」（請見後面討論）。該圖「蛇」不只是邪惡與陰森的存在，更是智慧高度的象徵，同時象徵著光明、神性與療癒，在創世紀中蛇是樹精靈的化身，因

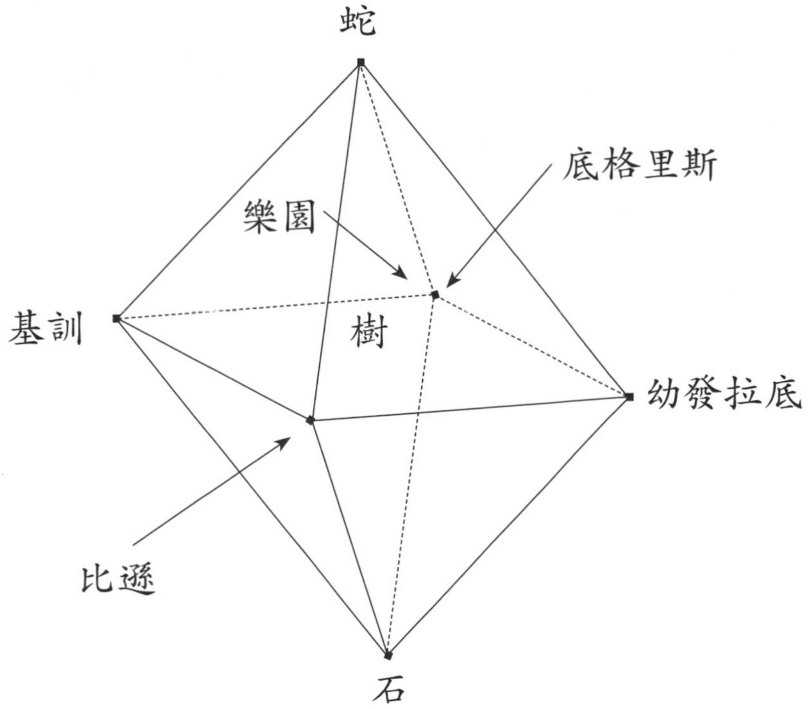

圖10-3 樂園四元體

為蛇的誘惑，夏娃（Eve）吃掉知善惡樹上的果子，並讓亞當（Adam）吃，從此被上帝趕出樂園來到人間。但榮格卻覺得蛇具有二元性，即使在新約《聖經》中蛇同時寓指基督與魔鬼，不能只從單面來看，龍是蛇的變體，就像是對西洋人而言只有負面意義的龍，在中國卻有著正面意義，在西洋煉金術中龍同樣有著正面意義，榮格認知的「蛇」就是種「潛龍」，蛇的象徵其內在極性遠超過人，蛇比夏娃與亞當聰慧且淵博，能瞞騙兩人，顯然這是上帝替「蛇」裝備超越人類的知性（榮格，二〇一四：二四〇；二四二）。當夏娃與亞當來到人間就變成婚姻四元體，其原始型態是姑表婚姻，姑表婚姻有時甚至是至親，呈現亂倫的現象，然而，人類不能只停留於此，最重要的表現者就是猶太人始祖摩西（Moses）與其妻西坡拉（Zipporah），通過兩人的轉化，婚姻在心理層面變得複雜化，不再是單純生物性與社會性的共存狀態，帶來文化的進展，開始成為有意識的關係（榮格，二〇一四：二三七）。有關夫妻關係中的潛意識情結，呈現出榮格構思的「摩西四元體」，筆者將該圖重繪如圖10-4（原圖見榮格，二〇一四：二二二）：

米利暗（Miriam）是摩西的姊姊，葉忒羅（Jethro）則是西坡拉的父親，摩西與西坡拉各自都有阿尼瑪與阿尼姆斯的原型（就是米利暗與葉忒羅），兩人的婚姻對彼此而言都是種投射，卻突破亂倫的困境，展開文化的進展，因此彼此可互稱為「高貴的配偶」，意即婚姻發展出互補關係，摩西受到自身原型的吸引（米利暗）尋覓到西坡拉，米利暗被視作女先知，有正面與負面的雙重意涵，因此她既幫忙摩西獲得撫養，卻同時不滿摩西娶妻，影響自己本來在以色列人中的崇高地位，就毀謗摩西而罹患痲瘋，直至摩西請求上帝而復原；西坡拉同樣受到自身原型的吸引（葉忒羅）尋覓到摩西，然而葉忒羅作為原型的化身，具有神聖人格（意即榮格常討論的智慧老人），不只讓女兒嫁與摩西，更幫忙摩西實踐其無上的才智，最終讓摩西成為以色列的文化英雄（榮格，二〇一四：二二二─二二三），使得西洋文化象徵的人類精神展開進化，這就發展出榮格構思的「人類四元體」，筆者將該圖重繪如圖10-5（原圖見榮格，二〇一四：二二五）：

如果沒有這樁婚姻，摩西就只能是「低級亞當」，這表示其就是個平凡且必死的人，西坡拉是君王與祭司的女兒，相當於「高級母親」，對於摩西而言，西坡拉就是他的阿尼瑪（米利暗），結婚使得他蛻變成「高級亞當」，在精神層面變得不凡且不死，筆者覺得榮格會有這層看法，來自他實際的生命經驗，他的太太艾瑪榮格（Emma Jung, 1882-1955）畢生都在成全自己丈夫，讓榮格的精神生命獲得蛻變與拔高。筆者覺得我們應該對榮格心理學如何認識自性抱持著警覺與詳查，不能漠視彼此文化背景的差異，導致關注的焦點其實大有不同，然而，其思想如果抽離文化元素，還原出人類普適性的內容，同樣可提供我們繼續展開中西會通的對話。依據前面詮釋榮格設計的四元體，應可看出不論如何的變化，每個支點兩兩相對，呈現二元性，都有著主體與原型的對

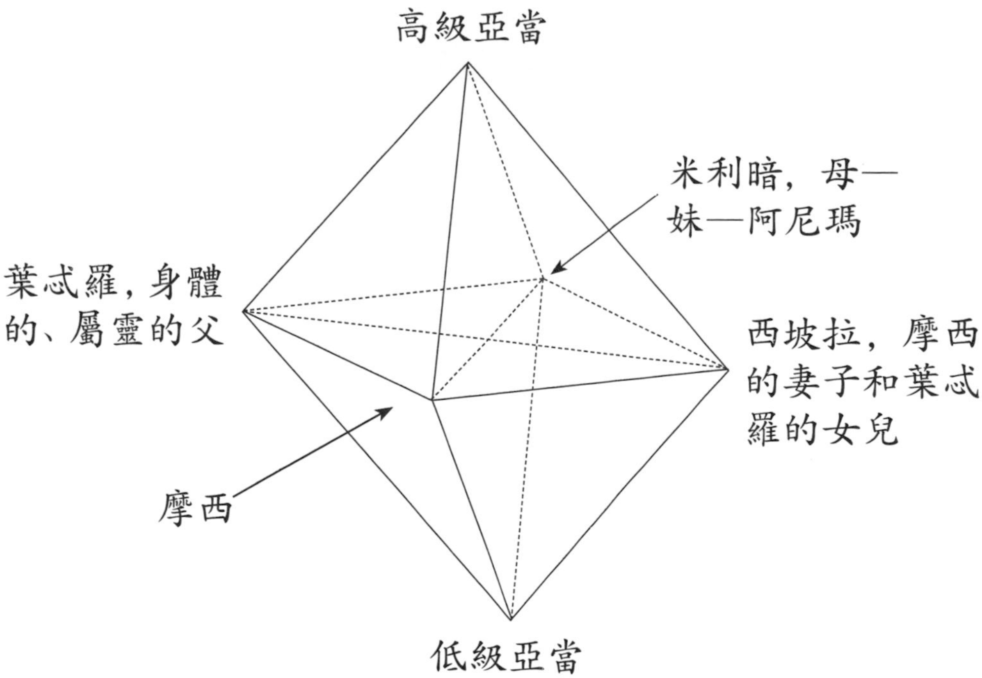

圖 10-4　摩西四元體

應意涵，黃光國設計的八面體既受到榮格的啟發，卻沒有基於「化繁為簡」與「後出轉精」的原則，他略過榮格設計該圖的原始用意不談，對這四個支點沒有提供任何解釋，他表示下半部倒立的金字塔表徵「集體潛意識」，上半部金字塔中間又有個四元體（黃光國在書中稱作四方位體）構成內部正立與倒立的金字塔，其下半部的金字塔表徵出生的那一剎那；其上半部的金字塔表徵出生後的生命，懸在其間的「自我的曼陀羅模型」，則表徵著個人生命中某一個特定時刻自我的狀態，當自我的意識回想自己過去的生命經驗時，從出生到現在全部的生命經驗都儲存在其「個人潛意識」裡（黃光國，二〇一八b：一五四）。這些說法顯示出他既了解並使用榮格有關「個人潛意識」與「集體潛意識」相互對比的觀點，其八面體只受到榮格設計的圖象表面啟發，內容卻變得截然不同，榮格的設計由倒立金字塔底端到正立金字塔的尖端表徵著人由低級到高級的精神演化歷程，黃光國的外

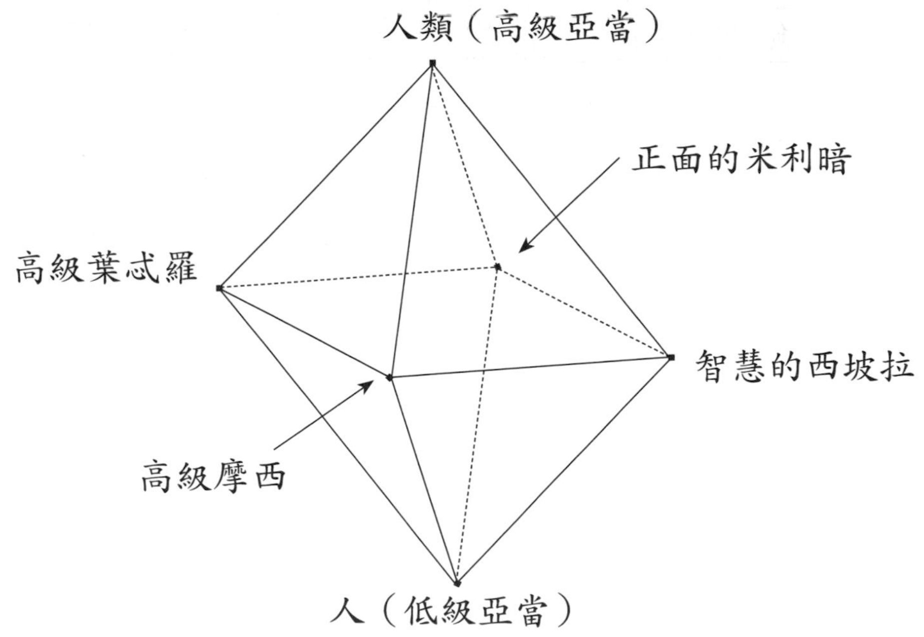

圖10-5　人類四元體

部倒立金字塔則全部表徵著集體潛意識，他在該書中圖示又冒號加上說明指整個八面體都是「初生時的自性」（黃光國，二〇一八b：一五五），這點實屬有誤，因為八面體是個整體，如果按照他設計的脈絡，理應完整包括從初生到死亡的全部歷程，不能單指初生時，更不要說集體潛意識本存在於人出生前，怎麼可能被包括在初生時的自性內？這裡面的語意充滿著自相矛盾。

筆者在本章前面並未將「集體潛意識」與「個人潛意識」給出英譯，主因在於這本身就是個值得討論的議題。榮格受到佛洛伊德的影響，他跟佛洛伊德都使用德文「unbewusst」來指稱被意識壓抑而對反的心理，這個詞彙直譯成英文就是「unconscious」，因此會有榮格著作 *Psychology of the unconscious* 這本書（C. G. Jung, 2019）。在中文翻譯而言，這到底應該稱作潛意識或無意識呢？佛洛伊德本人並沒有將「subconscious」當作學術用語，在《夢的解析》（*The Inpretation of Dreams*）一書中，佛洛伊德一度使用過「unterbewusst」這一德文詞彙，他是將其與「supraconscious」當作對應的概念來使用。此書作為精神分析的發端，由於思想尚在發展，其中的術語無法與佛洛伊德後期成型體系中術語的地位相媲美，因此嚴格來講「unterbewusst」並不能作為佛洛德精神分析的基本概念（閻書昌，二〇〇七）。這個詞彙來到英文，隨著語意的變化，發展出「unconscious」與「subconscious」這兩個詞彙，就中文翻譯而言，前者常被稱作「無意識」，後者常被稱作「潛意識」，這使得「集體潛意識」與「個人潛意識」的英譯，到底是「collective unconscious」與「personal unconscious」，或者是「collective subconscious」與「personal subconscious」呢？如果是德文應該寫成「Kollektives unbewusstes」與「persönliches unterbewusstes」，但在中文語境中，「無意識」是指失去知覺或不省人事的精神狀態，會更適合於「unconscious」這一英譯詞彙，潛意識則是指被意識壓抑的記憶、知覺與經驗，呈現在夢境或幻想中，深藏在意識下面的意識，不在意識表層，但能影響意識，榮格雖然在德文中使用「unbewusst」來指稱，就意譯而言，在中文語境更會偏向潛意識而不是無意識，儘管他其實有意識到「無意識」與

「潛意識」的差異，因此特別再使用「unterbewußtes」這一詞彙來指稱後者（榮格，二〇一九：三五—三六），但他未對此申論，因此筆者還是覺得將他的觀點翻譯成「集體潛意識」與「個人潛意識」會更恰當。從《內聖與外王：儒家思想的完成與開展》來檢視後期黃光國思想，不難發現因為深受榮格心理學談自性的影響，他希望建立「儒家人文主義」的自主學統，讓儒釋道三教合一的思想能作為人類文明的可能出路，基於發展「修養心理學」的需要，因此回顧榮格建構理論的過程，從中汲取有用的概念，發展出「自性的心理動力模型」，來幫忙我們說明自性到底有什麼內容（黃光國，二〇一八b：一四七）。後期黃光國思想的轉型極其重要，這使得「自性」終於被納進社會科學討論範疇中，成為架構華人本土社會科學的核心義理，但截至目前為止，後期黃光國思想的轉型可謂已出現「偉大的失敗」，主因在於其主張「自性的心理動力模型」充滿著內容的矛盾與空無，實需做出關鍵性的校正，裨益該模型成為可供學者解讀與討論的模型。筆者作為推薦認識榮格的分析心理學來展開中西會通，從中發展華人本土社會科學的首倡者，特結合前面榮格的「四元體圖」與筆者的「自性的曼陀羅模型」，根據筆者這些年來對後期黃光國思想的理解，並基於對儒家思想（尤其陽明學）的認識，再繪製更精確的「自性四元體模型」如圖10-6：

該圖稱作「自性四元體模型」（quaternity model of the Self），右側並附上意識標尺，裨益每個支點與階段都獲得精確的意義。筆者稱作「四元體」而不稱作「八面體」，主因在於重點並不在圖有幾面，黃光國將本圖稱作「八面體」，其實該圖早已不止八面，如果再加上內部正立與倒立金字塔，合計會有十六面體，如何能只稱作「八面體」呢？但稱作「四元體」則係指不論在出生前或出生後，生命都有「四位一體」的性質，該「四元」是指四種元素（或四種面向）。同樣在談婚姻議題，榮格比較從夫妻軸來思考人生的蛻變與成長，這是種水平軸，屬於西洋文化深受基督教義影響的內容，然而，中華文化相對比較注重父母軸來思考人生的蛻變與成長，這是種垂直軸，父母的背後連結到祖先，其背後就能合理涵蓋到整個集體潛意識（內部可再區隔成文化集體潛意識、原始集體潛意識與萬物集體潛意識這三層），這種細微的差異使得筆者覺得任何華人在出生前，其現實的父親同樣在心中有個原型，成為自己婚姻會選擇的對象，只是該「阿尼瑪」不是姑表姊妹而是理想的母親（或者娶姑表姊妹同樣來自理想的母親），理想的母親作為原型對於華人男性的生命有著深刻影響，不只是婚姻，甚至人生的成就都常來自完成母親的願望，因為阿尼瑪就具有「厄洛斯」（eros，這是指感性）；現實的母親同樣如此，女人心中有關「阿尼姆斯」的原型係理想的父親，其選擇婚姻的對象常需要符合自己對父親的理想形象，纔會覺得有「靠山」（意即這個對象可依靠），否則女性就會帶著這種理想形象投身於工作，藉此成就自己的人生，而不見

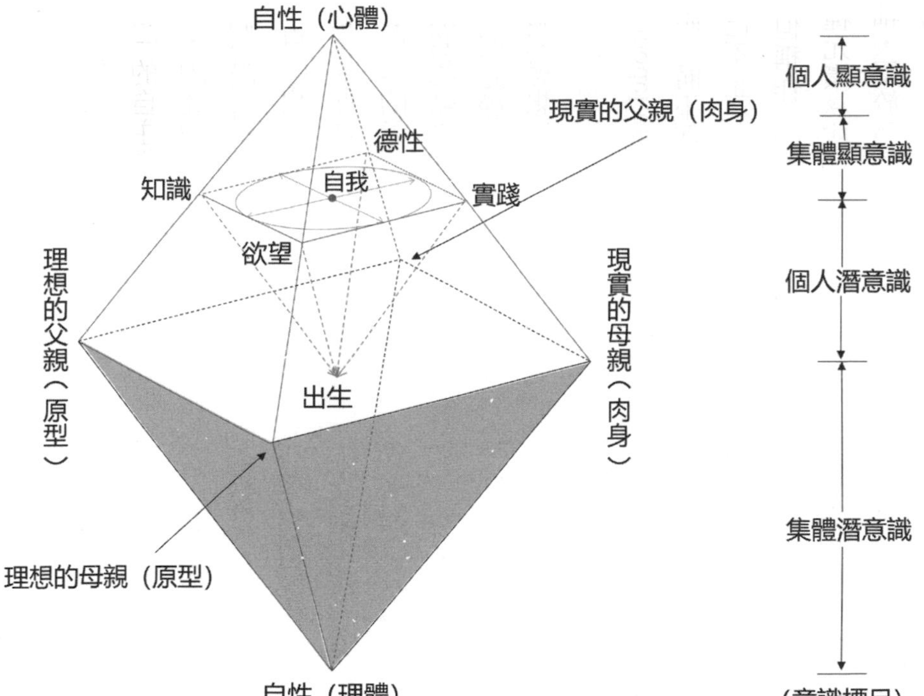

圖 10-6 自性四元體模型

得選擇婚姻，該阿尼姆斯就具有「羅各斯」（logos，這是指理性）。並且，有關「理想的父親」與「理想的母親」從榮格心理學來說係指父性法則與母性法則（榮格，二〇一四：一一—一二），不見得只來自於肉身血緣投射的父親與母親，文化中的英雄與英雌，不論男性如周公、孔子或朱熹，女性如孟母、觀音或媽祖，都在華人心中通過雙親產生某種重要的影響，使得有傳統意識者會關注家族興衰與孩子教養的議題，父母帶著各自心中的原型結合成婚姻，生出的孩子就逐漸有「自我」（the Ego），來到「自性的曼陀羅模型」中（屬於內部正立與倒立金字塔）。外部金字塔的底端同樣係自性，這是指生命的本來面目，屬於人未認知前本已存在的「理體」（idea），該理體由於深藏在層層疊疊的集體潛意識的底端，這就像是朱熹說：「性只是理，萬理之總名。此理亦只是天地間公共之理，稟得來便為我所有。」（《朱子語類》卷一一七，一九九四：二八六）人雖然想要窮盡探索其源頭卻難臻至究竟，這就是榮格會藉由心理諮詢來探索潛意識的背景原因，藉由堅實的臨床觀察來取得經驗證據（帕帕多普洛斯編，二〇一九：七—一三）。但人可藉由自身精神的拔高，讓自我蛻變出自性，通過顯意識在集體顯意識與個人潛意識（稱作顯意識來自筆者覺得意識不只在表層，潛意識同樣是裡層的意識，表層的意識則特別相對於潛意識稱作顯意識，見意識標尺），藉由證得外部金字塔頂端（同時是內部金字塔頂端，兩者具有合一性）的心體，來讓生命獲得自如無礙，由於內部與外部金字塔的合一性，人從中產生對外在理則的合一感（整體感），有著「宇宙便是吾心，吾心即是宇宙」的體認（《陸九淵集》卷三六，一九八一：四八三），這部分榮格主張的分析心理學比較沒有太細緻的著墨，卻是儒家長期不曾中斷探索的工夫論（或後期黃光國思想常在說的修養論），更是宋明時期陸王心學家常在說的「心即理」，筆者則給出系統化的新詮釋（心體即理體，該「即」字可解釋成「接近」或「就是」的這兩層意思，兩者的差異可再做細部申論）。後期黃光國思想經由這樣的校正，纔能讓榮格心理學經由中西會通的詮釋與轉化，對於我們系統化探討自性議題提供更精確的效益。

第三節　自性：陽明學如何與榮格心理學對話

黃光國認為朱熹是中國歷史上第一個深入思考自性問題的儒家學者，其企圖釐清孔子未曾明言的「性」與「天道」，做出細緻梳理，跟榮格一樣，朱熹窮盡畢生的精神，仔細探討自性的奧義（黃光國，二〇一八b：二六三），差異點則在於朱熹是從儒家思想史的脈絡來探討這個問題，榮格則主要希望解決精神病的問題（黃光國，二〇一八b：二九〇），然而朱熹有「泛認知主義」的傾向，在他身處的時空中，他不太探討潛意識的問題，陸王這一系比較重視「尊德性」的道德實踐，他們討論到的許多現象，反倒可用榮格心理學來做出解釋（黃光國，二〇一八b：三六三）。程朱理學與陸王心學，兩個學派各自主張「道問學」與「尊德性」，這象徵著中國人「良知」與「理性」的分裂，變成「千古難題」，這是儒家思想第二期發展史上最重要的一樁公案，有待於後人解決（黃光國，二〇一八b：二一八；二二八）。黃光國預設中國有個「良知與理性的分裂」，這點徵諸海峽兩岸現況而言，如果我們觀察當前學術研究的理性與身而為人的良知常呈現斷裂現象（譬如學術造假或論文掛名來交相得利的現象，或者不顧生命倫理創造免疫愛滋的基因編輯寶寶，因此該理性只是種工具理性），應該會覺得不無道理，對於這種工具理性，黃光國稱作「離根理性」（disengaged reason），人將自己和審視的事物分開來對待，這種工具性心態不只可針對外部事物，而且可針對人自己的屬性、欲望、感受與習慣來建構理論（黃光國，二〇一八b：三〇三—三〇八）。然而，黃光國概括性表示：「任何一個時代中國的知識分子，如果無法依照當時的學術格準，提出一套能夠讓人信服的理論，來說明到底什麼是儒家的倫理與道德，則該時代的『良知理性』便是分裂的。」（二〇一八b：三）該段文字如作為「良知理性分裂的定義」，他卻往前逆推回去，說中國早在朱熹提倡理學與陽明提倡心學，就已呈現「良知與理性的分裂」，這點是否會有望文生義的問題呢？因為黃光國覺得這兩個學派的爭執只是欠缺客觀理論作為討論的依據，朱熹主張「性即理」，陸九淵主張「心即理」，如果把這些概念放在「自我的曼陀羅模型」中考量，其實兩人的主張並沒有實質的差異（黃光國，二〇一八b：二三七—二三八）。但筆者著實看不出黃光國除理論的架構外有任何詳細論證，能看得出其主張「自我的曼陀羅模型」如何能消弭兩者的歧異，這並不是說消弭就能消失的課題。筆者有兩點理由：第一，中國的知識分子如果無法按照西洋哲學的標準，提出一套能夠讓人信服的理論（更不要說中華思想從來不見得有如此型態的抽象理論），由於中華思想本來就罕有「離根理性」的觀點，這是否能表示從古至今的中華思想都處於「良知與理性的分裂狀態」呢？顯然從理則而言，這是不存在的事情，如果沒有離根理性的意識，就沒有黃光國訴說的該種分裂型態，現在是黃光國反過來想要設計具有離根理性意義的抽象理論，因此特意創作出分裂的假命題，再設法來解決，但筆者只同意設計理論的目標是基於中華學術現代化的需要，不是因為中華學術本來就有任何分裂；第二，朱熹與陸九淵兩人的思想或許有對立性或對抗性，後來的陽明雖推崇陸九淵，卻接續著朱熹繼續思考，他終身在面對朱子思想，其講的心學就是從理學脫胎而出，兩人都談心性議題，陽明則具有在繼承與批判中突破的意義，這不斷在擴大與豐富宋明儒學的內涵，使得良知本不外於理性，甚至良知就是種理性（雖然不是離根理性），儘管朱熹主張理學與王陽明主張心學，兩人思想名相不同，卻有著相通的淵源脈絡，如何能就此談到「分裂」這種負義詞彙？黃光國需要拿出更清晰的佐證，來證實宋明時期的確有因為學術分裂而導致社會不寧的現象。正如歷史學者黃仁宇只拿自己對明朝中葉的研究，發現朝廷數字管理與實際狀態有落差，就擴張解釋中國歷來王朝覆滅都出自「數字上管理」（mathematically manageable）有問題，將其稱作「大歷史」（macro-history），背後反映著同樣的盲點（黃仁宇，一九九三）。黃光國表示希望通過對宋明儒學的討論，替朱子學與陽明學重新定位，藉此來徹底破解儒家的「千古難題」。然而從物理時間來說，朱子迄今不過八百餘年，陽明迄今不過五百餘年，如何能稱作「千古難題」呢（陳復，二〇一九c）？但他後來企圖建構「自性心理動力模型」，從整全的人格（whole personality）的成長歷程來解釋儒家心性論，整合兩人的不同觀點，進而了解儒家關係論的心理基礎（黃光國，二〇一八b：二九五），可惜因為該模型各支點都沒有註記任何實質義理，使得其無法實用於解釋人格成長歷程，從中解釋人的自我如何蛻變出自性，如果能做出更精確的定位，則將能完成更宏大的本土社會科學目標，這就是筆者為何要仔細設計並詮釋「自性四元體模型」的原因。

在這裡，筆者要反過來幫黃光國澄清這個觀點：由於就榮格心理學而言，自性是包含「意識」與「潛意識」在內的整體人格，黃光國引用朱熹針對《孟子．盡心上》的段落解釋：「心者，人之神明，所以具眾理而應萬事者也。性則心之所具之理，而天又理之所從以出者也。人有是心，莫非全體。然不窮理，則有所蔽而無以盡乎此心之量。故能極其心之全體而無不盡者，必能窮夫理而無不知者也。既知其理，則其所從出，亦不外是矣。以大學之序言之，知性則物格之謂，盡心則知至之謂也。」（一九四七：一七九）黃光國覺得朱熹對自性的詮釋偏重於「人的認知能力」這一角度，朱熹雖然說「人有是心，莫非全體」，可是他卻認為「故能極其心之全體而無不盡者，必能窮夫理而無不知者也」，可見其所謂「心之全體」，僅及於意識的認知範圍，並不包括潛意識在內，但這種思想的缺陷該如何補強呢？這就是王陽明對朱熹的繼承與突破。黃光國徵引筆者在第一章的說法：在最具關鍵性的「龍場悟道」中，王陽明「首度領會出『自性』這個本體的存在，後來進而使用『良知』來稱謂自己的體會」。根據王陽明自己的說法：「良知是造化的精靈。這些精靈，生天生地，成鬼成帝，皆從此出，真是與物無對。人若復得他完完全全，無少虧欠，自不覺手舞足蹈，不知天地間更有何樂可代。」（《傳習錄》下卷第六十一條，一九九七b：一三九）黃光國表示：當個人面對生命中重大的問題情境而必須做價值選擇的「強評價」時，如果「良知」能夠充分發揮作用，他會感覺自己的意志能夠調動包括「意識」及

「潛意識」在內的所有資源，來幫助自己解決問題。因此王陽明說：「良知是造化的精靈」，其能「生天生地，成鬼成帝，皆從此出」。在悟道那天中夜，「寤寐中若有人悟之」，這可說是其潛意識的作用，使得他「不覺呼躍」；他拿自己的領會與舊日所讀的《五經》相互驗證，發現兩者「莫不吻合」。用泰勒（Charles Margrave Taylor, 1931-）在《自我諸根源》（*Sources of the self*）有關「強評價」的理論來說（Taylor, 1989），這是發現自己的「生活善」（life goods）和儒家的「構成善」（constitutive goods）互相契合，因而肯定儒家整體的地位（黃光國，二〇一八b：三六四—三六五）。黃光國並表示，王陽明的主張旨在扭轉朱子心理二元論的觀點，申明「心即理」的主張，無論是孝親或惻隱的道理，甚至任何價值性的判斷，都根源自「吾心之良知」，該良知本具眾理，「致良知」就是將本有的理推致到各類事物，讓中性的事事物物都遍潤於價值德性中（黃光國，二〇一八b：二八〇）。黃光國應該同樣已看出，朱熹只從表層的意識層面來談自性，纔會落於「泛認知主義」，王陽明則因為有潛意識的層面，其思想卻沒有否認潛意識對顯意識的影響，使得他的主張並不是在抵抗朱熹的思想，而是提供重要的補充內容，呈現更完整的心靈樣貌。因此，有關「朱王異同」的議題，其實不能視作「良知與理性的分裂」，這會讓我們無法看見陽明心學實屬自朱熹理學這一脈絡蛻變發展出的思想，兩者應該整合視作當前心學的整體內容，通過「儒佛會通」來架構其殊勝義，進而跟榮格心理學對話，黃光國不能說完全不了解這一層，否則他不會在書中談「朱子的心學進路」，然而他只看見朱王兩人談「人心」與「道心」的對比具有相同性，卻擴大「良知」與「理性」的差異性（黃光國，二〇一八b：二八三—二九五），當我們說破這一層，則在自性的脈絡裡，如果能架構出理論模型，來解釋與釐清潛意識與顯意識的不同觀點，朱王的確不再有重大歧異，甚至在意識領域裡可相互補充。筆者在第七章已指出：榮格體會煉金術士是用「象徵物」在說話，不論中西，他們的哲學意圖旨在尋覓一種和心理學對話的精神體系，使其身心得到完全的轉化，藉由對於煉金術符號的了解，榮格開始提出其分析心理學的核心理念，即「自性化的歷程」。王陽明早就持有相同看法，他相信自性化歷程就是在成聖，這件事情過程如同在煉金：「學者學聖人，不過是去人欲而存天理耳，猶煉金而求其足色，金之成色所爭不多，則煅鍊之工者而功易成。」（《傳習錄．上卷》第一百零二條，一九九七b：四七）成聖就需要人脫出自我來活出自性，這是儒家思想最核心的宗旨。陽明學與榮格心理學的對話，能開啟我們在中西會通的格局裡，裨益自性發展成華人本土社會科學能接受的學術語言，因此，筆者前面主張並提出「自性四元體模型」係面對後期黃光國思想，從擴充發展心學的角度，結合陽明學與榮格心理學來繼續展開相關詮釋，這是屬於心學心理學（nousological psychology）的新觀點。

在陽明學與榮格心理學對話的過程中（這就是中西會通具體而微的聚焦與展現），如果拿「自性四元體模型」來深化思索，仔細觀察每個支點，應該會提出兩個問題：第一，理體與理性該怎麼區隔？第二，感性與欲望該怎麼區隔？這就是中西會通的核心課題。如果該模型的外部金字塔底端是理體，這是指「宇宙法則最根源的本來面目」，如果從佛學的角度來說或可稱作法性（dharmata），該理體作為根源，在人出生的剎那，蛻變成陰陽兩元素，交會在理想與現實的四種面向，理想的父親具有理性的父性法則，理想的母親具有感性的母性法則，該理性與感性已是指落在人身上表現生命特質，不再是無性別的抽象義理，在古希臘哲學中，羅各斯（logos）與計算、關係、因果與類推的觀念有關；厄洛斯（eros）則與生殖、性愛、創發與動能的觀念有關。榮格使用羅各斯來表示父性法則中有關獨立、辨別、進攻與主動的狀態；並使用厄洛斯來表示母性原則中有關渾沌、關聯、接納與被動的狀態（榮格，二〇一四，八：一八）。因此，這兩大性別法則投射到理想的父親與理想的母親，當現實的父親與現實的母親要選擇婚姻的對象，每位肉身的男性或肉身的女性都係帶著他心中的原型來擇偶，父性法則（理性）已不再是原來無垢的法性（理體），母性法則（感性）更不只是後來潛藏的本能（欲望），這種觀點拿來解釋中華文化中的英雄或英雌就會在華人心中更具有存在的合理性與合法性，兩性都帶著自身本具的原型投射尋覓彼此，兩者結合孕育出具體的人。黃光國覺得王陽明繼承儒家的道統，企圖向內追求有關心靈的「本體」，結果發現「天人合一」的「良知」，該本體並不是作為「存在物」（beings）本身的本體，從儒家哲學裡只能發展出體用合一的修養，意即「工夫論」，卻與向外追求的西洋文化發展方向完全相反，該文化在主客對立思索中發展出相應的「本體論」（ontology），並構築成科學哲學的基石（黃光國，二〇一八b：二五七）。黃光國的說法大致不錯，但我們只能說中華思想沒有「西洋哲學的本體論」，不能說沒有「中華思想的本體論」，因為本體是宋明時期儒學常見學術用語，並且，體用觀不見得能完整涵蓋中華思想的本體論，西洋思想中的「ontology」，更適合的中文譯名不見得是「本體論」，反而會是「存在論」（陳復，二〇一九c）。最值得注意的事情莫過於榮格本人高度反對任何「哲學推測」，他終其一生都在爭取自己作品的合法地位，反對將自己的心理學著作哲學化，他一直強調自己的思想具有「經驗主義」（empiricism）傾向，認為其首要關注就在替理性心理學提供事實的證據支持（帕帕多普洛斯編，二〇一九：一一）。這可讓我們反思三件事情：其一，如果黃光國堅持站在自己心理學的專業背景來發表論文，卻從哲學甚或其間最尖端科學哲學的角度來討論問題，其實他很難找到具有相應素養的同行來跟自己對話，因為這從來都不是心理學會展開的視野，就算是本土心理學的相關研究與討論，都未曾展開如此大幅度的跨領域思考（從書中使用自己設計的自我曼陀羅模型來討論宋明儒學可得證其宏大企圖），因此這的確屬於正在發展中的「華人本土社會科學」，但真正能跟得上這種討論脈絡者幾希；第二，如果不要讓這些討論流於哲學化，則結合陽明學的工夫論來認識榮格的分析心理學，從中讓自性的討論顯題化，尤其能在心理諮詢領域獲得實務印證，這點變得極其重要，這正是筆者會提倡心學心理學的觀點，並在技術層面發展智慧諮詢（wisdom consultation）的背景原因（陳復，二〇一七a；二〇一七b），這種層面的最新發展，應該可視作「本土心理學繼續深化成修養心理學」這種子領域；第三，在哲學傳統深厚的國度裡（如德文區域），榮格拒絕在闡釋自己思想過程中討論哲學議題並不難理解，因為他就生活在這個學術脈絡中，這卻不是他想繼續討論的問題（甚至妨礙他開發新的領域，完成自身學術的合法性），但對榮格而言不是問題的學術現象，卻對我們而言是個重大學術難題，我們不能忽視黃光國畢生關注科學哲學議題對發展華人本土社會科學的重要性，如果只思考心理諮詢技術層面該如何研發，卻不能更宏觀來觀看中西會通過程中，如何完成中華學術的現代化，則不啻於「見樹不見林」，終究無法擺脫學術殖民的困境。經由我們長期的辯論，出現後期黃光國思想的關鍵性轉折，這不只象徵著自性議題終於開始學術化，更意味著華人本土社會科學的完成與開展。

後記

華人本土社會科學的突圍

這本書原先訂名為《黃光國難題：華人本土社會科學的完成與開展》，其語法與語境參考自劉述先教授《朱子哲學思想的發展與完成》與黃光國教授《內聖與外王：儒家思想的完成與開展》這兩本書，我本來目的在指出整個「華人本土社會科學」的出現，圍繞在「黃光國難題」這一概念指向的議題該如何解決，當這個議題開始獲得面對與釐清，華人本土社會科學的範疇就開始獲得完成，其內容從此開展。中華文化基於「天人合一」的特徵，其思想長期關注在「智慧」而不在「知識」，智慧內藏在「生命世界」中，知識則密布在「微觀世界」中，生命世界充滿著模糊與變化，人如果能對「道」有著真實無妄的體證，則心境當能自如，理事圓融無礙，無往而不怡然有得；但現代社會的運作畢竟不能只有「事理」，更需要在「主客對立」的脈絡中承認「物理」，這表示人需要將概念對象化，發展成認知整個世界的客觀知識，人如果忽略知識的論證，就無法將任何具體的存在抽象化，當我們探討生命世界時，持續使用古老而混沌的語言，未曾將其翻新，則華夏學術將持續停留在邊緣化的位置，縱然自得其樂，其他各類社會科學領域都已有成套的微觀世界，不會在意其對自身具有任何意義。

這本書現在的書名則改成《轉道成知：華人本土社會科學的突圍》，其實更精確指出我整個思想背後蘊含的苦心孤詣，且能避免跟其他書籍在名稱上有任何重複。在當前整個學術殖民的環境中，架構出華人本土社會科學的存在，將智慧轉成相應的知識，對再開華夏學術而言，的確是個意義極其重大的「突圍」。中國自明末心學思潮徹底結束後，自此再無原創性的思想，黃宗羲撰寫《明夷待訪錄》可謂民主思想的先聲，其《明儒學案》則係心學的最後餘音，但此後即成絕響。自民國肇始，至今在人社領域都還是處在「失去話語權」的狀態裡，我們的「生命世界」沒有任何能精確對應的「微觀世界」，學術發展脫離民間現實，常見學者只顧寫期刊論文來評職等或換獎金，卻不在意解決任何實質問題，長期自說自話與鸚鵡學舌的結果，導致高等教育早已傾圮到面臨崩盤的局面，人社各科系都不得不被轉型或被裁撤，高居學術殿堂的碩學鴻儒對此依舊無感，誠然令人心痛無比。無人文則無法立國，社會科學的本土化，需要有人文知識來當梁柱支撐，將所謂的「文史哲」這類知識重組成系統化的理論，讓其蛻變成社會科學可理解與應用的學術語言，這就是解決黃光國難題需要跨過的知識門檻。

每本書都會有預設的閱讀對象，這本書適合的讀者，相信除人社學者是當然讀者外，還包括受過大學教育的社會各領域高端專業人士，與目前尚在就學的大學生。人社學者固然會想檢視這本書談的內容究竟有沒有達到「典範轉移」的效益，如果您有不同的意見，歡迎不吝賜教，並期待我們能展開「針對觀點不針對個人」的學術路線大辯論；社會各領域高端專業人士如果想了解學術正如何「藉自救來救世」，這本書同樣可提供一條清晰的線索；但最重要的對象莫過於大學生，尤其是正在念人社領域科系且有志於成為菁英的青年，你們的人生充滿著希望，如果你很疑惑為何大學傳授的知識跟社會脫節，並希望自己未來能突破正瀰漫在我們學術屋頂上的烏雲，我想只有徹底解決學術殖民的現象，持續開拓出更成熟的華人本土社會科學，否則將別無他法。時值西元二〇二〇年的尾聲，新冠肺炎疫情正在肆虐全球，無數人失去寶貴的生命，人類文明已來到十字路口，猶記得雅斯培（Karl Theodor Jaspers, 1883-1969）提出東西四大聖哲共譜轉軸世紀（Achsenzeit）的說法，且讓我懷著無限的樂觀，期待這本書有如野人獻曝，藉由「金針度人」，來呼喚群賢輩出，人類第二個轉軸世紀就此到來。

附錄一

總結五四，再創未來：

華人本土社會科學宣言

王智弘（國立彰化師範大學輔導與諮商學系教授）
夏允中（國立高雄師範大學諮商心理與復健諮商研究所教授）
張蘭石（閩南師範大學心理學系副教授）
陳復（國立宜蘭大學博雅學部教授）
黃光國（國立臺灣大學心理學系名譽教授）
（依姓名筆畫排序）

今年（二〇一九）五月四日是五四運動一百週年的紀念日。猶記得發生在民國八年（一九一九）那場慷慨激昂的五四運動，不只是個由青年主導，反對北洋政府未能捍衛國家利益，任由列強在巴黎和會中，將德國在山東的權益轉讓給日本，不惜號召廣大公民參與示威，提出「外爭國權，內除國賊」的口號，更是整個中國知識界全面批判華夏傳統文化，強烈主張「德先生」（Democracy）和「賽先生」（Science），探索中國富強的新文化運動，從而對整體華人社會產生重大影響，當時學術普遍盛行並匯流著三種意識型態：社會達爾文主義（Social Darwinism）、科學主義（scientism）與反傳統主義（anti-traditionalism），因此由胡適與陳獨秀主張「全盤西化」，標誌著中國知識分子徹底顛覆中華本位主義，否認自身文化價值，崇尚西洋文化與其各種政治制度，發展出歐美中心主義的認同，後來在政治層面，不論國民黨或共產黨，都是沿著這個脈絡各自發展出不同的政治路線，學術更呈現自我殖民的現象，唯歐美理論是從，開啟自身文化「花果飄零」的歲月。

這其間，由胡適、傅斯年與殷海光在臺灣深耕於自由主義，繼續嚴厲檢視與抨擊中華文化的各種弊端，唯獨新儒家知識分子，如唐君毅、牟宗三、徐復觀與張君勱諸君子，面對中國遭遇空前的大變局，除隻身流亡海外，更不忍中華文化衰敗至此，懷著濃厚的憂患意識，對中華文化與其政治展開深具主體性的反思，共同在民國四十七年（一九五八）具名發表《為中國文化敬告世界人士宣言》，除對比中西哲學的異同，更指出中華文化的特性，倡導「心性之學」對中華文化在倫理與宗教的意義，從中探索如何從中華文化開出民主與科學，並與世界文化互相學習與融通，實可謂空谷跫音，對中華學術主體性深具厚實的意義。相較於後來大陸爆發文化大革命，臺灣尚能展開「中華文化復興運動」，或可視作國民政府對此議題的深刻反思與覺醒。然而，時隔六十年後，有鑑於五四運動產生的影響，依舊深刻影響著全體華人，學術尚未擺脫自我殖民的現象，我們特提出「華人本土社會科學宣言」，希望能替中華學術主體性提供一條新的路徑。

首先，我們深刻體認到，當學術不能與日常生活結合，直接解答我們社會共同關注的重大議題，這樣的學術就不再有活潑的生命，只能在象牙塔內自我娛樂。有鑑於國內人文與社會科學領域長期與華人社會脫節，更常硬搬歐美社會的理論來解釋現象，不能回應人心的真實需要，尤其文史哲這些傳統學術都只限縮在自身狹窄領域內從事相關研究，卻無關整體社會科學的宏旨，導致高等教育即使在大陸日漸蓬勃發展，其學術成果都很難指向生活經驗並獲得印證，在臺灣則早已離開發展高峰期，現在開始飽嘗苦果，使得高等教育日漸萎縮，學術的價值與尊嚴日漸低落。中華學術古來本具有「究天人之際，通古今之變」的特質，面向各種社會領域都能提供觀念的指引，眼下則其流風餘韻可謂消失殆盡，如深究問題的癥結到底是什麼呢？核心問題在於我們無法真正完成學術現代化，讓文史哲傳統學術領域具有社會科學的視野，架構出能詮釋自身文化的理論，來面向社會展開相應的詮釋，使得研究與社會脫節，變成無關宏旨的餖飣與考據。

國家的不振，正來自學術的不彰，其間尤其當人文學無法開拓思考格局，與社會科學相互滋養壯大，共同發展出含攝文化的本土社會科學，則整個社會將無從擺脫其學術被殖民的處境，這正是牟宗三主張「開出學統」的重大課題。臺灣社會自戰後七十年來，家庭關係正面臨各種難解的問題，倫理失序的現象層出不窮滋生，更加上這二十年來去中國化浪潮，導致何謂「本土」顯得日益失焦。在這個過程裡，主張自由主義者固然多轉型成政治極端主義者，具有保守主義特質的新儒家後繼諸賢，更鮮有人直接回答該如何面對變局，從學術層面提供縝密而精確的回應，使得學統至今面貌模糊，中華文化有關智慧的道統，則因與當前學術思維扞格難入，逐漸在臺灣煙消霧散中。我們覺得：「中西會通」已是刻不容緩的重大課題，但解決這個課題的過程裡，不能忽視中華文化具有「天人合一」的根本特徵，應該兼容中國思想儒釋道三教共法來釐清，更不能無視西洋哲學的菁華在科學哲學，只有將兩者共同對焦來思考，纔能提供一條清晰的路徑。

因此，由陳復首先特別提出「黃光國難題」來標誌著中西會通過程裡的難題，這並不是黃光國個人的難題，而是全體華人學術正面臨的困境。什麼是黃光國難題呢？黃光國個人在這三十年來，面對著自由主義與保守主義的兩極激盪，早年參與楊國樞引領的本土心理學運動，卻發現實證論（positivism）的角度無法真正對應華人社會各種文化現象，他不斷在思索如何發展具有文化主體性的本土社會科學，這些年來，我們有一群學者共同參與反思這些問題，決定展開跨領域整合，並獲得該共識：「儘管中國曾經創造豐富的思想，對人類文明的永續發展做出巨大貢獻，但中國的思想如果要再創輝煌的新一章，重新成為引領人類文明發展的引擎，就需要通過對科學哲學的認識與釐清，創造性展開華人本土社會科學的詮釋工作。」該主題面臨方法論（methodology）層面的巨大困難：「如何將中華文化本質具有『天人合一』的思想傳統，傾注『天人對立』的階段性思辨過程，從『生命世界』中開闢出具有科學哲學意義的『微觀世界』。」

冀圖解決該難題，我們希望開創出認真論辯問題的「學統」，針對觀點不針對個人，彼此就事論事討論學術議題，不再用人情與面子在學術上黨同伐異，只有堅持平等對話的精神，纔能擺脫華人社會論資排輩談學問的陋習，實事求是探索真相，真正在華人社會建構出自主的學術系統，體現「君子和而不同」的思源風格。然而，我們並不是專門只討論本土議題而已，更精確來說，全球化即是本土化，各國社會都應該針對自身社會的問題，從文化心理的角度出發，尋求理論與實踐的突破。尤其身在臺灣的華人何其有幸，立足在大陸與海洋的交界，既能繼承博大精深的中華文化，更能迎接開放多元的西洋文化，在這中西文明薈萃的環境裡，我們更應該積極回應如何開展「中西會通」的里程碑。但，如何在中西會通的過程不失去主體性呢？我們應當拿儒釋道思想共同關注的「自性」（心體）作為本土社會科學的核心內涵，基於自身文化脈絡來對應思考，跟世界各國關注社會科學本土化的學者展開溝通與交流，最終發展全球本土社會科學。

我們共同覺得：本土化的詮釋權，不應該持續被政客把持與壟斷，使得其意義變得極其狹隘。「本土」的「本」是指文化傳統，「土」是指在地生活，華人本土社會科學應該要整合這兩者，將外來的社會科學理論與技術，經由在地化的角度修正，使得其適用於人民日常生活，這是西學內植的本土化；更從中華文化出發，經由與西學對話，架構與自身經驗相符應的社會科學理論與技術，這是中學外拓的現代化。因此，中華文化的學統既要有中西合璧的容量，從實在論（realism）的角度出發架構「多元哲學典範」（multiple philosophical paradigms），建構「含攝文化的理論」（culture-inclusive theories），來落實於華人社會每一個「人」，更因指向自性這個終極智慧議題，使得新設的學統與本來的道統緊扣相應，如此發展出來的華人本土社會科學，不再只是文史哲這類人文學領域探討的學問，而是全體社會科學各領域，包括心理學、社會學、教育學、管理學甚至政治學諸領域在內，都可討論如何結合理論與實踐，來發展具有主體性與應用性的學問。

這個學統雖然立基於儒家，卻不再固著於本來的思想樣貌，而能融會各家思想於一爐，只有該學統獲得完成，本來的道統纔能獲得維繫，中華文化的政統究竟該實踐如何的民主，纔能獲得合理討論的空間與設計，這就是「內聖」與「外王」的整合。我們會特別看重傳統儒家思想對解答這些共同問題提供的觀念資源，這來自傳統儒家思想涵蓋面向不僅在文化心理層面，各種人文學術領域與社會科學領域都可藉由傳統儒家思想展開其詮釋工作，然而，我們希望重新詮釋儒家思想，結合傳統佛學與道家思想，尤其關注「儒佛會通」的課題，精確理解華人社會人際關係運作的文化心理，並輻射到各種面向的學術領域，裨益中華文化能繼佛學東來（由佛教格義化階段到佛學本土化階段）後，再度兼容西洋文化來完成自身的理性化歷程。我們深信：華人本土社會科學的發展，不只適合於臺灣，更能提供大陸學者指引出一條光照學術前景的火炬，因為自性是我們全體華人共擁的精神資產，任誰都不能再「拋棄自家無盡藏，沿門托缽效貧兒」！

經由自性開出的學統，更要關注文化層面的復興與創新工作，高等教育除應該特別重視通識教育的素養，讓華人本土社會科學成為通識教育的主心骨，引領大學培養大學生德術兼修，因應人工智能的浪潮大舉襲來，大學不再只從技術層面來討論學用合一，而能跨領域與跨科系，培養大學生成為具博雅知識底蘊的知識分子，不只能懷抱宏觀的視野來關注社會的永續發展，更能因具有回歸根本的智慧，讓大學生獲得靈活應用於社會的技能。包括中小學在內的各級學校教育都應該沿著自性的角度打開學生的心靈，關懷「天，人，物，我」四大面向的整合，不再只從國家產業發展需要來辦理教育工作，更不應該只從該角度來引領學生思索生命的出路，學生只有完整認識生命四大面向，個人纔不會只知道從現實利益層面思考問題。我們更應該著重發展家長教育，讓家長意識到自己應該在家庭中引領孩子認識自性，活出智慧的人生，不再只拿紙筆測驗的成績來衡量孩子的價值，徹底尊重並成就孩子長出自身由衷想望的樣子。

我們呼籲：政府應該正視中華文化不是我們任何個人的負債，而是人類整體文明的重大精神資產，我們百年來面臨中西兩大系統如何融合的困境，不能再繼續閃爍其辭，如果要繼往開來，就得重構適合華人生活的新系統，更應該鼓勵設立各類公私立書院教育，讓書院不只能從事修身養性、深化思想與開啟民智的工作，更能作為審議民主的公民教育重鎮，從而形塑整體社會的公共文化。並且，我們應該發展適合於華人生活的本土心理諮詢，不只療癒百年來華人在各種苦難飽經受創的身心，更讓人重新正視智慧的道統，意識到每個人都應該恢復自家生命的本來面目，活出自性的倫理關係。我們更期待該學統的確立，使得藝術各領域能接回活水源頭，當藝術結合道術，藝術家就會因有自性的領悟，使得其潛能被激發，作品獲得原創的開展，更容易讓藝術陶冶心靈成為華人生活的共識。奠立在如此清新的高度，「中學為體，西學為用」纔能不再只是口號，讓華人本土社會科學能承擔恢復人文精神的重任，對人類全體文明的開展貢獻新猷。

中國思想致廣大而盡精微，本來不是西洋哲學裡「理型論」（idealism）或「物質論」（materialism）能簡單歸類。百年來，只見人們在諸如「唯心論」或「唯物論」這類「二元對立」的爭議中，付出慘痛的代價，虛耗掉國家的總體能量，卻長年沒有洞見中國思想共同指向的自性。心靈的盲目與失焦，這本是宋明儒學衰落四百餘年後存在於華人社會的普遍現象，使得物質主義的思維空前高張，世人沉湎於欲望無可自拔，亟需全體學者共謀解決。有關自性的特徵與定義，我們已開始做出回答，並持續藉由論辯的過程來釐清，期待有更多有識者共同參與我們的隊伍。值此紀念五四運動一百週年的日子，我們希望「總結五四，再創未來」，祝願海峽兩岸的華人都能意識到自家的無盡藏，攜手合作捐棄前嫌，通過涵養心靈的自性來恢復文化的自信，並藉由建構華人本土社會科學來重新整合道統與學統，讓「民主」與「科學」不再具有異質性，而能發展出名實相應的政統，因此，我們共同連署發布「華人本土社會科學宣言」。

（本文發表在《中國時報》言論版，民國一〇八年五月二日；後轉刊登於《鵝湖月刊》第五二七期，二〇一九：五—八。）

附錄二

華人本土社會科學宣言始末

五四運動是中華文化發展歷程中的重大事件，海峽兩岸無不在潛移默化間深受五四的影響。早在去年（二〇一八）年四月一日，筆者就曾號召六位學者在國立臺灣大學聚會，討論我們應該在紀念五四一百週年當天，宣布離開五四長期帶來系統性的窠臼與困境，不再只知繼承五四反傳統的路線，反而應該從「中西會通」的對話脈絡中，繼承傳統來創新，重新恢復儒釋道的自性共法，將其賦予嶄新的學術語言，發展與架構出適合於華人生命世界的學術典範。吾師韋政通教授去年過世前，筆者就曾經跟他表示準備草擬宣言，希望他能連署，他當時表示期待共同見證此事。沒想到韋教授不幸於當年八月五日意外過世，見證的事情竟成為絕響，更令筆者覺得撰寫宣言，實屬告慰韋政通教授在天之靈最恰當的辦法。

去年十一月三日中華本土社會科學會在臺灣登記成立後，筆者就開始積極籌劃宣言撰寫事宜，今年（二〇一九）一月三十日，經由黃光國教授的號召，思源學派（本土社會科學）與鵝湖學派（當代新儒家）的學人來臺大心理系開會，共同探討紀念五四新文化浪潮一百週年，我們應該如何踵繼前賢，凝聚共識，對外發表新的宣言，來總結五四並開創未來。當天聚會鵝湖學者有朱建民校長、楊祖漢院長與李瑞全所長；思源學者除黃光國教授外，還有王智弘教授、張蘭石教授與筆者。大家無不深感我們正面臨思想與文化的空前危機，人文學與社會科學領域的學者應該團結合作，共同思考如何藉由藉由五四這個重大日子，攜手表示合作的意願，藉由認真對話來開創學術新典範。

後來，筆者率先提出〈總結五四，再創未來——中華本土社會科學宣言〉的精簡版本與完整版本兩種文字，寄給思源學派與鵝湖學派的數位學者，大家相約四月十七日共聚於臺大新舞臺餐廳，商議在五四紀念日合作提出一個共同的宣言版本，並各自提出所屬學派本來的宣言版本，來紀念五四一百週年並展望未來。隔天，由黃光國教授針對筆者的精簡版，保留前四段文字，並從完整版中擷取若干文字，修改成為後兩段文字，新宣言取名〈反思五四百年，重構文化中國〉，經由李瑞全教授提議修改若干文字，遂成為兩派學者獲得共識版本，交由《中國時報》於五月三日對外發布，共識版本跟精簡版本最關鍵的差異，主要在於「自性」相關文字並沒有放進去，顯見兩個學派對這個核心議題尚需要持續對話。

並且，筆者將〈總結五四，再創未來——中華本土社會科學宣言〉該完整版本交給思源學派的黃光國教授、王智弘教授、夏允中教授與張蘭石教授四人審閱，張蘭石教授提出有關「唯心論」與「唯物論」的文字該如何表達得更平和些，未來或可讓大陸學者更能體會我們的深意；王智弘教授則希望將「中華本土社會科學宣言」改成「華人本土社會科學宣言」，避免跟學會的名稱完全一樣。筆者完全同意前者的意見；針對後者，筆者覺得「中華」兩字其實更符合自己平日主張「內聖外王」的理想，但同意重點應該放在如何繼往開來成就大局，五人最終獲得共識，共同連署並將新修訂的版本交給《中國時報》發布，我們希望藉由這篇重要宣言來紀念五四百年，讓「道統—學統—政統」獲得整合與發展。

（本文發表在《人間福報》論壇版，民國一〇八年五月三日）

參考文獻

中文文獻

丁福保編（一九八四）。《佛學大辭典》。北京：文物出版社。

孔穎達（一九九五）。《周易正義》。《十三經注疏》（第一冊）。臺北：藍燈文化出版公司。

方東美（二〇一二a）。《中國哲學精神及其發展》。北京：中華書局。

方東美（二〇一二b）。《原始儒家道家哲學》。北京：中華書局。

牛格正（一九九一）。《諮商專業倫理》。臺北：五南圖書出版公司。

牛格正、王智弘（二〇〇八）。《助人專業倫理》。臺北：心靈工坊文化事業公司。

王玉珍（二〇一三）。〈優勢中心取向生涯諮商歷程與改變經驗之敘事研究〉。《中華輔導與諮商學報》，三七，頁一二五—一五五。

王智弘（二〇一三）。〈積極投入含攝文化理論建構——以助人專業倫理雙元模型為例〉。《臺灣心理諮商季刊》，五（三），頁vi—xi。

王智弘（二〇一六）。〈含攝儒家功夫論的本土專業倫理觀——從助人倫理雙元模型談儒家的倫理自我修為之道〉。《臺灣心理諮商季刊》，八（二），頁vi—xii。

王智弘（二〇一八）。〈說大人，則藐之？與巨人作戰是成為巨人的必要途徑〉。《本土心理學研究》，四九，頁一一九—一二四。

王陽明（一九九五）。《王陽明全集》。上海：上海古籍出版社。

王陽明（一九九七a）。《王陽明傳習錄及大學問》。臺北：黎明文化事業公司。

王陽明（一九九七b）。《傳習錄》。臺北：黎明文化事業公司。

王畿（二〇〇七）。《王龍溪集》。南京：鳳凰出版社。

王鎮華（二〇〇六）。《道不遠人、德在人心》。臺北：德簡書院文教基金會。

白馥蘭（Francesca Bray）（二〇一五年九月十五日）。〈李約瑟的科技史太拔高中國文明？〉。壹讀。取自：https://read01.com/d5omB.html。

朱熹（一九四七）。《四書章句集注》。《孟子集注》。上海：商務印書館。

朱熹（二〇一六）。《四書章句集註》。北京：中華書局。

牟宗三（一九九九a）。《心體與性體（上）》。上海：上海古籍出版社。

牟宗三（一九九九b）。《心體與性體》（全三冊）。臺北：正中書局。

艾倫瑞克（Barbara Ehrenreich）著，高紫文譯（二〇一五）。《失控的正向思考》（*Bright-Sided: How Psitive Thinking Is Undermining America*）。臺北：左岸文化。

何長珠、賴慧峰、張美雲（二〇一一）。〈曼陀羅繪畫治療之理論與實務〉。何長珠編。《表達性藝術治療13講：悲傷諮商之良藥》。臺北：五南圖書出版公司，頁八五—一一二。

何善蒙（二〇〇六）。〈林兆恩「三教合一」的思想淺析〉。《逢甲人文社會學報》，一二，二〇三—二一六。

余英時（二〇一四）。《論天人之際：中國古代思想起源試探》。臺北：聯經出版公司。

余德慧（一九八六）：《台灣民俗心理輔導》。臺北：張老師文化事業公司。

余德慧（一九九八）。《詮釋現象心理學》。臺北：會形文化公司。

余德慧（二〇〇六）。《生死學十四講》。臺北：心靈工坊文化事業公司。

佛洛伊德（Sigmund Freud）著，汪鳳炎、郭本禹譯（二〇〇〇）。《精神分析新論》。臺北：米納貝爾出版公司。

吳汝鈞（二〇〇三）。《胡塞爾現象學解析》。臺北：臺灣商務印書館。

李中華注譯（二〇〇二）。《新譯六祖壇經》。臺北：三民書局。

李民、王健（二〇〇四）。《尚書譯注》。上海：上海古籍出版社。

李玉婷（二〇一〇）。《「破繭」：熱情之存在樣態探究》（未出版碩士論文）。彰化縣：國立彰化師範大學。

李約瑟（Joseph Needham）著（二〇〇二），劉鈍、王揚宗編。《中國科學與科學革命：李約瑟難題及其相關問題研究論著選》

（*Chinese Science & Scientific Revolution*）。遼寧：遼寧教育出版社。
李維倫（二〇一五）。〈多重哲學典範——彈性運用還是發展過程？〉。《輔導與諮商學報》，三七（二），頁九一—九六。
李維倫（二〇一六）。〈從實證心理學到實踐心理學——現象學心理學的本土化知識之道〉。《臺灣心理諮商季刊》，八（二），頁一—一五。
李維倫（二〇一七）。〈華人本土心理學的文化主體策略〉。《本土心理學研究》，四七，頁三—七七。
李維倫（二〇一八）。〈告別「難題」與「迷陣」，邁向新本土心理學〉。《本土心理學研究》，四九，頁四七—五八。
李澤厚（一九七九）。《批判哲學的批判》。北京：人民出版社。
杜艾文（Alvin Dueck）、凱文．賴默（KevinReimer）著，黃曉楠譯（二〇一六）。《和平心理學》（*A Peaceable Psychology: Christian Therapy in a World of Many Cultures*）。北京：中國社會科學出版社。
杜保瑞（二〇〇七年九月）。〈儒家工夫理論的進路與型態〉。發表於「跨文化視野下的東亞宗教傳統」第二次研討會。臺北：中央研究院中國文哲研究所。取自：https://kknews.cc/zh-tw/culture/qj5n48.html
沈清松（二〇〇五）。《沈清松自選集》。濟南：山東教育出版社。
沈清松、華爾納（Fritz Wallner）（二〇一八）。《建構實在論：中西哲學的中介》。臺北：時英出版社。
邢麗菊、盧風（二〇一六）。〈「天人合一」與「內向超越」〉。《哲學與文化》，四三（一一），頁一二一—一三五。
周恩榮（二〇一七）。〈性體：從自由意志到絕對精神——兼及其當代實踐效應〉。《哲學與文化》，四四（七），頁一二五—一三七。
周敦頤（二〇一六）。《周敦頤集》。北京：中華書局。
周曉瑩（二〇一五）。〈試論沈清松教授的「外推」策略〉。《哲學與文化》，四二（七），頁一〇九—一二二。
林杏足（二〇一三）。〈敘事諮商中當事人自我認同轉化歷程之研究〉。《中華輔導與諮商學報》，三七，頁二〇九—二四一。
林俊德（二〇一八）。〈易經之問題解決思維對諮商專業的啟發〉。《輔導季刊》，五四（一），頁二八—三九。
林品石注譯（一九九〇）。《呂氏春秋今註今譯》。臺北：臺灣商務印書館。
林耀盛（二〇一〇）。〈本土心理學的二十一世紀發展議程——人文取向的臨床心理學〉。東華大學諮商與臨床心理學系、中央研究院民族學研究所、慈濟大學人文臨床與療癒研究室、臺灣大學本土心理學研究室、國家科學委員會主辦，「華人本土心理學跨向21世紀學術論壇：再反思、多元實踐及新發展研討會」。花蓮。

林耀盛（二〇一五）。〈榮進之後——黃光國難題、我們的難題〉。黃光國教授「榮進」學術研討會。臺北：國立臺灣大學心理學系。

林耀盛（二〇一九a）。〈「榮進」之後——黃光國難題，我們的難題〉。載於陳復、黃光國主編。《破解黃光國難題的知識論策略》。臺北：心理出版社，頁六七—七八。

林耀盛（二〇一九b）。〈坦塔洛斯的困題——思「反」心理學，批判社群革「心」〉。載於陳復、黃光國主編。《破解黃光國難題的知識論策略》。臺北：心理出版社，頁七九—九〇。

邱獻輝、葉光輝（二〇一三）。〈失根的大樹——從文化觀點探究親密暴力殺人者的生命敘說〉，《中華輔導與諮商學報》，三七，頁八九—一二三。

金岳霖（二〇〇五）。《論道》。北京：中國人民大學出版社。

金景芳、呂紹綱注釋（二〇〇五）。《周易全解》。上海：上海古籍出版社。

宣兆琦（一九九七）。《齊國政治史》。濟南：齊魯書社。

南懷瑾（一九九一a）。《易經繫辭別講（上傳）》。臺北：老古文化出版社。

南懷瑾（一九九一b）。《易經繫辭別講（下傳）》。臺北：老古文化出版社。

洪雅琴（二〇一三）。〈傳統喪葬儀式中的哀悼經驗分析——以往生到入殮為例〉。《中華輔導與諮商學報》，三七，頁五五—八八。

洪鎰昌、許忠仁（二〇一五）。〈易經諮商的實務操作與案例〉。《輔導季刊》，五一（三），頁一—八。

胡塞爾（Edmund G. A. Husserl）著，王炳文譯（二〇〇五）。《歐洲科學的危機與超越論的現象學》（*Die Krisis der Europäischen Wissenschaften und Die Transzendentale Phänomenologie*）。北京：商務印書館。

夏允中、張峻嘉（二〇一七年五月）。〈以濂溪學說談起來朝向建構華人自主的修養心理學理論——儒家自性與修養曼陀羅自我模型〉。發表於「周敦頤誕辰1000週年國際學術研討會」，湖南省道縣。

夏允中、張蘭石、張峻嘉、陳泰璿（二〇一八）。〈黃光國難題正面臨的迷陣與突破再四問〉。《本土心理學研究》，四九，頁九五—一一七。

夏允中、黃光國（二〇一九）。〈開啟以儒釋道文化的修養諮商心理學理論與實徵研究——邁向自性覺醒的心理療癒〉。《中華輔導與諮商學報》，五四，頁一—二〇。

孫周興選編（一九九六）。《海德格爾選集》。上海：上海三聯書店。

徐玲、崔新明（二〇〇四）。〈從《勸學篇》看張之洞的中西文化觀〉。《江漢大學學報》（人文社科版），四，頁七三—七七。

殷杰、安篪（二〇〇九）。〈巴斯卡的批判實在論思想〉。《哲學研究》，九，頁九六—一〇二。

班固著，顏師古注（二〇〇二）。《漢書》。北京：中華書局。

高先瑩、劉淑慧（二〇一二）。〈高中職學生生涯不確定性態度量表之編製與組合類型分析〉。《全球心理衛生E學刊》，三（一），一—二七。取自：http://gmhej.heart.net.tw/article/EJ0301.pdf

高旭繁、楊國樞（二〇〇一）。〈華人心理傳統性與心理現代性研究之回顧與前瞻〉。《彰化師大教育學報》，一九，頁一—二一。

康德（Immanuel Kant）著，李明輝譯（一九八九）。《通靈者之夢》（*Träume eines Geistersehers, erläutert durch Träume der Metaphysik*）。臺北：聯經出版公司。

張其成譯著（二〇〇五）。《金丹養生的祕密：《太乙金華宗旨》語譯評介》。北京：華夏出版社。

張珣（二〇〇〇）。《疾病與文化》。臺北：稻鄉出版社。

張靜怡（二〇〇八）。《理想與現實之間，尋找生命出口：中學長期代理教師之生涯觀及生涯調適歷程》（未出版碩士論文）。彰化：國立彰化師範大學。

張蘭石（二〇一六）。〈四句的應用——心靈現象之多面向研究法〉。《本土心理學研究》，四六，頁二五—七一。

張蘭石（二〇一七）。〈源自死亡焦慮的宗教委身機制——分析與模型的建構〉。《本土心理學研究》，四八，頁二三一—二七七。

張蘭石（二〇一九）。〈文化傳承與典範轉移之一役——華人宗教研究上的黃光國難題〉。載於陳復、黃光國主編。《破解黃光國難題的知識論策略》。臺北：心理出版社，頁一八一—一九八。

戚其章（一九九五）。〈從「中本西末」到「中體西用」〉。《中國社會科學》，一，頁一八六—一九八。

梁恆豪（二〇一四）。《信仰的精神性進路：榮格的宗教心理學觀》。上海：社會科學文獻出版社。

梁啟超（一九九四）。《飲冰室合集》（文集一）。北京：中華書局。

梁啟超著，夏曉虹輯（二〇〇五）。《飲冰室合集》（集外文，上）。北京：北京大學出版社。

莎拉・巴特蕾（Sarah Bartlett）著，王敏雯、范明瑛譯（二〇一六）。《100個藏在符號裡的宇宙秘密》（*The Secrets of the Universe in 100 Symbols*）。臺北：遠流出版公司。

陳山榜（一九九〇）。《張之洞勸學篇評注》。大連：大連出版社。

陳居淵（二〇〇二）。《易章句導讀》。濟南：齊魯書社。

陳林（二〇一五）。〈朱子晚年修訂《大學》〈誠意章〉的心路歷程與義理探析〉。《國立政治大學哲學學報》，三四（七），頁一一三—一六四。

陳秉華、蔡秀玲、鄭玉英（二〇一一）。〈心理諮商中上帝意象的使用〉。《中華輔導與諮商學報》，三一，頁一二七—一五七。

陳秉華、范嵐欣、詹杏如（二〇一六）。〈融入宗教／靈性的基督徒諮商員教育課程之成果評估〉。《教育心理學報》，四七（四），頁五〇一—五二三。

陳泰璿、夏允中、張峻嘉、張蘭石（二〇一九a）。〈黃光國難題——自性的有無〉。載於陳復、黃光國主編。《破解黃光國難題的知識論策略》。臺北：心理出版社，頁二一九—二三八。

陳泰璿、夏允中、張峻嘉、張蘭石（二〇一九b）。〈黃光國難題再三問——如何定義自性、如何修養、如何進行社會科學研究〉。載於陳復、黃光國主編。《破解黃光國難題的知識論策略》。臺北：心理出版社，頁二三九—二六二。

陳復（二〇一〇）。〈錢緒山心學的生命教育——死亡經驗對其思想的反省與啟發〉。《本土心理學研究》，三四，頁二八五—三二七。

陳復（二〇一二）。〈王陽明對生命意義的闡釋與實踐〉。《生命教育研究》，四（一），頁二七—五四。

陳復（二〇一六）。〈黃光國難題——如何替中華文化解開戈迪安繩結〉。《本土心理學研究》，四六，頁七三—一一〇。

陳復（二〇一七a）。〈如何由生命教育的角度來發展智慧諮詢——解決大學生意義危機的創新策略〉，《諮商心理與復健諮商學報》，三〇，頁七—三二。

陳復（二〇一七b）。〈心學心理學——心學如何在心理治療領域獲得突破與新生〉。《諮商心理與復健諮商學報》，三〇，頁三五—七〇。

陳復（二〇一八a）。〈儒家心理學——黃光國難題正面臨的迷陣與突破〉。《本土心理學研究》，四九，頁三—三六。
陳復（二〇一八b）。〈萬法不離自性——誠意面對黃光國難題的答客問〉。《本土心理學研究》，四九，頁一二五—一五四。
陳復（二〇一九a）。〈修養心理學——黃光國儒家自我修養理論的問題〉。載於陳復、黃光國主編。《破解黃光國難題的知識論策略》。臺北：心理出版社，頁一一九—一四四。
陳復（二〇一九b）。〈黃光國難題的體用觀——化解中西本體論的歧異〉。《哲學與文化》，四六：一〇，頁二九—四八。
陳復（二〇一九c）。〈書評：《內聖與外王：儒家思想的完成與開展》〉。《哲學與文化》，四六：一〇，頁九七—一〇一。
陳復、黃光國主編（二〇一九d）。《破解黃光國難題的知識論策略》。臺北：心理出版社。
陳復（二〇二〇a）。〈多重哲學典範——解決黃光國難題依據的實在論〉。《本土心理學研究》，五三，頁三—五三。
陳復（二〇二〇b）。〈自性的曼陀羅模型——解決黃光國難題的工夫論〉。《中華輔導與諮商學報》。待刊出。
陳復（二〇二〇c）。〈黃光國難題的誤區——由案例反思儒家倫理療癒〉。《本土心理學研究》，五八，頁一八一—二二四。
陳鼓應注譯（一九七〇）。《老子今註今譯》。臺北：臺灣商務印書館。
陳鼓應、趙建偉注釋（一九九九）。《周易註釋與研究》。臺北：臺灣商務印書館。
陳嘉映（一九九五）。《海德格爾哲學概論》。北京：生活·讀書·新知三聯書店。
陸九淵（一九八一）。《陸九淵集》。臺北：里仁書局。
傅仰止、杜素豪主編（二〇一〇）。《台灣社會變遷基本調查計畫第五期第五次調查計畫執行報告》。臺北：中央研究院社會學研究所。
傅佩榮（二〇一一）。《樂天知命：傅佩榮談《易經》》。臺北：天下文化出版公司。
傅偉勳（一九八七）。《西洋哲學史》。臺北：三民書局。
傅鳳英注譯（二〇一一）。《新譯性命圭旨》。臺北：三民書局。
傅隸樸（一九八一）。《周易理解》。臺北：臺灣商務印書館。
彭心怡、洪瑞斌、劉淑慧（二〇一三年八月）。〈以現象學視框探討生涯韌性之困局返轉經驗結構〉。華人心理學家國際學術研討會。北京：北京師範大學。
費孝通（一九四八）。《鄉土中國》。北京：生活·讀書·新知三聯書店。

費依阿本德（Paul Karl Feyerabend）著，蘭征譯（一九九〇）。《自由社會的科學》（*Science in a Free Society*, London: New Left Books, 1978.）。上海：上海譯文出版社。

費依阿本德（Paul Karl Feyerabend）著，周昌忠譯（一九九二）。《反對方法》（*Against Method*, London: Verso, 1975; Revised edition,London: Verso, 1988; 3rd edition, 1993）。上海：上海譯文出版社。

黃光國（二〇〇五）。〈心理學本土化的方法論基礎〉。楊國樞、黃光國與楊中芳主編。《華人本土心理學》。臺北：遠流出版公司。

黃光國（二〇〇九）。《儒家關係主義：哲學反思、理論建構與實徵研究》。臺北：心理出版社。

黃光國（二〇一〇）。〈走出「典範移植」的困境——論非西方國家的學者養成〉。《人文與社會科學簡訊》，一一（四），頁一五—二〇。

黃光國（二〇一一a）。《心理學的科學革命方案》。臺北：心理出版社。

黃光國（二〇一一b）。〈論「含攝文化的心理學」〉。《本土心理學研究》，三六，頁七九—一一〇。

黃光國（二〇一三）。《社會科學的理路》（第三版）。臺北：心理出版社。

黃光國（二〇一四）。《倫理療癒與德性領導的後現代智慧》。臺北：心理出版社。

黃光國（二〇一五）。《盡己與天良：破解韋伯的迷陣》。臺北：心理出版社。

黃光國（二〇一六a）。〈《大學》的修養工夫論〉。尚未發表。

黃光國（二〇一六b）。〈《中庸》的實踐智慧〉。尚未發表。

黃光國（二〇一六c）。〈儒家文化中的倫理療癒與修養心理學〉。尚未發表。

黃光國（二〇一七）。《儒家文化系統的主體辯證》。臺北：五南圖書出版公司。

黃光國（二〇一八a）。〈「外王之道」與「儒家心理學」的研究策略〉。《本土心理學研究》，四九，頁五九—九四。

黃光國（二〇一八b）。《內聖與外王：儒家思想的完成與開展》。臺北：心理出版社。

黃光國（二〇一八c）。《社會科學的理路》（第四版思源版）。臺北：心理出版社。

黃光國（二〇一九a）。〈「心性」與「文化的考古」——敬答林耀盛〉。載於陳復、黃光國主編。《破解黃光國難題的知識論策略》。臺北：心理出版社，頁九一—一一六。

黃光國（二〇一九b）。〈「自我」與「自性」——破解「黃光國難題」的策略〉。載於陳復、黃光國主編。《破解黃光國難題的知識論策略》。臺北：心理出版社，頁二九—六六。

黃光國（二〇一九c）。〈由「關係主義」到「修養心理學」〉。載於陳復、黃光國主編。《破解黃光國難題的知識論策略》。臺北：心理出版社，頁一四三—一八〇。

黃光國（二〇一九d）。〈華人宗教研究的典範移轉〉。載於陳復、黃光國主編。《破解黃光國難題的知識論策略》。臺北：心理出版社，頁一九九—二一八。

黃光國（二〇一九e）。〈榮格心理學與自性難題〉。載於陳復、黃光國主編。《破解黃光國難題的知識論策略》。臺北：心理出版社，頁二六三—二八八。

黃慶萱（二〇〇三）。〈「一陰一陽之謂道」析議〉。《鵝湖月刊》，二九（三），頁一七—一九。

黃慶萱（二〇〇七）。《新譯乾坤經傳通釋》。臺北：三民書局。

楊倞注，王先謙集解（一九七四）。《荀子集解》。臺北：文光圖書公司。

楊家駱主編（一九八七）。《新校本漢書並附編二種》。全五冊（第二冊）。臺北，鼎文書局。

楊家駱主編（一九九四）。《新校本漢書並附編二種》。全五冊（第二冊）。臺北：鼎文書局。

楊國樞（一九九三）。〈我們為什麼要建立中國人的本土心理學？〉。《本土心理學研究》，一，六—八八。

楊儒賓（二〇〇五）。〈「自性化」與「復性」——榮格與朱子的異時空交會〉。《法鼓人文學報》，二〇〇五（二），頁一三七—一六〇。

葉英堃、吳中立（一九八七）。《臺灣地區精神醫療網主要核心醫院門診治療的成本效益分析》。臺北：行政院研考會。

葉雅馨、林家興（二〇〇六）。〈臺灣民眾憂鬱程度與求助行為的調查研究〉。《中華心理衛生學刊》，一九（二），頁一二五—一四八。

賈紅鶯、陳秉華、溫明達（二〇一三）。〈從系統思維探討基督徒癌婦的家庭關係與靈性經驗〉。《中華輔導與諮商學報》，三七，頁二四三—二七九。

雷諾斯K.帕帕多普洛斯（Renos K.Papadopoulos）編，周黨偉、趙藝敏譯（二〇一九）。《榮格心理學手冊》。北京：中國人民大學出版社。

廖淑廷、林玲伊（二〇一三）。〈親子關係與母親安適感之關聯性研究——以臺灣青少年及成年自閉症個案之母親為例〉。《中華輔導與諮商學報》，三七，頁一五七—一七五。

榮格（Carl Gustav Jung）著，楊儒賓譯（二〇〇一）。《東洋冥想的心理學：從易經到禪》。臺北：商鼎文化出版社。

榮格（Carl Gustav Jung）著，楊儒賓譯（二〇〇二）。《黃金之花的祕密：道教內丹學引論》。臺北：商鼎文化出版社。

榮格（Carl Gustav Jung）著，劉國彬、楊德友譯（二〇〇八）。《榮格自傳：回憶・夢・省思》（*Memories, Dreams, Reflections*）。臺北：張老師文化事業公司。

榮格（Carl Gustav Jung）著，趙翔譯（二〇一四）。《自我與自性》（*Aion: Researches into the Phenomenology of the Self*）。北京：世界圖書公司北京公司。

榮格（Carl Gustav Jung）著，魯宓、劉宏信譯（二〇一六）。《紅書》（*The Red Book: A Reader's Edition*）。臺北：心靈工坊。

榮格（Carl Gustav Jung）著，鄧小松譯（二〇一八）。《未發現的自我》（*The Undiscovered Self*）。北京：中央編譯出版社。

榮格（Carl Gustav Jung）著，莊仲黎譯（二〇一九）。《榮格論自我與無意識》（*Die Beziehungen zwischen dem Ich und dem Unbewussten*）。臺北：商周出版公司。

受訪人：趙金祁，訪談人：陳正凡（陳復）（二〇一一 a）。《趙金祁回憶錄》。臺北：國立臺灣師範大學科學教育中心。

趙金祁（二〇一一 b）。《趙金祁科教文集（上）》。主編：任宗浩，副主編：陳正凡（陳復）。臺北：國立臺灣師範大學科學教育中心。

趙金祁（二〇一一 c）。《趙金祁科教文集（下）》。主編：任宗浩，副主編：陳正凡（陳復）。臺北：國立臺灣師範大學科學教育中心。

劉玉建（二〇〇五）。《《周易正義》導讀》。濟南：齊魯書社。

劉述先（一九八一）。《朱子哲學思想的發展與完成》。臺北：學生書局。

劉淑慧（一九九六）。〈人生觀——生涯領域錯失的一環？〉。《輔導季刊》，三二（二），頁五二—五九。

劉淑慧（一九九九）。〈素人的生涯觀——以臺灣社會中的大學生訪談為例〉。載於中國輔導學會編。《輔導學大趨勢》，頁五七三—六〇二。臺北：五南圖書出版公司。

劉淑慧（二〇〇五）。〈全人生涯發展模式之構思〉。載於彰化師範大學輔導與諮商學系主編。《全人發展取向之輔導與諮商專業人力培育學術研討會論文集》，頁五七—一〇五。彰化：同編者。

劉淑慧、朱曉瑜（一九九八）。〈再看生涯觀的架構——理性之外還有什麼？〉。《輔導季刊》，三四（三），頁一—七。

劉淑慧、朱曉瑜（一九九九）。〈大學生的決策型態、不確定性的因應與生涯滿意度之相關研究〉。《國科會社會與人文科學研究彙刊》，九（三），頁四四八—四七三。

劉淑慧、邱美華、胡嘉琪、吳思佳、張歆祐（二〇〇〇）。《建立期大學畢業工作者之生涯觀》。行政院國家科學委員會專題研究成果報告（編號NSC89-2413-H-018-001），未出版。

劉淑慧、王智弘、陳弈靜、鄧志平、楊育儀、林妙穗、蘇芳儀、盧怡任（二〇一三年六月）。〈華人生涯網生涯開展風格量表之編製與應用〉。發表於第五屆兩岸四地高校心理輔導與諮詢高峰會論壇，上海。

劉淑慧、王智弘（二〇一四）。〈頂天立地的生涯發展模型——華人生涯網之理論基礎〉。《臺灣心理諮商季刊》，六（一），頁七六—八七。

劉鈍、王揚宗編（二〇〇二）。《中國科學與科學革命：李約瑟難題及其相關問題研究論著選》。瀋陽：遼寧教育出版社。

劉耀中（一九九五）。《榮格》。臺北：東大圖書公司。

樓宇烈校釋（一九八〇）。《老子王弼集校釋》，北京：中華書局。

蔡美麗（二〇〇七）。《胡塞爾》。臺北：東大圖書公司。

蔡錦昌（二〇〇九年一月）。〈從「差序格局」到「感通格局」——社會學中國化的再一次嘗試〉。第三次臺灣社會理論工作坊，宜蘭：佛光大學社會系。

黎靖德編，王星賢點校（一九九四）。《朱子語類》。北京：中華書局。

黎靖德編（二〇一一）。《朱子語類》。北京：中華書局。

盧怡任、劉淑慧（二〇一三）。〈受苦經驗之存在現象學研究——兼論諮商與心理治療的理論視野〉。《中華輔導與諮商學報》，三七，頁一七七—二〇七。

盧怡任、劉淑慧（二〇一四）。〈受苦轉變經驗之存在現象學探究——存在現象學和諮商與心理治療理論的對話〉。《教育心理學報》，四五（三），頁四一三—四三三。

蕭景方（二〇〇六）。《打開生命的禮物：幸福生涯之建構與追尋歷程》（未出版碩士論文）。彰化：國立彰化師範大學。

錢穆（一九九一）。〈中國文化對人類未來可有的貢獻〉。《中國文化》，一，頁九三—九六。
閻書昌（二〇〇七）。〈漢語語境中佛洛德“Unconscious”的翻譯及相關問題〉。《石家莊學院學報》，〇三，頁六八—七二。
謝冰瑩、賴炎元、邱燮友、劉正浩、李鍌、陳滿銘編譯（一九八八）。《新譯四書讀本》。臺北：三民書局。
謝冰瑩、賴炎元、邱燮友、劉正浩、李鍌、陳滿銘編譯（二〇〇二）。《新譯四書讀本》。臺北：三民書局。
鍾進添（二〇〇一）。《靈禪易占》。臺中：創譯出版社。
韓布新（二〇一八）。〈成聖與安息——中國基督徒心理學家的視角〉。《本土心理學研究》，四九，頁三七—四六。
薩依德（Edward Said）著，王志弘、王淑燕、莊雅仲譯（一九九九）。《東方主義》（*Orientalism*）。臺北：立緒文化。
顏學誠（二〇一三）。〈中國文明的反關係主義傳統〉。《考古人類學刊》，七八，一—三六。
顏澤賢（一九九三）。《現代系統理論》。臺北：遠流出版公司。
瀧川龜太郎注釋（一九八六）。《史記會注考證》。臺北：洪氏出版社。
關永中（二〇〇二）。《愛、恨與死亡：一個現代哲學的探索》。臺北：臺灣商務印書館。

英文文獻

American Counseling Association. (2005). ACA Code of Ethics. Retrieved May 25, 2013,from http://www.counseling.org/Resources/CodeOfEthics/TP/Home/CT2.aspx

American Psychological Association. (2010). Ethical Principles of Psychologists and Code of Conduct With the 2010 Amendment. Retrieved May 25, 2013, from http://www.apa.org/ethics/code/principles.pdf

Ames, R. T. (1994). The focus-field self in classical Confucianism. In *Self as person in Asian theory and practice*(pp. 187-212). Albany, NY: State University of New York Press.

Anderson, H. (1997). *Conversation, language, and possibilities a postmodern approach to therapy*. New York, NY: Basic Books.

Anderson, H. (2001). Postmodern collaborative and person centred therapies: What would Carl Rogers say?. *Journal of family therapy*, 23, 339-360.

Archer, M. S. (1988). *Culture and agency*: *The place of culture in social theory*. Cambridge, UK: Cambridge University Press.

Archer M. S. (2000). *Being human: The problem of agency*. Cambridge, UK: Cambridge University Press.

Bhaskar, R. A. (1986). *Scientific Realism and Human Emancipation*. London: Verso.

Combs, G.,& Freedman, J. (2004). A Poststructuralist Approach to narrative work. In L. E. Angus & J. McLeod(Eds.), *The handbook of narrative and psychotherapy*(pp. 137-155). London, UK: Sage.

Corey, G., Corey, M., & Callanan, P. (2011). *Issues and ethics in the helping professions (8th ed.)*. Belmont, CA: Brooks/Cole.

Eckensberger, L. H. (1996). Agency, action and culture: Three basic concepts for cross-cultural psychology. In Pandey, D. Sinha & D. P. S. Bhawuk (Eds.), *Asian contributions to cross-cultural psychology*(pp. 72-102). New Delhi, India:Sage.

Eckensberger, L. H. (2012). Culture-inclusive action theory: Action theory in dialectics and dialectics in action theory. In J. Valsiner (Ed.), *Oxford handbook of culture and psychology*. Oxford, UK: Oxford University Press.

Elvin, M. (1985) Between the earth and heaven: Conceptions of the self in China. In M. Carrithers et al. (Eds.), *The category of the person*(pp. 156-189). London, UK: Cambridge University Press.

Fiske, A. P. (1991). *The structures of social Life: The four elementary forms of human relations*. NY: The Free Press.

Freud, S. (1958). Remembering, repeating, and working through. In J. Strachey (ed. and trans.). *The standard edition of the complete works of Sigmund Freud* (Vol. 16). London, UK: Hogarth Press.(Original work Published 1914)

Hage, S. M. (2006). A closer look at the role of spirituality in psychology training programs. *Professional Psychology: Research and Practice*, 37(3), 303-310. doi: 10.1037/0735-7028.37.3.303

Heidegger, M. (1959). *Unterwegs zur Sprache*. Pfullingen: Neske.

Heiderger, M. (1966). *Discourse on thinking*. NY: Harper and Row.

Heidegger, Martin (1971). What are poets for? In *Poetry, Language, Thought*. Trans. Albert Hofstadter. New York: Harper & Row.

Henrich J., Heine, S. J., & Norenzayan, A. (2010a). The weirdest people in th world? *Behavioral and Brain Sciences*, 33(2-3), 61-83.

Henrich J., Heine, S. J., & Norenzayan, A. (2010b). Beyond WEIRD: Towards a broad-based behavioral science. *Behavioral and Brain Sciences*, 33(2-3), 111-135.

Herlihy,B., & Corey, G. (1996). *ACA Ethical Standards casebook* (5th ed.). Alexandria, VA: American Counseling Association.

Ho, D. Y. F. (1991). Relational orientation and methodological relationalism. *Bulletin of the Hong Kong Psychological Society*, 26-27, 81-95.

Ho, D. Y. F. (1993). Relational orientation in Asian social psychology. In U. Kim & J. W. Berry(Eds.), *Indigenous psychologies: Research and experience in cultural context* (pp. 240-259). Newbury Park, CA: Sage.

Hwang, K. K. (黃光國) (2011). Reification of culture in indigenous psychologies: Merit or mistake? *Social Epistemology*, 25(2), 125-131.

Hwang, K. K. (黃光國) (2014). Culture-inclusive theories of self and social interaction: The approach of multiple philosophical paradigms. *Journal for the Theory of Social Behaviour*, 45(1), 40-63.

Jung, C. G. (1969). Aion (1951). Trans. RFC Hull. 2nd ed. Princeton: Princeton UP.

Jung, C. G. (2019). *Psychology of the Unconscious: A Study of the Transformations and Symbolisms of the Libido*. Routledge.

Kant, I. (1781/1965). *Critique of pure reason* (Trans. By N. K. Smith). New York, NY: St Martin's Press.

Kazdin, A. E. (2008). Evidence-based treatment and practice: New opportunities to bridge clinical research and practice, enhance the knowledge base, and improve patient care. *American Psychologist*, 63(3), 146–159.

King, A. Y. C.(1985). The individual and group in Confucianism: A relational perspective. In J. M. A. A. Donald (Ed.), *Individualism and holism: Studies in Confucian and Taoist values*(pp. 57-70). MI: Center for Chinese Studies, the University of Michigan.

Kitchener, K. S. (1984). Intuition, critical evaluation and ethical principles: The foundation for ethical decision in counseling psychology. *The Counseling Psychologist*, 12(3), 43-55.

Lambert, M. J. (2013). Introduction and historical overview. In M. J. Lambert (ed.), *Bergin & Garfield's handbook of psychotherapy & behavior change* (6th ed.). New York: Wiley.

Lambert, M. J., Bergin, A. E., & Garfield S. L. (2004). Historical overview. In M. J. Lambert (ed.), *Bergin & Garfield's handbook of psychotherapy & behavior change* (5th ed.). New York: Wiley.

Levi-Strauss C. (1967). *Mythologiques*, 2. *Du miel aux cendres*. Paris: Plon.

Liddle, P. F. (1987). Schizophrenic syndromes, cognitive performance and neurological dysfunction. *Psychological medicine*, 17(1),

49-57.

Lin, Y. S. (1979). *The crisis of Chinese consciousness: radical antitraditionalism in the May fourth Era.Madison*,WI:The University of Wisconsin Press.

Luria · A.R. (1976) · *Cognitive development: Its cultural and social foundations*. Cambridge, MA: Harvard University Press.

Luria, A.R. (1979). *The making a mind*. Cambridge, MA: Harvard University Press.

MacRae, D. G. (1974). *Weber*. London, UK: Fontana.

Marcel, Gabriel. (1964). *Creative Fidelity*. Translated by Robert Rosthal. New York: Noonday Press.

Morita, S. (1998). *Morita therapy and the true nature of anxiety-based disorders* (*Shinkeishitsu*). (P.LeVine,Ed. A.Kondo,Trans.).SUNY Press.(Original work published 1928)

Murase, T. & Johnson, F. (1974). Naikan, Morita, and Western Psychotherapy. *Archives of General Psychiatry*, 31, 121- 128.

Neumann, E. (1973). *The child: Structure and dvnamics of the nascent personality*. London: Karnac.

Olson, D. H., McCubbin, H. I., Barnes, H. L., Larsen, A. S., Muxen, M. J. & Wilson, M. A. (1983). *Families: What makes them work. Beverly Hills*, Calif.: Sage.

Payne, M. (2006). *Narrative therapy*. Sage.

Piaget,J. (1972). *The principles of genetic epistemology*. London: Routledge & Kegan Paul.

Poortinga,Y.H. (1996). Indigenous psychology: Scientific ethnocentrism in a new guise? In J. Pandey, D. Sinha, & D. Sinha, & D. P. S. Bhawuk(Eds.), *Asian contributions to cross-cultural psychology*(pp. 59-71). Thousand Oaks, CA:Sage.

Popper (1989). *Objective Knowledge: An Evolutionary Approach*. Oxford: Oxford University Press.

R. C. Henry. (2005). The Mental Universe. *Nature*, 436, 29.

Reynolds, D. K. (1976). *Morita psychotherapy. Berkeley*,CA:University of California Press.

Reynolds, D. K. (1980). *The quiet therapies*. Honolulu, HI:University of Hawaii Press.

Reynolds, D. K. (1983). *Naikan psychotherapy: Meditation for self-development*. University of Chicago Press.

Reynolds, D. K. (1989). Meaningful life therapy. *Culture, medicine and psychiatry*, 13(4), 457-463.

Richards, P. S., & Bergin, A. E. (2005). *A spiritual strategy for counseling and psychotherapy*. Washington, DC: American Psychological Association.

Richards, P. S., & Bergin, A. E. (2005). *A spiritual strategy for counseling and psychotherapy* (2nd ed.). Washington D.C.: American Psychological Association.

Said, E. W. (1978). *Orientalism*. New York, NY: Vintage Books.

Shiah, Y. J. (2016). From self to nonself: The nonself theory. *Frontiers in Psychology*, 7, 12. doi: 10.3389/fpsyg.2016.00124

Shweder, R. A., Goodnow, J., Hatano, G., LeVine, R. A., Markus, H., & Miller, P. (1998). The cultural psychology of development: One mind, many mentalities. In W. Damon & R. M. Lerner (Eds.), *Handbook of child psychology: Theoretical models of human development* (pp. 865–937). John Wiley & Sons Inc.

Smith, T. B., Bartz, J., & Richards, P. S. (2007). Outcomes of religious and spiritual adaptations to psychotherapy: A meta-analytic review. *Psychotherapy Research*, 17(6), 643-655. doi: 10.1080/10503300701250347

Taylor, C. (1989). *Sources of the self : The making of the modern identity*. Cambridge, MA : Harvard University Press.

Triandis, H. C. (2000). Dialectics between cultural and cross-cultural psychology. *Asian Journal of Social Psychology*, 3, 185-195.

White, M., & Epston, D. (1990). *Narrative means to therapeutic ends*. New York,NY:W. W. Norton.

White, M. (2007). *Maps of narrative practices*. New York, NY: WW Norton.

Winslade, J., & Monk, G. D. (1999). *Narrative counseling in schools: Powerful & brief*. London, UK: Sage.

Yang, C. K. (1959). *Chinese communist society: The family and the village*. Cambridge, MA: MIT Press.

知識叢書 1092

轉道成知：華人本土社會科學的突圍

作　者—陳復
校　對—凌午
資深編輯—張擎
責任企畫—林進韋
封面設計—兒日
內文排版—極翔企業有限公司

總 編 輯—胡金倫
董 事 長—趙政岷
出 版 者—時報文化出版企業股份有限公司
一〇八〇一九台北市萬華區和平西路三段二四〇號七樓
發行專線—（〇二）二三〇六六八四二
讀者服務專線—〇八〇〇二三一七〇五・（〇二）二三〇四七一〇三
讀者服務傳真—（〇二）二三〇二七八四四
郵撥—一九三四四七二四時報文化出版公司
信箱—一〇八九九臺北華江橋郵政第九十九信箱
時報悅讀網—www.readingtimes.com.tw
電子郵件信箱—ctliving@readingtimes.com.tw
人文科學線臉書—http://www.facebook.com/jinbunkagaku
法律顧問—理律法律事務所　陳長文律師、李念祖律師
印　刷—紘億印刷有限公司
初版一刷—二〇二〇年十二月三十一日
定　價—新台幣四八〇元

時報文化出版公司成立於一九七五年，並於一九九九年股票上櫃公開發行，於二〇〇八年脫離中時集團非屬旺中，以「尊重智慧與創意的文化事業」為信念。

轉道成知：華人本土社會科學的突圍 / 陳復著. -- 初版. -- 臺北市：
時報文化出版企業股份有限公司, 2021.01
面；　公分. --（知識叢書；1092）
ISBN 978-957-13-8485-6（平裝）

1.黃光國 2.學術思想 3.社會科學 4.哲學

128.99　　109019270

ISBN 978-957-13-8485-6
Printed in Taiwan

本書獲得國立東華大學培育固元計畫經費支持，計畫名稱：《黃光國難題：華人本土社會科學的完成與發展》專書寫作計畫，計畫編號：109T2540-14。